Chicago Public Library

REFERENCE

Form 178 rev. 1-94

Pueblos de Nuestro Puerto Rico

Pueblos de Nuestro Puerto Rico

Coordinador de la obra

DR. PEDRO J. RIVERA ARBOLAY

Colaboradores:

DRA. PURA RIVERA - UNIVERSIDAD DE PUERTO RICO
PROF. ILEANA HEYLIGER - COLEGIO UNIVERSITARIO MAYAGÜEZ
DRA. ZORAIDA FAJARDO - UNIVERSIDAD DE PUERTO RICO
PROF. VIRGILIO DÁVILA - DEPARTAMENTO DE EDUCACIÓN

Publicaciones
Puertorriqueñas
EDITORES

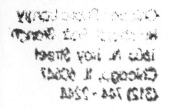

Créditos editoriales

Segunda edición 1999

Primera edición, 1998

ISBN 1-881713-67-9

Producido en Puerto Rico

Impreso en Colombia - Printed in Colombia

Impreso por Panamericana Formas e Impresos S.A.

Editor
ANDRÉS PALOMARES

Diseño Tipográfico
EVA GOTAY PASTRANA

Director Comercial - España
LUIS PALOMARES

Portada
STAFF PP

Fotografía
MARITZA BIASCOECHEA

CELESTINO MARTÍNEZ LINDIN

ARCHIVO UNIVERSIDAD DE PUERTO RICO

ARCHIVO DE PUBLICACIONES PUERTORRIQUEÑAS

Negativos y separación de colores
PUBLICACIONES PUERTORRIQUEÑAS

Distribución
EDGAR REXACH - HAYDÉE GOTAY - CELESTINO MARTÍNEZ

OFICINA EN PUERTO RICO:

Publicaciones Puertorriqueñas, Inc.
Calle Mayagüez 104
Hato Rey, Puerto Rico 00919
Tel. (787) 759-9673 Fax (787) 250-6498

OFICINA EN ESPAÑA:

Publicaciones Puertorriqueñas, Inc.
Santa Cecilia #15
03005 Alicante
Tel y Fax 965 11 70 00

E-Mail: pubpr@tld.net
http://www.tld.net/users/pubpr/3/

A nuestros lectores:

En la obra, *Pueblos de Nuestro Puerto Rico*, se trabajó durante más de tres años en una constante búsqueda de datos y temas. Se visitaron todos los pueblos de la Isla, se habló con sus gentes, sus alcaldes, historiadores, vecinos; entramos en alcaldías, iglesias, museos, escuelas, negocios, asociaciones de vecinos, artesanos.... Una vez conseguida esta primera etapa iniciamos el proceso de edición, redacción, diseños, tipografía, fotos, para producir una obra que nace con la idea central de plasmar en papel lo que son nuestros pueblos.

No escatimamos en horas de trabajo para producir un libro de la calidad que se merece tan importante título y además nos subimos en el caballo de la tecnología para ofrecerles la posibilidad de utilizar los datos de este libro en un CD Rom para las versiones PC y MAC.

En Publicaciones Puertorriqueñas estamos muy orgullosos de haber traído a nuestro mundo puertorriqueño tan abarcadora obra que servirá para nuestros profesionales, maestros, padres de familia y sobre todo a nuestros estudiantes, con ellos en mente moldeamos este libro.

Sirva esta obra de herramienta eficaz que nos ayude a entender mejor lo que somos, nuestra raíces y así poder enfrentar con más aplomo el futuro que se nos avecina.

Para toda Nuestra gente de Nuestros pueblos de Nuestro Puerto Rico, disfruten de tan querido trabajo.

Publicaciones Puertorriqueñas,
Editores

Índice

A nuestro lectores — v
Nuestro Escudo — viii
Nuestra Bandera — ix
Nuestro Himno — x

A

Adjuntas — 1
Aguada — 5
Aguadilla — 9
Aguas Buenas — 14
Aibonito — 18
Añasco — 23
Arecibo — 28
Arroyo — 32

B

Barceloneta — 36
Barranquitas — 41
Bayamón — 46

C

Cabo Rojo — 50
Caguas — 54
Camuy — 58
Canóvanas — 62
Carolina — 66
Cataño — 71

Cayey — 76
Ceiba — 81
Ciales — 85
Cidra — 89
Coamo — 93
Comerío — 97
Corozal — 100
Culebra — 104

D

Dorado — 109

F

Fajardo — 114
Florida — 118

G

Guánica — 121
Guayama — 125
Guayanilla — 130
Guaynabo — 134
Gurabo — 138

H

Hatillo — 142
Hormigueros — 145
Humacao — 149

I

Isabela — 153

J

Jayuya — 156
Juana Díaz — 160
Juncos — 164

L

Lajas	167
Lares	172
Las Marías	176
Las Piedras	180
Loíza	185
Luquillo	190

M

Manatí	193
Maricao	197
Maunabo	201
Mayagüez	204
Moca	211
Morovis	215

N

Naguabo	219
Naranjito	223

O

Orocovis	227

P

Patillas	232
Peñuelas	238
Ponce	242

Q

Quebradillas	248

R

Rincón	254
Río Grande	258
Río Piedras	262

S

Sabana Grande	265
Salinas	270
San Germán	274
San Juan	279
San Lorenzo	287
San Sebastián	292
Santa Isabel	297

T

Toa Alta	302
Toa Baja	306
Trujillo Alto	312

U

Utuado	316

V

Vega Alta	322
Vega Baja	326
Vieques	331
Villalba	335

Y

Yabucoa	338
Yauco	342

Curiosidades de Nuestro Puerto Rico	347
Mapa Físico	349
Mapa Municipal	350
Gobernadores de Puerto Rico	351
Ìndice Onomástico	353
Los destrozos del huracán Georges	360

Los reyes don Fernando II de Aragón, el Católico, regente de Castilla y su hija doña Juana, soberana del mismo reino, le otorgaron a la Isla su escudo el 8 de noviembre de 1511.

En su centro se destaca la figura principal del blasón: Un Cordero plateado, echado sobre un libro rojo y sosteniendo una bandera plateada, atravesada por una cruz roja. Cordero Pascual simboliza a San Juan Bautista. Fue él quien anunció la presencia de Cristo entre su pueblo al exclamar: «He aquí el Cordero de Dios que quita los pecados del mundo». El Cordero fue escogido como figura principal de nuestro escudo para recordar y confirmar el nombre de San Juan Bautista, nombre que dio a nuestra Isla su descubridor Cristóbal Colón.

El fondo verde del escudo está rodeado por los emblemas heráldicos de los reinos sobre los que don Fernando y doña Juana ejercían su soberanía. Estos emblemas forman la pieza heráldica que se conoce con el nombre de bordura. El orden en que aparecen en ella los emblemas es el siguiente:

1. Blasón de Castilla: Sobre fondo rojo, un castillo dorado de tres torres, la del medio mayor, con puertas y ventanas azules.

2. Blasón de León: Sobre fondo plateado un león rampante de color violeta, coronado de oro.

3. Bandera con los blasones de Aragón y Sicilia: El primero consiste en cuatro franjas verticales rojas sobre fondo dorado y el segundo, de cuatro triángulos, dos de los cuales llevan el mismo escudo de Aragón y los otros dos el antiguo blasón de Sicilia, es decir, sobre fondo plateado un águila negra, coronada de oro, con el pico y las garras rojas.

4. Blasón del reino de Jerusalén, cuya descripción es la presencia de la F y de la Y. Con sus respectivos emblemas, en nuestro escudo, recuerda según lo expresado en las reales cédulas de concesión que Puerto Rico fue descubierto durante el reinado de dichos monarcas. Desde el año 1905 se usa, como sustituto del lema «Joannes est nomen ejus» tomada del Evangelio de San Lucas (1:63), y que, traducida al español, significa: «Juan es su nombre».

Una bandera es un pedazo de tela, usualmente de forma rectangular, que exhibe franjas y otros diseños de diferentes colores como símbolos de naciones, municipios, sociedades e instituciones diversas.

A fines del siglo pasado un grupo de puertorriqueños residentes en Nueva York decidieron organizar la Sección Puerto Rico del Partido Revolucionario Cubano, que desde Estados Unidos fomentaba la independencia de Cuba y apoyaba la de Puerto Rico que, entonces, como Cuba, estaba bajo el dominio español.

Desde 1849 los cubanos tienen su bandera, creada en Nueva York por el general venezolano Narciso López, quien fuera ejecutado en La Habana el año siguiente, tras un fracaso intento de liberar a Cuba.

Los integrantes de la Sección Puerto Rico del Partido Revolucionario Cubano, para dar muestras de sus sentimientos fraternales hacia Cuba, decidieron, en asamblea celebrada en Nueva York, adoptar para nuestro país una bandera muy similar a la cubana. El diseño era exactamente igual, pero con los colores azul y rojo invertidos, es decir, con el triángulo azul en vez de rojo y tres de las franjas rojas en lugar de azules, cuyo triángulo y tres colores, representan los ideales republicanos de Libertad, Igualdad y Fraternidad.

En 1952 nuestra Asamblea Legislativa declaró bandera oficial de Puerto Rico a la ideada por la Junta Puertorriqueña de Nueva York.

La bandera no debe tocar la tierra o el piso. Debe cuidarse de manera que no se rasgue, manche o esté fácilmente expuesta a dañarse. No debe tejerse, imprimirse o grabarse en artículos que hayan de desecharse luego por inservibles. Ninguna persona puede mutilar, dañar, profanar, pisotear, insultar ni menospreciar de palabra u obra la bandera de Puerto Rico o la de cualquier otro país.

Saludo oficial a la bandera

Juro, ante la bandera del Estado Libre Asociado de Puerto Rico, honrar la patria que simboliza, el pueblo que representa y a los ideales que encarna de libertad, justicia y dignidad.

Reglamento uso de la bandera de Puerto Rico
Artículo 25

Según algunos historiadores, el autor de **La Boriqueña** fue el músico español, Félix Astol Artés (1813-1901), que residía en Mayagüez. La letra de la danza empezaba así:

"Bellísima trigueña
imagen de candor
del jardín de Borinquen
pura y fragante flor."

Don Manuel Fernández Juncos, un español que se crió en Puerto Rico y se sentía muy identificado con Puerto Rico, le puso una nueva letra a La Borinqueña. Esa es la letra que hoy conocemos. El pueblo se identificó con la letra de Fernández Juncos.

En 1952, la Asamblea Legislativa de Puerto Rico aprobó una ley estableciendo La Borinqueña como el himno oficial del Estado Libre Asociado de Puerto Rico. Don Ramón Collado hizo a la danza el arreglo musical necesario para convertirla en una marcha. Esa marcha es el himno que hoy conocemos.

En 1977, las Cámaras Legislativas y el Gobernador aprobaron como letra oficial del himno, la escrita por Manuel Fernández Juncos.

La borinqueña

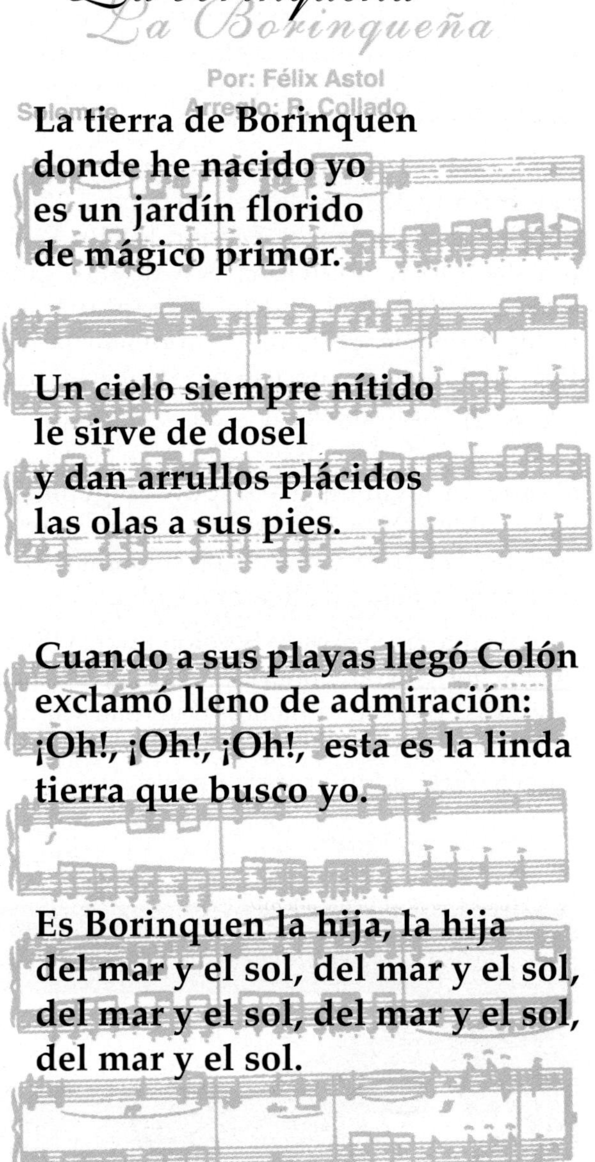

Por: Félix Astol
Arreglo: R. Collado

La tierra de Borinquen
donde he nacido yo
es un jardín florido
de mágico primor.

Un cielo siempre nítido
le sirve de dosel
y dan arrullos plácidos
las olas a sus pies.

Cuando a sus playas llegó Colón
exclamó lleno de admiración:
¡Oh!, ¡Oh!, ¡Oh!, esta es la linda
tierra que busco yo.

Es Borinquen la hija, la hija
del mar y el sol, del mar y el sol,
del mar y el sol, del mar y el sol,
del mar y el sol.

Fundación: 1815

Cognomento: La ciudad del gigante dormido

Gentilicio: adjunteño

Población (1990): 19,451

Alcalde 1997: Hon. Roberto Vera Monroig

HIMNO

Por: José A. Nieves Pérez

Oh divina inspiración
Oh divina inspiración
Oh divina inspiración
Con patrio orgullo te dedico
mi canción
Eres mi cuna
 Adjuntas es mi amor.

Bendito seas sagrado suelo,
Bendito seas nido de amor,
En tus entrañas, guardas anhelo,
De extraño suelo.
 Adjuntas es mi amor.

En tus mujeres florece la dulzura
Y la ternura de madre angelical;
Flores de otoño, jazmines y claveles;
De todo el año, amor primaveral.
Tus fieles hijos, hombres vehementes
Hombres valientes de corazón,
Que tus entrañas broto contigo.

Por darte orgullo y bella inspiración,
Bendito seas sagrado suelo
Bendito seas nido de amor,
Rizada joya de verde aliento
y mil recuerdos...
 Adjuntas es mi amor.

ESCUDO

El báculo o cayado es atributo de los patriarcas del Antiguo Testamento, y el escudo de Adjuntas representa al Patriarca San Joaquín, padre de la Santísima Virgen María y copatrono del pueblo.

La rueca - alude a las labores domésticas y simboliza a Santa Ana, madre de la Santísima Virgen María, y comadrona de la Villa.

La estrella - representa a Nuestra Señora que fue el don de Dios a la Santa pareja.

Las campanas y las cruces - aluden al nombre de la población, Adjuntas, derivado del hecho de que la misma estuvo adjunta tanto en su carácter como civil, a la vicaría y a la municipalidad de Coamo.

Las cruces - están tomadas del blasón de Coamo (que también presenta campanas, si bien como parte de espadañas) y tienen su origen en los escudos de armas de la villa y del linaje de Illescas, nombre relacionado históricamente con la antigua Villa de San Blás.

Las ramas del cafeto - aluden al hecho de que Adjuntas ubica en la zona cafetalera de Puerto Rico.

La corona mural - es distintivo de los escudos de cuatro torres para significar que en tiempos de España obtuvo de la Corona el privilegio de titularse "Villa".

Adjuntas se fundó originalmente el 11 de agosto de 1815. El nombre de Adjuntas es una sustantivación del adjetivo de la frase "Las Tierras Adjuntas", que luego se convirtió en "Las Adjuntas", y más tarde perdió el artículo "las", quedando solamente el nombre ADJUNTAS.

El fundador de Adjuntas fue Don Diego Maldonado.

Para el 1848 se construyó la primera Iglesia de "mampostería". Estuvo localizada en el lugar de la primera, en el centro de la plaza.

El 15 de junio de 1894, Adjuntas recibió el título de Villa, por Real Orden, privilegio y merced que nunca obtuvieron muchos de nuestros pueblos más importantes. Según J. Amador Meynera, en 1898 este municipio era un activo centro cafetalero y, refiriéndose al cultivo de vainilla, afirmaba que la "planta de curación de Adjuntas" era única en el mundo.

Al terminar la Guerra Hispanoamericana en el 1898, la población fue ocupada por el ejército norteamericano el 9 de agosto del mismo año. Con el traspaso de poderes del gobierno Español al Americano, hubo muchos sucesos sangrientos, el más famoso ocurrió en Adjuntas. Estos en gran parte fueron cometidos por las partidas sediciosas, conocidos como los "Tiznaos".

Las primeras elecciones que se celebraron bajo el régimen norteamericano comenzaron en Adjuntas en julio de 1899 bajo el nombre de las elecciones de los cien días.

Geografía...

Adjuntas tiene 66.47 millas. Limita al norte con Utuado, al este con Ponce y Utuado, al oeste con Yauco y Lares, y al sur con Guayanilla y Peñuelas.

Geográficamente corresponde a la región denominada la Cordillera Central, y se advierten entre sus accidentes orográficos más notables el Monte Guilarte, el Cerro El Gigante, la Cuchilla de Juan González, el Monte Hormiga y el Cerro El Novillo.

Su sistema hidrográfico está constituido por los ríos Guayo, Cidra, Blanco, Tanamá, Limaní, Yahuecas, Guilarte, Vacas, Grande de Arecibo, Saltillo, Pellejas y Portugués, el Lago Garzas, la cascada del mismo nombre y numerosas quebradas.

El Lago Garzas se forma en la vertiente del Río Grande de Arecibo, al igual que el Dos Bocas, el Caonillas, el Viví, el Adjuntas y el Pellejas.

El Bosque de Guilarte tiene dos zonas de vida bioclimática, a saber: el bosque de sierra de palma (*Prestoea montaña*) pobla las pendientes altas entremezclando con el caimitillo (*Micropholis*) y el granadillo (*Buchenavia*) y los picos altos y valles

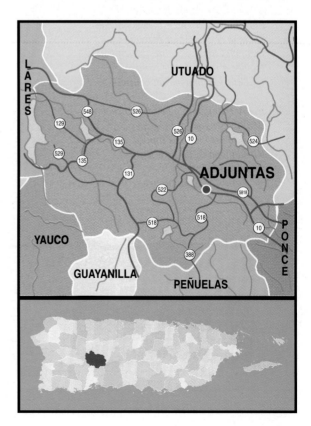

expuestos caracterizados por una vegetación achaparrada de especies siempre verdes y de hojas pequeñas (Tabebuia schumanniana Ocotea spathulata). En el bosque hay una plantación de 350 cuerdas de eucalipto.

Economía...

Los productos que más vida han dado al pueblo y su economía son el café y la cidra. El café es de todos conocidos en la zona central donde el clima es favorable y Adjuntas se beneficia enormemente de esta situación siendo un gran productor. Además del Café "Adjuntas", tenemos el café "Madre Isla", patrocinado por Casa Pueblo.

El 94% de la producción de cidra cítrica se exporta. En Adjuntas se cultiva y se procesa esta fruta. Se exporta al exterior, fermentada y en barriles. Cuentan con organizaciones de agricultores y centro de ventas para asegurar y mantener un mejor mercado agrícola.

Otros renglones de importancia son la china y el guineo.

El guineo es un producto agrícola de mucha importancia económica de esta comunidad.

Casa Pueblo, patrocinadora del cafe "Adjuntas" y "Madre Isla".

Vegetación Nativa:

Jaguilla - *Magnolia portorricensis*

Cedro Macho - *Hyeromina clusioides*

Granadillo - *Buchenaria capitalia*

Tabonuco - *Dacryodes excelsa*

Ausubo - *Manilkara bidentata*

Especies Exóticas:

Eucalipto - *Eucaliptus robusta*

Pino Hondureño - *Pinus caribea*

Mahoe - *Hisbiscus elatus*

Falcón de Sierra de Puerto Rico - *Accipiter striatus*

Pitirre de Puerto Rico - *Tyrannus dominicensis*

Carpintero de Puerto Rico - *Melanerpes portorricensis*

Zumbadorcito de Puerto Rico - *Cholorositlbon manqueus*

Reinita de Puerto Rico - *Coereba flvaeola*

Guaraguao del Bosque de Puerto Rico - *Buteo platypterus brunnescens*

Carpintero de Puerto Rico

Fernando L. Báez - 1941 - Atleta distinguido en el deporte de las pesas. Tres veces campeón centroamericano. Primer atleta puertorriqueño en lograr Medalla de Oro en los Juegos Panamericanos de 1967.

Rafael de Jesús Cordero 1899-1974 - Se distinguió como uno de los economistas más importantes de Puerto Rico. Profesor y precursor del Departamento de Economía en la Universidad de Puerto Rico. Primer puertorriqueño en ocupar cargo de Auditor de Puerto Rico, nombrado por el Presidente Roosevelt en el 1943. Primer Contador de Puerto Rico.

Dr. Norman Maldonado - Subsecretario del Departamento de Salud de Puerto Rico (1977); Rector del Recinto de Ciencias Médicas de la Universidad de Puerto Rico (1978); Director de la oficina de Investigación y Planificación del Senado de Puerto Rico (1993); Presidente de la Universidad de Puerto Rico (1994...)

Rigoberto Ramos Aquino -1931 - Nació el 2 de febrero de 1931. Farmacéutico, Alcalde del Pueblo de Adjuntas en los términos 1968 al 1971, 1976 al 1979 y reelecto en el 1988. El 30 de septiembre de 1989, recibe la Copa Egea, premio que se otorga a un Farmacéutico de cada estado de la nación (se incluye a Puerto Rico) que se haya destacado en la fase cívica, social, profesional o política en toda la Isla.

Es muy famoso el Monte Guilarte, área de recreación y el séptimo más alto en la Isla. Lago Garzas, en la Ruta RP 518. El mirador de Vegas Arriba, lugar de un dominio panorámico hacia el pueblo. La Piedra Escrita, rastros indígenas, en la plaza. Hacienda La Arbela, Hacienda La Balear, Hospital de Castañer. La estación experimental en el Barrio Limaní es parte integral del Colegio de Ciencias Agrícolas del Recinto Universitario de Mayaguez de la Universidad de Puerto Rico.

HIMNO
Por: Rolando Acevedo

Muchos siglos han pasado... ¡Por Aguada fue!
Terminando el Siglo Quince, en el noventa y tres.
¡Aquí fue! ¡Sí señor! ¡Aquí fue!
¡Noviembre diecinueve, por Aguada fue!

Por tus playas entró la Luz de Cristo Redentor.
Por tus playas llegó la Lengua del Conquistador.
Con la Cruz, del Señor el Amor;
y con el Castellano el verbo ardiente y creador.

Tienes la Ermita de Espinar, donde a los Frailes se inmoló,
teniendo así el honor de ser, primeros Mártires de Dios.
¡Y aquí fue; y sí fue que surgió
el Génesis Isleño; Villa de Sotomayor!

Aguadilla, San Sebastián, Moca y el pueblo de Rincón;
¡tus hijos son!; ¡tus hijos son!
Por eso en la Historia serás Faro de Luz, Piedra Angular
y en este cielo de Borinquen, con luz propia brillarás.
¡Y en este cielo de Borinquen, con luz propia brillarás!

---

* Unos historiadores dicen que fue en 1510, con Cristóbal Colón de Sotomayor, otros afirman que fue en 1683, cuando Adjuntas se segregó del Partido de San Germán y se convirtió en partido

ESCUDO

La corona en la parte superior del mismo significa el título de Muy Leal Villa.

La cruz con los brazos entrelazados del Redentor y del patrón San Francisco, simbolizan la divisa de la orden de frailes menores de San Francisco y tiene por significado "la Paz y el abrazo fraternal entre el hombre y el Redentor".

El sol debajo de la cruz alude a la luz que ilumina el mundo. Quien cree en la luz y en la verdad no está ciego para siempre.

La parte inferior del escudo la componen cinco naves colombinas representan el segundo viaje de don Cristóbal Colón, que arribó a nuestra Isla el 19 de noviembre de 1493 por las costas de la "Guaniquilla" donde calmó su sed en los pozos de la Aguada.

Los colores oficiales del escudo son: **el rojo** que significa el amor fraternal que enardece a todo aguadeño; **el color oro** simboliza la realeza española en Puerto Rico. **El color verde** simboliza la esperanza y la fertilidad de nuestra tierra; **el color negro** representa el madero que redimió al mundo; **el color azul** representa el cielo y la realeza del Creador; **el color blanco** simboliza la pureza del Redentor y la pureza del pueblo para con su patrimonio cultural.

El 9 de noviembre de 1493 - el Gran Almirante Cristóbal Colón descubrió a Puerto Rico, desembarcó por una amplia bahía al noroeste y tomó posesión de la Isla en nombre de los Reyes Católicos de España, Fernando e Isabel, y ahí estuvo dos días en donde se aprovisionó de agua potable, en los manantiales que encontró cerca de la orilla y que fueron más tarde denominados como Pozos Colombinos; y al sitio de la bahía "La Aguada de Colón en Puerto Rico". Esta región estaba gobernada por el Cacique Aymamón, quien tenía su yucayeque en las cercanías del Río Coalibina.

Durante los años 1508 al 1510, estando en Caparra, Ponce de León ordenó a su lugarteniente, Don Cristóbal Colón de Sotomayor, fundar la segunda población de la Isla, en la región conocida por el Puerto de los Pozos de la Aguada de Colón.

En el año 1510 levantó Sotomayor el primer poblado en el sitio de la Aguada, con el nombre "Villa de Sotomayor".

En este mismo año (1510) Juan Ponce de León escribió una carta al Rey, notificándole que le enviaba presos a Juan Cerdón, Miguel Díaz y al Lic. Morales en la Nao Garay bajo el mando de Juan Bono, que arribó al puerto de los Pozos (Documentos Archivos de Indias).

En el año 1511 los indios de esa región bajo el mando de su cacique supremo, atacaron a los pobladores y quemaron la Villa de Sotomayor, matando a todos los moradores. Se salvó malherido el intérprete Juan González que pudo llegar hasta Caparra a dar aviso de lo sucedido a Juan Ponce de León. Juan Ponce de León ordenó una y otra vez volver a fundar el pueblo de Sotomayor en el mismo sitio, que una y muchas veces fue quemado por los indios.

Por el año 1511 los indios de Aymamón, en Aguada, apresaron al soldado español Pedro Xuárez y se disponían a darle muerte por medio del fuego para probar que los españoles eran mortales; un día en el batey donde celebraban sus areytos lo ataron a un poste para quemarlo durante las primeras horas de la noche. Un indio amigo de Sotomayor supo el caso de Xuárez y se lo comunicó al capitán Salazar. Este, acompañado del indio que le indicó el sitio, se presentó en el momento de la ejecución y cortando las amarras que le ataban le libró de la muerte, le dio una espada y mataron unos cuantos indios e hirieron al Jefe indio Aymamón. Los indios huyeron cargando a su jefe herido y Salazar acompañado de Xuárez y el indio, guió a su campamento en Aguada; pero no habían caminado mucho cuando se le presentaron un grupo de indios enviados por Aymamón solicitando que Salazar fuera a verlo. Así lo hizo y el jefe indio le dijo que quería ser su amigo, intercambiando sus nombres y felicitándole por su valor y arrojo por aquella acción. Le tuvieron por un valiente.

A la altura de 1993, Aguada era ya casi una ciudad. Tenía más de cuarenta mil habitantes. El crecimiento de Agua se debió a varios factores. En primer lugar, tenemos una gran extensión de territorio (alrededor de treinta millas cuadradas). De esas, el 60% son terreno montañoso, (la altura), y el 40% terreno llano o costanero. Otro factor fue que la Central Coloso fue vista siempre como un símbolo de progreso y fuente de trabajo, por lo que muchas familias de pueblos menos afortunados se mudaban a vivir a Aguada. Hay un factor histórico-cultural que tuvo que ver también mucho con el crecimiento de Aguada. Nos referimos a que los pueblos de Aguadilla, San Sebastián, Moca y Rincón eran, originalmente, parte del territorio de Aguada. Esos pueblos son hijos de Aguada; eran barrios de Aguada. De manera que podemos decir que Aguada era la metrópoli; el centro urbano de toda esa región.

Geografía...

El pueblo de San Francisco de Asís de la Aguada, mejor conocido como Aguada, está situado al noroeste de la Isla. Colinda por el Norte con el Océano Atlántico y con el Municipio de Aguadilla, por el sur con los Municipios de Rincón y Añasco, por el Este con los Municipios de Aguadilla y Moca y por el Oeste con el Municipio de Rincón.

El 58 por ciento de la superficie de Aguada es terreno de altura, llamadas colinas. El 42 por ciento de la superficie de Aguada es terreno llano. Esta faja de terreno pertenece al lado costanero del Norte. La zona de colinas se utiliza principalmente para el cultivo de farináceas y café. El resto de los terrenos se utiliza para pastos y frutos menores. La zona de llanura se utiliza principalmente para el cultivo de la caña de azúcar.

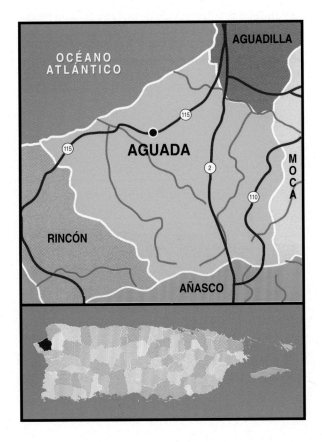

En total, Aguada tiene 19,911.55 cuerdas de terrenos, lo que equivale a 30.21 millas cuadradas. Tiene una superficie de 78 kilómetros cuadrados (30 millas cuadradas).

Economía...

Dada la fertilidad de sus tierras, desde antiguo se dedicaban éstas preferentemente al cultivo de la caña de azúcar, de tal manera que a fines del siglo XVI había varios trapiches melaeros; a mediados del siglo XIV eran conocidas sus haciendas Casualidad, Caño de la Naza, Placeres, Concepción, Bujenal, Concordia, Mamey y Pámpanos. En 1898 contaba el municipio con nueve ingenios de azúcar. Este cultivo continúa siendo la principal fuente económica y de empleo del municipio, que tiene 69 fincas dedicadas al mismo, con 3,338 cuerdas de terreno. Sus cañas se procesan en la Central Coloso - fundada en 1827 y a la que se le aplicó el sistema de vapor en 1871-, operada por la Corporación Azucarera de Puerto Rico, que en la zafra de 1976 molió 440,280 toneladas de caña, convertidas en 33,982 toneladas de azúcar y 2,307,640 galones de miel, proporcionando empleo directo (fase agrícola e industrial) a 2,600 personas aproximadamente.

Se cultiva café (1,100 cuerdas) y frutos menores de todas clases (1,000 cuerdas), siendo el área total cultivada del municipio, la cantidad de 11,420 cuerdas. La ganadería, aunque de relativa importancia, constituye hoy una actividad secundaria. La economía del municipio de Aguada tuvo un ingreso bruto aproximado (1974) de 15.6 millones de dólares, correspondiendo unos cinco a la manufactura, otro tanto al gobierno, y cerca de dos millones a la agricultura. Hay además algunas fábricas de la Administración de Fomento Industrial.

En la jurisdicción de este municipio existen yacimientos de manganeso y cobre, aunque los de este último no son ciertamente los más prometedores. Antes de 1930 fueron extraídas unas cinco toneladas de cobre de alta calidad, de una finca del juez Luis Vadi, del Dr. Jiménez y de Antonio Sánchez, situada a dos millas y media al Sur de Aguada.

Aquí nació...

Don Juan Bautista Arrillaga Roqué - (1866) - Ilustre hombre público, periodista dramaturgo y político. Murió en Ponce en 1907. "Patriota Olvidado". Fue delegado de los patriotas puertorriqueños para informar a las Cortes de España de los desplantes del Gobernador Palacios (año terrible 1887) "El Componte".

Juan Bautista Soto (1882-1980) - Abogado, político y escritor. Se doctoró en Derecho y Filosofía y Letras en la Universidad Central de Madrid, España (1929); enseñó en la Universidad de Puerto Rico, de la cual fue rector (1936 - 1941). Fue presidente del Colegio de Abogados (1931 - 1933) y de la Academia Puertorriqueña de la Historia (1937 - 1956). Como político militó en el Partido Republicano; fue senador por acumulación (1925 - 1932), miembro fundador de la Unión Republicana y delegado a la Convención Constituyente del Estado Libre Asociado de Puerto Rico (1951). Colaboró en varias publicaciones periódicas y fundó y dirigió la Revista Jurídica de Puerto Rico. Sus ensayos tratan temas filosóficos, históricos y jurídicos: Filosofía de la historia o pensamientos sobre la historia (1912). **Reflexiones filosóficas** (1916), **Interpretaciones filosóficas** (1916), **Causas y consecuencias. Antecedentes diplomáticos y efectos de la guerra hispanoamericana** (1922), **Estudios políticos y jurídicos** (1923), **Puerto Rico ante el Derecho de Gentes** (1928), **La tragedia del pensamiento** (1937) y **La universidad y la escuela en el drama de la vida** (1942).

La Cruz de Cristóbal Colón

Lugares de interés...

Iglesia Católica, Vitrales de la Iglesia, frente a la Plaza Pública, Calle Colón. Se comenzó a construir en el 1924 y se terminó en el 1936. Es una de las iglesias más impresionantes de Puerto Rico. Sus torres majestuosas se elevan a cien pies de altura. Sus vitrales son obras de arte valoradas en millones de dólares.

Ermita del Espinar, (Barrio Espinar, Carretera 442.) Fue construida originalmente en el año 1526 por ocho frailes franciscanos cuyo prior era Fray Alonso del Espinar.

Santuario Histórico a Colón, Barrio Guaniquilla, Carretera 441. Este monumento y parque fue erigido por la Liga Patriótica Aguadeña en el año 1925. Este monumento señala el lugar por donde desembarcó el Almirante Colón con sus aguerridos marineros el 19 de noviembre de 1493.

El Museo Aguadeño es la contribución que ha hecho a nuestra historia y cultura un gran aguadeño: el señor Manuel de Jesús Ramos.

Balneario Pico de Piedra está localizado en una de las más hermosas playas de Aguada. Los Festivales de Playa del Pico son ya famosos en todo Puerto Rico.

La Fonda de la Villa en Villa de la Aguada es un paisaje incomparable. En las montañas que han sido testigos del nacimiento del pueblo puertorriqueño y su cultura, se desarrolla La Villa de la Aguada como destino turístico.

Central azucarera Coloso

Fundación: 1775	
Gentilicio: aguadillano	
Población (1990): 59,335	
Cognomento: *"La Leal Villa del Ojo de Agua"*	
"Donde hasta las piedras cantan"	
Alcalde (1997): Hon. Carlos Méndez Martínez	

HIMNO
Por: Rafael Hernández Marín

Aguadilla Querida,
Barrio del Tamarindo
cueva de golondrinas
cuajadita de nidos,
donde las piedras cantan
junto a los Tres Amigos
y el Cerro de las Ánimas
es un mudo testigo.

Somos por ti boricuas
y por tus playas fue
donde llegó la vida
a nuestro bello Edén.

ESCUDO

Enmarca, pues, el escudo, una bordura con la leyenda Leal Villa de San Carlos de la Aguadilla y las fechas históricas de 1775 en base dexter y 1860 en base sinister.

Las ramas verdes de los flancos del escudo son alusivas a las palmas que porta en su diestra nuestra patrona la Santísima Virgen de la Victoria, así como a las victorias alcanzadas por los aguadillanos en las lides militares e intelectuales.

El escudo va surmontado por una corona mural de cuatro torres, como corresponde en heráldica a la categoría de Villa.

El rojo (gules en heráldica) **de la bordura,** significa valor, atrevimiento e intrepidez; derramamiento de sangre del enemigo; honor, fidelidad y generosidad.

El azul (azure) **del mar** - elemento básico en Aguadilla, representado por fajas ondulantes azules y blancas - y en el campo de la estrella, simboliza hermosura, serenidad, caridad, justicia y perseverancia.

El verde (sínople) **de las montañas,** cuya amenidad exaltan nuestros antiguos cronistas, significa esperanza, abundancia y libertad.

El púrpura (púrpure) **en el forro de la corona** significa dignidad ciudadana.

El oro (or) **de la nao, la torre, la estrella, la corona, y la leyenda** significan riqueza, fuerza, fe, pureza y constancia. La torre y la corona mazonadas de negro (sable) y aclaradas de gules.

Rojo y gualda (oro) son los tradicionales colores de la enseña nacional española a partir del reinado de Carlos III.

El fondo blanco (argent) significa templanza y verdad.

El escudo de armas y **la bandera** adoptados como símbolos soberanos que representan la identidad aguadillana serán usados oficialmente para recalcar la personalidad de nuestro Municipio a fines de identificación.

Historia

Aguadilla se fundó en 1775, siendo Gobernador el coronel don Miguel de Muesas, y S.M. Carlos III de Borbón el monarca reinante; su parroquia, bajo la advocación de San Carlos Borromeo y Santa María de la Victoria, razón por la cual se llamó Villa de San Carlos de la Aguadilla. En 1860 la Reina Isabel II le otorgó el título de Leal Villa en recompensa a las especiales muestras de patriotismo dadas con motivo de la Guerra de África.

Iñigo Abbad señalaba en 1776 que de la flota de 1772 mandada por don Luis de Córdova que arribó en Aguadilla, se quedaron en la Isla más de 1,000 españoles, agregando, "Y no fueron muchos menos los que se ocultaron en el 76 en la que mandaba el señor Don Antonio Ulloa. Ya entonces podía hablar nuestro primer historiador del buen trato que estos soldados y marineros encontraron entre los naturales del lugar y la abundancia de víveres, que también constituían para ellos un poderoso atractivo. Afirmaba entonces: "Debajo de ella (la montaña de Jaycoa) se halla la nueva población de San Carlos de Aguadilla, y la ciñe por el oriente y mediodía: por el este-nordeste el cabo de Borinquen, por el noroeste el mar; y por el suroeste, el río Culebrinas, quedando situada a lo largo del puerto en una angosta playa formada entre el mar y la montaña; cuya disposición es la más deliciosa y chocante que puede idear la más gallarda fantasía". Y prosigue: "En el centro de la arboleda muy cerca de la cueva, está la iglesia, que es pequeña pero hermosa, y sirve de parroquial a esta población, que consta de 58 casas situadas a lo largo de la orilla del mar en un arenal molesto y expuestas a que cualquiera barco enemigo las destruya, pues están indefensas a la orilla del agua. Las demás, hasta el número de 195 familias, con 1,045 almas, viven parte en la ribera derecha del río Culebrinas, que dista medio cuarto de legua, y algunos pocos están arriba en la montaña de Jaycoa, en donde cultivan tabaco, maíz, frijoles, batatas, con otras legumbres y aves, que venden a los navíos que llegan a hacer aquí el aguada."

El historiador aguadillano don Guillermo Esteves afirmaba que las visitas de las flotas que se dirigían a Cuba y México, determinaron que la población del Espinar se trasladara hasta la actual Aguadilla. En 1750 la ermita del Espinal fue el centro del grupo original de pobladores, que se encontraban todos en el Higuey, cerca del río Culebrinas. Se sabe por documentos del Archivo de Indias, obtenidos por don Ramón Añeses Morell, que el "17 de diciembre de 1774, Don Juan Bernardo de Sosa, prestando voz y caución por los vecinos de Aguadilla, solicitó licencia para la fundación en iglesia con el título de advocación de San Carlos y María de la Victoria y practicadas todas las diligencias necesarias de reconocimiento, deslindes, otorgamientos de fianzas y aseguración de congrua para el clero como se practicó para la población antecedente de Rincón, se le dio el permiso el primero de febrero de 1775, habiéndose nombrado a don Juan Bernardo de Sosa, teniente a guerra".

Aunque el permiso real fue otorgado en 1775, el Municipio, que fue parte del territorio original de Aguada, quedó constituido en el 1780. Al principio se conoció con el nombre de Aguadilla a toda la sección del territorio de Aguada, comprendida en los actuales Barrios de Victoria e Higuey. Luego, el nombre se extendió hasta cubrir los límites actuales.

Entre fines del siglo XVII y hasta bien entrado el siglo XIX Aguadilla fue blanco de cuatro ataques de corsarios, procedentes de naciones enemigas de España. A pesar de esto, el desarrollo del pueblo se mantuvo en acelerado ritmo debido a varias coyunturas favorables.

La invasión de Haití a Santo Domingo y la independencia de éste, trajeron a playas aguadillanas numerosos emigrados, que dejaron aquí los apellidos Rosa, Rovira, Baeza, Soriano, Salguero, Suárez de Mendoza, Echevarría, Velarde, Respeto, Firpo, Arroyo, etc. La habilitación del puerto de Aguadilla para el comercio exterior a principios del pasado siglo, también ocasionó una gran afluencia de europeos, muchos de los cuales se arraigaron en la Villa del Ojo y contribuyeron notablemente al desarrollo económico, social y cultural de Aguadilla. Los Cabán y O'Neill, de origen irlandés; Ferrerías, Añeses, Eurite, Sapia, de Italia; Bertini, Chirino, Van Der Dys, de origen holandés; Volkers. En contra de lo que pudiera creerse, el origen del nombre de Aguadilla no es español, sino aborigen. En el siglo XVIII se llamaba Guadilla, a la playa que existía entre Aguada y Aguadilla. Según Iñigo Abbad, Guadilla significaba en tanto "jardín". Se cree que el vocablo sufrió una nueva interpretación, asociándola a un término marino, tal como "provisión de agua potable" y de ahí que se haya europeizado esta palabra que sonaba extraña a los nuevos pobladores del lugar.

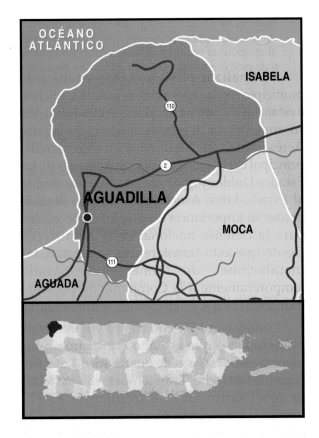

Geografía...

Situación y límites

Este Municipio en el extremo oriental de la costa Norte de Puerto Rico, limita al Norte con el Océano Atlántico, al Este con los Municipios de Moca e Isabela, al Sur con el Municipio de Aguada y al Oeste con el Océano Atlántico.

Corresponde orográficamente a la región denominada Valles Costeros del Oeste, en donde las lluvias son abundantes de mayo a noviembre y muy escasas de diciembre a marzo. Sus terrenos son aluviales y de gran fertilidad. Hacia el Sureste de Aguadilla se

inician las montañas de la cordillera de Jaicoa. Detrás de la ciudad de Aguadilla se levanta el Cerro de las Ánimas, cantado por José de Diego en inspiradas estrofas.

Los accidentes más notables de sus costas son la bahía de Aguadilla y las puntas Borinquen y Agujereada. La rada de Aguadilla, formada por la Punta de Borinquen y la de San Francisco, fue descrita en una ocasión como el "fondeadero de los buques que viajan de Europa para La Habana y sino mejicano". El río Chiquito, que corre por Aguadilla, hoy en forma canalizada, da lugar a que se llame a este lugar el "pueblo del Ojo de Agua"

Aguas Buenas

Fundación: 1838

Gentilicio: aguasbonense

Población (1990): 25,424

Cognomento: El Oasis de Puerto Rico

Alcalde (1997): Hon. Carlos Aponte Silva

ESCUDO

La cruz representa la fe del pueblo cristiano; la Virgen de la Monserrate, la patrona religiosa; **el indio frente a las cavernas**, la raíz taína y las Cuevas de Aguas Buenas. **El cuerno de la abundancia agrícola**, representa la mayor fuente de ingresos del pueblo; **los instrumentos musicales**, la alegría y el folklore y la **salida de agua al centro**, el manantial que le dio al pueblo su nombre original de Aguas Claras.

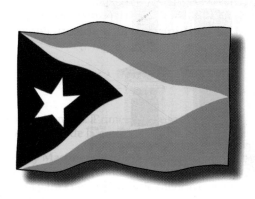

Historia...

En sus inicios las tierras que formarían el Municipio de Aguas Buenas, eran parte del Municipio de Caguas y se conocía como "Aguabuena". Para el año 1798, los vecinos aunaron esfuerzos, ya que el lugar era bueno para vivir y fundaron la aldea de Aguas Claras. El nombre se derivó del manantial de aguas claras que pasaba por la calle "El Destino" a la que hoy se llama La Monserrate, nombre de la Patrona del pueblo. El 25 de julio de 1832 los vecinos comisionaron a Don Francisco Salas Torres y a Don Ramón Díaz para realizar las gestiones ante el Capitán General de la Isla. En el año 1834 el gobernador Miguel de la Torre expidió la autorización para la creación del nuevo Municipio. No fue hasta el 25 de mayo de 1838 que se fundó oficialmente el Municipio de Aguas Buenas, que escogió tener su antiguo nombre de "Aguabuena de Caguas".

Para poder existir como Municipio había unos requisitos que tenían que mantenerse.

Entre ellos: la iglesia, la plaza, las casas del rey (Alcaldía) y la morada del padre cura. Los creadores de la aldea rendían culto a la Virgen de la Monserrate y las autoridades eclesiásticas designaron a los Tres Santos Reyes como patrones de la Iglesia. La Iglesia Católica mantiene su fervor a la Virgen de la Monserrate y ésta se llama Los Tres Santos Reyes. Por varias razones económicas los vecinos no tuvieron preparada a tiempo la iglesia y el gobernador Méndez Vigo amenazó con retirar la autorización como Municipio independiente. Para el 26 de julio de 1845 se inauguró la nueva parroquia. Su primer párroco fue el Padre Ramón Quiñones.

El Municipio confrontó varios problemas económicos para su desarrollo, pero los vecinos se empeñaron en su haber y en el siglo 19 se esforzaron en dar prioridad a la agricultura, a la mudanza de nuevos vecinos para la aldea, a la construcción de nuevos caminos y nuevos barrios.

A partir del 1860 hubo una gran extensión de tierra en el cultivo del café, el cual hizo de Aguas Buenas uno de los Municipios más prósperos en embarques a Europa, a países como Alemania, España, Francia e Italia. Dedicadas al cultivo de café había 108 estancias y 191 dedicadas al cultivo de frutos menores. Para los años de 1845 al 1858 se abrieron nuevas rutas que conectaban al Municipio del área central a la Capital, a Caguas, a Cidra y a Comerío. En el 1878 contaba el Municipio con los nueve barrios rurales que tiene actualmente: Jagüeyes, Sonadora, Juan Asencio, Mulitas, Bairoa, Bayamoncito, Mulas, Cagüitas y Sumidero.

El ciclón de San Ciriaco y la ocupación militar del 1898, trajeron cambios y reajustes que paralizaron el floreciente Municipio.

En 1898, como resultado de la Guerra Hispanoamericana, Puerto Rico cambió de soberanía. Con la llegada del gobierno de los Estados Unidos, se introdujeron otras corrientes evangélicas. En 1906 se fundó la Primera Iglesia Bautista de Aguas Buenas. Con el pasar de los años fueron estableciéndose iglesias con diferentes creencias religiosas.

Los límites territoriales del municipio fueron expandidos con la segregación de tierras de Bayamón, Guaynabo y Comerío. Los terrenos que comprenden los barrios: Mulas y Juan Asencio pertenecían a Bayamón; los de Jagüeyes y Sonadora pertenecían a Guaynabo; y las tierras del barrio Vicente, hoy conocido como Bayamoncito, pertenecían a Comerío.

El territorio de la zona urbana fue expandido a principios del siglo 20. En enero de 1906 Don José E. Morales, alcalde conocido como Don Pepe, le compró a Don Guillermo Díaz Delgado seis (6) cuerdas de terreno. En las mismas se establecieron los sectores: La Pajilla, El Pueblito y el Guanábano.

La primera escuela del pueblo comenzó en 1842. En 1842 el Municipio contaba con tres escuelas. Había en la zona urbana una para niñas y otra para niños. En el barrio Mulas había una para niños. Para 1927 existían quince escuelas elementales. Aguas Buenas comenzó a ser distrito escolar en 1945.

Geografía...

La localización orográfica se ubica en la Sierra de Cayey, que forma parte de la Cordillera Central. Los picos más altos: en el Barrio Mulitas, el Palito en Cagüitas, La Tisa en Juan Asencio, La Marquesa en Jagüeyes. Tiene pocos llanos, las ubicaciones principales están en las laderas; y la zona urbana localizada en una montaña que baja hasta el Valle de Caguas. La población del Municipio crece considerablemente ya que su clima atrae a personas de otros pueblos a residir en el Municipio. Los ríos principales: Río Bayamoncito; Río Cagüitas y Río Bairoa.

El área de jurisdicción comprende 30 millas cuadradas que cubren la zona urbana y rural.

Existen las famosas Cuevas de Aguas Buenas: La Obscura por la cual pasa el Río Cagüitas que recorre alrededor de 400 metros subterráneos, La Clara y la Hermita. Las mismas tienen muchas leyendas reconocidas como: **El mago de Aguas Buenas** (1869) de Don Cayetano Coll y Toste.

Economía

Al finalizar el siglo la economía de este municipio descansaba fundamentalmente en su agricultura, sobre todo en el cultivo del café, de tal manera que en 1894 existían en su jurisdicción 108 estancias dedicadas a éste y 191 de frutos menores. Hoy su agricultura es deficitaria y han desaparecido casi en su

Plaza y Casa Alcaldía al fondo.

totalidad los cultivos tradicionales. En 1974 contaba con tres vaquerías de primera clase, que ese año entregaron a las plantas elaboradoras 2,227,461 cuartillos de leche.

Cuenta con algunas fábricas desarrolladas por los programas de Fomento Industrial, que proveen empleo a numerosos vecinos de la comunidad. La industria de la construcción también ha alcanzado últimamente un notable desarrollo. En sus suelos abunda el mármol, que puede ser empleado en losas para pisos y escaleras y en gravilla para la producción de terrazo.

Aquí nació...

Angel Ramón Almena Márquez Boxeador.

Jacobo Córdova Chirino (1901 - 1955), periodista.

Joice M. Girod Miss Universo de Puerto Rico.

Luis Rechani Agrait (1902), periodista, cuentista, poeta y autor dramático.

Dr. Pío Rechani Lopes (Pío Mon) Periodista, poeta, dramaturgo y cuentista, nació en 1902. Estudió en las universidades de Puerto Rico y Harvard. Se inició en el periodismo en la década del 20 como colaborador del diario **El Mundo**, que llegó a dirigir.

Perteneció a los dramaturgos de la generación del 30, como Fernando Sierra Berdecía, Enrique Laguerre, Manuel Méndez Ballester y otros. La obra teatral que más fama le dio fue la comedia en tres actos **Mi señoría** (1940). A ésta siguió otra comedia en tres actos, **Todos los ruiseñores cantan** (1964), que también tiene lugar en el medio isleño de los años 30; luego, el drama en tres actos **¿Cómo se llama esta flor?** (1965). En la década del 70 dio a conocer tres nuevas obras: **Tres piraguas en un día de calor** (1970), que consta de tres comedias; el drama **Llora en el atardecer la fuente** (1971) y la comedia **¡Oh, dorada ilusión de alas abiertas!** (1978). La última de sus obras estrenadas es la comedia **El extraño caso del señor Oblomós** (1982), basada en la novela del escritor ruso del siglo XIX Iván A. Goncharov titulada **Oblonov**.

Don Ramón L. Rivera. Notable político Representante a la Cámara y actual Alcalde de Bayamón.

José Arsenio Torres (1926), senador y profesor universitario. Exsecretario del Departamento de Educación.

Lugares de interés...

Museo Histórico y Artístico
Casa Alcaldía
Las Cuevas de Aguas Buenas
Area Recreativa La Charca

Moderna Iglesia Católica

Vaquería Rancho Alegre

Aibonito

Fundación: 1824

Gentilicio: aiboniteño

Población: 24,971

Cognomento: Jardín de Puerto Rico

Alcalde: Hon. José A. Díaz

ESCUDO

Cantón derecho superior cargado de una montaña verde, con la espada en el centro y los colores nacionales de España en la base: **la montaña y la espada** significan tanto la localización de Aibonito en la zona montañosa del interior de la Isla como el Asomante donde la espada simboliza una de las últimas batallas de la Guerra Hispanoamericana de 1898. **Los colores nacionales españoles**, en cambio, representan la tradición e historia como fundamento del acervo cultural heredado de España, la Madre Patria.

Cantón superior izquierdo campo azul dividido por dos ceñidores ondeados en forma de banda, de color plata o blanco, en jefe izquierdo el pensamiento de color púrpura y en la base contraria el lirio dorado.

Las líneas ondeadas significan la neblina que cubre el invierno, los valles y montañas adyacentes. El pensamiento reproduce la flor declarada oficial de Aibonito por los organizadores del Primer Festival de las Flores en 1969 y reconocida como tal por el Comité Timón del Sesquicentenario de Aibonito el 26 de noviembre de 1973. El pensamiento crecía silvestremente en los alrededores de Aibonito, aunque hoy en día se da menos.

El lirio de oro, llamado en heráldica "fleur de lis", se refiere a San José, Patrón de la Iglesia Parroquial del pueblo, bajo cuyo patrocinio fue colocada la nueva parroquia el 13 de diciembre de 1830.

En el cantón inferior derecho (izquierdo para el que lo mira), sobre fondo azul se halla reproducida la **torre de la Casa Manresa** de color dorado para imitar el oro por el valor del beneficio espiritual que ella representa para todos los que se aprovechan de sus ofrecimientos de carácter espiritual en forma de retiros, cursillos, etc.

En el cantón inferior izquierdo encontramos el símbolo del Cañón de San Cristóbal, de indescriptible belleza natural.

En su parte superior se halla **una concha** que indica en la heráldica a Santiago Apóstol cuya fiesta recae en 25 de julio de cada año y en cuyo honor se celebran las fiestas patronales aiboniteñas.

A Aibonito le corresponde una corona mural de cuatro torres, pues el 12 de mayo de 1888 le fue concedido el

rango y título de "Villa". El forro de terciopelo o de púrpura de la corona indica dignidad y conciencia ciudadanas.

El motto o lema en el volante por debajo del escudo "JARDÍN DE PUERTO RICO" corresponde a la iniciativa del Hon. Alcalde Leonardo González Rivera quien reprodujo así el clamor popular llamando a la Villa de Aibonito con este "epiteton ornans" (nombre distintivo).

La fecha 1824, que separadamente figura en la base del lema, indica la fecha de fundación del pueblo, reconocida oficial y tradicionalmente como el 13 de marzo de 1824.

Según la leyenda, el 17 de mayo de 1615, un arcabucero español llamado Diego Álvarez, al llegar al pico de una de las montañas del Asomante, emocionado por la belleza del panorama que se ofrecía a su vista, exclamó entusiasmado: "¡Ay, qué bonito". Tal expresión dio nombre a la región, que pasó a ser conocida como "la montaña del Aybonito", frase que por elipsis se transformó en Laybonito. La realidad es que el origen del vocablo Aybonito es indoantillano, pues viene a ser una corrupción de Jatibonico, que se conserva también modificado en Cuba y Santo Domingo. Así nos describe Fernando Miyares González este territorio en 1775, cuando hizo un recorrido por la Isla: "A dos leguas de este pueblo (Coamo), está elevada la montaña de Laybonito, después de una agria subida de lengua y media; la cima, que es desigual, tiene algunos pedazos cultivados que producen con abundancia cuanto da la Isla, y lo restante está lleno de árboles de desmesurada magnitud. La temperatura (respectivo a los demás pueblos) es extremadamente fresca, de modo que disfrutan de un moderado invierno."

Al llegar los españoles a la Isla, ésta estaba dividida en cacicazgos, uno de los cuales incluía lo que hoy se conoce como Aibonito, Barranquitas y Barros (Orocovis) y se le llama Jatibonicu. Según los hermanos Perea, es "nombre trovado del Río *Atibonicu*, es dicción taíno-española que significa "río de la noche". Este río, considerado por el historiador Diego de Torres Vargas, como el de las aguas más salutíferas de la isla – "porque todas las de la Isla, como son de oro, se tienen por bonísimas y muy digestivas, pero la más delgada, habiéndolas pesado todas, fue la del Aibonito, cerca del Valle de Coamo, como dos leguas"–, es el río Cuyón, pero no pertenece a su cuenca el sitio donde radica el pueblo.

Aunque de acuerdo con el símbolo llamado de López de Haro, firmado el 5 de diciembre de 1644, en el cual se describen las iglesias y capellanías servidoras como curato que había en la Isla, al enumerar las iglesias, hatos, hatillos e ingenios, menciona a Coamo, Guayama, Luquillo –un hato de criadores de tres leguas de la iglesia de Coamo--, Cayey de Muesas y Loíza. La primera referencia relativa a la fundación de Aibonito aparece en el 1903, en la publicación periódica Cosmos, editada en Yauco. Según ésta, en el año 1630, Pedro Zorascoechea, natural de Vizcaya, estableció una ranchería en el paraje visitado años antes por el arcabucero Diego Álvarez, de la cual seguramente surgió la aldea y luego el pueblo de Aibonito.

Era el procedimiento entonces, que cuando una aldea o territorio quería constituirse en pueblo oficialmente, separándose de la jurisdicción del municipio al cual pertenecía, sus vecinos conseguían poder autorizado ante escribano, a un vecino de prestigio, para que compareciera en su representación ante el gobierno central y radicara la solicitud. Recayó este honor en la persona de don Manuel Vélez, natural de Vega Baja, quien solicitó en 1822 que la aldea de Aibonito fuese declarada pueblo, mediante su separación de la antigua Villa de Coamo. Para esa fecha el vecindario constaba ya de 2,125 almas, como se decía entonces. Según el Dr. Cayetano Coll y Toste –**Boletín Histórico de Puerto Rico**–, la separación oficial fue concebida el 13 de marzo de 1824, siendo Gobernador de la Isla don Miguel de la Torre, Conde de Torrepando.

El sitio donde se enclavaba el pueblo, en sus orígenes un predio de diez cuerdas fue comprado al rico terrateniente del B. Pasto don Francisco de Sales Colón, la suma de 120 pesos. Como no había dinero, a solicitud del apoderado don Manuel Vélez, dicha suma fue prestada por los vecinos León del Rosario y Juan de la Rosa Ortiz, reconociéndoles en pago de dicha suma el derecho de propiedad sobre cinco dólares. El deslinde del pueblo de la jurisdicción de Coamo estuvo a cargo del agrimensor don Atilano Bonilla, quien luego fue Secretario del Municipio. Al hacerse este deslinde fueron incluidos los barrios Asomante, Río Cuyón, Pasto, Roble y Llanos. El 4 de noviembre de 1826 se efectuó el deslinde entre los barrios Asomante de Aibonito y Pulguillas de Coamo. La fijación de la línea divisoria con el pueblo de Cayey quedó pendiente y no se practicó hasta el 1827, creándose entonces el barrio La Plata, uno de los más productivos del municipio.

El gobierno del pueblo quedó compuesto por el Teniente a Guerra don Pablo de Rivera, quien fue el diligente Capitán Poblador que el 22 de julio de 1824 envió al Gobernador de la Torre copia del Acta relativa al trazado de las calles y de la asignación de los solares vendidos a los vecinos "a la razón de cuatro reales la vara cuadrada". La Junta de Visita –hoy Asamblea Municipal– la componían José María Colón, Lucas Colón de Santiago, Apolinar Rivera, Manuel Vélez y Pedro Colón. Esta se constituyó el 27 de marzo de 1828 por disposición del Gobernador don Miguel de la Torre.

A instancias de los vecinos, el obispo de la diócesis, Dr. Pedro Gutiérrez de Cos, expidió en 13 de diciembre de 1830 un auto disponiendo erigir en parroquia separada e independiente la iglesia construida en 1825, dedicada al patrocinio de San José, su patrono tutelar. Los esclavos celebraban el Día de Santiago, en el que elegían y coronaban un Rey, al cual las autoridades municipales entregaban las llaves de la Casa Consistorial o Casa del Rey, es decir, la Alcaldía. Aibonito había sido declarado pueblo con anterioridad, pero como la creación de parroquias era de la potestad del obispo, no fue hasta el 13 de enero de 1831 cuando el sacerdote don José de Santiago bendijo la iglesia, que era de madera y techo de tejamaní. El primer aiboniteño bautizado en la nueva parroquia fue Juan Díaz.

Aibonito dispone de una biblioteca pública con equipos de recursos audiovisuales (grabadoras, tocadiscos, proyectores) para realizar diferentes clases de investigaciones. Sus socios (personas que tienen derecho a tomar libros prestados para sus casas) ascienden a más de 800 y la enorme cantidad de libros en existencia sobre diferentes tópicos y convenientemente clasificados, están listos para ser leídos en su confortable sala de lecturas. Su Escuela Elemental Urbana cuenta con nuevas estructuras que se realizaron a un costo de $700,000.00. La secundan la Escuela Sucesión Torres y la Escuela Llanos Adentro, como la Degetau de Aibonito. Los padres salesianos llegaron en 1900 procedentes de la Habana, Cuba, y cooperan con los humildes en una labor de gran aliento social. Desde 1910, tuvo el municipio su banda escolar. Funcionó bajo la dirección de Pepe Pont, hasta que en 1930 se sumaron otros nombres a los ya consagrados y se llamó Banda Municipal, que recrea al vecindario en la moderna edificación para conciertos, frente a la Santa Catedral.

Sus fiestas patronales, del 23 de julio al 1ro. de agosto, en honor al patrono Santiago Apóstol, constituyen una prueba de su tradición cristiana, donde fervor, devoción y sociabilidad se unen en sus misas rezadas, repiques de campanas, charangas, colgaduras de farolillos, salvas de cohetes y fuegos artificiales, así como campeonatos y espectáculos artísticos, que hacen las delicias de chicos y mayores.

Geografía...

Área: 31.36 millas cuadradas
Situación y límites

Este municipio colinda por el Norte con el municipio de Barranquitas, por el Este con los municipios de Cidra y Cayey, por el Sur con los de Salinas y Coamo y por el Oeste con el municipio de Coamo.

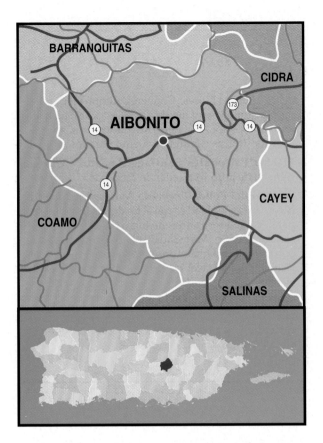

"La Ciudad Fría", como se llama a esta zona, es también denominada la Suiza de Puerto Rico, pues es en Aibonito donde se ha registrado la temperatura más baja (40°) en la Isla, el 9 de marzo de 1911.

Geográficamente, el municipio corresponde a la región denominada Sierra de Cayey, de tal manera que ésta comienza precisamente al Este de Aibonito. Sus suelos, como los restantes de la región, son propicios a la erosión. Aibonito es el pueblo más alto de Puerto Rico, ha alcanzado los 2,401 pies sobre el nivel del mar en La Sierra; 2,394 en la Torre Degetau; 2,109 en el Bamboo Inn, Asomante y 2,042 en Buena Vista. Desde este último lugar puede divisarse la bahía de San Juan, y desde la altura del Asomante, parte de la llanura de la costa sur y la isla Caja de Muerto.

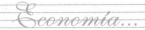

Poseía este municipio un centro tabacalero y grandes cafetales, cuyo cosecho era de 5,187 quintales en 1919, el ciclón San Felipe redujo a 61 quintales de café en 1929. En 1920 quedó establecida en Aibonito una sucursal del Banco de Ponce. Para esta fecha existían varios talleres dedicados a la confección de sortijas de corozo, tapicerías, ebanisterías, de confección de ropa interior, guantes y despalillado de tabaco.

Aun cuando su agricultura haya decaído, todavía se producen en el municipio los frutos que son propios de la tierra puertorriqueña. Se cosecha tabaco, café, y son célebres sus flores, que tienen una gran demanda en el mercado capitaleño. Buena parte de sus terrenos está dedicada a pastos, para la producción de una importante ganadería. En la jurisdicción de este municipio existen también depósitos de archilla blanca o caolín, que se usa en alfarería y cerámica.

En 1974 existían dos vaquerías de primera clase que entregaron ese año a las plantas elaboradoras 1,886,448 cuartillos de leche, y 91 agricultores de tabaco con una cuota anual de 8,951 quintales.

Diferentes programas de agencias estatales y actividades municipales proveen empleos regulares e irregulares a los aiboniteños. Cuenta con algunas unidades industriales y entre ellas fábricas de ropas de mujer y niños, tapicería, diamantes y muebles, con un empleo potencial de 500 personas.

Aquí nació...

Dr. Manuel Álvarez Nazario, extraordinario lexicógrafo que nació en 1920 y ha escrito sobre la influencia negroide y taína en el lenguaje español en Puerto Rico. Recibió en 1962 un premio del Instituto de Literatura Puertorriqueña. Sus libros más conocidos, **El arcaísmo vulgar en el español de Puerto Rico** (1957), **El elemento**

afronegroide en el español de Puerto Rico (1961) y **El Habla campesina del país: orígenes y desarrollo del español en Puerto Rico** (1990).

José Conrado Hernández (1849-1932), que después de haber obtenido la instrucción elemental y graduarse de Bachiller en Artes en 1865. Obtuvo en la Universidad de Salamanca en 1873 el título de Licenciado en Derecho Civil y Canónico. Más tarde el de Doctor en Teología en el Colegio Central de Salamanca. Ejerció en la Audiencia Territorial de Puerto Rico y en Cuba (Santiago de Cuba, Pinar del Río y Santa Clara) y en Filipinas.

Lugares de interés...

Las Trincheras de Asomante: En este lugar se llevó a cabo una de las últimas batallas de la Guerra Hispanoamericana.

Casa Manresa: Centro de retiro espiritual que ofrece sus servicios a toda la Isla. En sus inicios, fue el Seminario San Idelfonso.

Cañón de San Cristóbal: Toda una curiosidad geográfica de indescriptible belleza natural, de una riqueza fluvial acuática entre Aibonito y Barranquitas.

Costumbres y tradiciones...

Festival de las Flores. Comienza último viernes del mes de junio y se extiende diez días. Exhibición de todo tipo de flora de Puerto Rico, artesanías, música, comidas típicas y entretenimiento para los niños.

Fiestas Patronales Santiago Apóstol. Última semana de julio y se extiende diez días.

Festival del Pollo. Celebrada Anualmente por To-Ricos. Esta actividad es con el fin de recaudar fondos para entidades sin fines de lucro dentro y fuera de nuestro pueblo. Variedad de platos confeccionados con pollo, exhibiciones, artesanía, música. Usualmente se celebra por tres días en el mes de agosto.

Festival de la Montaña. Último fin de semana del mes de noviembre en la Plaza Pública que auspicia el Centro Cultural. Este festival es para promover el acervo cultural y las tradiciones.

Vista panorámica del pueblo de Aibonito

Añasco

Fundación: 1733

Gentilicio: añasqueño

Cognomento: Donde los dioses mueren

Población (1990): 25,450

Alcalde (1997): Hon. Pablo Crespo Torres

de Ponce de León, cuyo apellido se perpetúa en el nombre de la población.

En uno de sus detalles particulares - **las cuatro veneras o conchas de peregrino** - recuerda además el apellido del fundador del municipio, don José de Santiago, pues estas conchas, también llamadas "de Santiago", en la heráldica española representan tradicionalmente al Apóstol Santiago el Mayor, patrón de España.

La **Corona mural, insignia heráldica propia de los pueblos, villas y ciudades**, sustituye en el escudo de Añasco al yelmo, penacho y lambrequines que son distintivo de los blasones familiares y que corresponden al escudo del linaje.

ESCUDO

SIMBOLISMO: El escudo propiamente dicho es idéntico, en su diseño y esmaltes, al que porta una de las ramas del linaje de Añasco establecido en la ciudad de Trujillo (Extremadura) y del cual probablemente procedía el capitán Luis de Añasco, compañero de Ponce de León en su primer viaje de exploración a Puerto Rico, en la fundación de Caparra y en la conquista de Boriquén.

"Cuando pasó Juan Ponce a descubrir a Puerto Rico - señala en su Historia de Puerto Rico Fray Iñigo Abbad y Lasierra - llevaba en su compañía al capitán Luis de Añasco, de quien se agradó un cuñado del cacique Agueybaná y pidió por favor a Juan Ponce de León que diese el nombre de este capitán, del que usó en lo sucesivo". A estos datos añadió Salvador Brau en su obra **La Colonización de Puerto Rico**, las referencias de que Luis de Añasco resistió, junto con otros capitanes, el ataque indio a Aguada; participó luego en la campaña contra la insurrección de los indígenas y apadrinó en su bautismo a la cacica Luisa, razón por la cual recibió éste dicho nombre.

Luis de Añasco, fue vecino del partido de San Germán, y propietario de la hacienda en cuyo territorio se fundó, en el año 1733, el pueblo de Añasco, por iniciativa del rico hacendado don José de Santiago.

El escudo del pueblo de Añasco es pues, el mismo blasón del explorador y colonizador de Puerto Rico, compañero

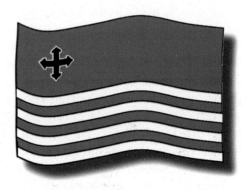

Historia...

El nombre de este municipio proviene del capitán Luis de Añasco, a quien Ponce de León dio el encargo de poblar la zona occidental de la Isla. Fue precisamente esta zona la que contempló el desembarco de Colón. Pero lo que más renombre le dio a Añasco fue la muerte del joven Salcedo, que el cacique Urayoán ahogara para probar si los españoles, sus opresores, eran inmortales.

En noviembre de 1511 el alcalde Juan Cerón, como teniente de gobernador de Diego

Colón, se asentó en la desembocadura del río Añasco -Guaorabo - denominando al pueblo San Germán. Y es esta fundación la que al fin absorbió aquella que había fundado Añasco, concentrándose a ser una estancia de su dueño don Luis. A petición de José de Santiago, rico propietario de esa jurisdicción, en 1728 Añasco pasó a ser considerado como pueblo, siendo su primer gobernador José de Mendizabal. Sobre la fecha de su fundación no estuvieron, sin embargo, de acuerdo los cronistas e historiadores de la época. Según Pedro Tomás de Córdova, ésto ocurrió en 1703. La erección como pueblo constaba no obstante, de la real cédula número 26 de 1733 y se produjo durante el gobierno de Matías de Abadía.

Por su parte fray Iñigo Abbad, después de describir el puerto de Añasco como "muy extenso y bien resguardado", afirmó en 1776 lo siguiente: "El pueblo de Añasco se fundó en 1733 con algunos españoles e indios, que habitan sus serranías; dista una legua de su puerto; está situado en una hermosa llanura circundada por todas partes de arroyos, caños y lagunas, que dificultan su entrada por todos lados, siendo inaccesible la mayor parte del año a los que la intentan a pie y sin práctica. Consta de 139 casas, que forman un dilatado cuadro, en cuyo centro está la iglesia, que es poco decente. Todo el terreno es pantanoso y húmedo, cubierto de yerba, que crece con una prontitud pasmosa. Los habitantes, que ascienden a 577 familias con 3,061 almas, son de color muy obscuro, bien sea efecto del clima demasiado cálido y húmedo, o por la mayor mezcla de la gente de castas de que se compone la capital de la Isla. Hay formadas dos compañías de milicias de infantería y una de caballería". Y proseguía: "Cogen con abundancia todos los frutos de la Isla, especialmente arroz, maíz, frijoles y tabaco, que es muy bueno; tienen grandes proporciones de ganado de cerda, vacuno y mular, que crían en los hatos y engordan en las estancias o praderías cuyas tierras son muy pingües para todo. En ellas cultivan alguna caña de azúcar, que benefician en trapiches para melado. Sus ganados y frutos sobrantes con los cueros y maderas de esta jurisdicción, pasan al Guarico, trayendo en torno ropas, harina, vino y otros efectos. En las cabeceras del río Añasco hay una mina de piedras inglas de las más finas y brillantes en su especie, pero las naturales no las utilizan ni hacen aprecio de ellas."

La iglesia fue erigida en 1730 bajo la advocación de San Antonio Abad de Añasco, dependiente de la Vicaría de la Villa de San Germán.

En 1797 se mandaron milicias a San Juan para su defensa ante los ataques ingleses. En 1813 fue abierta la receptoría de Aduanas y entre 1874 y 1875 fue construida su Casa Ayuntamiento. Añasco padeció diversas vicisitudes que de algún modo alteraron su desarrollo, toda vez que en 1856 sufrió una epidemia de cólera y en 1886 otra de viruelas. En 1913 el pueblo fue destruido en parte por un violento incendio y en 1918 recibió las sacudidas de un terremoto.

Su historia política se caracterizó de 1899 a 1944 por ser apasionada, llena de violencia y pródiga en intrigas. Aquí se fundó el Partido Independista antes de que se hiciera en Bayamón bajo la dirección de Gilberto Concepción de Gracia. Contó con varios periódicos, tales como **El Alba**, **Don Crispín**, **El Gladiador**, **El Heraldo de Añasco**, **El laboratorio**, **La Nueva Isla** y **La República**.

Su ampliación se realiza hoy con el desarrollo de modernas urbanizaciones como San Antonio, Lugo, Jardines de Añasco, Brisas de Añasco, etc. Antes tuvo fama por sus morcillas, pero actualmente el hojaldre y la pasta de mangó están entre los productos típicos que caracterizan la mesa de los añasqueños.

Tiene un área de 40 millas cuadradas (104 kms. cuadrados).

Su relieve es llano por estar localizado en la región de los Valles Costeros del Oeste. Se le puede catalogar de una combinación de valles y montañas. El valle cubre un 26% de la topografía; las lomas, montañas escalpadas y algunos terrenos con declives llevaderos a altos, cubren un 63%. Al norte corre la Cadena de San Francisco, grupo de montañas que se unen a la Cordillera Central.

> Cerro Canta Gallo - Barrio Piñales
> 370 mts. (1,214) de altura
> Cerro Gordo - Barrio Cerro Gordo
> 340 mts. (1,115) de altura
> Cerro Pichón Barrio Corcovada
> 340 mts (1,115) de altura

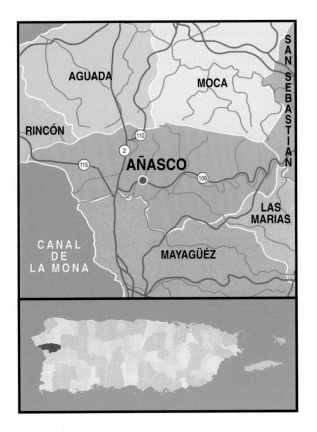

La cuenca hidrográfica formada por el Río Grande de Añasco y su más de cien (100) tributarios (ríos, quebradas y manantiales) es el más importante sistema fluvial de la región noroeste. La cuenca hidrográfica de Añasco, cuenta con otros recursos fluviales como: Río Hondo, Río Daguey, Río Humatas y Río Cañas.

Cuenta con 22 barrios: Añasco Arriba, Marías, Daguey, Carreras, Añasco Abajo, Playa, Caguabo, Hatillo, Piñales, Caracol, Quebrada Larga, Humatas, Cerro Gordo, Miraflores, Corcovada, Río Arriba, Espino, Cidra, Casey Abajo, Casey Arriba, Ovejas y Río Cañas.

Economía...

En los años 1950 se establecieron dos industrias manufactureras: la Edro Corp., (guantes de vestir para mujeres) y Añasco Sport (bolas de béisbol). En la década del 1960 se establecieron la Wilida, Inc. (ropa interior de mujer), la Blue Bell (mahones), Añasco (Caribe) Sports, Inc. (ganchos para béisbol).

A mediados de los años 1970 se estableció la Zona Industrial en Añasco para revitalizar la economía y sustituir las industrias ya establecidas que estaban por mudarse de Añasco. Se establecieron las fábricas 936 para fabricar productos biomédicos, instrumentos y tornillos de precisión y otros aditamentos.

Añasco cuenta con otras industrias que fabrican variados productos. La fuente principal de la economía y de empleo son las fábricas de la Zona Industrial.

La fuente principal de ingresos proviene de las industrias establecidas en la Zona Industrial; otras fuentes de ingresos son fábricas más pequeñas, la construcción, el comercio, la agricultura y el sector gobierno.

Baster Cardiovascular Group
    Aditamentos biomédicos (venas, válvulas)

Allergan Medical Optics
    Lentes intraoculares

Heyer Schulte Neuro Care
    Aditamentos biomédicos

Baxter Medivac
    Aditamentos biomédicos

Caribe G. C. de Puerto Rico
    Interruptores eléctricos

Techno Plastic Industries, Inc.
    Piezas plásticas para diferentes industrias

Wilida, Inc.
    Sostenes de mujer

Noelle Fashions
Ropa interior de mujer

National Export of Puerto Rico
    Paletas de madera

Las Maravillas de Aladino
    Figuras, imágenes y jarrones de yeso

Betteroads Asphalt Corp.
    Asfalto

San Juan Cement Co. Inc.
    Cemento

Terrazo Puerto Rico
    Losetas y terrazos

Garrido Hnos. Inc.
    Elaboradora de Café Crema

Fábrica de Hojaldre
    Bizcocho típico

poeta; Enrique Ramírez Brau (1894), poeta, periodista e historiógrafo; Enrique Ramírez Brau (1894), poeta, periodista e historiógrafo; Nicolás Soto Ramos (1897-1953); poeta y novelista; Juan Zacarías Rodríguez (1846 - 1928); poeta y novelista

Lugares de interés...

Cerro "Cerro Gordo" . Carretera 405, Barrio Cerro Gordo, Añasco, Puerto Rico. Tiene una altura de 1,115 pies, la segunda montaña más alta de Añasco. Posee una vista panorámica de dicha región. Lugar para establecer un Parador, para desarrollar el ecoturismo. Se ve el pueblo de Moca desde su altura y parte del Valle de Añasco.

Curvas de Añasco (Restaurants & Sea Food). Carretera 115, Km. 5.2, Barrio Caguabo, Añasco, Puerto Rico. Área de restaurantes con vista amplia a la Bahía de Añasco y el Mar Caribe. Se puede apreciar la Zona Montañosa y los llanos costaneros hasta punta Guanajibo en Mayagüez. Se especializan en comidas al sartén, criollas y en mariscos.

Centro Vacacional Las Villas de Añasco. Carretera 115, Km. 5.2, Barrio Caguabo, Añasco, Puerto Rico. Cabañas en forma de villas para fines vacacionales durante todo el año y recreación para toda la familia, playa, piscina, cafetería con salón de actividades, canchas de baloncesto y volibol. Acomodan seis personas. Tiene Guardias de Seguridad, cuenta con 34 cabañas y área de estacionamiento.

Aquí nació...

Entre sus hijos más ilustres es preciso señalar a Víctor Manuel Arrillaga Domínguez, poeta y periodista; Rafael Arrillaga Torréns (1913) ensayista que presidió también la Cámara de Representantes; Rosario Giscafré (1909), periodista y poetisa; José de Jesús Domínguez (1843-1898); ensayista, autor teatral y poeta que se considera como el precursor del modernismo en Puerto Rico; Manuel Guzmán Rodríguez (1863-1932), periodista y articulista; Leonardo Ponce de León (1865-1920), periodista, autor teatral, poeta, cuentista y novelista; Domingo Manuel Quijano (1835-1881),

Iglesia de San Antonio Abad

Festival del Chipe. Villa Pesquera, al lado del Balneario de Añasco, carr. 401, Añasco, Puerto Rico. Se celebra a mediados de octubre o al final. Como un reconocimiento al Chipe. Es organizado por el Centro Cultural de Añasco y la Asociación de Pescadores de Añasco. Música, artesanía, kioskos y competencias deportivas. La comida típica es preparada a base de la carne del Chipe; con la concha del Chipe preparan trabajos manuales.

Balseada Nacional Salcedo. Primer lunes de septiembre (Día del Trabajo). Salida - Puente Ovejas, carr. 430, Añasco. Llegada a Carr. Núm. 2, (bajo el puente de acero) que va de Añasco a Mayagüez.

Aunque no es un festival como tal, es una fiesta de pueblo que reúne más de veinte mil personas. La actividad consiste en navegar el Río Grande de Añasco. El recorrido dura más de dos horas, aún en kajacs. Hay quien se echa 3 ó 4 horas. Es una actividad familiar. No se permiten embarcaciones de motor. Participan sobre 500 participantes y hay premios por categoría. Los premios más esperados son en las categorías "inventos" y "la más original". La salida de estos 500 navegantes o más es un espectáculo (cómico) digno de verse. Bajo el puente de acero, la fiesta es con música en vivo, kioskos, comidas, artesanía y competencias deportivas.

Petroglifo de Urayo

Castillo El Sueño de los Niños

Arecibo

Fundación: 1515

Gentilicio: arecibeño

Cognomento: El pueblo del Cetí

Villa del Capitán Correa

Población (1990): 101,050

Alcalde (1997): Hon. Ángel M. Román Vélez

HIMNO
Por: José A. Monrouzeau

*Villa y Ciudad te conocí
acariciada por el mar
prodigio es ver cerca de ti
ríos formándose un collar
porque eres tú cuna gentil*

*de nuestro gran Pachín
Marín
Víctor Rojas también
de Campeche un jardín
el Capitán Correa invicto
fue un edén.*

*Arecibo, Arecibo
yo nunca te podré olvidar
pueblecito como tú no hay otro
igual.*

*Por tus atletas y tus héroes
tus hijos te saben querer
Con sus mujeres en sus
quereres
gratos recuerdos del ayer.*

*En el baseball estrellas
son Rodríguez Olmo con
Pellot. En basketball
gran sensación con John
Padilla en Nueva York
Así también cual
campeón Petaca Iguina
es colosal.*

*Nuestros atletas son
bravos por su ideal
Por eso gozan de fama y
admiración.
Arecibo, Arecibo...*

EL ESCUDO

La corona simboliza el dominio del Cacique Francisco Xamalca Arasibo sobre la región del Abacoa.

La tortuga simboliza una de las fuentes de riqueza del primitivo pueblo de Arecibo.

La greca taína en medio, hace alusión a la raza imperante en la comarca.

Los rombos dorados y azules reproducen la heráldica de Don Felipe de Beaumont y Navarra, Gobernador de Puerto Rico y fundador de Arecibo como pueblo. Así, el azul y oro representan el apellido Beaumont.

El cinturón o correa representa a Don Antonio de los Reyes Correa, defensor del pueblo de Arecibo cuya hazaña contra los ingleses en el 1702 quedó plasmada para siempre en la historia de Arecibo.

La corona mural que imita castillos y murales es símbolo de Comunidad Municipal.

Las cinco torres identifican al pueblo como Ciudad Metropolitana.

La existencia de Arecibo como núcleo poblacional se remonta a los primeros años del siglo XVI (1533). Para esa época indios encomendados a los españoles y éstos, empezaban a dar vida a este rincón como aldea para el año 1570.

Aunque se han sentado bases históricas para inferir que el nombre de Arecibo proviene de un jefe indio llamado Arazibo, nuestro historiador, Lcdo. Francisco M. Cadilla, pone en duda esta aseveración en la página 18 de su historia joya literaria "Los Ochonentistas" y fundamenta el nombre de nuestro pueblo en la mención que hace el historiador don Antonio de Herrera, cuando se refiere a uno de los siete ríos más caudalosos de la época, el río Arecibo.

En el año 1614 siendo gobernador de la Isla don Felipe de Beaumont, nuestra aldea de acuerdo a su crecimiento poblacional fue ascendida a categoría de pueblo. El caritativo gobernador don Felipe de Beaumont con la anuencia del Obispo Pedro Soler, le llamó San Phelipe del Arecibo. En el año 1778 fue declarada Villa, y obtuvo el título de "Muy Leal" en el año 1850.

Geografía...

La ciudad de Arecibo cuenta con un área de 127 millas cuadradas. Es el municipio más extenso de Puerto Rico.

Se encuentra en las llanuras de la costa norte de la Isla, a 50 millas al oeste de San Juan. El Océano Atlántico le brinda un refrescante límite en la parte norte. Limitado el sudoeste por el pueblo de Lares; al sudeste por Utuado; Barceloneta y Florida le limitan al este; y terminamos nuestra extensa zona territorial al oeste, en colindancia con el pueblo de Hatillo.

Los sectores de la zona urbana de Arecibo son: La Monserrate, San Felipe, De la Cruz, Del Rosario, Buenos Aires, Miramar, San Luis, Vigía y Jareales. La zona rural la componen los siguientes barrios: Arenalejos, Arrozal, Cambalache, Carreras, Domingo Ruiz, Dominguito, Esperanza, Factor, Garrochales, Hato Abajo, Hato Arriba, Hato Viejo, Islote, Miraflores, Río Arriba, Sabana Hoyos, Santana y Tanamá.

Los ríos más importantes que bañan las riberas de Arecibo son el Río Grande de Arecibo y el Río Tanamá. El primero nace en Adjuntas, en el Monte Guilarte, y desemboca en el Océano Atlántico, en Punto Morrillo. El Río Tanamá nace en Utuado, en las montañas colindantes con Adjuntas, y fluye, refrescando a su paso los terrenos de los barrios La Esperanza, Dominguito, Hato Arriba y Tanamá. Culmina su largo recorrido, en fraternal abrazo con el Río Grande de Arecibo.

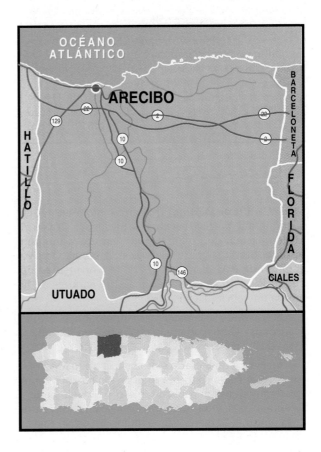

Uno muy importante que hay en esta región es el Bosque y Vivero Cambalache. Está localizado en el Barrio Barrochales de Arecibo.

El propósito principal de este vivero es la producción de árboles forestales. La organización y descripción de la flora que allí existe, te servirá de laboratorio natural. Encontrarás en el bosque especies, como las siguientes: almendra, árbol de papel, ausubo, caoba y cedro, entre otras.

Fauna...

El **Cetí**. Otro dato curioso es el apelativo con que habrás escuchado llamar a la ciudad de Arecibo. El Pueblo del Cetí. ¿Te has preguntado por qué? ¿Sabes lo que es? El vocablo cetí es de origen indígena. Es un pequeño pez, cuyo tamaño fluctúa entre media y una pulgada. En épocas específicas y en momentos determinados, aparece en la boca del río. Se mueve de oeste a este, por la costa norte solamente. En ocasiones, estos pequeños peces forman una gran masa, que mide 25 ó 30 metros de largo. Aparecen en la menguante de julio y continúan sin interrupción en las menguantes de los meses subsiguientes, hasta enero. Se pueden obtener diversos platos: alcapurrias, croquetas y las conocidas y apetitosas empanadillas de cetí. Desde el 1982, se celebra el Festival del Cetí. Este diminuto y delicioso pececillo es ya parte de nuestra tradición.

Aquí nació...

María Cadilla de Martínez - Maestra, pintora, ensayista, historiógrafa, poetisa, cuentista y folclorista. Nació el 21 de diciembre de 1884. Estudió en el Washington Institute, donde se graduó de Maestra Normal. Obtuvo el grado de Bachiller en Artes de la Universidad de Puerto Rico, en el 1928; y su maestría en artes de la misma universidad, en el 1930.

Se trasladó a España y prosiguió sus estudios avanzados. Obtuvo el grado de doctora en filosofía y letras de la Universidad Central de Madrid.

En el mundo literario se le conocía como María de América, y fue reconocida internacionalmente como "pionera y figura máxima de folclor puertorriqueño". Temprano en su vida, demostró inclinación hacia el arte de la pintura. Comenzó sus estudios artísticos, bajo la tutela de don Francisco Oller. Murió en Arecibo, el 23 de agosto de 1951.

José Coll y Cuchi - Nació el 12 de enero de 1877 y murió en Santurce el 2 de julio de 1960. Se graduó de abogado en la Universidad de Barcelona, España. Fue Representante a la Cámara y catedrático de historia en la Universidad de Puerto Rico.

Fundó el Partido Nacionalista de Puerto Rico con un grupo que había seguido a De Diego, 1922.

Publicó varios libros: **La cuestión secular del pueblo hebreo**, **La doctrina de América**, **Un problema de América y El nacionalismo en Puerto Rico** (1923), premiado por la Academia Española de la Lengua como la mejor obra escrita ese año.

Cayetano Coll y Toste - Nació el 30 de noviembre de 1850 (en la casa número 30 de la calle que hoy lleva su nombre). Fue médico, poeta, político, periodista, ensayista e historiador. Estudió en el Seminario Conciliar de San Juan, donde se graduó de doctor en medicina y cirugía en la Universidad de Barcelona.

En España, inició su labor periodística en la **Revista Ramillete**, que fundó y dirigió.

Fue Director Médico del Hospital de la Monserrate, en Arecibo; y del Asilo de Niños Huérfanos, fundado por él.

Su producción literaria demuestra sus intereses variados. Publicó los siguientes libros: **Boletín histórico de Puerto Rico, Crónicas de Arecibo, Colón en Puerto Rico, Historia de la instrucción pública en Puerto Rico hasta el año 1898, Leyendas y tradiciones puertorriqueñas**, entre otros.

René Marqués -Nació el 4 de octubre de 1919 y murió en Río Piedras el 22 de marzo de 1979. Graduado de agronomía en el Colegio de Agricultura y Artes Mecánicas de Mayagüez, se dedicó luego a la literatura. Cultivó varios géneros literarios: poesía, cuentos, novela, ensayos, drama. Sus obras principales son: **La víspera del hombre** (1950), **La carreta** (1952), **La muerte no entrará en palacio** (1957), **Los soles truncos** (1958), **El apartamento** (1963) y **Mariana o el alba, Carnaval Adentro, Carnaval Afuera, Un niño azul para esa sombra** y **Cuentos Puertorriqueños de Hoy**.

Lugares de interés...

Observatorio de Arecibo. Se ha convertido en parte de nuestro patrimonio de pueblo. Podemos observar desde su ubicación en el Barrio Esperanza de Arecibo, el Universo. Es el más grande e importante radio telescópico científico del mundo. Es administrado por la Universidad de Cornell.

Museo Faro de los Morrillos. Fue construido entre 1892 y 1898 como un Faro de Tercer Orden con un radio de luz de 18 millas. Luego de muchos años en ruinas, fue restaurado pero no habilitado, por lo que volvió a ser ruinas. En 1994 la Administración Municipal decidió volver a restaurarlo y habilitarlo para albergar lo que hoy conocemos como Museo Faro de los Morrillos. Marzo '96 Exposición de Antigüedades del Hogar, mayo '9 "Exposición Ocho Artistas Negros, Julio '96 'Exposición de Santos (artesanales), noviembre '96 Exposición de Nacimientos.

Casa Ulanga. Fue el primer edificio de tres plantas en Arecibo. Construido en 1850 para ser la residencia de la familia Ulanga. En el primer nivel estuvo localizado un centro de comercio y una institución bancaria. Durante la epidemia del cólera sirvió de hospital. Su dueño, Don Francisco Ulanga, fue alcalde y la convirtió en Casa Alcaldía. Años más tarde se convirtió en cárcel, Corte Superior y de Distrito, Estación de Policía y Oficina de Telégrafo. Hoy día es la Casa de la Cultura Arecibeña.

Museo de Arte e Historia. Su edificio fue construido como un almacén. Luego de su uso original con Marqués y Compañía albergó a "Plaza Provision Company", luego de Compañía 755 Military Police de la Guardia Nacional de Puerto Rico. Estuvo en ruinas varios años. Fue adquirido por el Municipio de Arecibo para ser rehabilitado como área de espera del Terminal. En 1992, bajo la dirección del artista arecibeño Miguel Angel Méndez Santiago, fue convertido en el Museo de Arte e Historia de Arecibo. Desde entonces ha servido a Arecibo como uno de los puntos de desarrollo artístico de más relevancia.

Los paisajes antes de llegar a Arecibo son de gran variedad

Observatorio de Arecibo

Fundación: 1855

Gentilicio: arroyano

Población: 18,910

Cognomento: Pueblo grato

Alcalde (1997): Hon. Reinaldo Pirela Figueroa

HIMNO
Arroyo, Pueblo Grato

Arroyo, Arroyo Pueblo Grato
Sol de Dios, sale entre tus palmeras
tus riberas dan al Mar Caribe
soy de Arroyo, cuna que me vio nacer.

Riachuelo que surgió de las
aguas del Río Yaurel
que fuera incitador
de tu noble fundación.

Pitahaya cual región
nuestro indio comenzó
a explorar y a cultivar
nuestras tierras antes de Colón

Grandes fueron y son nuestras personas
Samuel Morse e Isabelino Cora, Max Sánchez,
Don Jesús María, Don Cristóbal Sánchez y
Don José de Choudens.

Y en nuestra educación
Cayetano Sánchez, Javier Amy
Juan B. Huyke, Mrs. Gallart,
Mrs. Quiñones y Carmen Bozello.

Nuestra historia transcurrió
no podemos olvidar
la Central de Lafayette
La Sierrita y a Nicasio Ledee.

(Pausa)

Arroyo, Arroyo Pueblo Grato
Sol de Dios, sale entre tus palmeras
tus riberas dan al Mar Caribe
soy de Arroyo cuna que me vio nacer
soy de Arroyo cuna -que - me - vio- nacer.

ESCUDO

Las figuras del escudo simbolizan lo siguiente:

La iglesia vieja en ruinas - representa el monumento histórico donde se cree que comenzó el primer poblado de Arroyo.

Los escapularios - simbolizan a la patrona del pueblo, la Virgen del Carmen. Estos representan la fe de nuestro pueblo.

Las guajanas - nos recuerdan el arroyo cañero y a la Central Azucarera de Lafayette.

Los postes del telégrafo - simbolizan la instalación de la línea telegráfica en Arroyo por el inventor Samuel B. Morse.

El mar y el pez - representan a los pescadores y la industria pesquera de Arroyo.

La montaña de la torre del viejo - simboliza el movimiento de lucha patriótica de un grupo de arroyanos en la Sierrita.

Las franjas azules ondulantes - están en la parte de la base del escudo. Estas indican agua, por lo cual se dice que éste es un escudo cantante, pues produce el nombre del pueblo: Arroyo.

El paisaje arroyano en verde - simboliza la eterna esperanza de la ciudadanía en un mejor porvenir. También recuerda la vegetación del lugar.

Aunque en la Gaceta de Puerto Rico del año 1868 apareció el año 1852 como la fecha de fundación del pueblo de Arroyo, lo cierto es que no fue hasta el 1855 que se hizo la petición formal para establecer el límite jurisdiccional entre Guayama y Arroyo según documento auténtico que obra en los archivos del Departamento de Obras Públicas de Puerto Rico.

Ya en 1859 el Ayuntamiento adoptaba un acuerdo sobre apertura de calles; y un año más tarde sobre construcción de una plaza de recreo, y una alcantarilla en la calle Marina de dicho pueblo.

En el 1878, menos de 25 años después de haberse fundado el pueblo, ya Arroyo contaba con 5,575 habitantes. Para entonces el municipio apareció constituido por los barrios Pueblo (Este y Oeste), Yaurel, Pitahaya, Cuatro Calles, Ancones, Palmas y Guásimas.

En 1898 el barrio rural Cuatro Calles apareció como parte de la zona urbana, o sea, barrio Cuatro Calles. La zona rural estaba constituida por los barrios Ancones, Guásimas, Palmas, Yaurel y Pitahaya.

En marzo 1 de 1902 la Asamblea Legislativa de Puerto Rico aprobó una "Ley para Consolidación de Ciertos Términos Municipales de Puerto Rico". La Sección 1ª de esta Ley estipulaba "que en el primer día de julio de 1902 el municipio de Arroyo (entre otros) sería suprimido como municipio y su ayuntamiento, junto con el Alcalde y los empleados municipales y todo el territorio del municipio sería anexado al Municipio de Guayama". Esta situación perduró desde el 1902 al 1905. En marzo de 1905 la Legislatura de Puerto Rico aprobó una ley mediante la cual se revocaba la ley aprobada en marzo de 1902 y el Municipio de Arroyo fue reorganizado y se constituyó de nuevo en municipio independiente con los mismos límites que tenía antes de ser anexado a Guayama y la misma organización territorial.

En el 1910 la zona urbana de Arroyo, hasta entonces constituida por el barrio Cuatro Calles, se subdividió en los barrios urbanos Cuatro Calles, Pueblo Este y Pueblo Oeste. Este fue el último cambio que sufrió la organización territorial del Municipio de Arroyo que en la actualidad está constituido por la zona urbana, subdividida en Cuatro Calles, Pueblo Este y Pueblo Oeste y los barrios rurales Ancones, Guásimas, Palmas, Yaurel y Pitahaya.

Geografía...

Área: 15 millas cuadradas

A este municipio lo limitan al Norte el municipio de Patillas, al Oeste el de Guayama, al Este el de Patillas y al Sur el Mar Caribe.

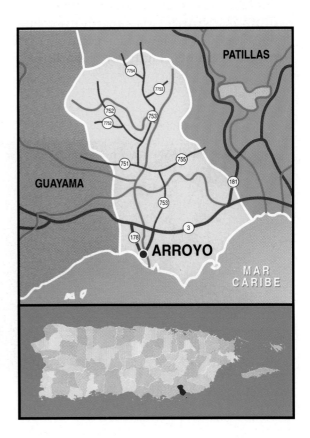

Corresponde geográficamente a la subregión Llanura Aluvial Ponce-Patillas, de la región denominada Llano Costero del Sur. Es un área muy seca, pero sus llanos aluviales son muy productivos gracias al riego artificial. Hacia sus límites con Patillas se encuentran los cerros de la Bandera, Magdalena o Juan Amaro y Yaurel. El límite del Barrio Ancones parte del punto más alto de Monte Verde, conocido también por Cerro Boca del Infierno, donde colindan los Barrios Ancones, Yaurel y Pitahaya. El cerro Corazón se encuentra en la cordillera que sirve de límite a los municipios de Arroyo y Guayama.

El río Nigua o Laurel, que vierte sus aguas en el Mar Caribe, atraviesa el municipio de Norte a Sur. Completan su sistema hidrográfico las quebradas Corazón, Antigua, Jácana, Yaurel conocida con el nombre de Zanjón, y otras de menor importancia. En la antigua Colonia Virella hay un manantial de agua mineral. También en este municipio hay un brote de aguas termales que nunca se han explotado. Entre los accidentes más destacados de su costa se encuentran el Puerto Arroyo y las puntas Figures y Guilarte.

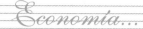

Economía...

Durante el año 1877 se exportó por su aduana una cantidad considerable de azúcar y otros productos agrícolas. En este año se exportaron también 13,400 libras de café. En 1894 había en Arroyo 62 estancias de frutos menores, dos minas de hierro y una de bronce.

En la historia económica de este municipio hay que resaltar la aportación de los pescadores y otros pobladores del extranjero. Los pescadores procedentes de otras tierras fueron los primeros visitantes del pueblo. En el censo de 1868, 330 de los 5,123 habitantes del municipio provenían de 11 países distintos, siendo la mayoría de África, de España y de Dinamarca. Aunque la pesca no es ya de la importancia que una vez tuvo, Arroyo está incluido entre las áreas pesqueras más importantes de la Isla.

Se cultivan muchos frutos alimenticios, como ñames, plátanos y yautías. En 1974 se cosecharon 57,654 toneladas de caña, que produjeron 4,721 toneladas de azúcar. Hasta hace poco se molían en la central Lafayette,

El cultivo de frutas y hortalizas es de gran variedad y riqueza

que ha descontinuado sus operaciones, permaneciendo inactiva. El sistema de riego ha beneficiado a este pueblo, dándole la oportunidad de dedicarse con éxito al cultivo de la caña y de otros productos agrícolas.

Cuenta también el municipio con un moderno y próspero comercio y con varias fábricas de muebles, medicinas, tintes, efectos eléctricos y de plomería, etc., que proveen empleo a numerosos vecinos de esta comunidad.

Aquí nació...

Isabelino (Visi) Cora. Conocido como el Inmortal del Deporte Puertorriqueño cuando su nombre se colocó en el Pabellón de la Fama del Deporte Puertorriqueño en 1973. Se destacó en atletismo y béisbol y fue un gran propulsor del deporte en Arroyo.

José (Cheo) Cruz. Ningún jugador de béisbol de la Liga Nacional ha participado en más encuentros que él desde que se convirtió en jugador regular en el 1977 y es el segundo puertorriqueño que ha sobrepasado la cifra de los 2,000 hits.

Finalizó su carrera de 19 años con los Yankees de Nueva York en el 1988. En su último turno al bate en las Mayores conectó cuadrangular con las bases llenas. El boricua fue seleccionado el "Mejor Jugador en los Primeros 25 Años" de los Astros.

Max E. Sánchez. Primer atleta arroyano que obtuvo medalla en los Juegos Centroamericanos y del Caribe celebrados en Panamá en el 1938.

Lugares de interés...

El Molino de Viento. Urb. La Milagrosa de Arroyo. Este se utilizó durante algunos años para moler la caña de azúcar en Arroyo.

Balneario y Área Vacacional Punta Guilarte (Cheriopolis). Una de las mas bonitas y mejores playas de Puerto Rico por su paisaje, comodidad y poca profundidad, localizada en la carretera de Arroyo hacia Patillas (Carr. #3). Cuenta con cabañas y otras facilidades turísticas.

Paseo Las Américas. Área del malecón en la bahía de Arroyo que constituye una atracción turística por su belleza.

La Plaza de recreo José Valles Inclán con sus árboles arreglados de forma muy particular.

Barceloneta

Fundación: 1881

Gentilicio: barcelonetense

Cognomento: La ciudad de las piñas

Población (1990): 26.270

Alcalde (1997): Hon. Sol Luis Fontánez Olivo

EL ESCUDO

El escudo de Barceloneta está dividido en cuatro partes. El mismo consiste de **dos banderas**: Una representa el Patrón de Cataluña, San Jorge Martir, y la otra el Escudo de Barcelona, España.

Las guajanas simbolizan la caña de azúcar, fuente de vida de la antigua economía agrícola de Barceloneta. **El azul** es símbolo de sus playas y puertos marinos, los cuales han sido de gran importancia para la industria y el comercio de la localidad.

Historia...

Barceloneta quedó constituido como municipio el 1 de julio de 1881. Fue uno de los últimos municipios fundados por el Gobierno Español en Puerto Rico. Es uno de los pueblos más jóvenes de la Isla. Trece años después de su fundación tenía un gran desarrollo agrícola e industrial. Para este tiempo contaba con 3 haciendas de caña de azúcar, 93 estancias de café y 100 de frutos menores.

El municipio de Barceloneta comenzó a funcionar efectivamente el día 22 de septiembre de 1881, tan pronto fue ocupado el cargo que ofrecía la Secretaría del mismo, cuya vacante había sido anunciada en La Gaceta, órgano oficial del gobierno de aquella época.

Era gobernador para ese entonces Don Eulogio Despujols. Como patrona del pueblo seleccionaron a la gloriosa Virgen del Carmen.

Cerca de diez años antes de haberse aprobado el Decreto de Fundación de 1881, ya existía un pequeño poblado establecido entre los barrios Palmas Altas y Garrochales, al Noreste, y que colindaba por el este con el Río Grande de Manatí. Muchos vecinos de pueblos limítrofes, como Vega Baja, Arecibo y Manatí, establecieron sus comercios y residencias permanentes en este nuevo pueblo. Entre estos nuevos vecinos se encontraban: Don Cruz Alegría, Don Eduardo Georgetti y Don Rafael Balseiro, quienes dieron lustre y renombre a Barceloneta en el campo de la política, la música y la literatura.

Ya para el año 1894, trece años después de su fundación, Barceloneta gozaba del prestigio de ser una municipalidad moderna.

El día 4 de enero de 1897, el Gobernador General de la isla de Puerto Rico ordenó que se hiciera y verificara el deslinde del pueblo de Barceloneta con la jurisdicción de Arecibo, lo cual estaría supervisado por el Negociado de Administración.

El 9 de febrero de 1898, se inauguró la vida autonómica en Puerto Rico. Sin embargo, España se encontraba para aquel entonces en medio de una gran crisis con Cuba, la cual desembocó en la Guerra Hispanoamericana con los Estados Unidos de Norte América.

El día 25 de marzo de 1898, el Almirante Simpson bombardeó a San Juan; y el 25 de julio de ese mismo año desembarcó en las playas de Guánica el Ejército de Ocupación de los Estados Unidos. Barceloneta fue ocupada por el Ejército Americano, sin ofrecer resistencia alguna, el día 12 de octubre de 1898.

Para los comienzos de 1899 el Municipio de Barceloneta solicitó su anexión al de Manatí. Nunca pudieron averiguarse las razones que motivaron tal decisión.

El gobierno militar de entonces, resolvió llevar esta situación a votación para que los vecinos decidieran. El sufragio se anunció para el 15 de agosto en Barceloneta y el 14 del mismo mes en Manatí.

Fue imposible la celebración de las votaciones, pues el 8 de agosto el ciclón San Ciriaco azotaba con furia la Isla. Así, pues, el plebiscito no se llevó a cabo y una orden del General Davis anexó a Barceloneta al Municipio de Manatí nuevamente.

De esta forma, quedaba Barceloneta convertida oficialmente en un barrio de Manatí, hasta que la Legislatura, mediante una Ley al efecto, le restituyó en 1911 las prerrogativas que en 1881 el General Despujols le había concedido. La separación del pueblo de Barceloneta, como municipalidad separada de Manatí se debió a las diligencias de cinco hombres ilustres que formaron una Junta Libertaria con ese fin. Fueron ellos: Ramón Marchand Muñoz, Rafael Marchand Rodríguez, José Sotomayor Hernández, Jesús Acevedo Ruiz y José Guerrero Quintero.

Geografía...

Barceloneta tiene un área de 34.34 millas cuadradas. Este Municipio, limita al Norte con el Océano Atlántico, al Sur con el Municipio de Florida, al Oeste con el Municipio de Arecibo y al Este con el de Manatí.

Corresponde geográficamente a la región denominada Llano Costero del Norte. Las tierras en la región del llano son planas y onduladas, y se encuentra un área montañosa

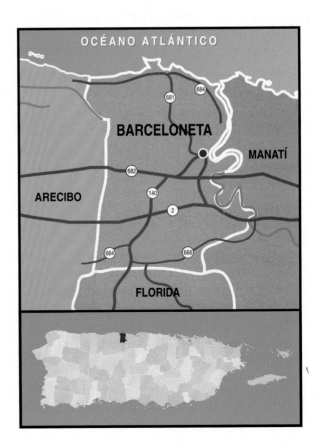

Alcaldía de Barceloneta junto a la plaza

pequeña, con elevaciones entre 160 y 300 pies sobre el nivel del mar.

El Río Grande de Manatí cruza por el Este de Barceloneta y va a desaguar al Norte de dicho pueblo, en el Océano Atlántico.

La temperatura promedio en el Municipio es de alrededor de 77.2°F. La época de lluvia dura desde agosto hasta enero, la sequía de febrero a abril.

BARRIOS

Pueblo, Pajonal, San Agustín, Puerto Blanco, Magueyes, Quebrada, Tosas, Cruce Dávila, Tiburón, Imbery, Trinidad, Palenque, Abra del Pimiento, Angostura, Boca, Palmas Altas, Punta Palmas, Horno, Llanadas, Garrochales, Seboruco, Barriada Catalana y Fortuna.

Economía...

Desde mucho antes de que Barceloneta se convirtiera en municipio independiente, su territorio se destacaba por la importancia de sus cultivos de caña y la excelencia de sus molinos azucareros.

Al iniciarse el siglo XX, ya la industria azucarera de los Balseiro y Georgetti estaba en franco progreso económico. Desde sus orígenes, la principal fuente de ingreso y subsistencia del nuevo municipio fue la agricultura y la elaboración de la caña de azúcar. Aún en el año 1960, la industria azucarera era la principal fuente de vida de los barcelonetenses. La vida giraba en torno a los diversos empleos que ofrecía la Central Plazuela.

Nos dice el Sr. Vicente Acevedo Ballester, alcalde de Barceloneta para aquel entonces, que la Central Plazuela empezó su molienda como ingenio azucarero desde principios del siglo XIX. Se le conocía con el nombre de Compañía Georgetti y luego con el nombre de Plazuela Sugar Company, la cual ganó dinero sin interrupción como Central privada hasta el año 1947, en que fue vendida a la Autoridad de Tierras de Puerto Rico. Ya para el año 1948 se le había sustituido la vieja maquinaria por una más moderna, marcando así una era de mayor progreso, tanto en el orden económico como en el social. Esta Central llegó a ser prácticamente la única fuente de vida para este municipio en aquellos años.

Desde el año 1957 comenzaron a oírse rumores de que la Central se iba a cerrar. Los padres de familia y el público en general empezaron a preocuparse. Llevaron a cabo varias actividades para evitar el cierre de la misma, pero todo fue en vano. El día 25 de junio de 1963 la Central Plazuela cerró sus operaciones. Hoy día sólo quedan sus muros y sus recuerdos.

Aquí nació...

José Agustín Balseiro. Cursó estudios en Puerto Rico, Estados Unidos y Europa. Obtuvo los títulos académicos de Licenciado en Derecho y Doctor en Letras.

En 1931 fue electo por unanimidad miembro de la Real Academia Española; único puertorriqueño a quien se le ha conferido ese honor. Entre las obras de Balseiro se destacan dos novelas: **La ruta eterna** y **En vela mientras el mundo duerme**. En el género poético se destacan los libros: **La copa de Anacreonte**, **Música Cordial** y **La pureza cautiva**.

Fue catedrático de las Universidades de Puerto Rico, Miami, Illinois y Arizona entre otros. Los críticos describen a Balseiro como "caballero de versos y prosa, fino puertorriqueño andante, que ha demostrado pericia en la novela, la crítica y la cátedra". Falleció en 1990.

Juan J. Cancel Ríos. Nació el 26 de agosto de 1925. Es graduado de la Escuela de Derecho de la Universidad de Puerto Rico. Como servidor público ha ocupado los siguientes puntos: Presidente de la Asamblea Municipal de Barceloneta, Representante a la Cámara por el Distrito de Manatí-Barceloneta, Senador por el Distrito de Arecibo, Vicepresidente y Presidente del Senado de Puerto Rico.

Benito de Jesús Negrón. Desde pequeño sintió un gran amor por la música. Formó parte de las agrupaciones Conjunto Alhoa, Daniel González y sus Guitarras, y fue por algún tiempo director de los programas de Don Rafael Quiñones Vidal. Fue miembro del Trío Vegabajeño, al que perteneció por veinticuatro años. Ha sido un excelente compositor. Entre sus canciones más notables está Nuestro Juramento, la cual ha sido grabada en varios idiomas y por grandes famosos artistas.

Sixto Escobar. Nació el 23 de marzo de 1913 en el Barrio Palmas Altas.

Realizó sus primeros años de estudio en la Escuela Rafael Cordero, en Santurce, donde finalizó el octavo grado. Su amor por el deporte del boxeo se manifestó a muy temprana edad.

A lo largo de su exitosa carrera como boxeador tuvo 92 combates, de los cuales ganó 79, perdió 12 y empató en uno.

En su memoria, una avenida de Barceloneta lleva su nombre, la cual se extiende de norte a sur. Este honor se le otorgó con motivo del gran triunfo de Sixto Escobar al conquistar el Primer Campeonato Mundial del Peso Pluma para Puerto Rico, el 26 de junio de 1934. Por esta hazaña fue electo en el año 1950, al reputado Salón de la Fama del Boxeo.

Monseñor Tomás Maisonet. Nació el 21 de diciembre de 1919. Cursó estudios elementales en la escuela pública de su pueblo y más tarde ingresó en el Seminario Conciliar de San Juan, en el año 1934, donde cursó los

Sixto Escobar

estudios de escuela superior. Realizó sus estudios de Teología en el Seminario Mayor Universitario de Mount Saint Mary, en Emmitsburg, Maryland. Fue ordenado sacerdote el 24 de febrero de 1945, en la Santa Iglesia Catedral de San Juan, por el entonces Obispo Monseñor padre Jaime Davis.

Monseñor Maisonet ha trabajado como sacerdote en el pueblo de Humacao y como Párroco en Cidra, Río Grande y en la Catedral de San Juan. Fue secretario particular del Arzobispo Jaime Pedro Davis; además, fue Capellán del Ejército de los Estados Unidos durante más de tres años, y Capellán de la Guardia Nacional por largo tiempo.

Colita Mercado de Dimas-Aruti. Nació Doña Colita Mercado en el Barrio Garrochales el 10 de febrero de 1899. A la temprana edad de cinco años empezó a sentir el vibrar misterioso de sus ensueños y de su espíritu inquieto.

En medio de sus luchas concibió la idea de publicar su libro **Psicología Femenina del Matrimonio**, el cual tuvo una gran acogida por la crítica literaria. Además de este libro, entre otros, **El ideal de la vida**, **Por un mundo mejor** y **Modelando una estatua**.

Empezó su carrera de periodista en el año 1925. Además de dedicarse al periodismo, ocupó diferentes puestos, los cuales dieron honra y orgullo a Puerto Rico.

Doña Colita fue Secretaria de la Legión Americana en Puerto Rico y Secretaria de la Asociación de Mujeres Votantes. Fue miembro de la Academia de Ciencias y Letras de Cádiz, España; miembro de la Academia Internacional de Prensa y miembro del Instituto de Literatura de Francia.

En Londres, Inglaterra, recibió el título de abolengo de Baronesa de Avatar. En España la declararon Gran Dama y recibió la Banda de la Orden de Santa Elena. Fue objeto de grandes demostraciones de afecto y simpatía.

Teodoro Moscoso. Nació en 1910. Cursó estudios en la Universidad de Michigan donde obtuvo el grado de farmacéutico. Fue uno de los principales arquitectos del movimiento de reforma económica conocido como "Operación Manos a la Obra" que tuvo como objetivo la industrialización de la Isla.

En 1950 redactó el proyecto de ley encargado de instrumentar el desarrollo de Puerto Rico, la Administración de Fomento Económico, y fue su primer administrador.

En 1961 fue nombrado por el Presidente Kennedy, Embajador de los Estados Unidos en Venezuela. Posteriormente se le encomendó la dirección de la Alianza para el Progreso, organismo encargado de canalizar la ayuda económica de los Estados Unidos a los países de América Latina.

La caña de azúcar fue la principal fuente de ingreso de este municipio.

Barranquitas

Fundación: 1803

Gentilicio: barranquiteño

Cognomento: Cuna de Próceres

Población (1990): 25,605

Alcalde (1997): Hon. Francisco López López

HIMNO
Por: Don Tomás Portocarrero

Inspirado en una de las áreas montañosas más altas
de Puerto Rico "La Torrecilla"

Aquí en el centro de nuestra tierra
entre montañas de gran verdor
sonríe glorioso mi Barranquitas
El pueblecito de mi pasión.

Coro

Perla brillante del Torrecilla
de ambiente plácido acogedor
Mi Barranquitas, Cuna de Ilustres
Muy gloria tuya fue Muñoz...

La suave brisa de sus montañas
bien le acarician con tierno amor
La luz Radiante del sol le baña
Le canta el ave dulce canción.

Coro

Perla brillante del Torrecilla
de ambiente plácido acogedor
Mi Barranquitas, Cuna de ilustres
Muy gloria tuya fue Muñoz...

ESCUDO

SIMBOLISMO: **Las barrancas**, recuerdan el cañón de San Cristóbal, ubicado en la divisoria territorial de las municipalidades de Barranquitas y Aibonito, aluden al nombre del pueblo y al de uno de sus barrios, del cual el primero es un diminutivo. **Los árboles de yagrumo,** simbolizan la elevación de Barranquitas sobre el nivel del mar, elevación que es una de las mayores entre las de las municipalidades de la Isla. **La corona mural** insignia genérica de ciudades, pueblos y municipios.

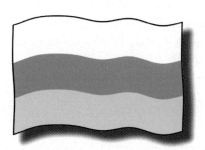

Barranquitas fue fundado en el año de 1803, gracias a los esfuerzos de su capitán poblador, Don Antonio Aponte Ramos. Este solicitó a nombre de los vecinos de Barranquitas que en ese entonces pertenecía a Coamo, que se le segregara este territorio y se le autorizara su constitución en municipio independiente. Esto se concedió oficialmente en el 1804 y así fue como se comenzó a construir la Iglesia que no se terminó hasta el año 1089, y que más tarde fuera destruida por el huracán San Felipe. Para el año 1825, los barrios que comprendían el pueblo de Barranquitas eran: Pueblo, Helechal, Palo Hincado, Barrancas, Quebradillas, Quebrada Grande, Honduras, Río Hondo, Comerío Alto, Comerío Bajo y Orocovis. Ese mismo año se separa de nuestro pueblo, Orocovis, para formar junto al barrio de Barros lo que es hoy Orocovis (antes partido de Barros). En el 1826, se separaron otros barrios y se añadió uno, Cañabón. En el año 1853, según consta en archivos, es la misma desde 1846 hasta el presente, ha cambiado muy poco, Pueblo, Helechal, Palo Hincado, Cañabón, Quebradillas, Quebrada Grande y Barrancas. En marzo de 1902 la Asamblea Legislativa de Puerto Rico aprobó una ley mediante la cual se revocaba la ley aprobada en marzo de 1902 y el pueblo volvió a tener la misma organización que antes de ser anexado a Barros.

El Siglo XIX para Barranquitas no trajo muchos cambios, sino que su desarrollo fue lento. Según han explicado personas que vieron el fuego de 1895, o que recuerdan cómo sus padres y abuelos contaban tristemente la historia; había en Barranquitas dos calles principales de casas construidas hasta la salida para Orocovis y la Calle Nicolás Santini llamada también "de la panadería". La Iglesia escapó del fuego gracias a los esfuerzos realizados por Lucas Escalera. La

Iglesia Católica San Antonio de Padua

reconstrucción del pueblo estuvo dirigida por el Sr. José O. Maestro José de Coamo. En el 1911, se construyó la Iglesia Bautista, también se fundó el Centro de Instrucción y Recreo. Para entonces, la plaza era de tierra afirmada con focos de gas y bancos de madera. La Casa Alcaldía se construyó para el 1928, el Reverendo Ramiro Martínez, recordado y querido de todos, fundó en el 1934, la Academia Monseñor Willinger. La Escuela Secundaria Pública fue construida en el 1953. El Hospital Municipal construido en el sector conocido hoy como La Vega, se terminó de construir para el año 1922. En el 1967 se edificó el nuevo hospital en la salida hacia Comerío, el cual fue remodelado en el 1977-78. La Iglesia (con la fachada actual) se terminó en el 1933, luego que la otra fuera destruida por un huracán.

Geografía...

Barranquitas está ubicado hacia el centro de la Isla, al norte de la Cordillera Central. Limita al norte, con los municipios de Corozal

Es una arcilla rojiza-anaranjada, suelta, porosa y bastante fina, que el agua penetra con facilidad. El agua de lluvia corre por la ladera y el torrente arrastra este barro blando hasta las márgenes del río, formando depresiones profundas que dejan las raíces de los árboles al descubierto.

Barrios

Palo Hincado, Quebradillas, Honduras, Quebrada Grande, Helechal, Cañabón y el Pueblo.

Ríos

Barranquitas, Usabón, La Plata y Grande de Manatí.

Montañas

La Torrecilla - 943 mts., y Farallón 788 mts.

Barranquitas fue y es, fundamentalmente, agrícola. Durante el 1894, contaba con 84 estancias de café, 52 de frutos menores, y 3 haciendas azucareras. También, poseía depósitos de guano, materia producida por murciélagos y otros animales, que se usaron en una época como fertilizantes. En los montañosos terrenos de esta pintoresca comarca, también se cultivó tabaco, café, batata, yuca, yautía, apio, habichuelas, habas, lentejas, frijoles, guineos, y otros frutos. El jíbaro sembraba toda planta comestible o de alguna utilidad, como la majagua, condimentos, plantas medicinales, flores y árboles frutales.

En la actualidad, aún se cultivan el café y el tabaco, así como los demás productos que se dan en la tierra puertorriqueña.

El Municipio tiene algunas industrias, entre ellas, fábricas de ropa.

y Naranjito; al este con Comerío y Cidra; al sur, con Aibonito y Coamo; y al oeste con Orocovis.

Zona Rural y Urbana

La extensión territorial que comprende todo el Municipio de Barranquitas, es de 33 millas cuadradas, que se dividen en zona urbana o pueblo, y siete barrios. Estos se conocen por los nombres de: Barrancas, Cañabón, Helechal, Honduras, Palo Hincado, Quebrada Grande y Quebradillas.

Topografía

Corresponde esta zona de Barranquitas, a la región denominada Sierra de Cayey. En la loma, donde está ubicado el pueblo, la capa de barro sobre la roca, en ciertos puntos, rebasa los 50 pies de espesor.

Café puertorriqueño de las montañas de Barranquitas

Investigaciones realizadas demuestran la existencia de filones de oro en estas tierras, que se pueden explotar industrialmente.

El pomarroso es el árbol que cubría casi toda la extensión barrosa de la región. Con raíces fuertes y hondas evitaban los desprendimientos de tierra que ocurrían, formándose muchas barrancas angostas, pero profundas. Al pasar fuertes lluvias, la loma tenía la apariencia de un terreno surcado entre árboles y malezas, pero sin ninguna simetría. Esta característica, le ganó el nombre de Barranquitas, diminutivo de barrancas. Así, se le conoció como el sitio, lugar o loma de las barranquitas.

Aquí nació...

Luis Muñoz Rivera. Fue político de ideas liberales, periodista y poeta. Nació el 17 de julio de 1859. En el 1917, apenas un año transcurrido de su deceso, se le concede a los puertorriqueños la ciudadanía norteamericana, por la cual él había luchado tanto, cuando fue Comisionado Residente en Washington (1911 al 1916).

El medio que más usó Muñoz Rivera, para la lucha por la libertad de Puerto Rico, fue el periódico **La Democracia**.

La oratoria de Muñoz Rivera era impetuosa, rápida, avasalladora y persuasiva. Su prosa periodística iba a la par con su voz oratórica, pues era combativa y cálidamente patriótica. Él logró hasta triunfar, el ideal autonomista de Román Baldorioty de Castro, en el 1897 - 1898, en cuyo régimen relámpago ocupó el cargo de Secretario de Gracia y de Gobernación.

Después de la Guerra Hispanoamericana, fundó Luis Muñoz Rivera el Partido Liberal, y en el 1904 el Partido Unión de Puerto Rico, que estuvo en el poder hasta después de su muerte, ocurrida en el 1916.

Mercedes Negrón Muñoz. Nació en el año 1895. Se le conoce en casi todos los medios por el seudónimo de Clara Lair, el cual utilizó para firmar sus libros.

Su padre fue el poeta Quintín Negrón; sus tíos, los poetas Luis Muñoz Rivera y José A. Negrón; y su hermana, la periodista y biógrafa Angela Negrón.

En el 1937, Mercedes se dio a conocer en las letras puertorriqueñas con su poemario **Arras de Cristal**. En el 1950 publicó su segundo libro de poemas, **Trópico Amargo**, en el cual incluía algunos de sus poemas ya publicados y, además una serie de poemas titulados **Más allá del Poniente**, los cuales dan nombre al poemario. Ambos libros fueron premiados entonces por el Instituto de Literatura Puertorriqueña, el cual, en el 1961, publicó un cuaderno con una selección de sus poemas. Fragmentos de su libro, y sus últimos poemas escritos, fueron publicados en la revista de dicho Instituto.

El gran poeta Luis Llorens Torres la llamó "Alma gemela de Alfonsina Storni".

Petroamerica Pagán. Nació en la falda de la Torrecilla. Realizó sus primeros estudios en Barranquitas, y obtuvo un Bachillerato en Trabajo Social, en la Universidad de Puerto Rico. Estudió en la Universidad de Columbia una Maestría en el Desarrollo de los Recursos Humanos, con especialidad en Rehabilitación Vocacional.

Durante su vida, ocupó muchos cargos, entre los cuales figuran: Directora de la Escuela Vocacional de Cidra, y Directora Interina de Rehabilitación Vocacional en Caguas. Creó programas para personas con incapacidades físicas. A través de los fondos federales que consiguió, logró establecer la política del gobierno, respecto a los servicios a personas incapacitadas físicamente. Logra establecer los programas de Terapia del Habla, Prosthesis, Rehabilitación a Ciegos, Becas, Rehabilitación del Tuberculoso y Trabajo Social a Impedidos.

Cañón de San Cristóbal - Precioso salto de agua que se encuentra en Barranquitas y Aibonito. Tiene una vista imponente y una vegetación muy bonita.

Casa de Luis Muñoz Rivera - Hoy, biblioteca pública y museo, en ella se encuentra el carro de Don Eduardo Giorgetti, gran amigo de Muñoz, el cual se lo regaló y que fue paseado como homenaje póstumo a Muñoz Rivera, durante varios días por diferentes pueblos de la Isla. También se encuentra su despacho, libros, un busto y otras pertenencias.

Tumba y Mausoleo - En ésta se encuentran los restos de dos próceres de nuestro pueblo: Don Luis Muñoz Rivera y Don Luis Muñoz Marín; se encuentran en el mismo además, los restos de Doña Amalia Marín y de Don Luis Muñoz Barrios; un mural dedicado de Luis Muñoz Rivera, guantes, sus botas, un cuadro hecho con el pelo de mujeres de San Germán. Es un lugar muy tranquilo y acogedor.

Plaza Pública - Remodelada al estilo colonial, rodeada de flores, donde se puede disfrutar de la brisa en una tranquila tarde de domingo.

El Cortijo - Fortaleza española construida por los años 30, por un señor de apellido Lozana. Decorada con motivos del Quijote traídos desde España por sus primeros dueños. A la entrada será recibido por una armadura española y al recorrer sus jardines y el interior de la casa, pensará en un Castillo Medieval.

La Casa Alcaldía - Localizada frente a la Plaza Pública. Construida en el 1928.

Centro Cultural Luis Muñoz Rivera - Donde periódicamente se llevan a cabo actividades para el público en general. En la primera planta, Biblioteca Pública.

Gali Orchids - Plantación de orquídeas y plantas ornamentales, localizada en la Carretera 152, Km. 7.5 Int.

Entrada al Mausoleo de Luis Muñoz Rivera

Bayamón

Fundación: 1772	
Primer alcalde (1772): José Ramírez de Arellano	
Gentilicio: bayamonés	
Cognomento: Ciudad del chicharrón	
Población (1990): 220,262	
Alcalde (1997): Hon. Ramón Luis Rivera	

HIMNO
Por: Ramón Luis Rivera

Bayamón, ciudad hermosa,
orgullosa de su ayer.
Al mirar hacia el futuro,
ves un nuevo amanecer.

Es tu gente la esperanza,
son tus hijos tu pri nor,
porque luchan sin descanso
por triunfar y darte honor.

Bayamón, mi ciudad,
mi lugar es aquí,
porque quiero luchar
en tu suelo hasta morir.

Bayamón, mi ciudad,
orgulloso estoy de ti,
de tu amor cantaré
en un himno al porvenir

Bayamón, mi ciudad,
mi lugar es aquí,
porque quiero luchar
en tu suelo hasta morir.

Bayamón, mi ciudad,
orgulloso estoy de ti,
de tu amor cantaré
en un himno al porvenir

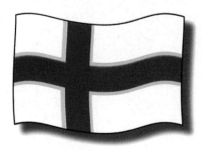

ESCUDO

Los esmaltes principales del escudo, plata y azul, representan las aguas del Río Bayamón y recuerdan que fue en su ribera donde se estableció el primer molino hidráulico de Puerto Rico. **La Santa Cruz**, titular de la Iglesia matriz de la municipalidad, y nombre de la antigua hacienda de caña de azúcar donde se originó la población, está representada por la cruz heráldica denominada "Cruz de Calvario". **Las flores de guajana** aluden directamente al cultivo e industria de la caña de azúcar, que tanta importancia histórica, social y económica tuvo en el origen y desarrollo de Bayamón.

La corona mural de cinco torres, empleada en Puerto Rico, para timbrar los blasones de los pueblos que bajo la monarquía española alcanzaron el título de ciudad, se asigna a Bayamón, como excepción, significa su excepcional desarrollo urbano y la dignidad cívica a que eventualmente será exaltada al convertirse en sede episcopal.

El lema constantiano IN HOC SIGNO VINCENS, constituye una doble referencia a la pieza principal del escudo y a la religiosidad del pueblo bayamonés.

El poblamiento y la fundación de Bayamón durante la segunda mitad del siglo XVIII tienen su origen en los primeros ingenios azucareros introducidos en el área. En 1584 Don Gregorio Santaolaya estableció en Bayamón un trapiche azucarero movido por caballos y un año después introdujo el primer ingenio hidráulico de Puerto Rico movido por las aguas del Río Bayamón. Estos primeros centros de producción azucarera, rústicos y primitivos constituyeron el medio y la base del poblamiento de Bayamón.

El 22 de mayo de 1772 es una fecha de gran significado en la historia de Bayamón. En ese día en solemne ceremonia, el cura D. José Martínez de Matos, junto a un séquito de feligreses señaló el atrio, fijó una cruz, colocó la primera piedra y bendijo el terreno donde comenzó la construcción del nuevo templo.

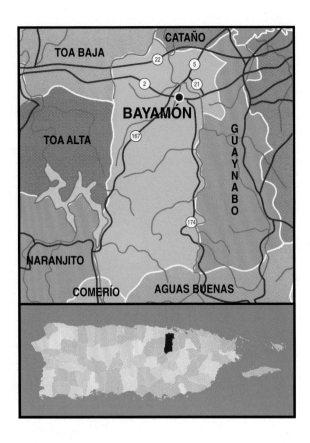

Geografía...

Bayamón está localizado en la parte norte de la Isla, al oeste de San Juan y está compuesto por 12 barrios, a saber: Hato Tejas, Juan Sánchez, Pájaros, Cerro Gordo, Minillas, Buena Vista, Dajaos, Santa Olaya, Guaraguao Bajo, Guaraguao Arriba, Barrio Nuevo. Constituye la segunda ciudad de mayor población, siendo superada solamente por San Juan.

Economía...

La economía de Bayamón, desde los tiempos de la conquista descansaba principalmente en el cultivo y desarrollo de la industria azucarera y su desarrollo como pueblo giró en torno de las grandes estancias e ingenios.

Además de los ingenios de Don Gregorio Santaolalla, los siguientes ingenios operaban en los márgenes del Río Bayamón a mediados del siglo XVII:

1. El Ingenio de D. Angel Moxica
2. El Ingenio de D. Juan Salinas
3. El Ingenio de D. María del Rincón
4. El Ingenio de D. Diego Menéndez

Durante las últimas décadas del siglo XIX, la industria azucarera de Bayamón registró notables avances al introducirse nuevos sistemas para la elaboración de la caña. Los antiguos trapiches de la Rivera de Bayamón, fueron modificados por los llamados "Trenes Jamaiquinos" que consistían en cinco pailas de fuego, donde se evaporaba el guarapo de la caña hasta producir el azúcar. Entre las personas más influyentes en Puerto Rico que contribuyeron a implementar estos nuevos sistemas de elaboración azucarera en

Iglesia Católica del Municipio de Bayamón

Bayamón, se encontraba el rico industrial Don José Ramón Fernández, conocido como el Márquez de la Esperanza. Su influencia en la vida económica del país fue notable, al introducir modernas maquinarias para la elaboración del azúcar.

Aquí nació...

José Celso Barbosa - (1857 - 1921). Músico, bachiller en arte, médico, periodista, político, poeta, Director de Ateneo y Miembro de la Gran Logia Masónica. Fundador del Partido Republicano Puertorriqueño en 1899 y del primer periódico bilingüe de Puerto Rico titulado **El Tiempo**.

Braulio Dueño Colón - Músico y compositor. Su primera obra musical para violín y piano la escribió a la edad de 12 años, a los 15 su primera danza y a los 21 su primer paso sinfónico titulado: "La Amistad". Hombre de extrema rectitud. Flautista que según los conocedores, arrancaba al instrumento sonidos de tal armonía que lo situaban a la altura de destacados concertistas.

Dr. Guillermo Fernández Mascaro - Nació en 1872. Escritor brillante. En sus estudios de medicina y ciencias fisioquóquicos obtuvo calificaciones jamás alcanzadas por alguno. Fue a Cuba a luchar por la independencia de la hermana Antilla. Alcanzó el grado de Teniente Coronel del ejército cubano con tres estrellas de oro. Fue soldado valeroso y orador de altos quilates, así como también gobernador de la provincia de Santiago y secretario de educación en la década del 20. Soldado, profesor gobernante, diplomático y político.

Francisco Oller - (1833 - 1907). Pintor, realista. Su maravilloso pincel se reveló contra arcaicas costumbres de su época. La primera gran exhibición de sus cuadros fue en París y el éxito fue rotundo. En España el rey le confirió por su resonante triunfo en la Madre Patria la codiciada "Cruz de Calos III". Uno de sus cuadros más famoso se llama **El velorio**.

La Ciudad de Bayamón cuenta con una de las instalaciones de carácter científico, educacional y de población más interesante del área del Caribe. Esta facilidad se conoce como el Parque de las Ciencias "Luis A. Ferré".

Museo de Transportación - Presenta una colección muy valiosa del desarrollo de la ingeniería automotriz, a través de los años. Desde la bicicleta hasta el transbordador espacial.

Zoológico - Cerca de este museo nos encontramos con el Zoológico. Existen cuarenta animales divididos en seis especies diferentes. Entre los ejemplares tenemos leones, panteras, tigres, osos, jaguares, monos, serpientes, nuestro chimpance "Yuyo" y el hipopótamo "Tommy".

Museo de Arqueología Indígena - Presenta una colección de murales y vitrinas repletas de artefactos y objetos que nos dan una visión de lo que era la época de los indios de Puerto Rico.

Museo o Pabellón de la Salud "Angel Ramos" - Primer Centro de Educación en Salud de Puerto Rico. Niños y jóvenes pueden entretenerse y a su vez obtener un mensaje educativo y positivo. Es un programa activo con temas de salud y cambios en los estilos de vida y conducta relacionada con la salud de las personas.

Museo de Ciencias Naturales - Donado por el prominente Dr. Ventura Barnes (Q.E.P.D.), natural de Ponce, Puerto Rico. La Ornitología es la ciencia que estudia y clasifica las aves. Representa uno de los valores científicos únicos en su clase y en el mundo entero. Por su detallada presentación de especies y por la calidad de la preparación de los ejemplares en exhibición. Luego de estar cazando por varios años en África, decide obtener su propia colección para traerla a Puerto Rico. En dicha colección se pueden observar búfalos, zebras, gacelas, jabalíes, en fin la colección más completa de antílopes disecados.

Costumbres y Tradiciones...

Fiestas Patronales dedicadas a la Invención de la Santa Cruz - La celebración de las fiestas patronales, en honor a la Santa Cruz, es una antigua tradición que forma parte de nuestra ciudad. Son unas fiestas de pueblo con una tonalidad puramente cristiana y tradicional. La comunidad se reúne con el propósito de participar en actividades de índole religiosa, social, cultural, cívica y deportiva. Comienza el último viernes del mes de abril y se termina a los 9 días subsiguientes.

Parque de las Ciencias en Bayamón

Cabo Rojo

Fundación: 1771

Gentilicio: caborrojeño

Cognomento: Tierra Pirata Cofresí

Población (1990): 39,328

Alcalde (1997): Hon. Santos Padilla Ferrer

ESCUDO

Los esmaltes principales del escudo, azul, rojo y plata recuerdan al fundador, San Miguel de Cabo Rojo, Don Nicolás Ramírez de Arellano, y al eminente hijo de este pueblo don Ramón Emeterio Betances, cuyo monumento en mármol honra la plaza.

La punta o triángulo rojo simboliza el Cabo, bermeja cual le vio Colón, y el azul y el blanco, con las anclas, el mar que lo rodea, con sus antiguos puertos y ensenadas, propicios a las hazañas y peripecias de la guerra marítima, a las aventuras de corsarios y piratas, a la pesca y al tráfico mercantil.

Las anclas recalcan este simbolismo, a la vez que junto a la punta, emblema heráldico de la rectitud, mantienen su universal significación como jeroglíficos de la esperanza.

La espada flamígera es el atributo de San Miguel Arcángel, Patrón de Cabo Rojo, y simboliza no sólo la justicia divina, sino la excelsa virtud de la humanidad, significada en el grito del Príncipe de la milicia celestial: *Quis ut Deus?* (¿Quién como Dios?).

Pasando a los atributos exteriores del escudo, puede decirse que la corona mural que lo realiza y distingue es emblema de municipalidad. Representa la unidad, la solidaridad, el propósito común que debe animar a los habitantes de una ciudad y municipio como portadores de una tradición histórica que ha de proyectarse en el futuro.

Historia...

Cabo Rojo le debe su nombre a los acompañantes de Cristóbal Colón, en su segundo viaje a las Américas el 19 de noviembre de 1493, cuando descubrió a Puerto Rico. Al encontrarse frente a la costa sur y al tratar de bordear la isla y llegar al extremo suroeste de la misma y ver el color rojizo de la tierra en el área de los Morrillos, los llamó los Cabos Rojos.

Según nos comenta el historiador Don Salvador Brau y Asencio ya para el 1512, se estableció el primer núcleo de personas cerca de los Morrillos.

Para el 1525, ya las Salinas de Cabo Rojo constituían un renglón de gran importancia económica para el país, y ya para el 1559, los colonos caborrojeños establecieron el primer núcleo de personas cerca del Puerto Real en lo que se denominó los Altos del Tujao. Para el 1759, se le negó a los caborrojeños la primera solicitud para construirse un pueblo, debido a una disputa entre dos familias sobre la ubicación del mismo. Para ese mismo año 1759, ocurrió hecho importante para la historia de nuestro pueblo.

Según el decir de los historiadores, la importancia económica de las salinas era la envidia de aquellos pueblos vecinos donde no había ninguna industria que satisficiera la economía de sus pobladores. Esta situación colma de envidia a los residentes de un pueblo cercano y, estos deciden venir a atacar por sorpresa para apoderarse de las salinas, pero que la voz oportuna de un caborrojeño que se encontraba en dicho pueblo ese día, dio la alerta a los caborrojeños y éstos lograron reunir a los vecinos de Puerto Real, Boquerón y el área del Faro y esperaron cerca de la Punta del Águila a que llegaran. Tan pronto éstos pusieron pie en tierra, los caborrojeños los atacaron con hachas y machetes hasta vencerlos. Por tal razón, al lugar donde ocurrió ésta pelea se le llama la playa "El Combate" y a los caborrojeños se les llama "Mata con Hacha".

Para el 1771, se concedió el permiso para la fundación del pueblo, gestión admirable realizada por Don Nicolás Ramírez de Arellano, quien fue la persona que los caborrojeños autorizaron para llevar a cabo los trámites para la fundación del pueblo. Esta gestión fue ante el gobernador y fundador del pueblo de Cabo Rojo, Don Miguel de Muesas, quien autorizó la construcción de una iglesia. Los caborrojeños escogieron como Santo Patrón a San Miguel Arcángel en honor a Don Miguel de Muesas. La Iglesia se empezó a construir en el 1773, se terminó diez años después en el 1783, y se quedó bendecida el 29 de septiembre, día en que todavía se celebra en honor al patrón. Esta iglesia tuvo como primer cura-párroco a Don José Baltasar Roxas.

Para el 1858, Betances junto a otros abolicionistas se dedicaban a comprar los niños esclavos antes de ser bautizados frente a esta iglesia de Cabo Rojo.

Para el 22 de marzo de 1873, ocurrió la abolición de la esclavitud. Para 1898, Puerto Rico pasó a ser posesión de los americanos y en dicho año fue que murió en París, Francia el más grande de los hijos de esta patria el Dr. Ramón E. Betances.

Para el primero de mayo de 1900, Cabo Rojo pasa a ser Municipio con todos los poderes que le otorga la Ley.

En el 1923 se construyó la Logia Cuna de Betances en el mismo lugar donde naciera el ilustre patriota.

Para el 1904, otro gran caborrojeño, Don Salvador Brau, escribió la primera **Historia de Puerto Rico** que se usó como texto oficial en las escuelas públicas del país. Esta obra, de un valor inigualable para aquel entonces, se mantiene como texto de referencia actualmente.

En el 1920 se trasladaron a Cabo Rojo los restos de Betances y se construyó un monumento, obra del escultor Diego Montano. Actualmente, Cabo Rojo cuenta con una serie de monumentos nacionales de importancia para el país así como con recursos naturales que convierten a Cabo Rojo en uno de mayor posibilidad para fomentar el turismo.

Geografía...

Cabo Rojo tiene una elevación de 250 pies sobre el nivel del mar. Su posición geográfica es de 18°.05 latitud Norte, 67°.09 longitud Oeste.

Los límites territoriales son: por el norte Mayagüez y Hormigueros, separados por el río Guanajibo y por el Sur le toca el Mar Caribe, por el este barrios de San Germán y Lajas, por el oeste, el Paso de la Mona.

El Cabo Rojo actual es un municipio con 72.2 millas cuadradas, ocupa el sexto pueblo de extensión territorial de Puerto Rico con una población estimada en 40,000 habitantes. Cuenta con ocho barrios, y es el de Llanos Costa más grande con 20.2 millas cuadradas.

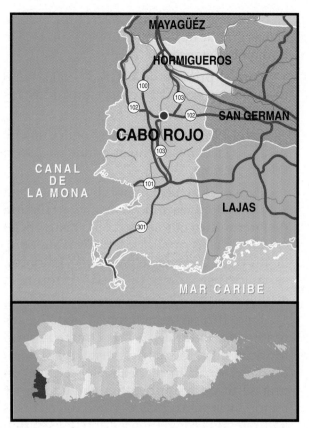

disminuye de este a oeste cuando se observa que es de 73 pulgadas en las cercanías de San Germán y 60 pulgadas en Puerto Real.

Las observaciones de las condiciones norte y sur de Cabo Rojo hacen notar más aridez, variando desde 65 hasta 39 pulgadas de lluvia. El período de lluvia en Cabo Rojo es de mayo a noviembre.

Economía...

La industria de sal es la primera industria netamente caborrojeña según comentaba nuestro historiador, Don Salvador Brau y Asencio. Para el 1525 ya las Salinas representaban un renglón de suma importancia para la economía del país. Esta sal actualmente no se utiliza para consumo humano y sí para industria y productos para animales.

Productos agrícolas - melón de agua, caña de azúcar, maíz, tomate, pimiento.

Cuenta con hermosas playas las cuales son visitadas por miles de personas todos los años.

Además, dentro del Municipio se encuentra la formación de montañas más antigua de Puerto Rico: Sierra Bermeja. El Monte Mariquita es el más alto con 993 y el Monte Grande, es el de mayor altura y el más cercano a la Zona Urbana con 723 pies.

El área del Faro posee una de las vistas panorámicas más impresionantes de todo el país.

Puerto Real es la villa pesquera de mayor importancia en Puerto Rico con una producción anual de 1,111.320 libras de pescado. También es la comunidad rural de parcelas más grande de Puerto Rico.

Cabo Rojo no tiene lagos ni ríos.

El promedio de lluvia anual de Cabo Rojo es de 65 pulgadas e indica que la lluvia

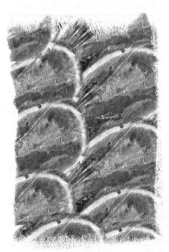

Melón de agua, se cultiva nucho en esta región

Fauna

Flora típica del área - guayacán, cactus, pitahaya, Vallehondo-vegetación xerofítica, palmillo enano en Monte Mariquita, de la Sierra Bermeja.

Aves que habitan y anidan exclusivamente en esta zona como el Turpial, la Mariquita y el Aura tizoña.

Aquí nació...

Ramón Emeterio Betances y Alacán - (1827 - 1898) Nació el 8 de abril de 1827 en el lugar donde está ubicada la Logia Masónica, Cuna de Betances, y en la calle que lleva su nombre. Su instrucción primaria la recibió en su pueblo natal, la secundaria en Mayagüez, y la profesional de médico cirujano en París, Francia.

Como médico, hizo una investigación científica la cual tituló, **Tratado sobre la Elefantitis**. Esta hizo que fuera reconocido en las diferentes escuelas de medicina de toda Europa.

Residió en Cabo Rojo como médico y abolicionista. Se dedicó junto a otros abolicionistas a liberar a los niños esclavos frente a la pila bautismal cuando costaban $25.00 pesos antes de su bautismo, dos costaban $50.00 pesos. Fundó una sociedad abolicionista, y con su ejemplo y prestigio ganó para su causa muchos adeptos y se generalizó por todo el país.

Betances luchó por la independencia de su patria, así como por la de Cuba y Santo Domingo. Fue el Alma mater del Grito de Lares, gesta histórica o heroica de los libertadores puertorriqueños que fracasó el día 23 de septiembre de 1868.

Don Salvador Brau. Historiador, actor dramático, poeta, periodista, ensayista y sociólogo. Nació en Cabo Rojo en 1842. Su labor como historiador comenzó en San Juan como unas conferencias que luego recogió en el libro **Puerto Rico y su Historia** (1894). En este mismo año (1894) le nombró la Diputación Provincial para realizar investigaciones en el Archivo de Indias, en Sevilla, sobre las fuentes históricas de nuestro pueblo. Estuvo en aquella ciudad española durante cuatro años cumpliendo la tarea asignada. A partir de este momento se dedicó a la crítica e investigación histórica. Publicó su **Historia de Puerto Rico** (1904) que está considerada como la mejor de su clase hasta hoy. Dejó sin publicar, mucho material recopilado sobre la historia de Puerto Rico. En sus últimos años recibió el nombramiento de Cronista Oficial del País. Su labor lo coloca entre las más vigorosas mentalidades hispanoamericanas. Murió en San Juan el 5 de noviembre de 1912.

Lugares de interés...

Monumento Roberto Cofresí Ramírez de Arellano - Cabo Rojo es el único municipio de Hispanoamérica que le ha dedicado una estatua a un pirata. La misma, está ubicada a la entrada del Balneario de Boquerón. Es una obra del escultor puertorriqueño Leo Buscaglia y fue instalada en el 1991, cuando se cumplió el bicentenario de su nacimiento.

El Faro de Cabo Rojo - Está ubicado en el extremo suroeste de la isla, en Punta Cabo Rojo. Fue construido en el 1882 bajo la dominación española, actualmente funciona automáticamente y como todos los faros brinda protección y seguridad a las embarcaciones que navegan por ese litoral marítimo. Todo el litoral del faro posee una de las vistas panorámicas más espectaculares de la región.

Monumento a Salvador Brau y Asencio - El monumento es una obra del escultor español F. Mares y es uno de los de mayor altura en Puerto Rico.

Monumento Dr. Ramón Emeterio Betances - En esta tumba monumento se encuentran depositadas sus cenizas, las cuales fueron trasladadas de Francia hacia su ciudad natal en el 1920. A ambos lados del busto se encuentran dos banderas, la Bandera Puertorriqueña y la del Grito de Lares. Las plantas de rosas sembradas en los costados del monumento son en homenaje a su entrañable novia caborrojeña Carmelita quien muere pocos días antes de casarse con él en Francia y la cual el ilustre caborrojeño mencionaba como "La Virgen de Boriquen". El busto fue una obra del escultor italiano Diego Montano.

Antiguo faro construido por los españoles en Cabo Rojo

Caguas

HIMNO
Por: Efraín García

Caguas, Caguas, Caguas,
ciudad bendita
de humilde y gran honor.

Caguas, Caguas, Caguas,
ciudad que canta
orgullosa su valor.

De Borinquen
eres poesía
porque tu suelo
inspiró su corazón,
y son tus hijos
bellos cimientos
que le dan vida a
su patria con amor.

Caguas, Caguas, Caguas,
ciudad bendita
de humilde y gran honor.

Caguas, Caguas, Caguas,
ciudad que canta
orgullosa su valor.

Tierra de encantos,
doncella hermosa,
del rubio sol,
y el alto cielo
hoy te contemplo
cual flor criolla
inspiración de Dios.

(Se repiten los últimos cuatro versos)

ESCUDO

Para el escudo se han escogido los esmaltes azul y oro, distintivos de la ciudad de Caguas. Las figuras simbolizan la antigüedad y los orígenes indígenas y cristianos de Caguas. **La corona** representa al cacique Caguax, Monarca del Valle del Turabo, a la llegada de los conquistadores españoles, además de simbolizar la aldea india, sede del cacique cuyo nombre perpetúa la ciudad.

Las flechas, armas ofensivas de nuestros indios, puestas en aspas o cruz de San Andrés, recuerdan la conversión al cristianismo del cacique Caguax. Simbolizan también la primera población cristiana del Valle de Caguas, denominada San Sebastián del Barrero. Dicha población existió en el Siglo XVI en la margen occidental del Río Grande de Loíza y cuyo vecindario probablemente constituyó el núcleo poblador de la aldea del Dulce Nombre de Jesús del Piñal, segunda población cristiana del Valle. A San Sebastián, titular de la ermita del Barrero, se presenta heráldicamente por las flechas, que fueron el instrumento de su martirio. **Las piñas** simbolizan la aldea del Dulce Nombre de Jesús del Piñal cuyos vecinos, se trasladaron del lugar que ocupaban en la margen oriental del Río Grande de Loíza, para fundar en 1775 la "aldea" de Caguas, constituida en pueblo en 1779, nombrada villa en 1820 y titulada como ciudad en 1894.

Su nombre se deriva del Cacique Caguax, legendario jefe indígena que reinó en estas tierras en el ocaso de la civilización taína; quien se enfrentó en valiente resistencia a los conquistadores españoles.

El pueblo de Caguas se fundó en el año 1775 en los terrenos pertenecientes a la familia Delgado. En 1820 debido al crecimiento poblacional se le dio el título de Villa. En 1894, Caguas recibió de la corona española el título de Ciudad; aunque la gran transformación comenzó tras el cambio de soberanía en 1898.

En 1812 pudo elegir como su primer Alcalde al Dr. Sebastián Jiménez, quien dirigió el Primer Ayuntamiento de Caguas. El pueblo se fue nutriendo con nuevos habitantes y prosperó. Para el año de 1820 se le concedió el título de villa siendo cabeza de distrito. La fuerza laboral de Caguas se ha notado en distintas actividades, mayormente a principios de la vida comunal, como especializada en el cultivo de la tierra para producir café, tabaco, caña y frutos menores. La actividad agrícola se destacó prominentemente hasta fines del siglo XIX cuando ya por su señalado desarrollo y potencial productivo la comunidad mereció en 1894 el título de Ciudad.

La economía evolucionó de una de haciendas azucareras y fincas de tabaco a una de industrias livianas. La infraestructura de la ciudad comenzó a expandirse desde 1903, incluyendo un sistema de agua potable, alcantarillado, la remodelación de la Plaza Palmer y un teatro. La primera extensión del pueblo se construyó en 1912 y desde entonces la ciudad ha seguido creciendo hasta convertirse hoy en un centro comercial y de transportación a los pueblos adyacentes.

Es a partir de los cambios y transformaciones que comenzaron en la década de 1940, que Caguas se convierte en una zona industrial y moderna.

Caguas tiene un tamaño de 58 millas cuadradas, y abarca 38,628 cuerdas de terreno a 250 pies de altura sobre el nivel del mar. De acuerdo con la Oficina del Censo, la población de Caguas en 1990 fue de 136,633 habitantes, esto es, 18,674 habitantes más que en el 1980. El Valle del Turabo, donde se encuentra la ciudad de Caguas, colinda al norte con Río Piedras y Trujillo, por el sur con Patillas y Cayey, por el este con Gurabo y San Lorenzo, y por oeste con Cidra y Guaynabo. Es un hermoso valle que nos brinda la riqueza de su suelo de aluvión, muy fértil, propicio para la siembra de la caña de azúcar. Este suelo es apropiado para la ganadería y la siembra de diversos productos agrícolas. El área de la ciudad comprende tierras llanas y semillanas.

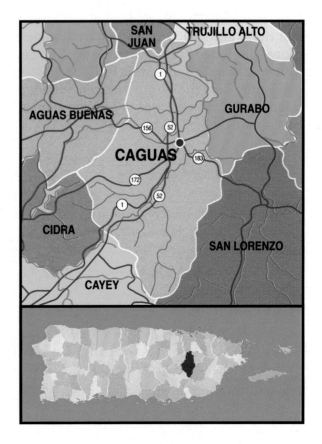

El valle de Caguas es el más grande de los valles interiores de Puerto Rico, pero al mismo tiempo se encuentra dentro de la región geográfica más pequeña. El clima es de tendencia húmedo-tropical. Los suelos son principalmente aluviales, muy fértiles y casi sin erosión, con gran abundancia de suelo arcilloso.

El encontrarse rodeada de montañas y colinas produce en la ciudad de Caguas una temperatura estable que tiende a ser cálida. El verano es bastante caluroso y aun los meses de diciembre, enero y febrero no son tan frescos como en otras partes de la isla. Durante los meses de marzo y abril se pueden sentir las brisas, pues el aire se mueve continuamente desde que el sol sale hasta el atardecer.

Generalmente las lluvias más fuertes ocurren durante los meses de agosto, septiembre y octubre. Este factor acentúa las altas temperaturas.

Los cuatro ríos más importantes de Caguas son: río Turabo, río Bairoa, río Gurabo y el río Cagüitas. El río más importante que rodea a la ciudad es el río Grande de Loíza, el más caudaloso y grande de la Isla. Todas estas corrientes de agua aunque nacen y tienen orígenes diferentes, todas desembocan en el río Grande de Loíza.

Economía..

El pueblo cuenta con una gran variedad de centros comerciales para el disfrute del consumidor.

Plaza del Carmen Mall: Carretera Estatal #1, salida hacia Cayey.

Plaza Centro Mall: Carretera Estatal # 30, Caguas hacia Humacao.

Plaza Villa Blanca Shopping Center: Carretera Estatal # 1 Caguas a Río Piedras.

Plaza Gautier Benítez: Carretera Estatal # 1, Caguas a Río Piedras.

Industrias Principales:

Nova Pharmaceutical Corp.
Searle
Ferrero, Inc.
Continental Caribbean Containers, Inc.
Mylan
St. Jude Medical

Aquí nació...

Margot Arce de Vázquez. (1904 - 1990). Nació en marzo de 1904. Ejerció una cátedra en la Universidad de Puerto Rico y fue una de las directoras del Departamento de Estudios Hispánicos. Algunas de sus obras literarias fueron premiadas por el Instituto de Cultura Puertorriqueña.

En la literatura se desempeñó como ensayista. Entre sus ensayos están: **Impresiones, Veinticinco Años de Ensayo Puertorriqueño, Lecturas Puertorriqueñas** y su gran aportación a la bibliografía española fue su tesis sobre Garcilaso de la Vega.

Hernán Badillo. Nació en 1929, abogado y político. Ha estado radicado en la ciudad de Nueva York desde joven. En 1970 fue elegido al Congreso de los Estados Unidos por Nueva York. Primer puertorriqueño electo en el Congreso de los Estados Unidos.

Abelardo Díaz Alfaro. (1919 -). Nació el 24 de julio de 1919. Hizo su Bachillerato en Artes en el Instituto Politécnico de San Germán y obtuvo una licencia de Trabajo Social en la Universidad de Puerto Rico. Se desempeñó como trabajador social, libretista en las estaciones WIPR de radio y televisión y fue profesor en

Abelardo Díaz Alfaro

la Universidad de Puerto Rico. Publicó el libro **Terrazo** en 1947, colección de cuentos y estampas; **Los perros** en 1956, cuentos; y editó **Mi isla soñada** en 1967. Es uno de nuestros más importantes narradores. Sus cuentos **El josco** y **Los perros** han sido traducidos a más de 10 idiomas.

José Gautier Benitez (1848-1879) En 1876 colaboró en la creación del Ateneo Puertorriqueño. Junto con Manuel Elzaburu fundó en 1878 la Revista Puertorriqueña. Es el poeta más representativo del Romanticismo en Puerto Rico.

Concha Meléndez (1892-1983) Doctora en Filosofía y Letras, se destacó como catedrática de literatura hispanoamericana en el Departamento de Estudios Hispánicos de la Universidad de Puerto Rico, Recinto de Río Piedras. Siguió estudios superiores en España, Estados Unidos y México. Allí fue la primera mujer en recibir un doctorado. Fue Directora del Departamento de Estudios Hispánicos de la Facultad de Humanidades de la Universidad de Puerto Rico, donde fundó la cátedra de Literatura Hispanoamericana.

Juan José Osuna. Nació en 1884. Gran educador puertorriqueño, Catedrático de la Universidad de Puerto Rico en Río Piedras.

Costumbres y Tradiciones

Campamento Verano para las Artes (julio - agosto)
Concierto y Encendido Decorado Navideño (diciembre)

Lugares de interés...

Plaza Palmer: Centro de la Ciudad. Descripción: Este lugar se remonta para el 1820, y se consideró como un lugar de recreación pasiva. En el 1819, la Plaza vino a formar parte de uno de los lugares más frecuentados por los vecinos de Caguas. Su estado actual data de principios de este siglo.

Casa Alcaldía: Calle Muñoz Rivera, frente a la Plaza Palmer. Descripción: Antiguamente se le conocía como La Casa del Rey. Su construcción fue concluida en el año 1894 y aún conserva su fachada original. En ella se instaló un aljibe que se utilizaba para almacenar agua. Se declaró Monumento Histórico en el año 1989.

Museo Histórico de Caguas. Calle Betances, Esquina Padial. Este cuenta con cuatro diferentes salas: Sala de Historia de Caguas, Sala Galería de Mujeres Distinguidas de Caguas, Sala Arqueológica y Sala de Exposiciones Temporeras.

Teatro Luis M. Arcelay: Calle Acosta (frente al Terminal de carros públicos). Descripción: Este edificio data del año 1912 y se construyó como sala de teatro, donde se presentaron famosas piezas teatrales. Actualmente se utiliza con el mismo fin.

Reloj floral en la plaza de recreo Santiago R. Palmer

Camuy

Fundación: 1807

Gentilicio: camuyano

Cognomento: Ciudad Romántica

Población (1990): 29,000

Alcalde (1997): Hon. William Rosales Pérez

HIMNO
Seudónimo: A. Soller Riollano
Por: Ramón Jovito Barreto

*Canto a este pueblo
donde he nacido,
de verdes montes
y de azul mar,
de un río travieso
que está escondido
pero que brota
cual manantial.*

*¡Camuy mi pueblo,
Camuy mi campo,
pedazo bello
de Borinquén
el Sol Taíno
te da su encanto,
yo no te cambio
eres mi edén!*

*Hoy de tu historia
yo siento orgullo
del Grito fuiste
mecha inicial.
Por la estrellada
te han conocido
por las Cavernas
por tu Central.*

*¡Camuy mi pueblo,
Camuy mi campo,
pedazo bello
de Borinquén
el Sol Taíno
te da su encanto,
yo no te cambio
eres mi edén!*

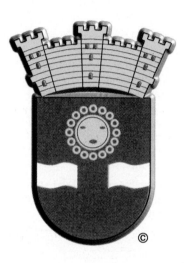

ESCUDO

La Asamblea Municipal aprobó el día 2 de marzo de 1979, el uso oficial del Escudo de Armas de Camuy que tendrá los mismos colores de la Bandera. En campo sinople, un sol taíno, a la manera del llamado "sol de Camuy" de oro y sable, acompañado en una punta de faja ondeada de plata fallida en su centro. Al timbre, corona mural de oro de tres torres, mamposteada de sable y adjurada de sinople.

El sol taíno es el arma parlante que proclama el nombre de la población, Camuy, vocablo que en la lengua hablada por los indios de Puerto Rico significa "sol".

La faja ondeada de plata, interrumpida en su centro, simboliza el río de Camuy, cuya corriente se sumerge por un trecho bajo la tierra para luego discurrir de nuevo por la superficie.

La corona mural es distintivo heráldico con que se timbran los escudos municipales. Es emblema de unión y solidaridad cívica, defensa común y autonomía local.

BANDERA

La bandera es verde como el escudo. La atraviesa horizontalmente una faja ondeada blanca, interrumpida en su centro, donde figura el sol de Camuy, representado en este caso con los colores amarillo y negro.

Este pueblo se fundó en el año 1807. Su nombre es de origen indoantillano. Así era llamado por los indios del río, junto al cual está fundado el pueblo. En 1898 dependía de Arecibo en lo judicial, eclesiástico y militar. Su jurisdicción comprende los barrios de Puente, Membrillo, Yeguada, Ciénaga, Camuy-Arriba, Zanja, Piedra Gorda, Abra-Honda, Quebrada, Santiago, Cibao y Puertos.

La Descripción Topográfica del pueblo y jurisdicción de Camuy escrita por don Mateo de Latorre el 30 de octubre de 1846 comienza diciendo: "Sobre el litoral de la costa del norte de esta Isla, a la corta distancia de 400 varas españolas del mar, está situado el pueblo de Camuy del partido judicial de la Villa de Arecibo, de la que depende en lo civil, militar y eclesiástico, siendo sufragáneo de la Vicaría de la antigua y privilegiada Villa de San Germán..."

"Todo este territorio está dividido en once barrios o cuarteles que se denominan Pueblo, Puente, Yeguadas, Membrillo, Camuy Arriba, Ciénaga de Agua, Piedra Gorda, Zanja de Agua, Puertos, Quebrada de Agua y Silbao..."

En los archivos del Departamento del Interior existen varios documentos manuscritos que hacen historia sobre el deslinde entre Camuy y Quebradillas. Según la información, se desprende que en diciembre de 1828 se hizo un deslinde de la jurisdicción entre Camuy y Quebradillas; pero en 1890, y a petición de Quebradillas se solicitó la rectificación de ese deslinde por duda de que se hubiera alterado el límite fijado en 1828. Camuy accedió y el deslinde empezó en agosto de 1890, pero no se llevó a cabo en aquella fecha porque no pudieron ponerse de acuerdo los representantes de ambos municipios respecto a los puntos que determinaban el límite de las dos jurisdicciones. En 1984 Quebradillas insistió en el deslinde, oponiéndose ahora Camuy por hallarse conforme con el desline de 1828. En carta del 13 de enero de 1894 el Negociado de Fomento escribió al señor vicepresidente de la Comisión Provincial expresando su opinión y conformidad con que se realizara el deslinde y que los gastos fueran sufragados por partes iguales por ambos municipios. El 16 de febrero de 1894 la Comisión Provincial aprobó el proyecto de deslinde entre Camuy y Quebradillas y envió comunicación de dicho acuerdo al Gobernador General el 5 de marzo de 1894 para que diera cumplimiento al acuerdo adoptado.

Geografía...

La jurisdicción de Camuy, colinda con la de Hatillo por el Este, la de Quebradillas por el Suroeste, y por el Oeste con Isabela. Está situada en las vertientes septentrionales extendiéndose hasta la costa.

Superficie: Tiene una superficie de 45.5 millas cuadradas. Barrios: Su organización territorial está constituida por los barrios rurales de Abra Honda, Camuy Arriba, Cibao, Ciénagas, Membrillo, Piedra Gorda, Puente, Puertos, Quebrada, Santiago, Yeguada y Zanja.

El subsuelo de Camuy nos habla del pasado remoto de nuestra Isla. Entre sus minerales se encuentra la granodiorita, una piedra que proviene de la erupción volcánica. Puerto Rico surgió, probablemente, de un volcán bajo el mar. La granodiorita se forma con la unión de feldespato y algún elemento mineral oscuro. El feldespato es una sustancia de color blanco o rojizo, con cierto brillo anacarado que forma parte principal de muchas rocas. Esta piedra puede hallarse en diversas regiones de Camuy y habla del origen de nuestro pueblo.

En la arena de la playa, se halla magnética. Este mineral es hierro de color

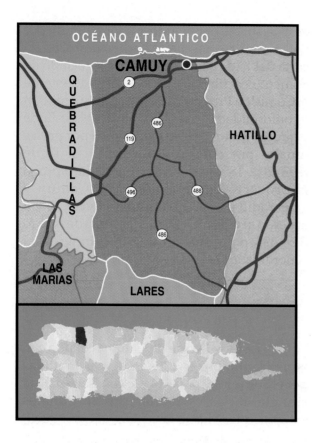

270 de profundidad. Corre el río por un cauce subterráneo con una longitud de dos kilómetros y sale de nuevo al bosque al que se le da el nombre de Resolladero y de aquí sigue su curso hasta desembocar en el mar.

El Río Camuy tiene un área de drenaje de 289 millas cuadradas. El largo de su cuenca es de 24 millas y la caída desde su punto más alto en la vertiente es de 4,390 pies.

Economía...

A principios del siglo XIX sus hatos fueron transformados en tierras de labor. Había entonces una estancia de café, tres haciendas con trapiches de bueyes y varias fincas dedicadas al cultivo de tabaco y algodón.

En el primer tercio del siglo XIX tenía seis haciendas; La Monserrate, de 30 cuerdas, fundada en 1880 por Pedro Amador; La Juanita, de 80 cuerdas, fundada en 1883 por Juan Antonio González; la Reforma, de 30 cuerdas, fundada en 1862 por Gregorio Rodríguez; la Socorro, de 50 cuerdas, fundada en 1885 por Manuel Amador y la Sabana de 60 cuerdas, fundada en 1881 por Vicente Machado.

Aunque su agricultura es hoy deficitaria, todavía en 1974 se cosecharon 29,827 toneladas de caña que produjeron 2,501 toneladas de azúcar, y existían 34 agricultores de tabaco, aunque con una producción muy limitada. También se cultivan café y frutos menores. Su ganadería de leche es importante, a tal punto que en 1974 el municipio contaba con 26 vaquerías de primera clase, que ese año entregaron a las plantas elaboradoras 10,578,658 cuartillos de leche.

Su desarrollo industrial no ha sido extenso, aun cuando se han establecido algunas unidades fabriles bajo el programa de Fomento Industrial.

negro. Es opaco y su consistencia parece de vidrio. Con él se puede atraer el hierro, el acero y otros metales. Se utiliza para sujetar piezas y adherirlas a otras.

El mineral de mayor abundancia es la piedra caliza. A ella debemos la formación de mogotes y sumideros, que tanta fama dan al pueblo. Esta piedra caliza es muy útil para la construcción de viviendas. Desde el 1854 ya el alcalde del pueblo, José J. Larrauri, daba cuenta de la abundancia de este mineral y de su utilidad para la construcción de viviendas.

El Río Camuy nace en el cerro de la Palma, parte de la cordillera de montañas llamada Buenos Aires que atraviesa Lares. Este río se sumerge en un área de topografía cársica, caracterizada por sumideros y cavernas. Desaparece en un profundo pozo de paredes verticales que tiene 180 metros de diámetro y

Uno de los recursos naturales más importantes es la flora. Es un *Moctezuma Speciossissima*, pero se conoce como Maga. Cuando Camuy se formó existían miles de hermosos ejemplos de plantas perenoso de troncos leñosos con la cabeza ramificada. Muchos de estos árboles destruidos y sustituidos por carreteras, urbanizaciones y gramínea para el ganado.

Lugares de interés...

Parque de las Cavernas del Río Camuy. El Río Camuy es uno de los más famosos de la Isla, ya que ha sido el responsable de crear uno de los sistemas de cuevas más grandes e importantes del mundo. Entre los años 1958-59, varios espeleólogos descubrieron 18 entradas de cuevas en un predio de alrededor de 15 kilómetros de terreno entre los pueblos de Camuy, Hatillo y Lares, de los cuales actualmente sólo se han explorado alrededor de 10 kilómetros. Este impresionante descubrimiento dio lugar al surgimiento en el 1986 del Parque de las Cavernas del Río Camuy.

Sistema de Cavernas del Río Camuy

Dicho parque es una facilidad recreativa de carácter público, construido y operado por la Administración de Terrenos de Puerto Rico que promueve la recreación pasiva, el turismo, la educación y la investigación.

Cueva del Infierno. La administración prepara los fines de semana expediciones a la Cueva del Infierno, lo cual incluye charlas sobre el origen y formación de las cuevas visita a dicha cueva e incluye equipo para las expediciones como casco protector con foco, balsas para cruzar un pequeño lago y transportación hasta la cueva. Este recorrido dura de dos a tres horas ya que la cueva mide cerca de un kilómetro de largo.

Cavernas del Río Camuy

Canóvanas

Fundación: 1970

Gentilicio: canovanense

Cognomento: Ciudad de los Indios

Población (1990): 36,816

Alcalde (1997): Hon. José R. Soto Rivera

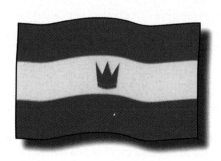

ESCUDO

Luego de varios sondeos y confrontamientos de ideas y sugerencias dentro del celo por dotar al pueblo de un escudo que lo distinguiera por sus hechos e historia, hoy nuestro escudo se compone de los siguientes simbolismos:

Colores oro y violeta que son tomados del pendón de los "Hijos y Amigos Ausentes de Canóvanas".

La corona mural (castillo) que timbra el escudo simboliza municipalidad.

La cadena rota es símbolo de la descontinuación de Canóvanas como barrio de Loíza.

La corona en el centro de la primera simboliza la suprema jerarquía del cacique Canobaná.

La corona de laureles es indicativa de 23 triunfos consecutivos (una hoja por cada triunfo) del quinteto de baloncesto "Loíza Indians", el cual estableció un récord en Puerto Rico, y está representado por una canasta en medio de las hojas.

El sol naciente significa el surgimiento de un nuevo municipio en Puerto Rico y sus 17 rayos indican el mismo número de alcaldes que pasaron por la alcaldía antes de Canóvanas separarse de Loíza.

La inscripción en el volante recuerda el nombre del cacique y las fechas que marcan la instalación en Canóvanas de la sede del municipio de Loíza, 30 de noviembre de 1909; y su creación el 15 de agosto de 1970.

Historia...

La historia nos dice que en 1515 hubo un levantamiento de los caciques Luquillo, Dagua y Humacao Canobaná.

El referido cacique, Canobaná del Caynabón y la cacica Loaíza de Loíza, se hacen adeptos a la Corona de España.

Después de cuatro siglos, luego de ser una ranchería del cacique Canobaná, pasa a ser un barrio de Loíza.

Ya en 1905 surge la idea de fundar el pueblo de Canóvanas por considerarlo con mejor acceso a la carretera principal de San Juan a Fajardo, idea que vino del precursor don Juan F. Calderón. La comisión dirigida por Calderón la componían, además, don Gumersindo Díaz, don Alfonso Soegard, don José Calzada y don Luis Hernaiz Veronne. A este último se le concedieron poderes para adquirir por título de compra veinte cuerdas de terreno pertenecientes a la "Hacienda San José" de la Sucesión Cámbaro, siendo el fundador el primer alcalde.

Los consejales que consiguieron el traslado de la capitalidad del municipio de Loíza a Canóvanas fueron: don Ramón Calderón Mujica, don Alfredo Soegard, don Javier Zequeira, don Agustín López, don Manuel Agosto y don José Calzada, acta que data del 30 de noviembre de 1909.

El 1 de enero del próximo año se mudó oficialmente la capitalidad del Municipio de Loíza a Canóvanas, a virtud de las razones que anteceden y desde entonces comenzó el desarrollo y el progreso de este último pueblo.

Por virtud de la Ley #149 del 30 de junio de 1969 y mediante referéndum celebrado el 16 de agosto de 1970, provisto por dicha Ley, se estableció el nuevo Municipio de Canóvanas.

En los comienzos del pueblo el Hospital estaba ubicado en la Calle Autonomía donde actualmente está la Plaza del Mercado. Se construyó un edificio más grande que ofreció servicios médicos en la Calle Corchado final. Las facilidades médicas se instalaron en el nuevo edificio el 1ero. de febrero de 1972.

La Plaza del Mercado se habilitó en 1977 y tiene en la actualidad 10 puestos, que ofrecen vegetales, frutas, viandas, carnes, y cafetería, entre otros.

En 1982 se construyó el Centro de Envejecientes, Eduardo García Carrillo, que ofrece actualmente servicios diurnos, para una capacidad de cien participantes de enfermería, nutrición, trabajo social, entretenimiento, recreación, y educación física, entre otros.

Geografía...

Colinda el Municipio de Canóvanas, por el Norte, con los lindes municipales de Loíza; por el Este, con los límites territoriales de Río Grande; por el Sur, con los del municipio de Juncos y Las Piedras; y por el Oeste, con los de Carolina y Gurabo.

Su extensión territorial es de aproximadamente 28 millas cuadradas o 18,470 cuerdas.

Geográficamente Canóvanas es parte integrante de la región conocida como Llano Costero del Norte. Sus tierras son de naturaleza aluvial, y por lo tanto, bastante fértiles.

Por la región de Canóvanas se identifican varios ríos, a saber: Grande, Loíza, Canóvanas, Canovanillas. En el barrio San Isidro existen áreas cubiertas de mogotes. Por otro lado, sus tierras también están llenas de quebradas que enriquecen su sistema hidrográfico.

Por otro lado, cuenta con áreas sumamente altas que permiten una hermosa vista panorámica desde donde se domina visualmente gran parte de San Juan y el área metropolitana y Río Grande. Estas son la carretera y el barrio Palma Sola y parte alta del barrio Cubuy.

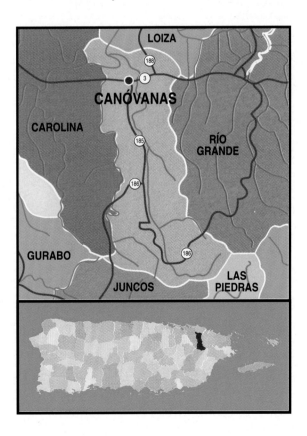

El Nuevo Comandante es hoy, puntal fuerte en la economía de Canóvanas y de toda esta zona.

El desarrollo industrial de Canóvanas es muy significativo y cuenta con dos Parques Industriales de Fomento Económico y uno privado, todos con grandes facilidades para las industrias. Los renglones productivos son diversos, entre estos; pinturas, recauchamientos de gomas para equipos livianos y pesados, cajas de bola, conductores eléctricos, lingotes de aluminio, niples de acero galvanizado y efectos de plomería, productos farmacéuticos, interruptores eléctricos automáticos, efectos eléctricos, fabricación de vinos, alimentos, etc.

En el área de la agricultura se cultivan frutos menores, viandas entre otros, vaquerías de primera clase, fincas de ganado de carne, fincas de porcinos y granjas avícolas.

Río Canóvanas

En Canóvanas existen dos bancos comerciales principales, el Banco Popular y el Western Bank; tres financieras, AVCO Financial Service, Commloco y Associated Financial Service; dos cooperativas de ahorro y crédito, la Cooperativa Roosevelt Road y la Cooperativa Cubuy.

Flora

Allamanda Cathartica Nobilis. **Flor-Canario Amarilla**. Enredadera de hojas elípticas de color verde oscuro, bien brillantes y de hermosas flores amarillas que abren todos los días del año. Estas flores, alegres y vistosas se producen diariamente en grupos. Son campanuladas en su forma y el tuvo abre en cinco lóbulos aterciopelados.

Fauna

Ave - Rolita de Puerto Rico (*Puerto Rican Ground Dove*). Palomita pequeña que casi siempre se ve en pares en el suelo. De color grisáceo con rabo pequeño y alas redondas. Mueve su cabeza hacia arriba y hacia abajo cuando camina. La hembra es un poco más pálida que el macho. Anida en una plataforma tosca de ramitas y hierbas secas a poca distancia del suelo. Pone dos huevos de color blanco parecidos a almendras de boda, con tamaño aproximado de 22 x 16 milímetros.

Rolita de Puerto Rico

José L. Vázquez Calzada. Demógrafo y profesor universitario nacido en Canóvanas en 1929. Se graduó de Bachiller en Ciencias Sociales en la Universidad de Puerto Rico (1949) y de Maestro en Artes (1961) y doctor en Filosofía con especialización en Demografía (1964) en la Universidad de Chicago. Ha ocupado varios cargos en el Departamento de Salud, en la Escuela de Medicina y en la Universidad de Puerto Rico, institución en la que profesa y dirige el Departamento de Ciencias Sociales de la Escuela de Salud Pública desde 1979. Ha realizado investigaciones sobre la mortalidad, la emigración, las enfermedades del corazón, la esterilización femenina, la fertilidad, los extranjeros residentes en Puerto Rico, la ociosidad y el desempleo en Puerto Rico, muchas de las cuales ha publicado en la Revista de Ciencias Sociales de la Universidad de Puerto Rico y en la Revista de Salud Pública de Puerto Rico. Es colaborador del libro **Geovisión de Puerto Rico** (1977) y autor de **A - Cross Sectional analysis of Return Migration to Puerto Rico Using 1970 Census Data** (en colaboración con Luz M. Torruellas, 1977) y de **La población de Puerto Rico y su trayectoria histórica** (1978).

Casa Alcaldía - Calle Luis Muñoz Rivera

Plaza de Recreo - Calle Luis Muñoz Rivera

Iglesia Nuestra Señora del Pilar - Calle Luis Muñoz Rivera

Casa donde estuvo el primer cine de Canóvanas - Calle Palmer

Puente Villarán (Parque pasivo) - Salida hacia Río Grande

Plaza del Mercado - Calle Autonomía

Placita del Canovanense - Entrada a Canóvanas desde Carolina (Estatua de los Indios)

Hipódromo El Nuevo Comandante

Cancha Bajo Techo Carlos Miguel Mangual (días de juego)

Vista Panorámica Palma Sola

Plaza de Recreo Juan Francisco Arroyo y Casa Alcaldía

Carolina

Fundación:	1857
Gentilicio:	carolinense
Cognomento:	Tierra de Gigantes
Población (1990):	177,806
Alcalde (1997):	Hon. José E. Aponte de la Torre

ESCUDO

La Corona Mural es timbre propio de la heráldica cívica o municipal. Representa la unidad moral de los habitantes de un pueblo o municipio, así como su continuidad histórica y su autonomía. En el blasón de Carolina, la Corona Mural tiene un significado especial, ya que recuerda que este pueblo fue el primero de Puerto Rico que durante el siglo pasado, umbró de Corona Mural su Sello Municipal.

El Blasón de Carolina alude, con sus figuras y esmaltes, a su patrón, San Fernando. Algunos de sus esmaltes aluden a la familia Vizcarrondo, de la que, como ya se ha indicado anteriormente, procedieron el nombre del pueblo, su fundador y el caudillo de la primera gesta patriótica realizada por la libertad de Puerto Rico. Este acontecimiento está representado por el color rojo del Escudo.

Fernando III, Rey de Castilla y León (1199-1252), quien llevaba por sobrenombre "El Santo", se distinguió por su acendrada religiosidad, amor a la justicia y clemencia con los vencidos. Fue el más grande adalid de la reconquista española y arrebató a los moros numerosos territorios, entre ellos las ciudades de Córdova, Jaén y Sevilla. Puso siempre gran empeño por evitar las guerras entre príncipes y reinos cristianos y su devoción por la justicia fue tan grande, que solía decir: "temo más

a la maldición que por mi injusto proceder pudiera lanzarme una anciana, que a un ejército de infieles..."

Protegió las artes y las letras y a él se debió la fundación de la Universidad de Salamanca y la construcción de la Catedral de León. Fue canonizado en el 1671. El nombre de San Fernando se agregó originalmente al de la Carolina, en deferencia a los gobernantes Don Fernando de Norzagaray y Don Fernando Cotoñer Chacón, éste último descendiente del Santo, bajo cuyos auspicios se iniciaron y llevaron a feliz término las gestiones para establecer el pueblo.

La corona es el principal de los atributos de la realeza. Por ello, ocupa posición privilegiada en el Escudo. El color rojo del campo y la bordura de armiños, representa el manto real, otra de las insignias de la soberanía. La espada es no sólo el símbolo de la milicia, sino el de la justicia y, en este Escudo, recuerda las virtudes de San Fernando como soldado y como hombre y rey justo.

BANDERA

La bandera de Carolina cuenta con tres franjas verticales, blancas las laterales y roja la del centro. Las laterales, de 7 1/2 módulos de anchura cada una, están sembradas de rabos de armiño negros, figurados a la manera heráldica. En la franja central, de 10 módulos de ancho, aparecen la espada y la corona del Escudo, en idéntica disposición, con la diferencia de que sus colores son blancos y amarillo en lugar de plata y oro.

Cuéntase que el 8 de mayo de 1647, hizo su aparición en la parte Sur de Carolina, hoy barrio de Trujillo Bajo, el arcángel San Miguel. Para aquel tiempo debe suponerse que este barrio estaba habitado por una que otra familia dispersa en las montañas. Ese mismo año celebróse en el sitio en que hoy se levanta la iglesia católica del extinto municipio de Trujillo Bajo, el primer Santo Sínodo. Después de establecerse la parroquia empezaron a edificarse bohíos, hasta que en 1817 se organizó este caserío en municipio, bajo el nombre de San Miguel de Trujillo bajo. No hay datos exactos que aclaren el punto sobre este nombre, pero se deduce que Trujillo, alias Portier, fue la persona que vio la aparición del arcángel. Los terrenos donde se fundó el pueblo, en siete cuerdas y media fueron comprados a Ángela González. El municipio de San Miguel de Trujillo Bajo duró 54 años. Se separaron de su dominio los Barrios de San Antón, Sabana Abajo, Martín González y Hoyo Mulas, que quedaban al Norte del río Loíza, donde se encontraban las haciendas más grandes y las personas más ricas e influyentes. Desapareció este municipio. Dichas personas eran las que pagaban más tributos al erario municipal y las que más riqueza agrícola poseían, sin embargo resultaban perjudicadas por su localización, pues las frecuentes crecidas del río impedían la rápida comunicación con el pueblo y las mismas no podían recibir los servicios oficiales y religiosos que eran necesarios para la comunidad. En 1851 los vecinos y terratenientes de la zona Norte del río, empiezan a presionar al gobierno central para que se traslade el pueblo a la orilla Norte, a un lugar denominado Carolina, radicado en el Barrio Hoyo Mulas. A esta pretensión de los vecinos del Norte se oponían los vecinos del pueblo de San Miguel de Trujillo Bajo, pues entonces serían ellos los perjudicados. Para dejar satisfechos a todos se sugiere la creación de un nuevo pueblo, el cual se funda el 31 de enero de 1857. La idea de fundarlo fue de Lorenzo de Vizcarrondo y Ortiz de Zárate quien fue nombrado capitán poblador del nuevo pueblo de San Fernando de la Carolina, por el entonces gobernador Fernando Cotoñer. Este cargo lo desempeñó gratuitamente hasta octubre de 1859, fecha en que lo renunció.

El nombre de Carolina proviene del que llevaba el sitio de la Carolina, porción del Hato de Hoyo Mulas que era propiedad de Gaspar Martínez de Andino y Casado,

Monumento de Puerto Rico a Jesús T. Piñero, primer puertorriqueño que ocupó el cargo de Gobernador, nombrado por el presidente Harry S. Truman

esposo de Clara Eufemia de Vizcarrondo y Martínez de Andino. Entre sus hijos figuró Carolina María del Carmen Martínez de Andino y Vizcarrondo, de la que recibió su nombre el pueblo. Al establecerse éste, indica el eminente historiador Enrique T. Blanco, "al nombre de Carolina se le antepuso el de San Fernando". Doña Carolina, nacida en San Juan, el 15 de febrero de 1827, casó con Tulio O'Neill y de Chabert, perteneciente a la casa de los marqueses del Norte, de ilustre prosapia irlandesa.

Lorenzo de Vizcarrondo y Ortiz de Zárate, su capitán y fundador y primer alcalde, nació en la ciudad de San Juan, el 4 de julio de 1808; falleció el 2 de agosto de 1896 en el pueblo por él fundado. A los 14 años ingresó en el Regimiento de Milicias de Caballería de Puerto Rico, pasando luego al regimiento de infantería de Granada, en San Juan. Fue trasladado a España donde se distinguió a las órdenes del general Baldomero Espartero, en diferentes operaciones militares durante la Guerra Carlista. De nuevo en su patria, y en posesión del grado de capitán efectivo de Infantería, sirvió por algún tiempo como ayudante del Gobernador Miguel de la Torre. Con motivo del intento de insurrección del año 1838, que dirigió su hermano Andrés Salvador, fue arrestado y encarcelado en el Morro, donde permaneció encerrado durante 26 meses y medio. Estos sucesos determi-naron su retiro del Ejército en el año 1843, y se dedicó entonces a la agricultura.

Su hermano Andrés Salvador de Vizcarrondo y Ortiz de Zarate, nacido en San Juan el 30 de mayo de 1804, fue el jefe máximo del movimiento patriótico que en el año 1838 –treinta años antes del Grito de Lares– intentó una sublevación para efectuar la separación política de Puerto Rico de la Madre Patria. Este movimiento de carácter constitucionalista y americanista tuvo como chispa generadora el decreto de las Cortes Españolas del año 1837, en que se disponía que la Constitución de Cadiz, restaurada en la Metrópoli por segunda vez, en el indicado año, no se extendería a las Antillas españolas ni a Filipinas. Esta disposición no sólo descartaba el sistema constitucional para Puerto Rico, sino que suprimía la representación de nuestro pueblo en el Parlamento Español.

Don Andrés Salvador realizó un intenso preparativo para el golpe revolucionario, en que se habrían de combinar las guarniciones militares de los castillos del Morro y San Cristóbal con el grueso de las fuerzas revolucionarias, que en la hacienda del prócer, en las inmediaciones del sitio de la Carolina, se habrían de concentrar para marchar bajo su mando hasta la capital. Delatada la conspiración, la acción inmediata del gobierno frustró el intento con el resultado de que fueron arrestados numerosos oficiales, soldados y paisanos, incluso a don Buenaventura Valentín Quiñones y Vizcarrondo, pariente y cuñado de don Andrés y quien al día siguiente de su arresto apareció ahorcado en su celda del Morro. Al sacrificio de este gran patriota protomártir de la libertad puertorriqueña se uniría poco después el de los sargentos y tres soldados condenados a la pena de muerte por haber participado en la conspiración. Don Andrés y su hermano Juan, en cambio, habiendo logrado huir a tiempo del país, se refugiaron en Venezuela. En esta nación continuó el primero sus gestiones por la libertad de Puerto Rico, hasta morir en Caracas el 23 de enero de 1897, justamente un año antes que Betances, quien le había designado siempre con el honroso título de patriarca de nuestra independencia.

En Carolina se colocó la primera piedra de su iglesia católica en 1859, y se terminó la construcción en 1870. El puente Príncipe de Asturias es de 1860 y ese mismo año fueron pavimentadas sus calles por primera vez. El juez de paz más antiguo que se recuerda lo fue L. Goenaga en 1885 y se abrió la primera escuela rural en el barrio San Antón en 1865.

El primer maestro de dicha escuela Carlos Landrau. También se recuerda como inspector de escuelas a Alejandro Infiesta en 1889. El cementerio municipal se construyó en 1865. En 1869 se instaló la primera línea telegráfica que unía a Carolina con Río Piedras y San Juan.

Geografía...

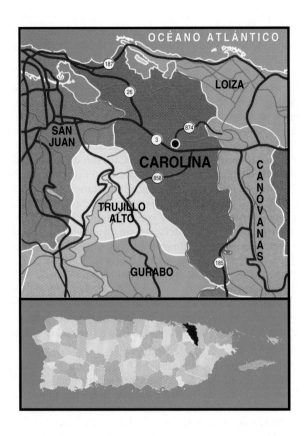

Este municipio limita por el Norte con el Océano Atlántico, por el Sur con los municipios de Juncos y Loíza, por el oeste con los de Loíza y Canóvanas y por el Este con los de San Juan, Trujillo Alto y Gurabo.

Corresponde geográficamente a la región denominada Llano Costero del Norte. Sólo al Sur, esto es, en sus límites con Juncos y Canóvanas el terreno acusa elevaciones, entre las que se destaca Cerro Gordo.

Cruzan el territorio de este municipio, los ríos Grande de Loíza y el Canovanillas, que bordea su límite Oeste, completando su sistema hidrográfico las quebradas Trujillo, Pastrana y Cacao.

Barrios: Pueblo, Barrazas, Cacao, Cangrejos Arriba, Canovanillas, Carruzos, Cedro, Hoyo Mulas, Martín González, Sabana Abajo, San Antón, Santa Cruz y Trujillo Bajo.

Economía...

La industria azucarera que era en otros tiempos su principal fuente de ingresos, ha sido sustituida por un sinnúmero de industrias ligeras y semipesadas que dan trabajo a miles de hombres y mujeres.

Esas fábricas, talleres, fundiciones y laboratorios, producen ropa, aparatos electrónicos y eléctricos, bitumul, tuberías de concreto, productos médicos y farmacéuticos y muchos otros objetos y materiales para el consumo local y la exportación.

Conjuntamente con esa industria manufacturera, existe una riquísima industria hotelera y turística que constituye una fuente de vastos ingresos para el municipio que los emplea en un abarcador programa de obras públicas y servicios para el bienestar del pueblo. Debido a estos factores, personas de otros lugares han venido a engrosar la población de Carolina en busca de mejores empleos, estudios universitarios para sus hijos y mejores condiciones de vida. Como consecuencia se han creado gran número de urbanizaciones, caseríos y comunidades rurales.

Aquí nació...

Julia De Burgos. (Poeta de las Antillas) Nació el 17 de febrero de 1914 en el barrio Santa Cruz, en una humilde casa junto a una quebrada afluente del Río Grande de Loíza. Julia de Burgos fue maestra, periodista y ensayista. Murió en Nueva York en 1953. En 1933 recibió el certificado de maestra normalista de la Universidad de Puerto Rico. Para el año 1935, Julia ejerció de maestra rural en el barrio Cedro Arriba de Naranjito. Fue allí donde escribió su poema "Río Grande de Loíza". Enseñó en una escuelita rural de Naranjito. Salió de Puerto Rico definitivamente en 1940. En Cuba estudió idiomas y otras materias. Luego se fue a Nueva York, donde murió en 1953. Publicó los siguientes poemarios: **Poemas exactos a mí misma**, **Poema en veinte surcos** (1938), **Canción de la verdad sencilla** (1939), y **El mar y tú** (póstumo, 1954). Su muerte en Nueva York, ocurrida en circunstancias trágicas (1953), fue la culminación de una existencia intensa. Sus despojos mortales fueron trasladados a Puerto Rico, donde recibieron el tributo de la intelectualidad puertorriqueña antes de ser sepultados en el cementerio de Carolina. El Segundo Congreso de Poesía Puertorriqueña, celebrado en Carolina y Loíza en 1960, dedicó sus actos a su memoria. Julia de Burgos está considerada como una de las más grandes poetisas de Puerto Rico y de América. "La experiencia amorosa, el dolor y la angustia fueron sus tránsitos vitales", dijo ella al escritor José Emilio González.

Roberto Clemente Walker. Nació en el barrio San Antón el 18 de agosto de 1934. Desaparecido astro boricua del béisbol profesional. Vivo ejemplo de lo que puede la voluntad, el deseo, la perseverancia y el orgullo profesional. Clemente estuvo activo durante 18 años en las Ligas Mayores de Béisbol Profesional. A lo largo de su fructífera carrera ganó de forma consecutiva doce guantes de oro y fue seleccionado en repetidas ocasiones como el jugador más valioso de la liga. Fue el primer puertorriqueño en lograr tan preciado galardón. Además, es el único puertorriqueño y latinoamericano que alcanzó la codiciada marca de los 3,000 hits y el único cuyo nombre está plasmado para la posteridad en el Salón de la Fama del Béisbol. Es considerado el mejor jugador hispano de todos los tiempos.

Modesto Rivera (1897 - 1982). Educador y escritor. Se graduó de maestro normalista, Bachiller y Maestro en artes en la Universidad de Puerto Rico, y de Doctor en Filosofía y Letras en la Universidad Nacional Autónoma de México (1952), ocasión en la que presentó la tesis Concepto y Expresión del Costumbrismo en Manuel A. Alonso Pacheco (El Jíbaro). Años después publicó sobre le mismo autor, **Manuel A. Alonso. Su vida y su obra** (1966). Ejerció la docencia por más de 40 años, de 1943-1967 en la Universidad de Puerto Rico, cuyo Departamento de Estudios Hispánicos dirigió. Dictó numerosas conferencias sobre educación y literatura en Puerto Rico y en el extranjero. Presidió la Asociación de Maestros de Puerto Rico.

Jesús María Sanroma. Nació el 7 de noviembre de 1902 y murió el 12 de octubre de 1984 en San Juan. Dotado de un talento excepcional, debutó como pianista a los

Monumento a Roberto Clemente

11 años en el Teatro Municipal de Fajardo. Estudió en el Conservatorio de Música de Nueva Inglaterra, en París y en Berlín. Fue solista de la orquesta Sinfónica de Boston durante veinte años. Ofreció conciertos en las principales ciudades de Europa, de Centro y Sur América y de los Estados Unidos. En 1960 contribuyó al desarrollo del Conservatorio de Música de Puerto Rico como primer Director del Departamento de Piano.

Jesús T. Piñero. Historiador y poeta carolinense. El 16 de abril de 1897 en el pueblo de Carolina nació un varón, hijo de una ilustre familia. Realizó sus estudios elementales en su adorable pueblo y los secundarios y universitarios en Río Piedras y en la Escuela de Ingeniería en Pennsylvania. Fue nombrado presidente de la Asociación de Colonos de Caña de Azúcar. Ocupó cargos superiores en la municipalidad de Carolina y en la Legislatura Estatal. En el 1946 fue nombrado Comisionado Residente en Washington y ese mismo año se convirtió en el primer puertorriqueño que ocupa el cargo de gobernador, cuando el entonces presidente de los Estados Unidos, Harry S. Truman lo nombró.

Lugares de interés...

El Aeropuerto Internacional Luis Muñoz Marín

Ciudad Deportiva Roberto Clemente

Monumento a Don Jesús T. Piñero

Cataño

Fundación: 1927

Gentilicio: catañeses

Cognomento: El pueblo de los lancheros

Población (1990): 26,243

Alcalde (1997): Hon. Edwin Rivera Sierra

HIMNO
Letra: Carmen Ivonne Guzmán
Música: Carmen Ivonne Guzmán
Nick Jiménez Olmeda

*Benemérito mi pueblo
antesala de San Juan.
La quietud de tus playas
y la brisa de tu mar.
Saludan al viajero
y a nuestra capital.*

*Cataño, Cataño,
serás por siempre ejemplar
cuna de grandes figuras
y de belleza sin par.
Cataño, Cataño,
vigilante de San Juan.
Quien te haya conocido
jamás te podrá olvidar.*

*Noble y querido pueblo
majestuoso e imponente
te yergues en la bahía
aun en la adversidad.
Mostrándote ante tu gente
que nunca te olvidarán.*

*Cataño, Cataño,
serás por siempre ejemplar
cuna de grandes atletas
y de sabor musical
Cataño, Cataño,
vigilante de San Juan.
Quien te haya conocido
jamás te podrá olvidar.*

ESCUDO

El escudo de Cataño consta de nueve franjas horizontales del mismo ancho: cuatro azules y cinco plateadas. Los colores están tomados del blasón de la familia del licenciado Don Hernando de Cataño, ilustre médico e hidalgo, cuyo apellido lleva por nombre nuestro pueblo. **El plateado** es símbolo de la nobleza y **el azul** el color que llevan los hidalgos en sus armerías. Este último simbolizaba la realeza, la majestad, la hermosura, la serenidad. En la parte superior del escudo de Cataño reposa una **corona mural de tres torres**, distintivo propio de los blasones municipales. El escudo está rodeado de **dos palmas de cocotero**, al natural, color verde, como alusión al antiguo "Hato de las Palmas de Cataño", nombre que llevó el poblado por mucho tiempo.

El escudo de Cataño fue adoptado oficialmente mediante resolución de la Honorable Asamblea Municipal de Cataño reunida en Sesión Ordinaria bajo la presidencia del Honorable Isidoro González Guerrido, el 11 de febrero de 1974. Dicha resolución fue aprobada por el Hon. Alcalde Don José Alvarez Brunet, el 12 de febrero del mismo año.

71

CATAÑO

He aquí por qué se le llama a este pueblo Cataño. En el año 1569, cuando la Isla de Puerto Rico fue gobernada por el español Francisco Bahamonde de Lugo, hubo necesidad de contratar al médico español Hernando de Cataño para que prestara sus servicios facultativos en San Juan. El contrato llenaba, como es de suponer, ciertas estipulaciones aparte de pago y proporción de personal de servicio. Para que rindiera sus servicios hubo que adjudicarle varios solares o caballerías de tierra, como le llamaban en aquella época a terrenos ubicados frente a la isleta de San Juan, en el otro lado de la Bahía y a los cuales se dio como nombre el apellido del propietario Cataño.

Lo que ocurrió luego con el médico español Don Hernando de Cataño, pertenece a la Administración de Justicia y al campo de lo anecdótico. Se ha dicho que quiso irse a escondidas a Santo Domingo y se le detuvo en San Juan "dándosele la ciudad por cárcel". Sus razones a la justicia fueron "pero cómo quieren que no me vaya de aquí, si mi familia se está muriendo de hambre".

Sea de esto lo que fuere, genitivo de Cataño ha ido de aquí para allá en el tiempo y el espacio en la región que nos ocupa. Llamándose primero el Hato de las Palmas de Cataño, luego se suprimió "de Cataño" y se quedó "Las Palmas" o simplemente Palmas. A distintos accidentes topográficos de la región se les conoce como el Caño de Cataño, la Punta de Cataño, el Camino Real de Cataño y Las Ciénagas de Cataño.

Muchos han preguntado cuándo se aplicó la denominación de Cataño a todo el territorio de la población allí establecida, y la respuesta que se da es que nunca antes de ahora se le dio el nombre de Cataño a toda la jurisdicción municipal, rural y urbana del pueblo cuyo nombre se deriva de La Punta

de Cataño en donde se formó su caserío. Esto es a simples rasgos el origen del nombre de Cataño.

Algo que a la vista de los acontecimientos futuros puede ser una determinante en la vida de Cataño, fue la autorización emanada el 11 de julio de 1873, del Gobernador Francisco Pi y Margall al Dr. Manuel Odell en el sentido de que se procediera a desecar los manglares de Cataño. Se conoce que hasta esa época no se levantaba una sola casa en lo que ahora es el pueblo de Cataño, o sea, la punta del mismo nombre. Tal parece que quienes migraron en busca de mejores posibilidades a la boca del Río Bayamón volvían a sus lares porque las condiciones habían cambiado. Según Morales Muñoz, los documentos demográficos demuestran que hubo notables movimientos migratorios dado a la circunstancia que desde el siglo XVII había originado la formación de una aldehuela en la Punta de Cataño a fines del siglo XIX. El embarcadero era un lugar obligado de la ruta para los que querían ir de la isleta de San Juan al interior de la Isla, o viceversa; vehículos y animales debían permanecer allí por lo menos un tiempo; se criaba ganado caballar para usarlo como medio de transporte, Palo Seco venía a ser la directriz y Cataño un satélite. De todas maneras la población crecía, y de un pueblo de pescadores y gente que gustaba llevar una vida bohemia e independiente, se fueron adaptando a un nuevo sistema de vida.

El 27 de junio de 1893, tuvo parroquia el caserío de Cataño, que hasta entonces formó parte de la feligresía de Bayamón. Es posible que se hubiese adelantado la obtención de la autonomía municipal de Cataño. Al respecto se cita a Morales Muñoz:

"Cataño debe su actual existencia municipal, más que a un esfuerzo propio por el logro de su independencia y autonomía, a un juego burdo de interés político. Como esta es historia moderna y reciente de todos es conocida la causa original que resultaba en la adición de un nuevo pueblo en el catálogo de nuestros municipios."

Bayamón estaba gobernado por una administración municipal que era políticamente contraria y hostil a la mayoría de nuestra legislatura insular. Había que debilitar a aquel viejo coloso, y socavar los cimientos de aquel poderoso baluarte del bando enemigo... y hubo que gestionarse la amputación del territorio bayamonés para colocar, bajo un nuevo régimen municipal que satisficiera los deseos de los gamonales, o sea de los ricachos, una considerable porción de su electorado.

La Ley para convertir a Cataño en municipio se llamó Ley para constituir una Municipalidad de Cataño, integrada por los Barrios de Cataño y Palmas de la Municipalidad de Bayamón y para otros fines. La fecha a partir de la cual Cataño comenzó a existir como Municipalidad fue el 1ro. de julio de 1927.

Geografía...

Localización: El Municipio de Cataño está localizado en la costa Noreste de Puerto Rico. Sus playas son bañadas por las aguas de la Bahía de San Juan. Se encuentra aproximadamente en la latitud 18° 26' 30" y longitud 66° 07' 30" al oeste de Greenwich.

El Municipio de Cataño está constituido en el área urbana por el pueblo de Cataño, el área de Juana Matos, el sector Puntillas, Las urbanizaciones privadas Bay View y Bahía, y el caserío Rosendo Matienzo Cintrón. En el área de Juana Matos hay dos caseríos públicos o sea Juana Matos I y II. El área rural consta de un sólo Barrio conocido como Barrio Palmas, en el cual está el sector Cucharillas y Puente Blanco. También se encuentran la comunidad rural de William Fuertes, la urbanización privada Las Vegas, una sección de viviendas a bajo costo, el caserío público

de Barrio Palmas y el caserío público Jardines de Cataño.

Límites Geográficos: Los límites geográficos del Municipio de Cataño son los siguientes: por el Norte: Separados por el Río Grande de Bayamón, colinda con el Barrio Sabana Seca y el Poblado Palo Seco, pertenecientes al Municipio de Toa Baja, y en parte la Bahía de San Juan. Por el Sur: con el Barrio Juan Sánchez del Municipio de Bayamón separado por el Caño Aguas Frías y por colindancias de fincas. Por el Este: con la Bahía de San Juan y con el Barrio Pueblo Viejo del Municipio de Guaynabo. Por el Oeste: en parte con los Barrios Hato Tejas de Bayamón y Sabana Seca de Toa Baja, separados por el Río Grande de Bayamón.

Topografía: Las cinco millas cuadradas de extensión del Municipio de Cataño, están constituidas por terrenos bajos y planos, cuyas características y nivel freático, muy alto, los hacen pobres para soportar carga.

A pesar de no tener ríos propios por su topografía baja y llana, antes de canalizarse el Río Bayamón, Cataño se vio muy afectado por las inundaciones, tanto de dicho río como de sus tributarios. El Caño San Fernando también ocasionó inundaciones antes de haberse canalizado.

Área. Las áreas aproximadas de los Barrios oficiales de Cataño son las siguientes: Barrio Palmas, 3,160.2 cuerdas, 4.793 millas; Zona Urbana, 183.2 cuerdas, .278 millas.

Precipitación fluvial. En el 1966 la precipitación en Cataño varió desde 2.57 pulgadas, en marzo, hasta 9.53 pulgadas en agosto, dando un promedio anual de 7.49 pulgadas. Para julio de 1967, la cantidad de lluvia fue de 4.79 pulgadas. La lluvia acumulada para 1966-67 fue de 52.85 pulgadas.

Economía...

Cataño cuenta con una urbanización industrial en el área de Barrio Palmas. Hay diversidad de industrias entre ellas una de varillas de acero y otra de latas de pintura.

En ese conglomerado de industrias se destaca una tanto por su aporte a la economía del país, como por su aportación cultural. Nos referimos a la Corporación Bacardí, la que anualmente celebra la actividad cultural más importante en todo Puerto Rico.

Costumbres y Tradiciones

La tradición que llamamos El Encuentro, es una con mucho significado para nuestros pescadores. Durante la celebración de las fiestas patronales, una embarcación que lleva la imagen de nuestra patrona (la Virgen del Carmen), se encuentra en el medio de la bahía, con la embarcación en la cual van los pescadores. Los pescadores trasladan la imagen hacia su embarcación, en símbolo de petición de protección y de un buen año para la pesca.

Otra costumbre nuestra muy cercana al mar, es el tradicional Cruce de la Bahía, en la cual todos los años, nuestros jóvenes (grandes deportistas) cruzan nadando la Bahía de San Juan.

Entre las tradiciones muy ligadas a nuestras riquezas naturales, podemos también señalar el Festival de las Chiringas, evento anual en que nuestros niños se dan cita en la playa, para disfrutar el aire del mar, a la vez que exhiben una creación artística impresionante.

Finalmente, nuestro pueblo da mucho valor al deporte; y en esta área, podemos señalar la Carrera del Gandul, los campeonatos de boxeo, nuestros campeonatos de natación y de pista y campo.

Aquí nació...

Salvador De Jesús (1927 - 1969) Se distinguió como cuentista y sus narraciones aparecieron en revistas como "Alma Latina", "Asomante" y "Educación". Entre sus cuentos son muy conocidos **La Llama de Fósforo**, **Vertiente** y **Lágrimas de Mangles**.

Julio Rosado del Valle. Nació en 1922. Reconocido pintor puertorriqueño. Ya para el 1958, exhibió individualmente en la Unión Panamericana de Washington. Considerado como valor principal de la pintura puertorriqueña. Maestro de otros famosos

Flora

Siendo un pueblo costanero, Cataño en sus principios contaba con las siguientes bellezas naturales: abundancia de mangles (que nos protegen de los desastres naturales, nos sirven como filtros de agua, y lugares para la cría de peces y aves), abundancia de playas (que nos sirven para la industria de la pesca, para la recreación y el turismo) y un refugio de vida silvestre (que tiene unas especies de aves, peces y plantas, tan especiales que el propio Departamento de Recursos Naturales aprobó una resolución para protegerlo y conservarlo); abundancia de sol y aire fresco. Muchas fueron las familias que vinieron a vivir en nuestro pueblo, buscando disfrutar del beneficio del aire marítimo, y muchos fueron los negocios de comida pesquera que se asentaron.

pintores nuestros. En Cataño, le conocemos como "Maestro.

Pedro Juan Soto. Nació en 1928. Escritor de novelas y cuentos. Reconocido internacionalmente. Su obra **El Huésped** (1955) figuró en el Primer Festival de Teatro Nuevo de Latinoamérica (Méjico 1968). Con sus novelas **Spiks** (1956) y **USMAIL** (1959) se consagró en la literatura hispana.

Lugares de interés...

Coliseo Cosme Beitia Salamo. Se llamó así en honor a un destacado atleta en todos los deportes y gran educador en el campo de la educación física. Como jugador de béisbol el Sr. Beitia fue uno de los mejores guardabosques de su tiempo. Era uno de los grandes bateando, tirando, corriendo y fildeando; un pelotero completo. Sus triunfos alcanzados en el deporte han permitido que la prensa en Puerto Rico afirmara que "jamás habrá otro igual".

La Pirámide. Este monumento en forma de pirámide simboliza el progreso obtenido en Cataño en los últimos 20 años. Dicho monumento se inauguró en mayo de 1980. En la misma se encuentra ubicada una de las bibliotecas más modernas de todo Puerto Rico, la cual fue inaugurada el 5 de diciembre de 1986. En esta Biblioteca habrá un mini museo histórico, ya que nuestra cultura como pueblo es rica y digna de reconocimiento.

Para el último nivel también hay planes de ubicar un mini-laboratorio científico y artístico. Tenemos un área disponible para exhibiciones de nuestros artistas o trabajos realizados por estudiantes en las escuelas. La biblioteca lleva el nombre de Modesto Escalera, educador de Cataño.

Las Lanchas de Cataño. Posiblemente el permiso para la construcción de la línea Férrea que Don Ramón Valdés solicitó al gobierno español, entre Bayamón y Cataño en el año 1881 constituyó las bases para establecer un sistema de "Ferrys" que comunicaban a Bayamón con San Juan por vía de Cataño. Para el 1984 se encontraba funcionando a toda capacidad un sistema de lanchas que la gente llamaba las "Hicoteas de Valdés".

Realmente la transportación entre Cataño y San Juan debió de haber comenzado mucho antes, ya que el comercio entre los pueblos de la isla y la capital se hacía más sencillo a través de la bahía.

Tenemos constancia de la existencia de botes de remos y de vela para realizar dicha travesía.

El pueblo de Cataño siempre se ha sentido orgulloso por la afirmación generalizada de todo el pueblo puertorriqueño cuando se refieren a "Las Lanchas de Cataño".

Esto claramente denota que a través de los años el predominio y potestad propietaria de dichas embarcaciones recaía sobre la gente de nuestro pueblo.

Más aún quedaron inmortalizadas en una canción popular de uno de nuestros hijos: "AGUANTA LA LANCHA QUE VOY PA'CATAÑO".

Lancha de Cataño

Cayey

HIMNO

Autor: Clodomiro Rodríguez
ALMA BORICUA

Dejé en los campos de la patria mía
un paraíso, un verdadero edén.

Encuentro al mundo un campo frío
y desierto al compararlo con mi Borinquén.

¡Viva mi patria, mi bello país!
Viva por siempre glorioso y feliz!

Yo veo riquezas en esta tierra extraña.
Yo veo bellezas muy dignas de admirar,
pero hace falta un no-sé-qué de encanto
que sólo tiene mi terruño ideal.

Dejé al salir de aquellas playas níveas
mi hogar querido, el nido de mi amor.

Dejé dos ojos que me lloran siempre,
dos ojos claros, limpios como el sol.

Yo soy boricua. Mi amor es Puerto Rico.
Para mi islita no encuentro parangón.
Nací en los montes del centro de mi tierra.
Yo soy boricua de sangre y corazón.!

ESCUDO

Lleva una **montaña de tres picos**, un "**toro de gules**", y una **faja ondulada azul** representando el agua tan abundante en la zona y también por referencia a la Patrona primitiva del pueblo de Cayey. Por timbre lleva el **Cordero Pascual "de plata"** cargado del símbolo de San Juan de Puerto Rico, "oro y plata" sobre un libro cerrado "de gules". **Los colores rojo y oro** simbolizan la tradición española y el fundador. **El color verde** representa los paisajes y las montañas cayeyanas. **El color negro** indica antigüedad, solemnidad y seriedad. El escudo es creación del Dr. J. J. Santa Pinter, Catedrático Asociado del Colegio Universitario de Cayey.

En lo que es hoy el Municipio de Cayey existió el poblado indígena de Toíta, que estaba situado en los márgenes del Río la Plata y era un cacicazgo subalterno. En 1930-31, el arqueólogo Benigno Fernández García efectuó una serie de excavaciones en dicho lugar. Encontró varias sepulturas indígenas y objetos de cerámica. El nombre de Cayey trae su origen de la Sierra de Cayey y significaría en arauco un lugar de agua. Aparece el vocablo Cayey, citado por primera vez en 1519, aplicado a dos indios, en la probanza de Juan González al cacique Cayey en 1532; en 1645, en las constituciones sinodales del Obispo Fray Damián López de Haro, así como en dos partidas de bautismo en 1757, en las instrucciones al Gobernador de Puerto Rico, en 1765. Antes de la fundación del pueblo aparece escrito Cayey, Cahey, Cayei, Calley y Caiyey. Después hasta 1805, indistintamente Calley y Cayey, para quedar definitivamente Cayey. Hoy día llevan este nombre, aparte de la Ciudad de Cayey, del cacique y de los indios del siglo XVI, un río de la jurisdicción de Caguas, una calle de Santurce y una calle de San Sebastián del Pepino.

Don Miguel de Muesas era el Gobernador de Puerto Rico en el momento de la fundación de Cayey. Durante su incumbencia se fundaron siete pueblos en la Isla. Como mostraba por Cayey mayor simpatía e interés, se apellidó Cayey de Muesas.

El pueblo fue fundado el 17 de agosto de 1773 por don Juan Mata Vázquez, habiendo sido su alcalde durante los primeros diez de su vida institucional. Probablemente donó también, como era costumbre de la época, los terrenos donde quedó enclavado el pueblo. Miyares, contemporáneo de la fundación, dice refiriéndose a Cayey: "Tiene un teniente a guerra que es el fundador".

El pueblo de Cayey comenzó con seis o siete casas en torno a su plaza e iglesia. El resto de la población estaba dispersa por el campo. La primitiva iglesia fue de madera. No obstante, para el 1787 ya se había construido de ateria la bóveda de la capilla mayor y las dos sacristías. En 1813, se terminó su construcción y en 1846, se le añadió el atrio; en 1881, se le instaló el pararayos y el campanario y su reloj fueron inaugurados en 1893. La actual Casa Parroquial es de 1936. El archivo de esta iglesia figura como uno de los más completos de la Isla. Hasta en 1993, estuvo atendida por sacerdotes seculares y después por religiosos de la Orden de la Merced. El 13 de mayo de 1970 fue bendecida solemnemente la nueva parroquia Nuestra Señora de la Merced, que viene a sumarse a la del pueblo en el Barrio Montellano.

En 1827 se terminó el camino que unía a Cayey con Caguas. El de Ponce se construyó en el 1829, y el siguiente año se comenzó el que conducía a Cidra. Para el 1854 se inauguró el puente sobre la carretera de Cayey a Cidra; en 1878, se construyó la carretera hacia Aibonito y en 1895 se hizo la carretera de Cayey-Arroyo por Guayama.

Aunque Fray Iñigo Abad recelaba del éxito de la fundación, en el 1898, es decir, al cambio de la soberanía, contaba ya con 14,442 habitantes. Entonces Cayey formaba parte del Municipio de Coamo. En 1846, contaba con dieciséis barrios, y aumentó su número a veintiuno en 1853 y a veintitrés en 1878. Todas las calles del pueblo se rotularon por primera vez al año siguiente. Desde la fundación del pueblo hasta 1875, la Casa Alcaldía estuvo localizada en la Plaza, en lo que hoy día es Casa de la Viuda del doctor Matute. Después pasó a ocupar diversos locales hasta su definitiva instalación en el 1493, en el antes Hotel Imperial. Desde 1939 contaba la Alcaldía con su sello propio.

Cayey tiene también tradición militar. Primero con el cuartel español que en 1898 pasó a ser ocupado durante tres (3) años por las tropas norteamericanas. Después, por el regimiento de Puerto Rico que dominó Henry Barracks y finalmente, por la Guardia Nacional hasta la inauguración del Colegio Regional.

En 1853, había una escuela pública con cuarenta y uno alumnos varones, en 1876, las escuelas se habían elevado a siete y ya en 1902, existían siete graduadas, una principal y doce rurales. El distrito escolar cuenta hoy con veintidós escuelas entre elementales e intermedias, escuela superior y centros de estudio y trabajo para aquellos que han abandonado la escuela. Dispone también, de varias escuelas privadas, el Colegio Católico la Merced y dos escuelas de estudios superiores, el Colegio Universitario de Cayey, dirigido por el Dr. Juan Mauras, la Dra. Margarita Benitez y actualmente por el Profesor José Luis Monserrate.

El primer administrador de la oficina de correos lo fue Máximino Vázquez en 1866 y la línea telefónica entre Cayey y Caguas se estableció el 25 de julio de 1875. Las famosas Torres de Cayey comenzaron a funcionar en febrero de 1920 y la inauguración de su estación terrestre tuvo lugar el 25 de enero de 1969. La radio WLEY presta sus servicios desde el 3 de diciembre de 1965.

El único hospital hasta 1955 fue el hoy Hogar de Ancianos, donación de Doña Lucía Vázquez. Luego estableció sus bases el Centro de Salud. También dispone de un hospital antituberculoso y un centro asistencial privado, la Clínica Font, ahora el nuevo Hospital General Menonita, amén de varios consultorios de especialistas.

Área: 50 millas cuadradas

Población total: 38,432

Habitantes por milla cuadrada: 768.6

Patrona: Nuestra Señora de la Asunción

Barrios: Pueblo Norte y Sur, Beatriz, Cedro, Cercadillo, Culebras Alto, Culebras Bajo, Farallón, Guavate, Jájome Alto, Jájome Bajo, Lapa, Matón Abajo, Matón Arriba, Monte Llano, Pasto Viejo, Pedro Ávila, Piedras, Quebrada Arriba, Rincón, Sumido, Toíta, Vegas.

Situación y Límites

Limita al Norte con el Municipio de Cidra, al Este con el de Caguas, al Sur con los Municipios de Guayama y Salinas y al Oeste con el de Aibonito.

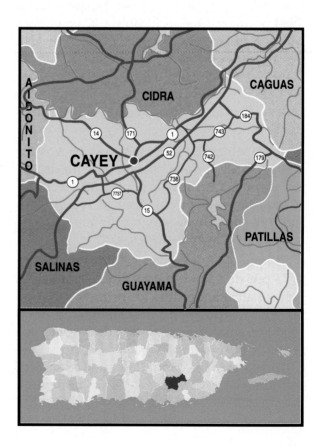

Cayey se extiende en un hermoso valle al pie de la sierra del mismo nombre. Con la excepción de dicho valle, es una zona montañosa, bañada por el río de la Plata, cuya altura máxima - El Torito - es de 1,300 pies. En las alturas de Jájome está enclavada la mansión veraniega de los gobernadores de la Isla. Completan su hidrografía los ríos Matón, Guavate, Carite, Jájome y Lapa, cuyas aguas discurren por su territorio.

Goza de un clima fresco y agradable, con una temperatura media anual de 73.3ºF. Sus condiciones climatológicas han hecho de Cayey el lugar predilecto de veraneo de las más prominentes figuras del país desde los tiempos de la colonia española.

Economía...

Cuenta con varias Industrias y centros comerciales. En tierras del este existen yacimientos de arcilla blanca o caolín, que se utiliza en la producción de cerámica y alfarería. También cuenta con un gran número y variedad de tiendas y negocios que le brindan a la ciudadanía la facilidad de hacer sus compras en las inmediaciones del pueblo y que ofrecen oportunidades de trabajo para todos.

Plaza de recreo y al fondo
la Parroquia Nuestra Señora de la Asunción

Fauna

En Puerto Rico tenemos 16 variedades endémicas de ranas del género eleutherodactylus jasperi (que significa "dedos libres") mejor conocidas como "coquíes". Una de estas variedades es el Coquí Dorado, descubierto en la Sierra de Cayey y descrito por primera vez en el año 1976 por George Drewery.

Se alimentan de insectos indeseables como por ejemplo el llamado gusano blanco, que es la larva del caculo; insecto muy dañino para las matas de guineos y plátanos.

Este ejemplar es una rana pequeñita, como de 3/4" y su coloración es amarillo-verdosa. Al igual que otros coquíes, vive en lugares húmedos y frondosos, prefiriendo especialmente la bromelia. Los coquíes no pasan por la etapa de renacuajo; las ranitas emergen de los huevos como pequeñas réplicas de los adultos. Sin embargo, el Coquí Dorado es la única especie de rana del Nuevo Mundo que es ovovivípara, es decir, que los huevos se desarrollan dentro del oviducto hasta que las ranitas ya formadas emergen de la hembra. Es una especie en peligro ya que ha sido destruida por la deforestación. Tienen que tomarse rápidamente medidas especiales a fin de garantizar las supervivencia del *eleutherodactylus jasperi*, el más extraordinario coquí de Puerto Rico.

Aquí nació...

Eugenio Fernández Méndez. Nació en 1924. Estudió en la Universidad de Puerto Rico y en la Columbia University, de Nueva York, donde obtuvo el Doctorado en Filosofía, con una concentración en Antropología. Ha sido profesor de Ciencias Sociales en la Universidad de Puerto Rico, desde 1949 hasta 1980. Fue asimismo Director de la Editorial Universitaria de la Universidad de Puerto Rico desde 1956 a 1964.

Miguel Meléndez Muñoz. Pasó sus primeros años en España. De regreso a Cayey se pone a trabajar en el comercio, una vez terminó su educación primaria. Fue empleado en la banca y fue ascendido, hasta llegar a Gerente del Banco de Crédito y Ahorro Ponceño de Cayey. Después trabajó en el gobierno, en el Departamento de Instrucción Pública. Fue Presidente del Ateneo Puertorriqueño. Ha escrito las siguientes obras: **Yuyo**, **Cuentos del Cedro**, **Cuentos de la Carretera Central, El Niño, la Escuela y el Hogar, Fuga de Ideas, Dos Luises**.

Angel Mergal. Ministro bautista, catredrático universitario, ensayista, conferenciante y poeta. Estudió sus materias elementales y secundarias en su pueblo natal, Cayey. Mergal ha publicado los siguientes estudios de crítica, interpretación y análisis: **El Hidalgo Iluminado** (1939), **El Agraz** (1945), **Defensa de la Educación Democrática** (1946), **Reformismo cristiano** (1949), **El Arte Cristiano** (1949), **Arte Cristiano de la Predicación** (1952) y un libro titulado: **Puerto Rico, Enigma y Promesa**, **San Juan**, **Puerto Rico**.

Festival del Jíbaro- Tres días de celebración con música típica, artesanías, visita al Monumento del Jíbaro. Se celebra durante el primer fin de semana del mes de agosto.

Lugares de interés...

Estación Terrestre de Cayey. Radar-Su función principal es detectar señales de satélites. Usando este complejo de telecomunicaciones la AT&T inauguró el 17 de noviembre de 1983, una nueva estación terrestre digital de satélites. Sus antenas funcionan como parte del sistema "RCA Satélite Communications" y se dirige a uno de los Satélites SATCOM. Esta estación se encuentra ubicada en la Carr. P.R. #1, hacia Caguas.

Monumento en honor al Jíbaro Puertorriqueño- Localizado en la Autopista Las Américas vía Cayey-Salinas, y pertenece al Municipio de Cayey. Obra de nuestro compatriota Tomás Batista en reconocimiento al custodio más auténtico de la herencia cultural de nuestros antepasados, el Jíbaro Puertorriqueño. Este monumento fue inaugurado el 12 de diciembre de 1976.

Centro Sismológico de Cayey, Observatorio - Localizado en el Barrio Montellano, Calle Marginal, cerca de la entrada a la Autopista en Cayey. Su función principal es recopilar información sísmica y magnética. Detecta temblores en una red a nivel mundial y local. La red mundial pertenece a un Departamento del Gobierno Federal y la local es parte de la Universidad de Mayagüez, aunque el mantenimiento también lo realiza el Gobierno Federal. Se fundó en el año 1965. Tel. 738-2281.

Parroquia Nuestra Señora de la Asunción- Se construyó en el 1787. Se encuentra ubicada frente a la plaza de recreo. Tiene en relieve los Angelitos de Ramón Frade. También cuenta con la escultura de Nuestra Señora de la Asunción elaborada por el Arquitecto Tomás Batista.

Museo Universitario de Cayey-Hoy día, el Colegio Universitario de Cayey se honra en ser el depositario de la donación artística del gran pintor cayeyano Ramón Frade, en la "Sala Ramón Frade". Fue inaugurada el 11 de junio de 1979. Tel. 738-2161.

Monumento al Jíbaro

Ceiba

Fundación: 1838

Primer alcalde: Hon. Lorenzo Vélez Nieves

Gentilicio: ceibeño

Cognomento: Pueblo sin sopa

Población: (1990) 17,145

Alcalde (1997): Hon. Gerardo A. Cruz Maldonado

HIMNO
Letra de: Carmen E. Pérez

Ceiba...
Bello rincón de mi tierra
de ti se nutre mi vida
y la savia de mis venas.

Por ti la esperanza mía
florece en mi pensamiento
y por ti lanzo orgulloso
mi voz a los cuatro vientos,

No cambio tus arboledas
ni tus campos ni riachuelos
no este sol que vivifica
ni este pedazo de cielo.

Porque sería quitar
a Dios de mi pensamiento.

Y por ti Ceiba querida
ofrezco mi vida querida
ofrezco mi vida entera
resguardado por tu escudo
y abrazado a tu bandera.

ESCUDO

Nuestro escudo posee en campo de oro una ceiba natural, terrasada de sinople; el jefe de gules con una cruz flordelizada de oro, acostada con dos flores de lis del mismo metal. Al timbre, corona mural de oro, mazonada de sable y aclarada de sinople y rodeando el escudo por sus flancos y punta, dos tallos de caña de azúcar con sus hojas al natural; cruzados por lo bajo.

El escudo de Ceiba está constituido por lo que en la ciencia heráldica se denominan "armas parlantes"; es decir, figuras o esmaltes cuya presencia en el blasón pregonan directamente el nombre o naturaleza de la persona o entidad colectiva por él presentada.

El nombre del pueblo, Ceiba, está simbolizado por el especimen vegetal del que deriva su denominación, el más grandioso de los árboles autóctonos de Puerto Rico (Ceiba Pentandra). En el escudo de Ceiba, este hermoso exponente de la flora tropical representa también la prehistoria indígena de Puerto Rico. **La cruz flordelizada** y **las flores de lis** que acompañan también constituyen armas parlantes, pues manifiestan el nombre y el apellido de Don Luis de la Cruz, el fundador del pueblo. Resulta evidente el parecido ortográfico y fonético del vocablo lis (palabra con que también se designa lirio) con el onomástico Luis. **La cruz** representa, por último, el origen y carácter cristiano de la población.

Historia...

El actual pueblo de Ceiba formó parte, como barrio rural, del partido de Fajardo hasta el 1838. En el archivo del Departamento de Obras Públicas se conserva un largo expediente sobre los trámites realizados por los habitantes del barrio «de la Ceiba» para constituirse en municipio independiente. Según palabras del apoderado de los vecinos, don Luis de la Cruz, los habitantes de los barrios Ceiba y Daguao deseaban fundar el nuevo pueblo «para conseguir por este medio más fácilmente los socorros espirituales y hacer más asequible la recta administración de justicia». Al surgir la petición de los vecinos de Ceiba un grupo de vecinos de Fajardo se opuso fuertemente a la solicitud.

Sin embargo, a pesar de la fuerte oposición, el 7 de abril de 1837 se autorizó a los vecinos de Ceiba a proceder con la fundación del nuevo pueblo, fundación que se realizó oficialmente el 12 de mayo de 1838. Simultáneamente se procedió a efectuar el deslinde del nuevo pueblo declarado por límites jurisdiccionales desde la boca de Figueras siguiendo las aguas arriba de la quebrada de la Ceiba hasta su nacimiento, de este punto línea recta hasta el río de Fajardo y luego hasta el origen de éste tomando sus aguas arriba y hasta encontrar con la línea limítrofe de Naguabo por las partes del oeste y del sur. Al efectuarse la organización del nuevo partido éste quedó constituido por los barrios Pueblo y Contorno, Machos, Chupacallos, Saco, Río Arriba, Daguao, Quebrada Seca y Guayacán. En el 1878 la organización territorial de Ceiba se mantuvo sin cambio.

En el 1898, cuando el cambio de soberanía, el municipio de Ceiba fue anexado al municipio de Fajardo. Esta situación perduró hasta el 1914 mediante la Ley Núm. 9 de marzo 12 de dicho año. Ceiba volvió a constituirse en municipalidad independiente de tercera clase con los mismos límites que tenía antes de su anexión a Fajardo y la misma organización territorial, o sea, Pueblo, Chupacallos, Daguao, Guayacán, Machos, Quebrada Seca, Río Abajo y Saco.

En el 1947, al prepararse el actual mapa oficial del municipio de Ceiba y sus barrios por la Junta de Planificación de Puerto Rico, siguiendo instrucciones de las autoridades municipales, se amplió la zona urbana del municipio con partes de los barrios rurales Chupacallos y Machos. Por lo tanto, la excepción territorial de Ceiba en la actualidad es la misma que en el 1914 cuando se constituyó de nuevo en municipio, a saber: Pueblo, Chupacallos, Daguao, Guayacán, Machos, Quebrada Seca, Río Abajo y Saco.

Geografía...

Ceiba es el pueblo más oriental de Puerto Rico. Está situado en la parte noreste de Puerto Rico, colinda por el norte con el Océano Atlántico y el Municipio de Fajardo, al sur con el pasaje de Vieques y el Municipio de Naguabo, al oeste con los municipios de Naguabo y Río Grande; al este con el pasaje de Vieques y el Mar Atlántico.

Tiene un área de 27.5 millas cuadradas. La mayor parte de estos terrenos son llanos aunque tenemos partes altas. La parte más elevada de Ceiba se encuentra al noreste y forma parte del Bosque Nacional del Caribe: El Yunque. Este tiene una altura aproximada de 600 metros sobre el nivel del mar. Además existen otras elevaciones tales como Monte Corozal del barrio Saco de Ceiba, que tiene una altura de 175 metros sobre el nivel del mar. El sector Cielitos de barrio Machos tiene una altura de 200 metros sobre el nivel del mar.

Debido a que Ceiba es un pueblo de costa, tiene el puerto de Ensenada Honda de calado

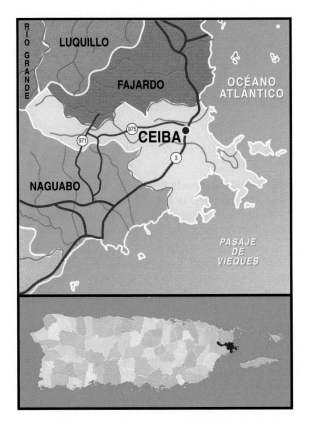

precipitación. Los meses de febrero, abril y junio son los más secos y los vientos generalmente son del sureste y marcan una velocidad de 5 a 15 millas.

Economía...

Para los años inmediatos a su fundación (1846), Ceiba basaba su economía en los cultivos de caña de azucar, había varias haciendas. Además se cultivaba el plátano, arroz, tabaco, ñames, calabazas, maíz y yuca: todos éstos a baja escala. Había una carnicería, tres carpinteros, tres zapateros, cuatro toneleros, 10 tabaqueros y 379 jornaleros.

En la actualidad Ceiba basa su economía en empleos de fábricas de agujas promovidas por Fomento Económico. De este tipo de fábricas cuenta con tres: Ceibas Sport Wear (2), una hace los cortes de telas, y la otra la costura, Gedamar Soundation se dedica a confeccionar ropa interior femenina. Hubo una fábrica de productos eléctronicos "Productos de Control Corox" que operó por más de 20 años, además una de tornillos.

En sustitución de la caña de azúcar hay varias industrias del Programa de Pastos de la Autoridad de Tierras, tales como: ganadería de leche y carne, crianza porcina y cultivo de frutos menores.

No se puede dejar de mencionar la importancia de la Base Naval Roosevelt Roads para la economía de Ceiba. El resto de los empleos son de comercios propios y del gobierno estatal y municipal.

El 80.5% de la fuerza trabajadora está empleada en las industrias de manufactura. Además, hay varias empresas dedicadas a la construcción. También existe una industria mineral dedicada a la extracción de arena en el Barrio Chupacallos.

natural y que está considerado como uno de los mejores de Puerto Rico. Para la fundación del pueblo este puerto utilizaba para desembarcar madera y otros productos. Actualmente está bajo jurisdicción de la base. Además tenemos las playas de Punta Algodones, Figueras y puerto Medio Mundo.

Hay varios islotes de Ceiba como Piñero, Piñerito e Isla Cabra. Las quebradas son pocas y casi secas. Además hay dos ríos: el río Fajardo y el río Daguao. Ninguno de ellos son navegables.

En algunos barrios hay pequeños manantiales, en Río Abajo, Saco, Rincón, y Chupacallos. El promedio de temperatura es de 8790 grados y tiene un clima fresco durante casi todo el año. La presión atmosférica promedio es de 10:22 grados de mercurio. Respecto a la precipitación pluvial no hay un patrón definido, pero generalmente los meses de marzo, mayo y octubre son los de mayor

Carmelo Ávila Medina. Nació en el 1919. Se inició en la vida política en el 1938 cuando ocupó la presidencia del Comité del PPD del Barrio Melilla de Santurce. Para el 1944 siendo aún estudiante, se postuló para representante del distrito que componía los pueblos de Las Piedras, Naguabo y Ceiba. Fue elegido por más de 3,000 votos sobre sus rivales, convirtiéndose a sus 25 años en el más joven representante en Puerto Rico.

Trabajó en infinidad de proyectos para nuevas escuelas, reformas al sistema penal y analfabetismo, entre otros. Además, fue delegado de la Delegación Constituyente del Estado Libre Asociado y del Congreso pro Independencia para Puerto Rico.

Felisa Rincón de Gautier. Nació el 7 de febrero y murió en San Juan en octubre de 1994. Fue farmacéutica, pero se destacó como política y servidora pública. Participó como una de las fundadoras del Partido Popular en 1940. En 1948 y 1955 presidió el primer Congreso Histórico Municipal Interamericano, representó a Puerto Rico en el Congreso Internacional de Autoridades Locales en 1956 y también participó en la Organización Interamericana para la Cooperación Intermunicipal. Asistió a Congresos en Europa, Asia y América. En 1954 fue seleccionada Mujer de las Américas por la Unión de Mujeres Americanas. Recibió condecoraciones y honores en: Haití, España, Ecuador, Argentina, Israel, Francia, El Vaticano, Venezuela y Estados Unidos. Fue alcaldesa de San Juan desde el 1946 hasta el 1968. En 1988 se creó un museo dedicado a ella.

Luis Vigoreaux. Nació el 12 de abril de 1928 en el Barrio Esperanza. A principios de la década de 1940 sus padres se trasladaron a Río Piedras y Luis estudió en la Escuela Vilá Mayo. Mientras estudiaba en la escuela superior hizo su primera intervención en la radio en el programa "Alma Infantil" por WIAC. En el 1950 fue nombrado jefe de programación de la emisora WRIO, que se convirtió después en Radio WUNO y en la cual estuvo un año. Regresó a WIAC donde participó en el programa "Torito and Company" donde encarnó el personaje de el padre de Torito, Don Toribio Montes.

En el 1954 Vigoreaux entró a la televisión en el programa "El Show Libbys". También encarnó el personaje de Meneíto en la Taberna India por el Canal 2 de Telemundo. Junto a Mario Pabón produjo el programa "La Hora Cero".

Cuando el programa "La Hora Cero" fue eliminado, fue a WAPA Televisión donde produjo, junto a Mario Pabón, la telenovela "La Cruz de María Dolores" y el espectáculo de variedades "Luis Vigoreaux Presenta", en la década de 1960.

Para el 1973 produjo los programas "Sube Nene Sube", "Parriba Papi Parriba", "Dale que Dale en Domingo" y "Rola Acción". En 1976 volvió a ser locutor de Radio WUNO.

En 1975 fue nombrado Caballero Televisión por el Festival de Codazos.

Base Naval Roosevelt Roads. En la zona costera de Ceiba está establecida la Base Naval Roosevet Roads. La misma se construyó para el 1940 bajo el mando del Presidente Franklin D. Roosevelt.

La Base Naval Roosevelt Roads cuenta con una pista de 11,000 pies de largo y se compone de 29,000 acres de tierra en una zona que es en su mayoría llana. Hoy en día es la base naval más grande del mundo y una de las más importantes.

Iglesia San Antonio de Padua y Nuestra Señora del Pilar. El 9 de abril del 1840 quedó inaugurada la Parroquia del municipio de Ceiba. Celebró la primera Misa el párroco de Fajardo e hizo entrega de la nueva Parroquia al primer párroco de Ceiba, Don Francisco de la Cruz, quien venía actuando como coadjutor de la Parroquia de Naguabo, el 23 de mayo de 1840.

Carretera rural cubierta de vegetación, palmas y flamboyanes

Ciales

Fundación: 1820	
Primer Alcalde: Patricio Matos	
Gentilicio: cialeño	
Cognomento: Cuna de poetas	
Población (1990): 18,084	
Alcalde (1997): Hno. Angel M. Otero Pagán	

HIMNO
Jesús Roure Pérez

*El cantar de tu ríos es mensaje
de tu origen ibero viril
que orgullosos tus hijos, ostentan
en las ideas del diario vivir,
y tus sendas que adornan luceros
se engalanan con la tradición
que revive en tu historia las huellas
del criollo, su fe y su oración.*

*Coro: ¡Ciales, oh pueblo mío!
Cuna donde nací,
de tus hijos, orgullo,
de la patria, un jardín.*

*¡Ciales, oh, cuna amada!
En ti quiero morir,
escuchando tus ríos,
y el cantar, el cantar del coquí.*

*En tus montes florece el cafeto
y en tus valles se yergue la palma
con su enhiesto penacho hacia el cielo
en ruego por la patria y las almas.
Y en Frontón, Cordillera y Bateyes
aún resuena del indio el tambor
recordando a tus hijos cómo muere
el boricua, con dignidad y honor.*

Coro

*Tu bandera y tu escudo eternizan
los valores que has dado a la patria
y tu nombre es sencilla diadema
que en tus hijos, el pecho, engalana.
Y en tu historia hay páginas de oro
que escribieron el blanco y el negro,
que en tu nombre juramos honrar
cual cialeños y puertorriqueños.*

Coro

ESCUDO

Fondo de oro, un león rampante color púrpura sosteniendo un documento enrollado color plata, acompañado en jefe por tres rosas de gules hojadas de sinople verde puestas en faja. Por timbre una corona mural de oro de tres torres, azonada de sable negro y aclarada en púrpura. Rodean el escudo por sus flancos y puntas, dos ramas de cafeto, frutadas de su color natural, cruzadas bajo el escudo y atadas por una cinta de gules. Debajo o pisando el lazo de la cinta y los extremos de las ramas de cafeto, va una filactería o cinta volante blanca con la inscripción "LACI-ES" escrita en letras negras. **El león púrpura** es símbolo de la familia LACI. **El pergamino** que sostiene el león significa la libertad y el régimen constitucional de los LACI. **Las tres rosas** simbolizan a la patrona del pueblo la Virgen del Rosario. **La corona mural** es insignia cívica de las ciudades. **Las tres torres** significan que es una villa. **Las ramas de cafeto** recuerdan que Ciales es un municipio ubicado en la región cafetalera de Puerto Rico. **El lema LACI-ES** es un anagrama de Ciales.

85

CIALES

Se fundó Ciales el 24 de junio de 1820 por gestiones de un grupo de habitantes cialeños al cumplirse el requisito de 1,000 habitantes que era lo mínimo para constituirse el municipio aparte. El primer Alcalde Don Manuel Maldonado, Don Indalecio Padilla-Primer fue Regidor, Casimiro Marrero-Segundo Regidor y Don Domingo Rodulfo-Primer Síndico. Se escogió además a San José como el patriarca religioso y a la Virgen De La Monserrate como patrona del Municipio de Ciales.

Se adquirieron originalmente nueve cuerdas que constituían el área urbana del municipio, compradas al Sr. Juan García Isleño.

En el año 1824 la tormenta La Monserrate azotó a Puerto Rico y la población disminuyó a 850 habitantes.

En el año 1826 se inicia la construcción de la Casa del Rey (Casa Alcaldía) con un presupuesto de $280.00 españoles.

En el año 1828 se comenzó el empedrado en la calle principal y se construyó la plaza. Se empedraron además, parte de los caminos La Cuesta y de la Quebrada Sanamuerto. En este mismo año se construyó la primera cárcel municipal.

En el año 1828 comenzó a tomar fuerza la riqueza agrícola de Ciales. Los productos principales eran el arroz, café, maíz, plátanos y ñames.

En el año 1846 se configuraron por primera vez los ocho barrios que están constituidos en la actualidad.

En la década de 1860, Ciales se definió como pueblo cafetalero y la población aumentó a 5,290 personas.

En el año 1873 se declaró la Abolición de la Esclavitud.

En el año 1877 la población de Ciales aumentó a 10,527 habitantes.

En el año 1890 comenzó el desarrollo industrial en la elaboración del café para su mercadeo y en ese año se establecieron las primeras máquinas de vapor para laborar el grano.

En el año 1893 las escuelas existentes diseminadas se convirtieron en el primer sistema de instrucción y ya en diciembre de ese año la población escolar pasaba de 3,000 niños.

En el año 1896 un escalamiento en la producción de café dio comienzo a una actividad agrícola industrial y se elevó el censo poblacional para el año 1899 a 18,115 personas.

El día 25 de julio de 1898 España perdió el control de Puerto Rico y las tropas americanas hicieron su entrada oficial en la Isla.

En el año 1910 se terminó la Escuela Horace Mann.

En el año 1917 se construyó el acueduto municipal.

En el año 1922 se instaló la luz eléctrica.

Museo del Café, una muestra de equipo para tostar el grano y una variedad de molinillos.

El crecimiento de la producción de café atrajo a grandes firmas españolas y americanas, las cuales se establecieron en Ciales para la elaboración y mercadeo de café y tabaco. Entre ellas, La Casa Pintueles se estableció en Ciales y en poco tiempo tenía representantes de ventas en 47 ciudades europeas para el mercadeo del café.

Se establecieron además otras firmas como La Colectiva para refaccionar la producción de tabaco y la elaboración del mismo en cigarros.

Asimismo se establecieron La Casa Martorell y La Casa Márquez; y además se unieron un sinnúmero de comerciantes cialeños que refaccionaban y mercadeaban tanto el café como el tabaco.

Para los años de 1920-1925 ya Ciales contaba con una actividad industrial agrícola en gran escala y una población de más de 30,000 habitantes.

Las tormentas que azotaron a Puerto Rico desde 1928 al 1932 causaron estragos en la agricultura, acción que prácticamente paralizó la actividad agrícola-industrial en Ciales. Esto provocó la disminución de la producción agrícola y el comienzo de emigración en masa de la población cialeña.

En el año 1924, el entonces alcalde Don Toribio Rivera con un pequeño empréstito construyó el primer y único sistema de alcantarillado sanitario que se había construido en Ciales hasta el presente.

Geografía...

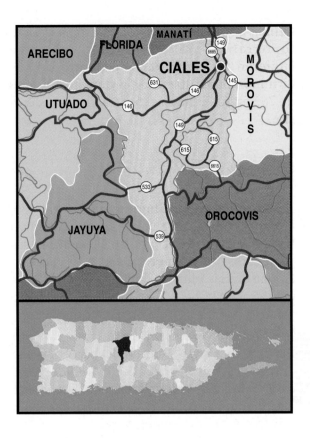

Área: 66.23 millas cuadradas / 43,649 cuerdas de terreno

Habitantes por millas cuadradas: 242.6

Situación geográfica: Ciales está situado en la zona norte y centro de Puerto Rico. Colinda por el norte con los pueblos de Manatí y Barceloneta; con Jayuya y Orocovis por el sur; con Morovis por el este y por el oeste con

Utuado. Estos linderos o límites de la jurisdicción fueron en muchas ocasiones motivo de disputas y controversias entre los vecinos del municipio y de los pueblos limítrofes a lo largo del siglo XIX. Actualmente Ciales cuenta con ocho barrios: Jaguas, Pesas, Corillera, Pozas, Hato Viejo, Ciales y Toro Negro.

Topografía: La región es, por general, montañosa por lo que los terrenos dedicados al cultivo son sumamente empinados con declives significativos. Las áreas llanas son escasas y se hallan hacia la región este de la jurisdicción.

Ríos: Existen en Ciales seis ríos que surgen al sur. Estos ríos llevan el nombre de los barrios por donde cruzan. Entre éstos se encuentra el río Cialitos, cuyo nacimiento se da en las zonas más altas de ese barrio, el río Bauta de Orocovis, el río Grande de Manatí que va hacia el norte de la jurisdicción.

Clima: Como hemos visto, las características topográficas del territorio cialeño nos sugieren un clima variado dentro de sus términos. Su temperatura promedio anual es de 76 Farenheit hacia el norte y de 74 hacia el sur.

Economía...

Produce esencialmente café y tabaco, aunque también, en menor escala, se cosechan frutos alimenticios. En 1974 existían tres vaquerías de primera clase que ese año enviaron a las plantas elaboradoras 1,475.921 cuartillos de leche; y 124 agricultores de tabaco con una cuota asignada de 6,264 quintales.

Algunas fábricas, auspiciadoras por fomento Industrial, y otras de tabaco, proveen empleo a numerosos vecinos de esta comunidad. En sus terrenos se han descubierto yacimientos de cobre, cuya explotación en un futuro parece ser prometedora.

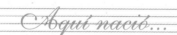

Aquí nació...

Juan Antonio Corretjer (1908-1985). Nació el 3 de marzo de 1908 y murió en San Juan en 1984. Se destacó como poeta, periodista y por su intensa lucha en pro de la independencia de Puerto Rico. Participó en actividades políticas desde los quince años; y estuvo en prisión con su maestro Pedro Albizu Campos. En sus obras resaltan los temas del amor, la patria y lo indígena. Entre sus obras literarias se encuentran: **Agueybaná** (1932), **El leñero** (1944), **Tierra nativa** (1951), **Yerba bruja** (1951), **Nuestra bandera** (1947), **Hostos y Albizu Campos** (1965), **Mitología del Grito de Lares** (1967), entre otras. Corretjer está considerado como el Poeta Nacional de Puerto Rico. Entre su extensa obra se destaca **Alabanza en la torre de Ciales**, un canto épico escrito en 1950. El Instituto de Cultura Puertorriqueña le otorgó el Premio Nacional.

Fernando Sierra Berdecía. Dramaturgo, periodista, ensayista. Después de una corta estadía en Nueva York, radicó en San Juan para iniciarse muy joven aún en el periodismo. Fue redactor, director o mero colaborador de La correspondencia de Puerto Rico, "El Mundo", "El Imparcial", "Puerto Rico ilustrado", "Alma latina", "Revista del Ateneo Puertorriqueño", "Monthly Labor Review" y otras publicaciones. Trabajó bajo la Administración para la Reconstrucción Económica de Puerto Rico, la Junta Estatal de Salario Mínimo, el Servicio de Conciliación del Trabajo, la Junta Federal del Trabajo, y fue Secretario del Trabajo hasta 1961. En sus primeros años periodísticos escribió poesía. En 1938 dio a conocer su obra más lograda, la comedia en tres actos **Esta noche juega el jóker**, que se estrenó al siguiente año en el Casino de Puerto Rico y alcanzó gran popularidad. En 1941 se estrenó la segunda obra dramática de Sierra Berdecía, **La escuela del buen humor**, donde se plantea el problema de la superpoblación. En 1942 publicó **Antonio S. Pedreira, buceador de la personalidad puertorriqueña.** En 1954 **The Press and Democracy**; en 1955, **Emigración puertorriqueña, realidad y política pública,** vertida al inglés en 1956. Luego **La libertad de información como derecho de los ciudadanos** (1957), **El español y el inglés en Puerto Rico** (1959) y apareció la novela corta **Aguafuerte**, escrita en 1932, y la ya citada comedia **La escuela del buen humor.**

Lugares de interés

Museo Biblioteca Casa Corretjer

Museo del Café

La Cueva de las Archillas, esta cueva guarda parte de la historia y leyendas de Ciales.

Juan Antonio Corretjer

Fundación: 1809

Gentilicio: cidreño

Cognomento: Pueblo de la eterna primavera

Población (1990): 35,601

Alcalde (1997): Hon. Angel L. Malavé Zayas

HIMNO

Cidra, tú estás tan en mí que eres presencia y ausencia,
estás metido en mi alma en clara reminiscencia.

Eres tú tan hondo en mí, que quiero ser valle y río,
y quiero ser sólo en ti como un puñado de estío.

Eres corazón en mí, grandeza, ritmo, paisaje,
porque Cidra, eres ternura desde madrugada a tarde.

No sé qué embrujo tú tienes que me has embrujado así,
no sé si son tus montañas o tu dorado coquí.

Pero Cidra, te me pierdes en mi espíritu,
en mi sangre, y si no te siento así todo es dolor y desire.

Porque Cidra, pequeñito yo te siento tan en mí,
que eres yo y yo soy Cidra desde el día en que nací.

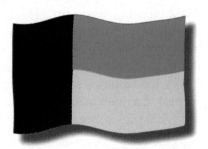

ESCUDO

El Escudo de Cidra fue elaborado por el profesor J. J. Santa Pinter.

La banda roja que cruza diagonalmente el escudo representa el nombre del municipio y simboliza el amor patrio de la población y su lucha diaria, así como el martirio de San Juan Nepomuceno, el primer patrón del municipio.

La fruta cidra y una cornucopia color oro con frutas en el color natural que aluden al hecho de que Cidra fue uno de los pueblos de mayor producción de frutos menores de la Isla.

El escapulario que evoca a la Virgen del Carmen, patrona del pueblo, y una mitra de color negro que alude a San Juan Nepomuceno, quien fuera obispo mártir.

La Paloma Sabanera anida en la zona, sobrevolando una montaña de tres picos que indica la posición geográfica del municipio en la Cordillera Central. Su pico más alto es conocido como el Cerro Almirante.

Las ondas de plata y azul simbolizan la riqueza acuática del pueblo de Cidra.

La corona mural cívica en la parte superior simboliza los municipios y su ciudadanía. **Las tres torres** simbolizan la categoría de pueblo.

El sello, con una cadena en círculo se refiere al esfuerzo común de todos los habitantes de Cidra.

El pueblo de Cidra se fundó en 1809. Para 1815 estaba comprendido en el Partido de Coamo. Miguel Aguilar, alcalde ordinario de dicho pueblo, hizo una descripción topográfica de Cidra el 27 de octubre de 1853, de la cual citamos: "Tiene diez barrios denominados, Pueblo, Montellano, Río Abajo, Rabanal, Honduras, Toíta, Rincón, Beatriz, Arenas y Bayamón; siendo la situación geográfica del primero del E. a O., la del quinto al SO., la del noveno al E., y la del décimo del E. hacia el N."

En 1864 se hizo otra descripción topográfica de este pueblo en la cual se describía como situado sobre una meseta mucho menos elevada que la de Aibonito.

Los límites territoriales de Cidra, para 1876-77, son descritos por el historiador Ubeda y Delgado de la manera siguiente: "La jurisdicción de este nombre se extiende por el interior, colindando con la de Aguas buenas por el N., la de Caguas por el E., Cayey por el S., Sabana del Palmar (hoy Comerío) por el NO."

Ya para el 1885 Cidra tenía 6,698 habitantes y pertenecía al distrito de Guayama. En la Asamblea Constituyente que ratificó el programa asimilista del Partido Liberal Reformista del 1883, fueron representantes por Cidra, don Arturo Córdoba y don Javier Rodríguez. Después de Cidra ser un municipio independiente durante 93 años, se vio unido a Cayey, como si fuera un barrio mediante una ley aprobada el 1 de marzo de 1902. Tres años más tarde, mediante otra ley aprobada el 9 de mayo de 1905, Cidra se constituyó nuevamente en municipio independiente.

Sus fuentes económicas más importantes son hoy el tabaco, a cuyo cultivo se dedicaron 231 agricultores en 1974, con una cuota anual de 20,051 quintales; café y frutos menores. Existían, también en 1974, 9 vaquerías de primera clase, que entregaron a las plantas elaboradoras 4,997,297 cuartillos de leche en dicho año.

En su suelo abunda la arcilla blanca o caolín, que se utiliza en alfarería y cerámica. Cuenta con industrias como las de pan, productos textiles, confección de ropa y artículos análogos. Las hay también de productos químicos y artefactos de piedra, barro y metal.

Geografía...

El pueblo de Cidra tiene una extensión territorial de 24,158 cuerdas de terreno que equivalen a 36.66 millas cuadradas. En su topografía aparecen claramente las distintas variantes del declive de los terrenos: llanos, semillanos, moderados y muy empinados. Los terrenos declive muy empinados suman un total de 8.252 cuerdas, o sea un 34% del total de los terrenos del municipio. Le siguen los terrenos empinados con 6,496 cuerdas (27%); los ondulados con 6,493 cuerdas de terrenos llanos (27%) y los terrenos semillanos con un 11.3% del total. Las elevaciones alcanzan un máximo de 1,400 pies sobre el nivel del mar.

Los suelos de Cidra tienen un origen en rocas cretáceas de formación volcánica. Ocho grupos de doce series distintas de suelos se encuentran en el distrito. Los más abundantes son los suelos de altura con profundos declives moderados (1,635) y con erosión moderada o severa.

Estos suelos abarcan un área de 14,750 cuerdas, de las cuales 13,850 son de la serie múcara.

El municipio de Cidra tiene 4 ríos, 10 quebradas y un lago. Los ríos son: Río La Plata, Río Clavijo, Río Bayamón y el Río Arroyata. El Río La Plata es un linde entre los municipios de Cidra, Aibonito y Cayey, por el oeste y el sur respectivamente. El Río Clavijo se encuentra localizado en el Barrio Beatriz. El Río Bayamón nace en el Barrio Bayamón y cruza el Barrio Beatriz, desembocando en el lago de Cidra. El Río Arroyata nace en el Barrio Río Abajo y desemboca en el Río La Plata del municipio de Comerío.

En Cidra fue construido un lago artificial para resolver el difícil abastecimiento de agua en la Capital.

Cidra colinda al Norte con Comerío y Aguas Buenas; al Sur con Cayey; al Este con Caguas; y al Oeste con Aibonito y Barranquitas.

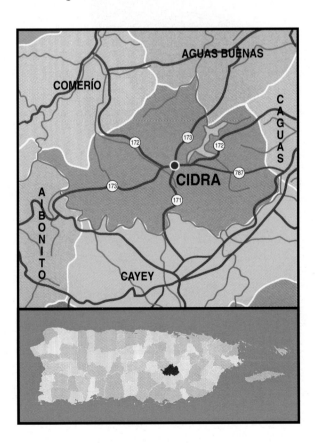

La paloma sabanera o "*collumba inornata wetnorei*", nombre por el cual se le conoce científicamente, tiene un tamaño aproximado de 15 pulgadas. Un gris achocolatado luce en su plumaje en general. Sus áreas de cabeza, pecho, pescuezo y parte del abdomen presentan un vino pálido. El rabo es gris azuloso. Las patas son rojizas y el pico negro. Es la única ave en Puerto Rico que tiene los ojos azules. Su peso promedio es de 330 gramos y se estima que vive entre 10 y 12 años.

Es una de las aves en peligro de extinción en Puerto Rico. En 1973, fue que recibió la debida protección del gobierno federal. Esta paloma lucha por sobrevivir. Entre sus depredadores está el hombre, quien caza las palomas adultas y utiliza los pichones como alimento. Y la rata, el zorzal pardo, el zorzal de patas rojas y el guaraguao, todos depredadores de huevos y pichones.

Su principal alimento es la semilla de la palma real. Pero también se nutre de la berenjena cimarrona, del bicaré, camasey, yagrumo, semillas de gramíneas y partículas de alimentos de ganado.

En cuanto a su apareamiento, encontramos que el macho hace un canto de llamada. La hembra se acerca y el macho vuela hasta ella. Comienza el macho abriendo el rabo en forma de abanico, eriza el plumaje del cuello y del lomo y se mueve hacia arriba y hacia abajo algunas cinco o seis veces en un ángulo de 160 grados al mismo tiempo que emite un ronco cu-cu-rru-cu-cú. Finalmente, el macho se trepa sobre la hembra hasta lograr el contacto y luego la inseminación.

El nido de la sabanera es hecho por ambos miembros, pero es el macho quien trabaja más. La mayoría son construidos en el bambú, aunque se han encontrado en árboles de tulipán africano, úcar, pomarrosa y bejuco blanco.

Ruth Evelyn Cruz. Maestra, periodista, escritora y poetisa que nació el 18 de diciembre de 1932. Se conoce como la pionera del periodismo en Cidra. Entre sus escritos se encuentran: **Cartas que nunca llegaron, Meditaciones de una maestra, Los Municipios de Puerto Rico: Cidra**.

Myrna Vázquez. Nació en la calle Antonio Rafael Barceló el 4 de febrero de 1935. Falleció el 17 de febrero de 1975, en Boston. Hija de Luis Pascual Vázquez y Alejita Díaz. Comenzó sus estudios en arte dramático. Obtuvo la fama con el personaje de Juanita en la obra "La Carreta", de René Marqués. En 1961 fundó Teatro El Cemí, y luego, Coop-Arte. Participó en obras como: L**a casa sin reloj, Los soles truncos, Muerte y transfiguración, La pasión según Antígona Pérez**, entre otras.

Don Francisco Zeno. Era un cidreño de hoy que conocía y amaba al Cidra de ayer. Don Paco, como cariñosamente le conocíamos, nació y se crió en Cidra. Formó allí un hogar y se dedicó a servir a su pueblo. Era periodista. Fue Director Escolar de Cidra desde el 1908 al 1910; alcalde del pueblo del 1910 al 1914; Senador por el distrito de Guayama, del 1920 al 1932; director del periódico "La Correspondencia", del 1931 - 1943. Don Paco fue el Historiador Oficial de la Capital hasta su retiro.

Felito Félix - cantante

Luis A. Papa Rivera - béisbol

Piedra del Sapo Dentro de los terrenos de la empresa "Caribbean Refrescos", se encuentra la Piedra del Sapo. Una anécdota sobre esta piedra dice: "Cuando los indios caminaban de norte a sur o de este a oeste, miraban esta piedra y sabían a dónde dirigirse". En otras palabras, les servía como guía.

También en nuestra niñez, muchos padres les contaban a sus hijos que, debajo de aquella piedra, existía un tesoro. Este era sólo un cuento que muchos niños creían. Según el cidreño Angel Luis Rivera, se supone que la Piedra del Sapo sea el cemí más grande de todas las Antillas.

Los Chorros de "Perico". Cuando mencionamos el Barrio Ceiba, recordamos inmediatamente los Chorros de "Perico". Este hermoso lugar colinda con el Barrio Montellano. Se conoce por este nombre a estos saltos de agua porque están en los terrenos que le pertenecían a Don Federico Garced. Aunque no se encuentra

físicamente con nosotros, todavía la gente que quiere pasar un día tranquilo y agradable, acude a este lugar, como lo hacían cuando él estaba en vida.

Teatro Iberia. En la Calle José de Diego, se encuentra el primer teatro construido. Tiene fecha de 1926. Lleva el nombre de Iberia, hija de Francisco Mendoza, quien era propietario de esta estructura. El edificio tiene estilo español. Alberga actualmente las oficinas del Centro Cultural. La estructura es de dos plantas. La baja, como un salón-auditorio acústico para actividades culturales. Se llevan a cabo obras de teatro, musicales, conferencias, entre otros. La parte alta, es la oficina de la Junta de Directores del Centro Cultural. Además de la mesa presidencial y un área para visitantes, tiene una pequeña biblioteca.

La Piedra del Sapo

Parroquia de la Virgen del Carmen, en la plaza de Cidra

Coamo

Fundación:	1579
Gentilicio:	coameño
Cognomento:	Villa de San Blas de Illescas
	Ciudad del Maratonista
Población (1990):	33,837
Alcaldesa (1997):	Hon. Margarita Nolasco Santiago

ESCUDO

Rojo, distintivo de los mártires, nos recuerda a San Blas quien fue decapitado.

Oro, alude a la excelsa caridad de San Blas y también a los pastos de Coamo, calcinados por la sequía gran parte del año.

Negro, se refiere a las amarguras y luto sufridos por Coamo a través de sus cuatro (4) siglos de historia.

Plata, no tiene simbolismo alguno. Se usa sólo por motivos estéticos.

Caballo y Toro, la tradicional importancia de la ganadería de Coamo; en negro con los cascos plateados.

Las Mitras, la de arriba izquierda, el patrón San Blas: la de abajo representa a los Obispos Mercado y Salamanca. Ambas en oro con piedras preciosas.

La Corona con sus Cuatro Torres, símbolo de la jerarquía de Villa: va en color oro con líneas negras, ventanas y puertas en color rojo.

Las Flamas de Fuego, la Candelaria; en rojo con algún dorado.

Historia

Coamo fue fundado el 15 de julio de 1570 bajo la advocación de San Blas de Illescas o San Blas de Coamo. Colaboraron en la fundación Los Obispos Mercado y Salamanca.

Cuando se fundó oficialmente el poblado de Coamo, sólo existían dos pueblos en Puerto rico; estos eran San Germán y la ciudad capital de Puerto Rico. Para esa época existían algunos núcleos de población, pequeños y dispersos, siendo Coamo y Arecibo los más importantes y mejor organizados. La isla era prácticamente un bosque.

El poblado de Coamo, se localizó inmediatamente al norte de donde antiguamente existía una gran aldea india. Esta estaba localizada donde yace ahora la calle Buenos Aires, que está a orillas del Río Coamo y dentro de los límites urbanos de la ciudad.

93

COAMO

Se extendía originalmente desde el Río Guayama hasta el Río Jacaguas. Sus colindancias eran: Norte, La Cuchilla de la cordillera central. Sur, el Mar Caribe.

Coamo tiene un área de 51 millas cuadradas. Los habitantes se dedicaban a ganadería y frutos de subsistencia.

En 1756 se sembró por primera vez en Puerto Rico café aquí en Coamo por iniciativa del Gobernador Ramírez de Estenós.

Sus ríos principales son: Río Coamo, Río Cuyón.

En 1622 se fundó la Iglesia de Altagracia en el sitio conocido por El Cerro. En 1685 se fundó la Iglesia Valvanera; hubo una epidemia de cólera y se hizo una promesa a la Virgen de Valvanera para que paralizara la enfermedad.

En 1898 se peleó una de las batallas más importantes de la Guerra Hispanoamericana en el sitio conocido hoy por Bo. Niágara.

En 1897 un grave incendio destruyó la casa alcaldía con todos los documentos. (Casa del Rey).

En la década de 1870 llegó el telégrafo. En 1920 vino la luz eléctrica. Se estableció una planta de energía eléctrica para darle servicios a Coamo.

En 1908 siendo Alcalde, Don Manuel Betances se estableció el sistema de acueductos para darle agua potable a Coamo.

Geografía...

Área - 51 millas cuadradas

Límites Geográficos

Colinda por el norte con Orocovis, Barranquitas, por el este con Aibonito por el Sur con Salinas y Santa Isabel y por el Oeste con Juana Díaz y Villalba.

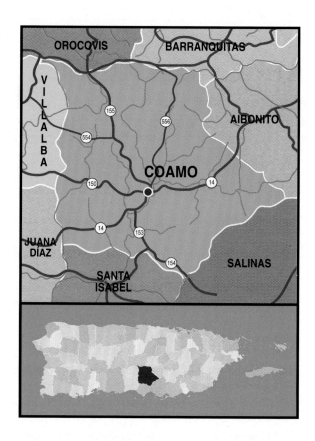

Ríos principales:
1. Río Coamo
2. Río Cuyón

Barrios:
1. Coamo Arriba
2. Hayales
3. Pedro García
4. Fulguillas
5. Bo. Pastos
6. Santa Catalina
7. Los Llanos
8. San Ildefonso
9. Palmarejo
10. Cuyón

Economía...

Economía Industrial o fuentes de Ingresos Principales.

Los principales ingresos provienen de la industria, luego de la agricultura, ganado, frutos menores, producción de leche y café.

Muchos trabajadores de Coamo viajan diariamente para trabajar en las industrias, de los pueblos vecinos. Las industrias de textiles son las más importantes.

Flora y Fauna

Flor oficial del municipio de Coamo: La trinitaria.

Información relacionada: nombre científico: bouganvillea

Las trinitarias son plantas trepadoras espectaculares cuando están en flor. Son originarias de la América del Sur. Fueron descubiertas por el navegante francés De Bounganville, de quien obtuvieron el nombre científico de Bouganvilleas.

Su nombre común de Trinitaria, es un recordatorio constante de la Santísima Trinidad: Dios Padre, Dios Hijo y Dios Espíritu Santo ya que cada una de las tres brácteas que rodean a sus diminutas flores perpetúan a las Tres Divinas Personas. Siendo Coamo un pueblo tan religioso y devoto, ¿Qué mejor flor que la trinitaria para representar este bello aspecto espiritual que posee cada uno de sus moradores?

Trinitaria

El violeta. Árbol municipal de Coamo.

El violeta: entre todos los representantes de la flora coameña ha sido seleccionado como el árbol municipal de la Villa de San Blas. Su plena identificación con la historia es la razón fundamental para que ocupe un sitial de honor dentro de la flora de la demarcación municipal y mundial.

Al igual que sus sinónimos botánicos *Plebotaenia cowellii Britton* (1907) y *Phlebotaenia portoricensis* (1908), el nombre científico del árbol de violeta *Polygala cowillii Blake* (1916) honran a John Francis Cowell, Director del Jardín Botánico de Buffalo, Nueva York, que 89 años atrás realizó la proeza histórica de ayudar a coleccionar, en los Baños de Coamo, el espécimen botánico del que se describió la especie.

Uno de sus sinónimos botánicos *Rlepbotaenia portiricens* guarda una íntima relación con esta variedad, tan es así que originalmente, luego de ser coleccionadas por Francis Cowell y debidamente sembradas para su protección y conservación, se adaptó al suelo y medio ambiente coameño para así dar origen a unas especies endémicas, oriundas solamente de Puerto Rico, que no se encuentran en ningún otro lugar del mundo. Hoy día la mayor población de esta especie se encuentra en las montañas, los arroyos y valles de nuestra VILLA DE SAN BLÁS.

Aquí nació...

Bobby Capó. El Cantautor de América. Bobby Capo vivió como un trovador eternamente enamorado de su Isla, a la que amó a pesar de la distancia. Nacido en el pueblo de Coamo, quizás esa dulzura y gracia que lo acompañó como compositor y cantante tenga que ver con los nacidos en la misma entraña del pueblo. Su rostro afable y sonreído permanece en la memoria de sus cientos de miles de admiradores que pueblan este inmenso continente bañado por el Caribe. Bobby inició su carrera artística como vocalista en el Cuarteto Victoria de Rafael Hernández. Con él hizo su primera gira al exterior, visitando Colombia, Venezuela y Panamá. Con este grupo realizó su primera grabación, el bolero "Noche y Día" del maestro Rafael Hernández y Pedro Flores y posteriormente hasta sus últimas actuaciones personales y grabaciones interpretó sus propias composiciones con el respaldo musical de las orquestas de Xavier Cugat, Noro Morales, Tito Puente, El Cuarteto Caney, José Morand, Chucho Zarzosa, Cuarteto Marcano, Sonora Matancera y Jorge Calandrelli.

De sus labios seguiremos escuchando sus canciones y aquí le recordaremos con sentimiento por su aportación a su patria y a su pueblo.

Rafael Rivera Zayas (1885-1958). Abogado, periodista y orador nacido en Coamo y fallecido en San Juan. Se graduó de abogado en la Universidad de Georgetown, Washington, D. C. Fue procurador general auxiliar de Puerto Rico, juez de las cortes de distrito de San Juan y de Ponce y representante a la Cámara en dos ocasiones, de 1915-1917 de 1932-1936. Presidió el Ateneo Puertorriqueño (1933). Publicó artículos sobre temas literarios y políticos en las revistas "El Carnaval" y "Vida nueva" y en los periódicos "La democracia" y "El mundo". En sus discursos también tocó el tema de la política.

Lugares de interés...

Los Baños de Coamo. Este conocido balneario de aguas sulfurosas y calientes está localizado a 6 kilómetros al Sur- Sureste de la ciudad de Coamo en el borde éste del río de ese mismo nombre. Están reputadas como los más antiguos de las Américas.

Iglesia Católica. Cuando el pueblo de Coamo se fundó en 1579 la iglesia era una humilde estructura de paja, yaguas y madera del país.

La primera etapa de la construcción del edificio actual se terminó en el año 1661 y ofició en su misa de inauguración el Obispo Francisco Issassi. La terminación del mismo, tal como está ahora, ocurrió en el 1784. Los carros de bueyes no existían aún en Coamo y todo el material de construcción tuvo que ser arrastrado en artesas.

Su arquitectura, de estilo barroco tardío hispanoamericano, tiene influencia de los siglos 17 y 18; es una de las iglesias más bellas de Puerto Rico.

Entre los tesoros que posee están cuadros pintados por Campeche, Oller y Juan Ríos además de varias imágenes religiosas de gran valor estético.

Plaza y Ayuntamiento

Comerío

Fundación: 1826
Gentilicio: comerieño
Cognomento: Sabana del Palmar
Población (1990): 20,265
Alcalde (1997): Hon. Emiliano Rivera López

HIMNO
Letra: Dr. Francisco Manrique Cabrera
Música: Claudio Torres Jorges
Arreglo Musical: Prof. Luis Rivera Santos

Con Alma henchida de amor
y ensueño erguido ante el porvenir
tremolamos la canción
de esperanza juvenil.

A Dios pedimos saber
que alumbre a nuestro país
dé fuerzas a nuestra fe
que aliente a nuestro vivir.

Comerío, montaña en flor
donde el Plata canta sin par
cantos de miel y amor
voces del tabacal.

A Dios pedimos saber
que alumbre a nuestro país
dé fuerzas a nuestra fe
que alienten nuestro vivir.

ESCUDO

La cruz representa al Santo Cristo de la Salud, titular de la Iglesia matriz y del pueblo de Comerío; **las franjas ondeadas**, al célebre Salto de Comerío y al Río La Plata. **Las palmas reales** aluden al nombre original del pueblo, Sabana del Palmar. **El esmalte plata** que les sirve de fondo y la **línea nebulada** que divide el cuartel siniestro del Escudo, en que aparecen, aluden a la niebla que, según la tradición loca como una verdadera sábana cubría antaño, en las madrugadas el palmar. **La corona adornada con dibujos taínos**, simboliza el cacique Comerío e hijo del cacique Caguax, del que deriva su nombre actual la población. **La mata de tabaco** representa el producto que en tiempos pasados fue el tronco de la economía comerieña, y por el cual se conoció a Comerío, como "el pueblo del tabaco".

La inscripción La Perla Del Plata alude a la posición prominente que, por la belleza de su localización disfruta Comerío entre los pueblos ribereños del Río La Plata.

Historia...

Cuando en el 1821 se ordenó la segregación de terrenos pertenecientes a Bayamón para agregarlos al partido de Barranquitas, se designaron los mismos como los barrios

Comerío Alto y Comerío Bajo que formaban parte del territorio del Hato Comerío.

A pesar de que oficialmente el nombre "Comerío" no se utilizó desde 1826, la tradición oral continuó designando con este nombre al Municipio. Con la importancia que adquiere la siembra y mercado del tabaco se popularizó internacionalmente el tabaco proveniente de Comerío, al punto que acarreó problemas económicos al designar el tabaco de esa región con el nombre de "Sabana del Palmar". Finalmente en 1892 el Gobierno Municipal se decidió a poner fin a la dicotomía solicitando autorización para cambiar el nombre oficial por el común de Comerío. Se obtuvo la autorización conociendo oficialmente a este municipio con el nombre del Cacique.

Sin embargo, no es sino hasta unos 10 años más tarde cuando comienza a popularizarse el vínculo entre el nombre del pueblo y la existencia del Cacique Comerío.

Don Gerónimo Rivera, uno de los fundadores del pueblo, donó parte de los terrenos que dedicaba a la agricultura en su "Estancia del Palmar" para levantar La Casa del Rey, La Iglesia y la Plaza.

Para esta época de los primeros años del siglo existían en Comerío tres fábricas de cigarros que estaban en manos de comerieños y empleaban unas 300 personas. Una pertenecía a Cobián y Compañía; otra, de nombre "La Comerieña" era de Sánchez y Compañía (fue trasladada a Bayamón en el 1904) la tercera, llamada "El Privilegio" de Santiago Umpierre y Compañía que era la de mayor importancia en volumen comercial y empleo. Los cigarros de "El Privilegio" ganaron Medalla de Oro en la Exposición de Búfalo Nueva York, en septiembre de 1901.

Geografía...

Barrios: Comerío (Pueblo, Cedrito, Cejas, Doña Elena, Naranjito, Palomas, Piñas, Vega Redonda y Río Hondo).

Ríos: Río la Plata, localizado en la municipalidad de Comerío, Naranjito y Toa Alta. Cruza los municipios de Toa Baja y Dorado, desemboca en el Océano Atlántico. Mantiene el flujo normal todo el año. Excepto en las inundaciones que pasan sobre el puente. Es el Río más largo de Puerto Rico.

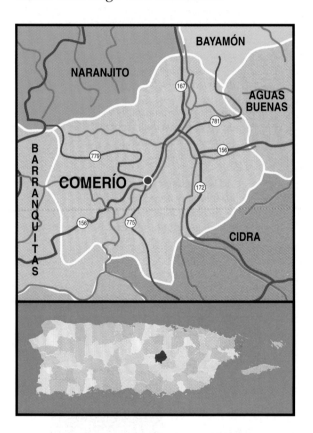

Economía...

A pesar de su topografía, tiene miles de cuerdas de terrenos productivos. Sus principales productos son aún el café y el tabaco. En 1974 existían 155 agricultores de tabaco con una cuota anual de 14,717 quintales.

En la época de la dominación española, el tabaco era preparado y escogido para venderlo, principalmente a Cuba. Este país a su vez lo vendía como producto propio. El tabaco de Comerío adquirió fama mundial y con el cambio de soberanía varias fábricas locales se dedicaron de lleno a suplir al mercado norteamericano.

Durante los primeros años de la dominación norteamericana y debido al énfasis del nuevo gobierno en la producción tabacalera, comenzó la decadencia del cultivo del café y de la producción de azúcar moscabada. En 1903, existían tres fábricas de tabacos elaborados a mano que daban empleo a más de 300 personas. Pero después de la Segunda Guerra Mundial la industria tabacalera pasó por su peor crisis y algunas de las fábricas cerraron sus operaciones. Fue en ese momento cuando surgió un movimiento cooperativista para hacerse cargo de las operaciones de las fábricas cerradas. Esto contribuyó a salvar para el pueblo una industria que años más tarde significó más de $1,200,000 en ingresos al año y que emplearía a más de dos mil trabajadores.

Actualmente hay cuatro fábricas operando (zapatos, tabaco, circuitos eléctricos) que emplean aproximadamente a 400 personas de ambos sexos. Se cosechan también, aunque en pequeña escala, frutos menores, tales como plátanos, guineos y yautía. En terrenos de este Municipio se han localizado prometedores yacimientos de cobre.

Aquí nació...

Juan Agosto Alicea. Comerieño, cursó estudios en la Universidad de Puerto Rico con honores y obtuvo el grado de Bachiller en la Facultad de Administración de Empresas en el área de Contabilidad. Ejerció el puesto de Secretario de Hacienda y perteneció a diecinueve (19) organismos gubernamentales. De éstos, preside cuatro, que son: Junta Banco Gubernamental de Fomento, Junta Reguladora de Tasas de Intereses, Cargos y Financiamiento y la Junta Autoridad Navieras de Puerto Rico.

Manuel A. Pérez. Maestro, fue Comisionado del trabajo. Director Oficina de Personal. El Gobernador Foywell lo nombró Gobernador Interino, además desempeñó cargos de Administración Pública.

Juan E. Rivera Santiago. Nace en el Barrio Cedrito. Contaba con una vasta preparación. Egresado de la Universidad de Puerto Rico, Universidad Interamericana, Academia del Negociado Federal de Investigación (F.B.I.) North Western University, Servicio Secreto de Estados Unidos. Escuela la América del Canal de Panamá y Seminario Evangélico de Puerto Rico. En 1979 fue ascendido al Cargo de Coronel de la Policía de Puerto Rico.

Lugares de interés...

Represa de Comerío. La represa está situada en la Carretera 167 Sector El Salto y se terminó su construcción en el 1903. Comerío tomó la energía eléctrica de El Salto y el Río Blanco.

Tabaco

Corozal

Fundación: 1795	
Primer Alcalde (1835): José Negrón	
Gentilicio: corozaleño	
Cognomento: Pueblo Platanero	
Población (1990): 33,095	
Alcalde (1997): Hon. Carlos Serra Vélez	

HIMNO

Corozal, Corozal
Corozal... Corozal...

Con tus bellas montañas
y tu río Cibuco
eres tú, mi Corozal
un canto al amor.

En Dios y Corozal
todos unidos,
...por Corozal!...

Cueva de los Quinteros
La Cascada del Congo
y el Puente de Mavilla
de belleza sin par

En Dios y Corozal
todos unidos,
...por Corozal.

Gente de tus montañas
pueblan tus doce barrios,
y hacen de mi Corozal
un canto de amor.

En Dios y Corozal
todos unidos...
por Corozal!...

A lo largo del río
brillan piedras de oro
son reflejos de riqueza
de un Dios creador.

En Dios y Corozal
todos unidos,
...por Corozal!...

ESCUDO

Sobre fondo dorado, tres palmeras de corozo con sus racimos, en sus propios colores, puestas sobre un terreno verde, y a través de cuyos troncos se divisa una cordillera del mismo color. En la parte inferior, ondas de agua azules y plateadas salpicadas de piedras doradas. La corona mural consiste de una cortina de murallas sobre la cual sobresalen tres torres. Es dorada con las puertas y ventanas verdes, y las junturas de las piedras negras. Bajo el escudo, sobre una cinta volante blanca, figura la frase: "En Dios y Corozal, todos unidos", escrita en letras negras.

LEMA

El lema "En Dios y Corozal, todos unidos", puesto en español, como expresión del espíritu de los tiempos, expresa sufrimiento de fraternidad de todos los corozaleños bajo la común paternidad de Dios.

SIMBOLISMO

Se conserva el simbolismo que los proponentes han atribuido a los esmaltes y a las figuras del escudo.

Historia...

El pueblo de Corozal se fundó oficialmente en el año 1795. Sin embargo, su vida independiente como pueblo no empezó, de hecho, hasta el 1804.

No existen documentos que indiquen la organización territorial del municipio hasta la fecha de su fundación. En un documento con fecha del 1853, que se encuentra en el Archivo de Asuntos Municipales del Departamento de Obras Públicas, aparece la siguiente organización territorial del Municipio de Corozal para esa fecha: Pueblo y Contornos, barrios: Abras, Cibuco, Dos Bocas, Padilla, Cuchillas, Maguelles, Negros, Palmarejo, Palmarito y Maná.

En el 1878 la organización territorial de Corozal no había variado y se mantuvo sin cambio hasta el 1902. En marzo 1 de 1902 la Asamblea Legislativa de Puerto Rico aprobó la "Ley para Consolidación de Ciertos Términos Municipales de Puerto Rico". La Sección 1 de esta Ley estipulaba "que el primer día de julio de 1902 el Municipio de Corozal (entre otros) sería suprimido como municipio; y su ayuntamiento, junto con el alcalde y los empleados municipales y todo el territorio del municipio, sería anexado al Municipio de Toa Alta." Esta situación perduró hasta el 1905. En marzo de 1905 la Legislatura de Puerto Rico aprobó una ley mediante la cual se revocaba la ley aprobada en marzo de 1902, y el Municipio de Corozal fue reorganizado y se constituyó de nuevo en municipio con los mismos límites y organización territorial que tenía antes de ser anexado a Toa Alta, a saber: Corozal, parte urbana, y Corozal, parte rural (esta parte rural coincidía con el área conocida como Contornos del Pueblo mencionada originalmente en el 1853): Abras, Cibuco, Cuchillas, Dos Bocas, Magueyes, Maná, Negros, Padilla, Palmarejo, Palmarito y Palos Blancos.

La organización territorial de Corozal desde esta fecha en que fue constituido de nuevo en municipio se mantuvo sin cambio hasta el 1948. En esa fecha, al preparar la Junta de Planificación de Puerto Rico el Mapa del Municipio de Corozal y sus Barrios, siguiendo instrucciones de las autoridades municipales, se amplió la zona urbana del municipio con una parte del barrio rural Pueblo, y la otra sección rural del Barrio Pueblo, se constituyó oficialmente en Barrio Rural Pueblo. Este fue el último cambio que sufrió la organización territorial de Corozal, que en la actualidad es la siguiente: Corozal (Pueblo), Abras, Cibuco, Cuchillas, Dos Bocas, Magueyes, Negros, Padilla, Palmarejo, Palmarito, Palos Blancos, Maná y Pueblo (rural).

Geografía...

El municipio de Corozal tiene una extensión territorial de 41.7 millas cuadradas. Limita al norte con Vega Alta y Toa Alta; al

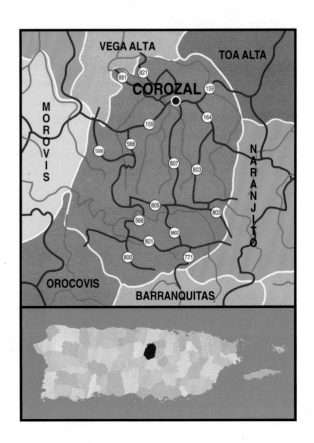

oeste con los municipios de Orocovis, Morovis y Vega Alta; al sur con Barranquitas; y al este con Toa Alta y Naranjito.

Cuenta con varios ríos, entre los cuales figuran: Dos Bocas, Grande de Manatí, Los Negros, Maravilla, Cibuco y Corozal. Sus recursos minerales no explotados son el mármol, la arcilla, el hierro y el oro.

Corozal se halla enclavado en la parte centro-norte de Puerto Rico, sobre la Cordillera Central. Aunque el casco urbano se halla en un hoyo natural, su región circundante es montañosa: ofreciendo así un clima húmedo y agradable todo el año, aun en los meses de sequía o escasez de lluvia, que son junio y octubre. Su promedio de temperatura está por los 76°F.

Economía...

Según las estadísticas del Departamento de Agricultura de Puerto Rico, el 60 por ciento de la cosecha de plátano de la Isla se cultiva en los pueblos de Corozal, Naranjito y Barranquitas. Esto representa alrededor de veinte millones de plátanos; siendo la cosecha de treinta y tres millones al año para todo Puerto Rico. De los veinte millones de plátanos cosechados en esta región, Corozal es el que más produce, y es por ello que se le conoce como el Pueblo Platanero.

Corozal es el pueblo que más plátanos cultiva y es por ello que se le conoce como el Pueblo Platanero.

Aquí nació...

Emilio R. Delgado. Poeta y periodista, "puertorriqueño universal", según lo llamara el escritor mexicano Andrés Iduarte, nació el 14 de marzo de 1901. Aquí transcurrió su infancia y temprana adolescencia; aquí estudió las primeras letras y se inició en el amor a la lectura.

Comenzó a intervenir en la vida intelectual del país durante la década del veinte, y ocupó un lugar destacado entre los escritores de esa época "diepalista". Es uno de los fundadores del "Noísmo" y dirigió tres importantes revistas de vanguardia: "Faro", "Vórtice" y "Hostos". Colaboró, además, con las más prestigiosas revistas de la época, como: "Indice" y "Puerto Rico Ilustrado"; dirigió el diario "La Correspondencia" y ocupó los cargos de Secretario y Bibliotecario del Ateneo Puertorriqueño.

En el 1930, en busca de más amplios horizontes, salió de Puerto Rico con rumbo a Cuba y Santo Domingo. En la Habana estableció lazos de perdurable amistad con intelectuales de América y España que coincidían allí en ese momento. De Cuba pasó a España y se identificó sin reservas con la República Dominicana.

Sixto Febus. Estudió con el pintor Miguel Pou. Obtuvo su Bachillerato en Artes en la Universidad de Puerto Rico, la maestría en la Universidad de Nueva York y el doctorado en España. Recibió clases de Picasso en la Universidad La Sorbona en París, y se adiestró también en el arte de la restauración.

Ha hecho retratos a personalidades, tales como: la reina Isabel de Inglaterra, los Kennedy, Joan Crawford y el presidente Johnson. Ha exhibido sus obras en el

Instituto de Arte de Chicago, el Museo de Arte de Cleveland, Museum Albertina de Viena, la Escuela de Bellas Artes de Barcelona, The Cooper Union Museum de Nueva York, Museo de Arte de Filadelfia, Dixon Collection y en Sidney, Australia.

Vicealmirante Diego Edyl Hernández Sanfeliz. He aquí a un típico y puro corozaleño, vástago de la cepa Sanfeliz, iniciada en el siglo XIX por el peninsular Manuel Sanfeliz Préstamo. Siendo el Vicealmirante hijo de maestros, Diego Hernández y Dolores Sanfeliz, tuvo siempre la suerte de estar acompañado de buenos libros y de ejemplos espirituales de altura. Es el puertorriqueño típico que más alto ha llegado en la jerarquía de la Armada y del Ejército Norteamericanos. Le ha tocado el honor a Corozal de contarlo entre sus hijos.

Región de Cibuco. Esta región se encuentra en el Barrio Cibuco, Carretera Número 818, de Corozal. Para la época indígena se conocía como la Región del Cibuco, donde se asentaba el cacique Guacabo. Es una región preciosa, con más de 150 cuerdas. Se han encontrado petroglifos. Entrando a la región encontramos al lado izquierdo un lago artificial, con el propósito de desarrollar la pesca de agua dulce y el deporte de bote de remo.

Puente Mavillas (1903). El Puente Mavillas es uno de los más altos de la Isla, con medio punto y piedra de chapacuña. Este puente es de un solo carril, el cual nos comunica con el pueblo de Toa Alta.

Vegetación típica de esta región

Costumbres y Tradiciones

El Festival Nacional del Plátano se celebra a fines de septiembre y principios de octubre cada año en la Plaza de Recreo de Corozal. Durante el proceso de planificación y organización del Festival, la Junta de Directores del Centro Cultural de Corozal, Inc., junto a sus colaboradores: la Estación Experimental Agrícola de Corozal, la Administración Municipal de Corozal, el Distrito Escolar de Corozal, N.E.A. y el Instituto de Cultura Puertorriqueña, se unen con entusiasmo para lograr un ambiente sano y creativo.

Culebra

Fundación: 1881

Cognomento: Isla Chiquita

Gentilicio: culebrense

Población (1990): 1,542

Alcalde (1997): Hon. Abraham Peña Nieves

ESCUDO

La cruz y el báculo representan a San Ildefonso, Obispo de Toledo, para significar que la denominación histórica de la Isla es San Ildefonso de la Culebra. **La serpiente,** el nombre de Culebra que lleva corona mural para indicar que se trata del símbolo de una municipalidad. **El esmalte de oro**, representa el color amarillo, predominante de la Bandera que el siglo levantó el Comité Pro-Defensa de Culebra. **El otro color verde** es color heráldico principal de nuestro escudo nacional, y significa que Culebra es parte integrante de Puerto Rico. **El escusón rojo con el brazo que empuña una espada,** representa el color y la determinación con que los Culebrenses apoyados por todos los puertorriqueños han defendido sus legítimos derechos. **La corona de laurel** representa la victoria obtenida por Culebra en su lucha por la reconquista de sus tierras y de su tranquilidad pública. **La coronal naval** simboliza el carácter insular de la Municipalidad.

Historia...

El 7 de febrero del 1881 el Gobierno de Puerto Rico encargó a una comisión que visitó la Isla, la determinación del área que debía separarse para la instalación del Ayuntamiento. Debían informar sobre la más equitativa distribución de la tierra y el estudio de un proyecto para establecer en la misma una zona portuaria libre.

El principal paso oficial a favor de la colonización fue el real decreto de diciembre de 1881 que concedió un crédito de 2,500 pesos anuales para el fomento de la isla de Culebra. El 11 de marzo de 1887 se dio principio a la división en lotes de determinada extensión de los terrenos de la isla, levantándose el plano correspondiente. Los lotes fueron numerados y repartidos con carácter provisional. Ya en 1889 se habían distribuido 83 lotes de terrenos. Para esa fecha se había terminado la construcción de una iglesia de madera y zinc.

El 24 de abril de 1898 los vecinos de Culebra, a sugerencia de un residente nombrado Leopoldo Padrón, acordaron formar una banda guerrillera para oponerse a todo intento invasor, en este caso de los Estados Unidos. En ese mismo año, según Cayetano Coll y Toste la Isla de Culebra estaba subdividida en los barrios Pueblo, Flamencos, San Isidro, Playa, Sardina y Fraile. Sin embargo, en 1899, según el censo poblacional de ese año, Culebra aparece considerado como un solo barrio del municipio de Vieques.

El 17 de diciembre de 1901, luego del cambio de soberanía, el Presidente de los Estados unidos, Theodore Roosevelt, proclamó un edicto en el que informaba que "todo terreno público que existe en la Isla de Culebra, entre los paralelos 18° 15° y 18° 23', latitud Norte, occidental del Meridiano 65° 10' y 25° longitud Oeste, se encontraba hoy bajo el dominio y jurisdicción del Departamento de Marina. El 26 de junio de 1903 y mediante la Proclama Número 4 del mismo presidente Roosevelt, todos estos terrenos públicos que pertenecían a la Corona Española, fueron reservados para uso de la Marina de los Estados Unidos.

El 1 de marzo de 1902 la legislatura de Puerto Rico aprobó una Ley para la Consolidación de Ciertos Términos Municipales de Puerto Rico. La última parte de la Sección o de dicha ley proveía para que la Isla de Culebra se anexara al Distrito Municipal de la Isla de Vieques. El 8 de marzo de 1905 la Asamblea Legislativa aprobó una ley disponiendo que la Isla de Culebra quedará constituida en un Distrito Municipal Especial. El 7 de diciembre de 1917 la Legislatura de Puerto Rico aprobó una Ley Número 73 de este año "Para incluir la Isla de Culebra entre los municipios organizados de Puerto Rico y para otros fines". De dicha Ley copiamos a continuación la Sección 1ª: "Por la presente se dispone que la Isla de Culebras quede organizada y constituida en un municipio, que se denominará municipio de Culebra, con capitalidad en Playa Sardina, en dicho municipio de tercera clase, por la ley aplicable a los cuales se regirá."

El 21 de abril de 1928 la Legislatura de Puerto Rico aprobó la Ley Número 32 de ese año enmendando la "Ley para proveer un Gobierno propio para la Isla de Culebra y para otros fines" aprobada en 1905.

El municipio de Culebra en la actualidad se rige por esta última Ley de 1929, o sea, que en dicha isla el Consejo Ejecutivo de Puerto Rico hace las veces de las Asambleas Municipales en lo que sea localmente aplicable para el municipio de Culebra.

En los censos de 1910 y 1920 la población de la isla no aparece desglosada por barrios. En 1930, sin embargo, el municipio aparece constituido por los barrios Dewey (Pueblo) y los rurales Flamenco, Fraile, San Isidro y Culebrita Island. Esta organización territorial se mantuvo sin cambio hasta el año 1948. En este año la Junta de Planificación de Puerto Rico al preparar el mapa del municipio de Culebra y sus barrios, hizo la siguiente reorganización territorial de Culebra, el barrio Culebra Island Light Station se eliminó como barrio por ser solamente un faro donde no hay población, y se organizaron los barrios rurales Playa Sardina I y Playa Sardina II, de partes del barrio urbano Pueblo (Dewey).

Cuenta, como lugares de atracción, con áreas de baño y recreo, parque de pelota, un museo y una bahía de luminiscencia.

Geografía...

Culebra pequeña porción de tierra localizada al este de Puerto Rico rodeada de una serie de islotes.

Norte: Cayo Matojo, Cayo Norte

Noreste: Cayo Genique, Cayo Ballena, Cayo Sombrero

Noroeste: Alcarraza, Los Gemelos, Cayo Colorado, Piedra Steves

Este: Isla Culebrita, Cayo Botella, La Pela

Oeste: Luis Peña, Cayo del Agua, Cayo Yerba, Cayo Ratón, Cayo Lobo, Cayo Lobito, Bola de Funche

Centro: Cayo Pirata, Cayo Verde

Aspectos Geográficos

Tamaño: 6,741.00 Cuerdas (7 millas largo x 4 millas de ancho)

Topografía: Predomina el monte bajo. El monte más alto es el Resaca con elevación máxima de 650 pies

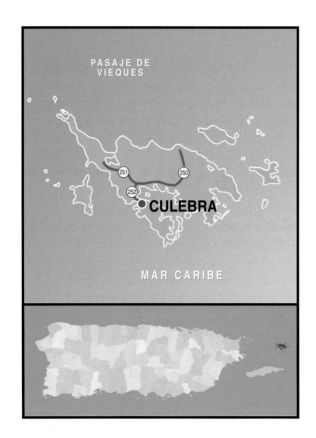

Precipitación: Se distribuye en lluvias de primavera y otoño y el invierno es seco

Población: 3,000 habitantes

Aguas circundantes: Forma parte de la misma plataforma submarina en que están situadas las Islas Vírgenes del Norte. Las aguas que rodean la isla, tienen 7 a 8 brasas de profundidad en costas inmediatas.

Geología

Está compuesta totalmente de rocas volcánicas, carece de una planicie costal emergente.

Economía...

Sus pastos naturales permiten el desarrollo de la ganadería que es su actividad principal, contando con 2,700 cabezas de vacunos y unos 34 agricultores pequeños.

Villas de Culebra

Hay pocos productos agrícolas, en buena parte por la inferior calidad del terreno y también porque otros estaban en poder de la Marina de Guerra de los Estados Unidos. Al abandonar esta isla se están impulsando nuevamente programas agrícolas en pequeña escala para aplicar fertilizantes a los terrenos y lograr así de éstos algunos rendimientos. La pesca ha sido siempre una actividad propia de los habitantes de Culebra. La Administración de Servicios Agrícolas (ASA), adscrita al Departamento de Agricultura de Puerto Rico, ha brindado ayuda a los pescadores del área para el mejoramiento de su tecnología, y el Banco Gubernamental de Fomento, conjuntamente con dicho Departamento, ha otorgado préstamos para que los mismos amplíen su radio de acción.

El comercio juega un papel importante en el desarrollo del municipio, logrando progresos derivados de la mejoría en la transportación entre los puertos de Fajardo y Culebra. Se han abierto nuevos restaurantes para la mejor atención del visitante, con vistas a favorecer un futuro desarrollo turístico. Una industria farmacéutica que fabrica productos de inyector sucro y sangre, con una nómina para empleados y jornaleros de un millón doscientos mil dólares al año, constituye la más importante inversión económica para Culebra. El municipio tiene un presupuesto anual aproximado de $350,000.00.

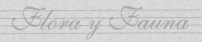

Flora y Fauna

Monte Resaca. El Sector Monte Resaca, del Refugio de Vida Silvestre de Culebra, asegura la conservación de uno de los pocos rodales de bosque seco subtropical que quedan en la Isla.

Arboledas de Cupey y Jagüey con sus raíces zancudas impresionantes sostienen bellas orquídeas, bromelias y la endémica *Peperonia Whelerii*. Se sospecha que el lagarto gigante de Culebra, todavía sobrevive en estos bosques. Otras zonas de vegetación incluyen bosques espinosos, palmas, asociaciones de arbustos y cactus, numerosas especies de aves y reptiles.

Los Manglares. Los manglares que se encuentran en el Refugio de Culebra, forman un hábitat inigualable y vital para la vida silvestre de la costa. Aquí las aguas ricas en detrito proveen fuentes abundantes de alimento para crustáceos y peces pequeños, y a su vez esos organismos atraen peces más grandes. Estos manglares forman criaderos abundantes para la vida marina. Multitudes de peces y crustáceos llegan para crecer en sus aguas protegidas.

Las aves marinas también abundan atraídas por la alta concentración de peces en esa zona. El manglar que rodea a Puerto del Manglar (llamado así por la existencia de mangles), es el lugar de descanso preferido del Pelícano Pardo, especie en peligro de extinción actualmente.

Este manglar también protege la bioluminiscencia de esta bahía sirviendo como filtro y amortiguador para sedimentos que son arrastrados por la corrientía de los terrenos cercanos.

Casa Alcaldía

Angel Luis Morales (1919), profesor de literatura hispanoamericana de la Universidad de Puerto Rico, autor de varios libros importantes y de numerosos artículos, reseñas y ensayos.

Ramón Feliciano, alcalde de Culebra, un incansable batallador por el progreso de este municipio, el bienestar de sus vecinos y los derechos de los culebrenses. Es acreedor también a una especial mención otro hijo de este municipio.

Pedro Morales Rivera, campeón mundial de lucha libre.

La **Península de Flamenco** es un sitio muy importante para las gaviotas obscuras. La población de estas aves ha sido estimada en 160,000 aunque esta población ha mermado significativamente durante los últimos años de la década. El crecimiento de arbustos en las áreas de yerba de guinea densa preferidas para anidar, el sobrepastoreo de ganado, el saqueo por ratas y gatos fueron algunas de las causas de su disminución.

Isla Culebrita y **Cayo Luis Peña** son las islas más grandes y de mayor diversidad con que cuenta el archipiélago de Isla de Culebra. Entre los atractivos naturales de estas islitas se incluyen áreas de playas, bosques extensos, lagunas y precipicios rocosos.

Muelle de Culebra, terminal de lanchas

Fundación: 1842

Gentilicio: doradeño

Cognomento: Ciudad ejemplar

Población (1990): 30,759

Alcalde (1997): Hon. Carlos A. López Rivera

HIMNO
Por: Juan Alegría Rivera

*Por fin en las riberas
del Dorado querido
las corrientes del Plata,
que corren sin cesar,
trayendo a sus orillas
sus perlas y corales,
que emergen adornando
desde el fondo de la mar.
Que emergen adornando
desde el fondo de la mar.*

*Son lindas tus mañanas,
que alegran el paseo,
aspirando las brisas
que vienen desde el mar;
y en las noches de calma
reciben las caricias
de las pampas alegres
en que duerme el terrenal.
De las pampas alegres
en que duerme el terrenal.*

*Los días de mi vida
que ufano consagré
al culto del estudio
con incesante afán.
Hoy son óptimos los frutos
que, en generoso empeño,
al pueblo doradeño
aquí vengo a brindar.
Al pueblo doradeño
aquí vengo a brindar.*

ESCUDO

El Escudo de Dorado fue adoptado oficialmente el 27 de marzo de 1978. **La corona mural de tres torres**, símbolo de pueblo y municipalidad, está esmaltada en color dorado con puertas y ventanas de fondo marrón.

La cruz representa a San Antonio de Padua, Patrón de Dorado cuyo atributo más conocido son los lirios o azucenas, heráldicamente representado por las flores de lis. La cruz del escudo está compuesta por cinco róeles con fondo marrón cargado de flores de lis de plata. El **color de las flores plateadas** simboliza el río La Plata.

El fondo dorado constituye lo que se denomina "almas parlantes" porque, siendo dorado, indica directamente en este caso el pueblo; es relativo al Patrón San Antonio de Padua cuyo hábito es marrón.

DORADO

No consta en documento alguno el porqué esta comunidad lleva el nombre de Dorado. Hay dos teorías, relacionadas con esta denominación. Se cree que las arenas del lugar a ciertas horas del día, cuando el sol les da, se tornan color oro. Opinan otros que el nombre se debe al apellido Dorado, de una familia española que habitó esta tierra, pero de la que hoy sólo queda el recuerdo.

Hay evidencia de que por el 1830 varios vecinos del pueblo de Toa Baja, decidieron trasladarse a otro sitio y construir ahí sus viviendas y cultivar la tierra. El sitio fue el que más tarde se llamó Dorado. Las razones para ello fueron entre otras, la condición superior de los suelos y la casi carencia de inundaciones. Además, la región era más pintoresca.

Un terrateniente, Jacinto López Martínez, unido a otros amigos empezaron un movimiento cívico para independizar este barrio del pueblo de Toa Baja. Varios fueron los requisitos para conseguir del Gobierno español esta separación. Tenían que construir una iglesia católica, la Casa del Rey (alcaldía), una casa para los párrocos de la iglesia, un cementerio, una plaza pública y una división de barriadas.

En el año 1842 quedaron terminados todos estos proyectos. Así quedó organizado el pueblo de Dorado. En 1848 se cantó la primera misa asistiendo a la misma la alta jerarquía eclesiástica, el obispo y sus párrocos. Este acontecimiento se celebró con espléndidas fiestas patronales. Las peleas de gallos y las carreras de caballos eran los juegos más importantes.

El municipio fue dividido en el pueblo central del Dorado y sus barrios; Espinosa, Maguayo, Higuillar, Río Lajas; más tarde Maguayo pasó a ser Maguayo y Santa Rosa e Higuillar se dividió en Higuillar y Mameyal.

El hecho de que Dorado se manifieste como pueblo próspero lo vemos en 1881, cuando ya había un embarcadero de víveres, una fábrica de ladrillos y 5 ingenios azucareros. Para este mismo año contaba con un periódico y una academia de segunda enseñanza en la que se impartían lecciones de francés, inglés, métrica, oratoria, música, esgrima y otras disciplinas.

El 1 de marzo de 1902 la Asamblea Legislativa de Puerto Rico aprobó una ley para la consolidación de ciertos términos municipales de Puerto Rico. La sección primera de esta ley estipulaba que en el primer día de julio de 1902 el municipio de Dorado, entre otros, sería suprimido como tal y su ayuntamiento, con el alcalde y los empleados municipales y su territorio sería anexado al municipio de Toa Baja. Esta situación perduró desde 1902 a 1905. En marzo de este año la Legislatura de Puerto Rico aprobó una ley mediante la cual se revocaba la aprobada en marzo de 1902 y Dorado fue reorganizado y se constituyó de nuevo en municipio, con los mismos límites y organización territorial que tenía antes de ser anexado a Toa Alta.

Economía...

En 1972 las quince industrias ubicadas en el municipio de Dorado informaron un valor de embarques por $50.7 millones para un promedio de $3.4 millones por industria. Este promedio se incrementó en 24% en 1977 ($4.2 millones); 17 industrias registraron un valor de embarques por la cantidad de $70.8 millones. Para 1982, el sector de la manufactura en Dorado presentó una situación mucho más favorable que en los años anteriores. Medidas a precios corrientes, las 21 industrias (6 más que en 1972) que operaban en el Municipio, registraron un valor de embarques por la cantidad de $183.6 millones de 159% comparada con la informada en 1977.

El número y tipo de industrias localizadas en el Municipio ha permanecido relativamente estable en los últimos años y según la Compañía de Fomento Industrial en 1986 se mantenían operando las 21 industrias que el Negociado del Censo informara para 1982.

Dispone este municipio de grandes valles utilizados en la siembra de caña de azúcar. A principios de la década del '60 todavía molía la central "Constancia", ubicada en terrenos de este municipio. Hoy sus cañas, producidas por las Fincas de Beneficio Proporcional de la Corporación Azucarera de Puerto Rico, se muelen en la Central Cambalache, en Arecibo. Otros productos de la tierra son los árboles frutales, piñas, maíz, batata, toronjas, cocos, yautías y en general casi todos los que se producen en el país. Las lluvias durante el verano son constantes y al empezar el invierno hay bastante humedad. Esto contribuye a que la caña, piñas y árboles frutales crezcan y se desarrollen en toda su plenitud.

Existen, además, numerosas lecherías y buenos hatos de ganado de carne, con gran cantidad de cabezas de vacunos. La Autoridad de Tierras, a través del Programa de Ganadería que administra el agrónomo Eduardo Martínez Fajardo, mantiene en este municipio el hato San Antonio con 1,300 cabezas de ganado de las mejores razas. En 1974 contaba con 9 vaquerías de primera clase, que ese año entregaron 7,617,649 cuartillos de leche a las plantas elaboradoras. En la misma fecha se cosecharon 30,823 toneladas de caña, que produjeron 2,299 toneladas de azúcar.

Este municipio siempre fue muy importante en industrias. En los pueblos a su alrededor había muchos ingenios en los que se elaboraba azúcar negra y mieles, así como destilerías de anís y ron. En esa época una fábrica llamada La Tonelería, hacía barriles para el azúcar. Hoy cuenta con una importante industria hotelera representada por hoteles de la categoría del Dorado Hilton y el Dorado Beach, que emplean 300 y 750 personas, respectivamente, en su mayoría vecinos de esta municipalidad.

Otras fuentes económicas las constituyen las industrias de sandalias, empacadoras, fábricas de correas y carteras de cuero, efectos eléctricos, curtidoras de cuero, ropa interior de mujer, de mármol, cemento y gomas de equipo pesado. La industria de la construcción también constituye una importante proveedora de empleo.

Geografía...

Dorado tiene partes llanas y otras semimontañosas. Posee diferentes clases de terreno. La topografía del pueblo es alta y esto hace que cuando llueve el agua se escurra tan rápidamente que a los pocos minutos estén secas sus calles.

Puerto Rico está en la zona tórrida, por lo tanto, durante el verano la temperatura fluctúa entre 70 y 90. En el invierno a veces baja a 60 y 70. Como Dorado está en una colina su clima es benigno.

Las lluvias durante el verano son constantes y al empezar el invierno hay bastante humedad que contribuye a que los árboles frutales crezcan y se desarrollen bien.

La temperatura es regular. Casi siempre está en los grados de 70 y 90, esto hace que el calor y el frío no sean tan intensos.

Por el pueblo y varias de sus fincas corre el gran Río La Plata. Tiene varios afluentes llamados Caño Cocal y Caño Estación. Si el pueblo de Dorado llegase a ser un sitio bien desarrollado se puede decir que el Río La Plata sería dragado.

Este municipio limita por el Norte con el Océano Atlántico, por el Este con el Municipio de Toa Baja, por el Sur con el de Toa Alta y por el Oeste con el de Vega Alta.

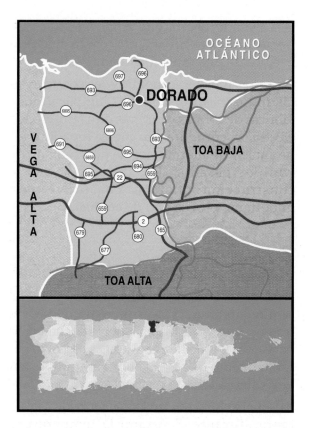

OCÉANO ATLÁNTICO

DORADO

TOA BAJA

VEGA ALTA

TOA ALTA

Corresponde desde el punto de vista geográfico a la porción oriental de la región denominada Llano Costero del Norte. El territorio del Municipio es en su mayor parte llano, de suelos aluviales de gran fertilidad, aunque posee algunas partes semi-montañosas. El pueblo tiene una topografía elevada, lo que le procura un clima muy benigno, entre los 70° y los 90° F.

Le atraviesa el gran río de La Plata, el más largo de la Isla, con varios afluentes nombrados Caño Cocal y Caño Estación. Si éste se dragara pudiera servir de comunicación entre Dorado y San Juan. Por su territorio corren también los ríos Toa, Dorado y Lajas. El accidente más relevante de su costa es la Punta Fraile.

Dorado –cabecera del municipio de su nombre– tiene (censo de 1970) 4,388 habitantes; otros núcleos urbanos de este municipio son Mameyal (2,304 habitantes), San Antonio (1,253) y Río Lajas (1,108).

Aquí nació...

Marcelino Juan Canino Salgado. Nació el día 17 de junio de 1942, hijo de don Marcelino Canino Canino y doña Magdalena Salgado Nevárez. Estudió los grados primarios en la Escuela Jacinto López Martínez y en la Segunda Unidad de Maguayo. Cursó la Escuela Intermedia y la Superior en la José Nevárez Landrón, de Toa Baja. Muy joven ingresó a la Universidad de Puerto Rico donde completó su Bachillerato en Artes Liberales en 1963. Más tarde completó sus estudios de Master of Arts, se graduó en 1965. Posee dos Doctorados, uno de la Universidad Complutense de Madrid, especializado en Filología Románica y otro de la Universidad de Puerto Rico, en Filosofía con especialidad en Lenguas y Literaturas Hispánicas.

Don Esteban A. de Goenaga. El doctor Esteban A. de Goenaga, Bachiller en Ciencias, Doctor en Cirugía Dental. Nació el 18 de agosto de 1882, hijo de Francisco R. de Goenaga y Mercedes Fuertes. Recibió su instrucción primaria en P. R., continuó en la Academia Militar de Riverview, Poughkeepsie, N. Y. 1898, graduado de Bachiller, Stat. Island, 1903, Dr. en Cirugía Dental, Universidad de Michigan, 1908. A su regreso a Puerto Rico en 1910, Dentista Oficial de la Sociedad de Caridad "La Mutua". Electo representante oficial de los Cirujanos Dentales de P. R. al Segundo Congreso Internacional contra la Tuberculosis, celebrado en España, 1912. En este congreso en colaboración con el Vizconde de Aguilar, Dentista Real del Palacio, obtuvo una medalla de cobre de la Legión de Honor por su trabajo científico. Dentista Oficial de la Sociedad "San Juan", 1913. Electo miembro de Honor de la "Academie" Palermo, Italia y premiado con medalla de honor de primera clase. Dentista Oficial de la sociedad "San Rafael", 1916. Miembro del Consejo Municipal de San Juan.

José S. Alegría. Nació el 17 de julio de 1886 y murió en Santurce en 1965. Obtuvo el Diploma Normal en 1901 y el de Bachiller en Leyes en 1908 en la Universidad de Valparaíso, Indiana.

Fue juez municipal de Salinas y de Manatí en 1908; Presidente del Partido Nacionalista; Presidente de la Sociedad Puertorriqueña de Periodistas, de 1943 a 1945; Representante a la Cámara por el distrito número 1 de San Juan, en 1936; Director de la revista "Puerto Rico Ilustrado" de 1938 a 1949.

Publicó los siguientes libros: **Antología de poetas jóvenes de Puerto Rico** (1918) en colaboración con Evaristo Ribera Chevremont; **Retablo de la Aldea** (1949); **Alma de la aldea** (1956); **Pancho Ibero encadenado** (1918); **Crónicas frívolas** (1938); **Cartas a Florinda** y su poemario **Rosas y flechas** (1958).

José S. Alegría se distinguió en el modernismo puertorriqueño por sus estampas costumbristas.

Juan Boria. Nació en 1906 y murió en 1995. Fue maestro de Artes Industriales y declamador. Durante más de cincuenta años se especializó en la declamación de poesía negroide. Fue destacado intérprete de los versos de los poetas Fortunato Vizcarrondo y Luis Palés Matos. Su arte excepcional recorrió los escenarios de las Antillas. En Puerto Rico deleitó a sus compatriotas en la radio, la televisión y en numerosas presentaciones personales durante las fiestas patronales de nuestros pueblos.

La Universidad del Sagrado Corazón le otorgó el grado Doctor Honoris Causa en Artes y Humanidades, por sus aportaciones a la Cultura Puertorriqueña. Igualmente, el pueblo de Dorado honró su persona al denominar al Teatro Municipal con su nombre: Teatro Juan Boria.

Lugares de interés...

La escultura, creada por el escultor doradeño Salvador Rivera Cardona, está ubicada en el centro de la plaza de recreo de Dorado. Alcanza veinte pies desde la base hasta el extremo superior. Representa el origen triétnico del hombre y la mujer puertorriqueños. Origen que arraiga en las etnias indígena (taína), africana y europea (española).

El Monumento a las Raíces Puertorriqueñas fue creado a instancias del alcalde Carlos A. López Rivera, cuya administración financió su costo con ayuda de la Comisión Puertorriqueña para la Celebración del Quinto Centenario de América y Puerto Rico. Coincide su inauguración, además, con la conmemoración en el año 1992-93 del sesquicentenario (150 años) de la fundación de Dorado.

Costumbres y Tradiciones

Festival de Teatro Infantil

Festival de la Cocolía

Plaza de Dorado con la escultura en el centro de la plaza, Monumento a las Raíces Puertorriqueñas

Fajardo

Fundación: 1772

Gentilicio: fajardeño

Cognomento: Cariduros

Población (1990): 30,802

Alcalde (1997): Hon. Aníbal Meléndez Rivera

ESCUDO

Este escudo tiene un campo azul que simboliza el cielo de Puerto Rico y de Fajardo. En él se ve navegando un balandro de plata, que simboliza la navegación recreativa de la región.

Las gaviotas en vuelo simbolizan la providencia, el auxilio de encontrarse cerca de la costa. **Las ondas de plata** representan las olas del mar.

Las borduras de gules cubiertas de maya en sable, con ocho veneras de plata equidistantes entre ellas simbolizan los ocho barrios del municipio. **La maya que cubre la bordura del escudo** simboliza la atarraya que usan los pescadores del litoral.

Los soportes ilustrados por los delfines de oro simbolizan el mando que los hijos de esa comarca ejercen sobre el mar y su riqueza pesquera. Bajo el escudo la leyenda "Santiago de Fajardo".

Historia...

El Sr. Rafael Castro en su "Descripción Topográfica del Pueblo de Fajardo" fechada a 31 de agosto de 1847 dice:

"El pueblo de Fajardo corresponde al 6° Departamento. Está situado al este de la Isla, cerca de la cabeza de San Juan y en terreno llano vegetal....

"Fue fundado en 1772 y erigido en parroquia sufragánea del Obispado de la Capital en 1774...

"Colinda al oeste y noroeste con Luquillo, al sur y sudoeste con la Ceiba y al este y norte con el mar".

Don Cayetano Coll y Toste en su "Reseña del Estado Social..." apunta:

"Este pueblo se fundó en el año 1774 bajo el nombre de Santiago de Fajardo. En 1898 dependía de Humacao en lo judicial, eclesiástico y militar. Su jurisdicción comprende los barrios de Sardinera, Cabezas, Quebrada Vueltas, Demajagua, Río Arriba, Naranjo, Florencio y Quebrada Fajardo."

Ampliando aún más los antecedentes históricos de Fajardo citamos, a continuación, varios párrafos de un artículo del Sr. Generoso E. Morales Muñoz titulado "La Fundación del Pueblo de Fajardo".

"Desde que en el siglo diecisiete se apoderaron ciertos pueblos europeos de las islas adyacentes de Barlovento, cesó en nuestra costa oriental el peligro de las incursiones y ataques de los hostiles caribes; pero se entronizó en todos los puertos del litoral el comercio ilícito de los hijos del país con los ingleses y franceses que poblaban los islotes vecinos. Desde entonces arranca la población de Fajardo, el más viejo rincón vecinal de nuestro oriente. Disperso por las riberas del río, vivía aquel núcleo poblacional que habría de constituir, con el correr de los años, el primerizo y más antiguo de nuestros pueblos orientales.

"... Corría la segunda mitad del siglo dieciocho cuando el gobernante, sabedor de aquel tráfico ilícito, se propuso poner coto al comercio ilegal entre extranjeros y naturales. Siglo y más de vida tuvo el contrabando por el puerto de Fajardo; mas creyendo el gobernante que con la fundación de un pueblo se corregirían los abusos de aquel tráfico ilegal, optó por establecer una municipalidad en aquel punto...

"Otro punto del todo oscuro, en lo que atañe a la fundación de Fajardo, consiste en determinar quién fue el gobernante fundador.... Nuestra dificultad subsiste aún admitiendo, como en hipótesis lo admitimos, que fuera en 1760 el año en que se fundó la municipalidad de Fajardo, pues para este año hubo dos gobernadores que fueron: Don Mateo de Guazo Calderón, desde el 3 de junio de 1759 hasta el 7 de marzo de 1760; y Don Esteban Bravo del Rivero, desde el 7 de marzo de 1760 hasta el 20 de abril de 1761."

"Bajo la administración de uno de estos dos gobernantes tuvo lugar la fundación de Fajardo, cuyo fundador fue el mismo gobernante, según nos lo consigna el mismo historiador hibernés. Pero de estos dos gobernadores que en 1760 ocuparon la gobernación de la isla, ¿cuál fue el fundador del pueblo? Creemos que fuera Guazo, quien gobernó en propiedad hasta el día de su fallecimiento. Rivero gobernó interinamente desde el 7 de marzo de 1760, en que murió Guazo en nuestra capital, hasta transcurrir el resto del año 1760, fecha de la fundación del pueblo."

Geografía...

Área: 31 millas cuadradas

Barrios: Pueblo Norte, Sur, Este, Oeste, Puerto Real, Cabezas, Demajagua, Florencio, Naranjo, Quebrada Fajardo Vueltas, Río Arriba y Sardinera.

Este municipio colinda al Oeste y Noroeste con el municipio de Luquillo, al Sur y Suroeste con el de Ceiba y al Norte y Este con el océano Atlántico.

Corresponde geográficamente a la región denominada Valles Costeros del Este, de suelos mayormente aluviales, formados del material que arrastran las aguas que bajan de las montañas. El valle de Fajardo es uno de los más notables de esta región. En su extremo Suroeste, es decir, en sus límites con Luquillo y Ceiba le toca parte de la Sierra de Luquillo.

El valle está regado por el río Fajardo, que como todos los de la vertiente Este, recorre corto espacio, debido a que las elevaciones del terreno llegan en algunos sitios de la región hasta el propio litoral. Numerosas quebradas, junto con las lagunas que aparecen en su costa norte –aguas prietas entre ellas– completan el sistema hidrográfico del municipio.

Los accidentes principales de su costa son las puntas Figueras, Mata Redonda, Barrancas, Batería y Gorda; bahía Demajagua, Playa de Fajardo (Puerto Real), Las Croabas –lugar de incomparable belleza– y bahía las Cabezas. Frente a sus costas se desgranan numerosos cayos e isletas, tales como isla de Ramos, Cayo Largo, Zancudo, Obispo, Islas Palominos y Palominitos, Cayo Hicacos, Ratones, Lobo, Blanquilla, Islas de Aves, etc.

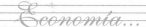

Economía...

La industria de la caña de azúcar moderna se inicia en este municipio en 1832 con la hacienda de doña Carolina García de Veve, de 300 cuerdas. En 1858 se aplicó el vapor a la hacienda de don Manuel M. Baralt. La caña de azúcar continúa siendo el cultivo agrícola principal del municipio. Sus cañas, procedentes de la Corporación Azucarera de Puerto Rico, subsidiaria de la Autoridad de Tierras, se muelen en la Central Fajardo, operada también por dicha Corporación. La Central Fajardo molió en la zafra de 1976, 162,016 toneladas de caña, que produjeron 11,300 toneladas de azúcar y 1,162,439 galones de miel, generando (fase agrícola e industrial) 1,200 empleos directos.

En este municipio la actividad agropecuaria incluye fundamentalmente la del ganado lechero. Existen numerosas vaquerías, aunque su producción ha mermado últimamente. La construcción, pública y privada, constituye todavía un importante renglón de su economía.

Numerosas fábricas, dedicadas a los más diversos renglones productivos, aportan una quinta parte del empleo total en el municipio.

La producción pesquera es considerable en Fajardo, representando alrededor de 12 por ciento de la producción total del sector primario. El pescado de esta zona es de muy alta calidad. Es además notable cómo la región atrae cada vez más a los deportistas y aficionados a la navegación recreativa. La Isleta Marina, establecida cerca de Fajardo, alberga gran número de yates y botes de deportistas. La industria turística también ha alcanzado con este municipio un desarrollo considerable.

Aquí nació...

Isabel Andreu de Aguilar (1887), líder feminista y la primera mujer que en Puerto Rico fue postulada para un escaño en el Senado.

Antonio R. Barceló Martínez (1869-1938), gran orador, senador, presidente del partido Liberal Puertorriqueño y connotado hombre público.

Emilio S. Belaval Maldonado (1903-1973), cuentista, ensayista, autor dramático y juez del Tribunal Supremo de Puerto Rico.

Don **Esteban Bird "Chilo"**, electo al Salón de la Fama de la Pesca en 1965, miembro de la Legión de Honor en la Crónica Deportiva y autor de un documentado libro sobre el deporte de la pesca.

José Blanco Lugo, agrónomo que ha prestado positivos servicios al país, desempeñando con notorio acierto el cargo de Director Ejecutivo de la Corporación Azucarera de Puerto Rico.

Lic. **Luis Blanco Lugo**, eminente abogado y gran jurista, que tanto brilló en el ejercicio libre de su profesión como desde la posición de Juez Asociado del Tribunal Supremo, en donde se distinguió por sus valiosos aportes a la jurisprudencia del país.

Enrique Benítez Castaño (1878 - 1918), poeta, periodista, orador, patriota, fundador del Partido de la Independencia, que llegó a presidir.

Doña **María del Pilar Cerra de Tishman**, campeona nacional de florete, electa al Salón de la Fama de la Esgrima en 1952.

Adrián Díaz Ruiz, economista, profesor universitario, que ha ocupado importantes posiciones de asesoramiento en el campo de su especialidad en el gobierno de Puerto Rico.

Agustín Gotay "Tin", quien jugó con los Dodgers de dicha ciudad, en el equipo de Fajardo y en la Liga Atlética Policíaca. Fue "pitcher" estrella y campeón de jonrones en distintos eventos.

Don **Rafael Martínez Flores** "Rafita", una de las grandes atracciones del baloncesto en Puerto Rico, campeón de anotación individual en los Juegos Centroamericanos y del Caribe celebrados en El Salvador, electo al Salón de la Fama del Baloncesto en 1975.

Maguí Mercado, gran compositor y músico fajardeño que ha escrito páginas de oro en la historia musical puertorriqueña, y los integrantes de la afamada Rondalla Fajardeña.

Dra. **Antonia Novello**. Graduada de la Escuela de Medicina de la Universidad de Puerto Rico, recibió una maestría en salud pública de la Universidad de John Hopkins e hizo su internado en pediatría en la Universidad de Michigan.

En 1986 ingresó en el Instituto Nacional de Salud Infantil y Desarrollo Humano como Sub-Directora y Coordinadora de Investigación sobre el SIDA en niños, considerada la primera autoridad en esta rama.

En 1989 fue nombrada por el Presidente George Busch para ocupar el importante cargo de "Cirujano General" de Estados Unidos. Así se convirtió en la primera mujer y primer hispano que ocupó el puesto.

María Esther Robles (1921), cantante y concertista que ha paseado triunfalmente el nombre de Puerto Rico por los mejores escenarios de Estados Unidos y Europa.

Hipólito Robles Suárez (1934) representante a la Cámara.

Alfonso Román García (1914), representante a la Cámara y delegado a la Convención Constituyente del Estado Libre Asociado.

Antonio Valero de Bernabé (1790-1863), héroe puertorriqueño y protagonista de bélicas hazañas en España, México, Perú, Colombia y Venezuela.

Lugares de interés...

Puerto Real	Villa Marina Yacht Harbour
Hotel El Conquistador	Embarcadero de Fajardo
Las Croabas	Playa de Puerto Real
Iglesia Santiago Apóstol	

Plaza de Fajardo

Zona pesquera

Hotel El Conquistador al fondo sobre la montaña

Fundación: 1971	
Primer alcalde: Jorge Luis Pérez Piñeiro	
Gentilicio: florideño	
Cognomento: Río Encantado	
Población (1990): 8,689	
Alcaldesa (1997): Hon. María D. Guzmán Cardona	

HIMNO
Por: Celia Arenas

Florida jardín hermoso.
Que perfuma tu tierra.
Con fragancias de amor.
Soy el bardo que canta
cual coquí enamorado.
De tu río encantado.
De tu gente y tu honor.

Tienen un raro encanto
tus montes vigilantes.
Parecen esmeraldas
tú eres el medallón.
Que luces apacible
sobre el pecho del río.
Pequeño pueblo mío
adorable anfitrión.

Y aunque de ti me aleje.
Llevaré tu recuerdo.
Tu escudo y tu bandera.
Sobre mi corazón.
Levantaré mis manos
bendiciendo tu nombre.
Repitiendo tu himno,
que será mi oración.

ESCUDO

La cruz paté está tomada del blasón del linaje de Llanes, apellido que en su forma modificada de Yanes, está adscrito a la historia y toponimia de la municipalidad de Florida, pero con sus esmaltes invertidos, pues en el escudo familiar la cruz es de plata y su campo de gules. Recuerda que la parroquia de Nuestra Señora de la Merced y de San Juan Nepomuceno, de Florida, antecedió en existencia al poblado de este nombre.

Las flores de pascua constituyen armas parlantes, representativas del nombre de Florida.

La terraza almendra representa el territorio de la municipalidad, y la faja ondulada el río subterráneo que discurre bajo él, y que lleva el apelativo de Encantado.

La corona mural es insignia heráldica genérica de municipalidad especialmente usada para distinguir los escudos municipales de los que no lo son, como los familiares, reales y eclesiásticos.

Historia...

El municipio de Florida se fundó el 30 de junio de 1971. Entiéndase también que existía Florida, antes de que se comenzaran ese mismo año de 1881 las gestiones para la construcción de una parroquia y plaza por el Padre Carrión y el entonces alcalde de Barceloneta, en terrenos de Manuel Cintrón, donde están sentadas actualmente.

Para esa época poseían tierra y hacienda familias mallorquinas en distintos asentamientos, que giraban alrededor de un pequeño bullir económico, en el área de San José de Colmeneras. En algún punto allí dan fe de esto, los restos sepultados del glacil del café y el Cuartel de la Guardia Civil Española en lo que se llamó (tal como conocemos hoy) Pueblo Viejo, cuando la gente comenzó a mudarse alrededor de la plaza y parroquia en el pueblo nuevo, en el área de Yanes, donde estamos hoy.

Entiéndase pues, que antes de 1881 latía la semilla de pueblo en el Pueblo Viejo, y bebía en las entrañas del suelo las aguas del Río Encantado tal y como lo hace hoy, en el lugar que se encuentra, como pueblo.

No fue hasta 1949 cuando el esfuerzo de emancipación se tornó en letra impresa con el proyecto de Francisco Díaz Marchand que creó una comisión para estudiar la viabilidad de la conversión de Florida en Municipio. Esto resultó adverso a los deseos de los florideños.

Otro intento serio lo representó el proyecto a la Cámara del único legislador que se ha tenido, Manuel Frías Morales, para el 1960. Esta iniciativa permitió que la Junta de Planificación usara los servicios de una compañía privada para estudiar la viabilidad de la creación del nuevo municipio, pero los resultados fueron adversos nuevamente.

No obstante, a finales de la década del 60, el clima político de la isla se mostró propicio a los esfuerzos del Comité Pro Municipio 78, el cual se constituyó por personas interesadas, deseosas de obtener la victoria de Florida, unidos en un solo propósito. Se creó una directiva que a fin de cuentas junto a otros florideños formó el Comité Timón que se encargó del diario viajar y tocar de puertas.

Este esfuerzo extraordinario se plasmó finalmente en el proyecto del Senado 980 del Licenciado Juan Cancel Ríos durante la presidencia del Lcdo. Rafael Hernández Colón, convirtiéndose entonces en la Ley 30 que firmara el Gobernador de turno, Luis Ferré. Así se convirtió el Pueblo de Florida en el Municipio de Florida.

Geografía...

Área: 10.11 millas cuadradas

Está situado al norte de Puerto Rico, colinda por el norte con Barceloneta, por el sur con Ciales, por el oeste con Arecibo y por el este con Manatí. Este municipio pertenece a los Llanos Costeros del Norte desde el punto de vista geográfico. Está rodeado de altos cerros que le proporcionan una defensa contra los huracanes. Uno de los cerros más altos es el llamado Los Selgas. Desde ese cerro se puede observar todo el pueblo de Florida.

Sus mogotes y cuevas le dan un toque particular a su topografía. Una de las cuevas más conocidas es la "la Román" que tiene tres cavernas en su interior y por dos de ellas pasa una corriente de agua. Otras cuevas son "la Miró" y "la Juana Gómez".

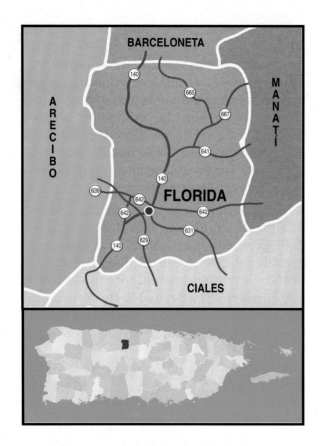

Se destacaron por su perseverancia, por su persistencia, por su unidad de propósito, por su desprendimiento, por su entrega, por su ir y venir diario al Capitolio y a las agencias de gobierno en cabildeo insistente en días laborables y festivos, las siguientes personas: **José de León Barreto, Juan Rosado Colón, Manuel Arenas Polanco, Angel L. Cruz, María Torres Molina, Emilio Portalatín, Ramón Montoyo, Francisco Díaz Marchand.** Además, participaron otros buenos florideños tales como: **Reinaldo Guzmán, Guillermo Rivera, José Cruz, Luis Hernández, Francisco Díaz, Reverendo Vélez, Carmen Padró, Pedro Soto, Gustavo Lourido, Deida Rodríguez, Rafael Marrero, Luis G. Rivera** (redactor) y otros.

Lugares de interés

Iglesia Católica, Nuestra Señora de la Merced

Casa Alcaldía

Plaza pública

Casa Colonial

Cuevas y mogotes de Florida

Cuevas la Miró y la Juana Gómez

Economía...

Actividad económica principal: la piña, especialmente la variedad piña cayena lisa; antiguamente era el café.

Fábricas: International Custom Molders (fábrica de plásticos); Food Pro (fábrica de jugos).

Plaza de Florida y la
Iglesia Católica Nuestra Señora de la Merced

Fundación: 1914

Primer alcalde: Víctor Sallabery

Gentilicio: guaniqueño

Cognomento: Pueblo de la amistad

Población (1994): 19,984

Alcalde (1998): Edwin Galarza Quiñones

HIMNO
Letra y Música de José Luis Padilla (Cheliquín)

"América es jardín del mundo:
Puerto Rico es el jardín de América.
América es jardín del mundo:
Puerto Rico es el jardín de América."

Pero mis versos los dedico
a mi pueblito del alma:
Guánica, Guánica,
que es jardín de Puerto Rico.
Guánica, Guánica
pueblo que es obra de Dios.

Su bahía de cristal,
sus valles verdes de caña;
adornando cual collar
bordeando están sus montañas.

(Coro)
(Bis) Guánica, Guánica,
que es jardín de Puerto Rico.
Guánica, Guánica,
pueblo que es obra de Dios.

Son sus playas, tan azul
Playas gemelas del cielo.
Sus mujeres sasonaj...
Con sabor dulce de caña.

Bis (Coro)

"América es jardín del mundo;
Puerto Rico es el jardín de América.
Guánica, Guánica
es jardín de Puerto Rico.

Bis (Coro)

ESCUDO

En campo de plata, en abismo, una cruz paté de gules, entre dos ramas de pascua (*Poinsettia Pulcherrima*), florecidas, al natural. La campaña almenada, de sinople con una tira de verados en ondas, de sable, perfilada de plata. Al timbre, corona mural de oro, de tres torres, mazonada de sable y aclarada de sinople. El escudo podrá rodearse, por sus flancos y punta, de dos ramas de cafeto, frutadas, al natural, cruzadas por lo bajo.

Coronando el escudo se encuentra la corona mural de tres torres, insignia municipal de pueblo. **De color dorada**, muestra siete ventanas pintadas de azul representando a los barrios al momento de la creación del mismo, a saber: Ensenada, Arena, Caño, Carenero, Ciénaga, Montalva y Susúa Baja y la del centro parte del Pueblo o Zona Urbana. (Antiguamente las ciudades principales estaban protegidas por murallas que representaban la unión entre sus habitantes y su común defensa).

Guánica, como parte del cacicazgo principal de la Isla de Boriquén, llamado Guaynía, llegó a tener por lo menos cuatro asentamientos indígenas. Ninguno en el valle guaniqueño propiamente dicho, y sí a sus márgenes, ya que el valle, debido a las corrientes que por él bajaban desde los montes, prácticamente todo el año estaba cubierto de aguas estancadas. Según el cronista Fernando González de Oviedo, por el valle de Guánica discurrían cinco ríos de oro, unos desaguando en la hoy desaparecida laguna y otros en la bahía.

Procedente de Santo Domingo, el 12 de agosto de 1508, desembarcó por la bahía de Guánica, Don Juan Ponce de León, iniciándose así la colonización, civilización y cristianización de Puerto Rico.

Grandes elogios habían de hacer luego del puerto y bahía de Guánica, cronistas del Descubrimiento y la Colonización. Dijo Oviedo: "La bahía de Guánica es una de las mejores que hay en el mundo". Dijo Santa Clara: "Guánica es el mejor puerto que hay en todas las Indias." Y exclamó Castellanos: "Guánica, bahía tal que, según fama, es lo más bello que Dios ha creado". Muchos otros testimonios existen sobre Guánica, no sólo de cronistas españoles sino de viajeros de otras nacionalidades europeas.

Desde cualquier punto de Puerto Rico en que se encuentre usted, le será fácil llegar a Guánica, el Pueblo de la Amistad, gracias al moderno sistema de carreteras de nuestro país.

Guánica, dicho sea de entrada, es un municipio joven, pues fue fundado el 13 de marzo de 1914, pero es tan vieja su historia como los quinientos años de historia de Puerto Rico. Fue por nuestro puerto que el 12 de agosto de 1508 don Juan Ponce de León, procedente de Santo Domingo, desembarcó e inició el proceso formativo de la nacionalidad.

Durante la colonización española, muchos viajeros europeos fondearon en la hermosa bahía de Guánica y en sus respectivas crónicas tuvieron más elogios para el puerto y bahía que para ningún otro puerto o bahía de la Isla.

Hoy día la geografía guaniqueña sigue tan hermosa y radiante como cuando fue visitada por aquellos viajeros. Playas encantadoras desde Bahía Ballena y Guilligan, al este hasta las Pardas, los Manglillos y Playa Santa, en Salinas Providencia, al oeste. El Bosque Seco, con su vegetación única en el mundo, declarado Reserva Biosférica Internacional por la Organización de las Naciones Unidas. Habitáculo del legendario guabairo, del sapo concho tan estudiado por científicos de Estados Unidos y Canadá, de camarones ciegos, de exóticos flamingos, de jueyes violinistas y de una flora que rivaliza en belleza con los lirios a los que tanto cantaba el rey Salomón.

Según los entendidos, el verano último las bellezas naturales de Guánica atrajeron a más de doscientos mil visitantes.

Además de lo que Dios ha creado para hacer de Guánica un rincón del Paraíso, existen en la jurisdicción varias estructuras que hablan de su pasado histórico, levantadas por la mano del hombre. La vieja estación de Santa Rita, así como la bicentenaria hacienda también llamada Santa Rita, sede hoy del Convento de las Hermanas de Fátima. La también añosa residencia de don Buenaventura Quiñones Vizcarrondo y que prácticamente es un museo. El viejo trapiche de la central Igualdad en el sector de El Tumbao junto al cual existe una residencia que fue visitada por los Capitanes Generales españoles, entre ellos don Juan Prim. Las estructuras externas de

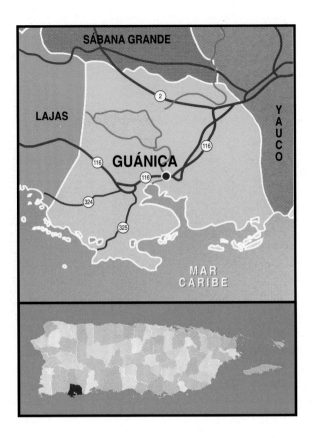

la administración también de la Corporación Azucarera, molió 536,081 toneladas de caña, que produjeron 49,319 toneladas de azúcar y 3,618,547 galones de miel. Se emplean (fases agrícola e industrial) 2,300 personas aproximadamente, aparte de los numerosos empleos indirectos que dicha industria genera.

Varias fábricas de Fomento Económico constituyen también importantes fuentes de empleo, igual que lo es el importante movimiento de su espaciosa y abrigada bahía. Guánica es un lugar donde también abunda la pesca.

Aquí nació...

Rubén Del Rosario. Nació el 13 de junio de 1907. Estudió en la Universidad de Puerto Rico y obtuvo el doctorado en Filosofía y Letras en 1931 en la Universidad Central de Madrid. Enseñó cursos de filosofía y lingüística. Conoció varias lenguas: inglés, francés, latín, portugués, griego y ruso, entre otros. El tema central de sus trabajos es el idioma de los puertorriqueños. Entre sus libros se destacan: **Vocabulario puertorriqueño** (1965), **El español de América** (1971) y otros. Algunos ensayos son: "La influencia del inglés", "Estado actual del español de Puerto Rico", "El español antillano", "La lengua de Puerto Rico" y otros.

Don Primitivo Anglada. Luchador por la reivindicación guaniqueña. Fue el primer Secretario del Consejo Municipal.

Don José Nazario. Un esforzado luchador en defensa del derecho de Guánica a su emancipación municipal. Fue el segundo alcalde.

Don Cancio Pérez. Puso sus mayores empeños cívicos en el logro de la segregación de Guánica. Fue el tercer alcalde, electo en el 1924. Fue reelecto en el 1940.

Don Clemente Rodríguez Carlo. Formó parte del Comité Segreguista. Durante los cuatrienios 1928 - 1932 y 1936, fue el cuarto alcalde.

Don Víctor Sallabery. Luchador que encabezó el movimiento para la segregación de Guánica como barrio de Yauco. Fue su primer Alcalde, en el 1914.

Don Pedro Santana Ronda. Escritor, poeta y periodista. Publicó semanalmente en Guánica su periódico "El

la famosa Central de Guánica en Ensenada, en sus tiempos de apogeo la más poderosa de Puerto Rico. El vetusto Fuerte Caprón que se levanta en una meseta en el Bosque Seco. Asimismo, la famosa Piedra Histórica, La Capitanía de Puerto y el monumento conmemorativo del desembarco de las tropas americanas en el 1898. La tarja en bronce recuerda las Emigraciones al Hawaii a principios de siglo.

Economía...

La economía de este municipio ha girado casi exclusivamente en torno a la industria azucarera. Fundamentalmente las Fincas de Beneficio Proporcional de la Autoridad de Tierras, hoy operadas por la Corporación Azucarera de Puerto Rico, abastecen de caña a la Central Guánica, considerada como la mayor del país, que en la zafra de 1976, bajo

Erizo", que es considerado como una verdadera cátedra de política y civismo.

Don Domingo Suárez Cruz. Fue torrero de nuestro puerto. Poseedor de una sensitiva vena poética, dejó muchos poemas para la posteridad. Participó destacadamente en actividades escolares y cívicas.

Don Domingo Suárez Williams. Hijo de Don Domingo. Notable músico, escritor y poeta. Fue el fundador y primer Director de la Banda de la Policía de Puerto Rico.

Don Bruce Suárez Williams. Hijo también de Don Domingo. Inspirado poeta. Ha publicado tres libros de versos. Actualmente vive en Bayamón. Miembro de la Sociedad de Escritores Puertorriqueños.

Don Pedro Vargas Rodríguez. Fue Secretario del Comité Segreguista que logró la emancipación municipal de Guánica. Fundó a "Brisas del Caribe" y "El Fósforo", los primeros periódicos guaniqueños. Poeta, orador, escritor y periodista.

Lugares de interés...

Fuerte de Guánica

Balneario Caña Gorda

Bahía de Guánica

Bosque Estatal de Guánica

Alcaldía

Hacienda Santa Rita (hoy Convento Hermanas de Fátima)

Escuela Náutica de Guánica

El Malecón

Playa Santa

Casa Alcaldía

*Plaza pública y al fondo
la Parroquia de San Antonio Abad*

Guayama

Fundación: 1736

Cognomento: Ciudad Bruja

Gentilicio: guayamés

Población(1990): 41,588

Alcalde (1997): Hon. Héctor L. Colón Mendoza

HIMNO
Por: Néstor Cora Vera

¡Viva Guayama, mi pueblo idolatrado,
la bella patria chica donde nací!
Siempre recuerdo tu nombre venerado.
En mis angustias acuérdate de mí.

¡Viva Derkes, que viva Palés Matos,
grandes hombres de nuestro patrio lar!
Su recuerdo es muy grato y a Guayama
le vamos a cantar.

Coro

Recordemos, recordemos
a Guayama, con amor.
Recordemos, recordemos
a Guayama, con amor.

Son tus mujeres, cual ninfas escapadas
de las orillas del Río Guamaní,
y tus matronas tan nobles y abnegadas
no nos permiten olvidarnos de ti.

Coro

1736

ESCUDO

El escudo está dividido en cuatro partes y en dos de ellas aparece parte de un tablón de ajedrez. Con esto se hace referencia a la forma cuadrada y regular de la zona urbana de Guayama.

Las dos antiguas torres de molino simbolizan el cultivo de la caña de azúcar. Representan también los elementos característicos del paisaje e historia del pueblo.

Los árboles de hoja de laurel constituyen una representación de la hermosa Plaza de Recreo de Guayama muy conocida por el corte singular de sus árboles.

Las tres flores de liz de plata simbolizan a San Antonio de Padua, patrón de Guayama.

La corona representa al cacique Guayama, cuyo nombre lleva el pueblo.

Las ramas con frutas de guayaba que rodean el escudo simbolizan la leyenda relacionada con los orígenes del pueblo: la aparición de San Antonio de Padua flotando sobre el árbol de guayaba.

La corona grande tiene cuatro torres que representan la autonomía municipal y la unidad de los ciudadanos en la defensa de sus tradiciones históricas y el bien común. **La corona** significa que Guayama obtuvo el título de Villa.

El 29 de enero de 1736, el gobernador de Puerto Rico, don Matías Abadía, declaró oficialmente pueblo al pequeño caserío con el nombre de San Antonio de Padua de Guayama.

Con el pasar del tiempo, el pueblo dejó de llamarse así, razón por la cual dicen que Guayama perdió su nombre y retuvo su apellido.

Para esa misma fecha, la iglesia fue declarada parroquia, con devoción a San Antonio de Padua. El culto a este santo ha sido una tradición muy arraigada en este pueblo, desde sus inicios.

Para el 1776, el pueblo de Guayama tenía alrededor de doscientas casas formadas en un espacio cuadrado, con su iglesia y una plaza de recreo en el centro. El Mar Caribe lo circundaba por el sur.

En el 1828, se terminó de construir la Casa del Rey o Alcaldía Municipal.

En el 1831, Guayama, apareció constituido por los barrios Pueblo, Arroyo, Ancones, Yaurel, Jobos, Machete, Carreras, Algarrobos y Guamaní.

Para el 1844, se construyó el cementerio, y siete años después un matadero y carnicería. También se comenzó la remodelación de la iglesia. En el 1871, se terminó de construir la Real Cárcel.

En el 1848, sin embargo, el Barrio Pueblo se había subdividido en Pueblo Norte y Pueblo Sur, y el Barrio Arroyo apareció subdividido en Arroyo Este y Arroyo Oeste. Además de los barrios originales, para esta fecha se informan los barrios de Pozo Hondo, Palmas de Aguamanil, Caimital, Pitajayas, Cuatro Calles, Sabana-Enea, Palmas y el Barrio Salinas, que en julio de 1847, por Real Orden, había sido agregado al territorio de Guayama. Salinas, que anteriormente pertenecía a la Villa de Coamo y ahora pasaba a formar parte de Guayama, se constituyó en municipio independiente tres años más tarde (1851).

Ya para el 1848, en el Barrio Arroyo se había desarrollado una gran población que progresaba rápidamente. En el 1855, se constituyó en pueblo independiente, bajo el nombre de Arroyo.

Para el 1878, existían en Guayama varias haciendas con máquinas de vapor. Tres de ellas tenían trapiches movidos por bueyes para elaborar azúcar y mieles, ya que estas tierras eran buenas para cultivar la caña de azúcar. En esta fecha, Guayama contaba con un teatro de madera de dos pisos que, pese a su mal estado, satisfacía, de alguna manera, las necesidades recreativas de la población.

El 7 de septiembre de 1878, el pueblo de Guayama fue declarado Villa, hermoso título que le otorgó distinciones y privilegios. Se le designó entonces como Ciudad de Guayama y como la cabecera del Sexto Departamento, de los siete en que estaba dividida territorialmente la Isla. Este Departamento incluía los pueblos de Guayama, Comerío, Cidra, Cayey, Salinas, Arroyo, San Lorenzo, Juncos, Gurabo, Caguas y Aguas Buenas.

Geografía...

Área: 65 millas cuadradas.

Población total: 36,249 habitantes.

Patrona: Nuestra Señora de la Asunción

Barrios: Pueblo, Algarrobo, Pozo Hondo, Caimital, Carite, Carmen, Guamaní, Jobos, Machete y Palmas.

Situación y límites

Limita al Norte con el municipio de Cayey, al Este con los municipios de Patillas y Arroyo, al Sur con el Mar Caribe y al Oeste con Salinas.

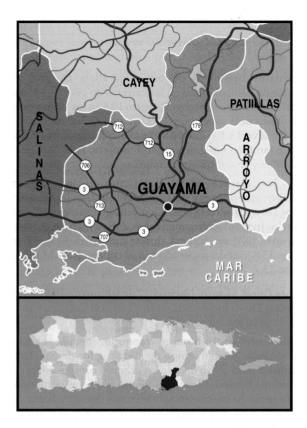

El crecimiento económico de este municipio ha sido realmente asombroso. En 1776, con 9 hatos y 20 estancias, produjo 50 arrobas de azúcar, 46 de algodón, 5,200 de café, 2,000 de arroz, 1,000 de maíz, 3,000 de tabaco, 2,900 botijas de melado y abundantes frutos menores. "Al siguiente año su riqueza pecuaria estaba constituida por 2,782 cabezas de ganado vacuno, 877 caballos, 238 mulas y 4,230 cabezas de ganado menor". Por Fray Iñigo Abbad sabemos que por esa época las maderas de sus bosques se vendían furtivamente a los extranjeros, junto con el ganado que sus vecinos criaban en las montañas. En 1878 existían catorce haciendas con máquinas de vapor y tres con trapiches de bueyes, para la fabricación de azúcar y elaboración de mieles, ya que sus tierras eran apropiadas para el cultivo de la caña. En lo que respecta a la riqueza del subsuelo aparecían denunciadas entonces la mina de plomo "La Estrella" de don Miguel Planellas y "La Rosita" de galena, de don Antonio Aponte.

Actualmente este municipio cuenta con una salina, y aunque no se explotan –ni siquiera han sido objeto de una investigación acuciosa– se conoce también la existencia de yacimientos de manganeso. El bosque de Aguirre, con 2,300 cuerdas, aunque no constituye una fuente de trabajo propiamente, ayuda a la conservación de suelos y aguas y protege la vida silvestre en el municipio de Guayama. Hoy su comercio es próspero y un 90% está en manos puertorriqueñas, que le han imprimido un alentador sello de modernidad.

Guayama ha logrado sobre todo un gran desarrollo industrial a partir de 1951, en que a través de un programa de incentivos gubernamentales se estableció en este municipio la Univis Optical Corp. con 150

Los suelos de este Municipio son de color pardo-rojo y corresponden geográficamente al Llano Costanero del Sur. Entre Salinas y Guayama toda la llanura está constituida por una serie de grandes abanicos aluviales.

Por su territorio y junto a la misma ciudad de Guayama discurre el río Guamaní, corto y de escaso caudal como todos los de la vertiente Sur, que nace en las alturas del barrio Carite y desemboca en el Mar Caribe, después de alimentarse escasamente de las aguas y de algunos riachuelos y quebradas que recoge en su curso.

Parte del área de este Municipio está incluida en la unidad Carite-Guavate, que administra la División de Bosques del Departamento de Agricultura de Puerto Rico, para preservar los derechos forestales de la Isla.

Guayanilla

Fundación: 1833

Primer alcalde: Don Ramón González

Gentilicio: guayanillense

Cognomento: Villa de los pescadores

Los que corren en yegua

Población (1990): 21,581

Alcalde (1997): Hon. Ceferino Pacheco Giudicelli

ESCUDO

En campo de sinople, **una ermita acompañada de cuatro casas todas de plata** representan un pueblo cristiano primitivo, el de Santa María de Guadianilla o San Germán el Nuevo, establecido en las márgenes del río Guayanilla, a mediados del siglo XVI. **La estrella sobre ellas** simboliza a Nuestra Señora Titular de la población. **La faja ondeada** representa al río. Este mismo tema sin la estrella, en el cuartel opuesto significa la segunda fundación de Guayanilla, en 1833.

Los leones rampantes de sinople, armados y lampasados de gules uno y el otro sosteniendo una flor de lis, que está tomado con alteración de su esmalte del blasón de los Ortiz de Almendradejo en Extremadura.

La corona antigua que figura en el escusón rojo del centro representa al cacique Agueybaná principal de Borinquen, cuyo yucayeque estaba ubicado en la región de Guainía.

El ancla azul en campo de oro simboliza la playa de Guayanilla. **Los tallos de caña de azúcar** indican la importancia de ese cultivo en esa región. Su corona mural es de tres torres.

Historia...

El pueblo de Guayanilla fue fundado el 27 de febrero del año 1833. Entre los fundadores había catalanes, venezolanos, criollos y franceses. Los españoles le pusieron el nombre de Guadianilla en recuerdo al Río Guadiana de España. Luego más tarde se convirtió en Guayanilla, que es el nombre actual. La facilidad de acceso por la Bahía, y el que éste es un valle fértil, permitió a los vecinos cultivar la caña de azúcar, lo que convirtió el lugar en uno agrícola y próspero.

En sus inicios Guayanilla pertenecía al pueblo de Yauco y los tributos se le pagaban a este pueblo. Aunque el municipio se creó en 1833, su vida como municipio no comenzó hasta el siguiente año en el 1834. Su primer alcalde fue Don Ramón González de nacionalidad venezolana. Para ese entonces el gobernador era Don Miguel de la Torre, quien autorizó la creación del municipio.

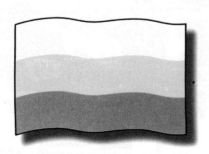

Geografía...

Localización - Área suroeste de Puerto Rico.

Ubicación - Norte - Adjuntas, Sur - Mar Caribe, Este - Peñuelas, Oeste - Yauco

Temperatura - Tropical 80 a 83 grados

El municipio de Guayanilla está compuesto por 17 barrios que son Pasto, Jagua Pasto, Quebrada Honda, Sierra Baja, Barrero, Macaná, Llano, Consejo, Quebradas, Jaguas, Magas, Cedro, Pueblo, Rufina, Indios, Playa y Boca. El Barrio más grande es Boca y el más pequeño es Playa.

Barrios:

Barrero - Lugar donde hay abundante barro.

Boca - Su acceso al mar lo sitúa como boca del Puerto de Guayanilla.

Cedro - Es un árbol nativo de Puerto Rico. Produce una madera aromática valiosa. El Barrio Tallaboa Poniente de Peñuelas. Mediante la Ley Núm. 85 del 31 de julio de 1919, la Legislatura de Puerto Rico aprobó la anexión a Guayanilla.

Guayanilla ubicado en la región que compone el Llano costero del Sur, cuenta con una estupenda bahía que facilita el desarrollo de la pesca deportiva y comercial además de fomentar otros eventos marinos. Zona rica en manglares que son el habitáculo natural de cientos de especies de vida silvestre y son también, el criadero de muchos peces que llegan hasta aquí para desovar. Por esta razón nuestro pueblo es conocido como la Villa de los Pescadores.

Economía...

El pueblo fue parte de la próspera economía azucarera y cafetalera que se desarrolló en nuestra isla en el siglo XIX.

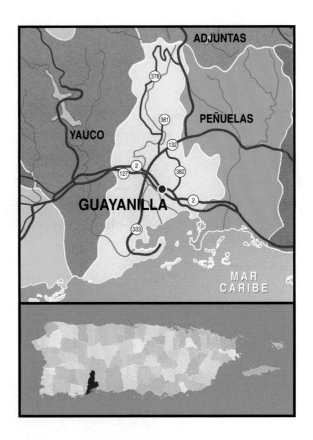

Muchas fueron las grandes haciendas que se construyeron en nuestro pueblo durante esta centuria: Hacienda La Rufina, San Colombeo, Faro, Anita, Buena Vista y Formalidad son algunas de ellas.

Principales Industrias

1. South Puertorican Towing
2. Texaco
3. Aerokhen
4. Baterroa
5. Air Products
6. Caribbean Construction
7. Vassallo Paint
8. Pearless Chemical
9. Autoridad de Energía Eléctrica

Algunas de las centrales azucareras de este pueblo que durante el siglo XIX desarrolló una próspera economía azucarera

Plaza de recreo con los árboles bien cuidados que dan sombra y fresco a la plaza

Aquí nació...

Bolívar Pagán. Nació el 16 de mayo de 1879 y murió en 1961. Se graduó de abogado y notario de la Universidad de Puerto Rico en 1921. Ocupó los siguientes puestos: Juez Municipal de Fajardo, Presidente del Ateneo Puertorriqueño. Perteneció a la comisión legislativa que demandó la estadidad para Puerto Rico en Washigton. Fue fundador y Presidente del Instituto de Literatura Puertorriqueña. Colaboró en "El Día", "Nosotros", "Renacimiento", "El Carnaval", "Puerto Rico Ilustrado". Dirigió el periódico "La Idea" de Ponce y la revista "Aurora" también de Ponce. Presidió el Partido Socialista de Puerto Rico y actuó de Comisionado Residente de Puerto Rico en Washington de 1939 a 1945. En 1941 y en 1943 fue premiado por el Instituto de Literatura Puertorriqueña por su labor periodística.

Myrna Rodríguez. Pintora y crítica de arte. Nació en 1940. Expuso sus obras en la Universidad de Puerto Rico y de Nueva York. Profesora de la Universidad Interamericana y crítica de arte del diario "The San Juan Star".

Jaime Ruiz Escobar. Dramaturgo y poeta. Nació en 1939. Escribió obras de teatro **Treinta y uno** (1974) y **Pensarás qué todo lo que has visto puede ser cierto** (1978), y un poemario que lleva por título **Carmen en el tiempo** (1980).

José Manuel Torres Santiago. Nació en 1940. Trabajó en el Instituto de Cultura Puertorriqueña. Se distingue como poeta perteneciente al grupo que hace sus publicaciones en la revista **Guajana** de la cual fue uno de sus fundadores. Ha colaborado en la prensa nacional y en la exterior.

Lugares de interés...

Estructuras históricas

 Casa Alcaldía

 Iglesia Católica Inmaculada Concepción

 Castillo Don Mario

 Chimenea Central Rufina

 Estructuras Antigua Central San Francisco

Monumentos

 Monumento al Pescador Desaparecido
 - Barrio Playa

 Monumento al Veterano - Plaza Pública

 Fuentes Decorativas - Plaza Pública

 Estatua de Don Luis Muñoz Marín
 - Plaza Pública

Lugares Escénicos

 Castillo de Don Mario

 Playa Ventana

 Bahía de Guayanilla

Yacimientos Arqueológicos

 Tecla 1 y Tecla 2 - Terrenos Central Rufina

Costumbres y Tradiciones

Festivales

El Farazo - mes de julio en el barrio Faro

Festival del Estudiante - mes de mayo en la Plaza Pública Luis Muñoz Marín

Festival Pesca de Orilla y Triálo - mes de junio en el barrio Playa

Charco del Cristo

Costa ventana

Fundación: 1769

Gentilicio: guaynabense

Población (1990): 65,557

Cognomento: Un Paraíso en el Corazón de Guaynabo

Alcalde (1997): Héctor O'Neill García

HIMNO

Autor: Rafael Velázquez

*Guaynabo, pueblo querido
yo no te olvido, eres mi amor...
Guaynabo, eres mi encanto,
te quiero tanto de corazón.
Tu gente sencilla y noble,
le dan renombre
a la población.
Tus valles y tus colinas,
buscan el Sol.*

*Tus hombres son recordados
por sus hazañas,
por su lealtad...
Recuerdo a Baldorioty
hombre valiente
y sin igual.
Luchando por los esclavos
allá en las cortes
supo ganar.
Su nombre es respetado
allá en los campos
y en la ciudad.*

*Guaynabo, eres mi pueblo
lleno de ensueños
y de bondad.*

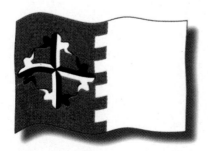

ESCUDO

Este escudo fue aprobado oficialmente por la Asamblea Municipal el 11 de julio de 1972. Tiene el escudo un fondo verde; en su mitad superior tiene una **cruz flordelisada**, que es la insignia de la orden de los Predicadores de Santo Domingo y representa a San Pedro Mártir de Verona, figura ilustre de dicha orden y Santo Patrón de Guaynabo.

En su parte inferior, tiene el escudo una **casa fuerte** que simboliza al poblado de Caparra, primera capital de Puerto Rico, cuyas ruinas aún se conservan en este municipio. La casa representada es la morada de Juan Ponce de León, la cual fue nuestro más antiguo cabildo municipal. En el dintel de la puerta, hay un **león rampante** representando el blasón de los Ponce de León. El escudo está coronado por las tres torres tradicionales.

Este pueblo se fundó en el año 1769. Su nombre es de origen indoantillano. Su jurisdicción comprende los barrios siguientes: Pueblo, Pueblo Viejo, Santa Rosa, Guaraguao, Mamey, Tortugo, Quebrada-Arenas, Río, Frailes, Hato Nuevo, Sonadora y Camarones.

En un documento titulado "Noticias que da el pueblo de Guaynabo", fechado el 30 de noviembre de 1853 se hace la siguiente descripción:

"El territorio consta de cuatro y media leguas de Norte a Sur y una y media leguas Oeste. Hay doce barrios nombrados: Pueblo, Tortugo, Frailes, Pueblo Viejo, Santa Rosa, Camarones, Guaraguao, Mamey, Sonadora, Hato Nuevo, Quebrada Arenas y Río Arriba. Los terrenos de Pueblo Viejo y parte de los de Frailes, y Hato Nuevo son llanos, y el de los demás barrios muy quebrados y desprovistos de maderas útiles."

En carta fechada a 30 de septiembre de 1870, el Gobierno Superior Civil de la isla de Puerto Rico se dirigió al Inspector de Obras Públicas expresándose en estos términos: "Debiendo procederse a la agregación del pueblo de Guaynabo a Río Piedras y Bayamón", de la cual se cita textualmente la parte que indica la forma en que quedaron distribuidos los doce barrios que constituían a Guaynabo:

"Según participa el Excmo. Señor Vice-Pte. de la Diputación Provincial al Excmo. Sr. Gob. General en comunicación fecha 16 del ppdo. por acuerdo celebrado por aquella Excma. Corporación en el día anterior, se dispuso la supresión del pueblo de Guaynabo y su anexión a los pueblos de Bayamón y Río Piedras en la forma siguiente:

–Se distribuyen los doce barrios que forman el pueblo pasando los de Quebrada Arenas, Hato Nuevo, Mamey, Río, Tortugo, y Frailes a formar parte de la jurisdicción de Río Piedras y los de Sonadora, Guaraguao, Camarones, Pueblo, Santa Rosa y Río Viejo al de Bayamón..."

La Presidencia del Consejo Contencioso Administrativo de la Isla de Puerto Rico, en carta del 1 de enero de 1876, firmada por Enrique Díaz Otero, le informa al Excmo. Sr. Gobernador de la Isla lo siguiente:

"Se ha recibido en esta Presidencia la comunicación vuestra excelencia fecha 24 de diciembre próximo pasado por la que se sirve trascribir el acuerdo de la Excma. Diputación Provincial disponiendo la suspensión del pueblo de Guaynabo y su anexión a los de Bayamón y Río Piedras, distribuyéndose entre éstos los doce barrios que forman el referido pueblo de Guaynabo, en la forma que también expresa la comunicación de vuestra excelencia que tengo el honor de contestar."

Guaynabo se constituyó nuevamente como municipio en virtud de la Ley Número 57 de 1912, aprobada el 7 de marzo de 1912 y de la cual citamos textualmente la Sección 1, que dice:

"El antiguo e histórico pueblo de Guaynabo, queda por la presente constituido en municipio independiente de la Clase III, con capital en Guaynabo, incluyendo los barrios siguientes: Hato Nuevo, Mamey, Frailes, Poblado, Camarones, Pueblo Viejo, Santa Rosa, Guaraguao, Sonadora y Río, quedando desanexados del municipio de Río Piedras los tres primeros y el último y del municipio de Bayamón los restantes."

Geografía...

Durante siglos nuestro pueblo sólo ha obtenido de la tierra el producto agrícola. La agricultura ha opacado el valor de los minerales que se esconden en este suelo. Es indudable que en el río de Guaynabo los españoles recogieron, con la ayuda de los indios, el mineral más codiciado por los colonizadores, el oro.

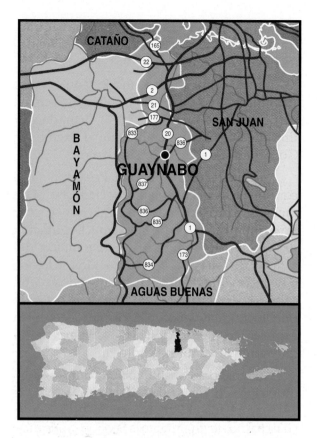

Antaño era zona de ingenios azucareros, sin duda porque en sus fértiles terrenos se daba abundante y con buenos rendimientos la caña. En su zona rural, escasa hoy por cierto, se cultivan frutos menores.

En la actualidad la economía de este municipio descansa fundamentalmente en el comercio, pues existen grandes centros comerciales y sucursales de las principales entidades bancarias del país, e industrial, ya que grandes unidades de esta naturaleza proveen empleo a millares de vecinos de este municipio y de otros de la zona metropolitana. Entre estas industrias se destacan fábricas de cemento, plantas de leche y otros productos lácteos, y la de envases de vidrio, que emplea las arenas silíceas de la costa norte de Puerto Rico. La industria de la construcción también ha alcanzado en la actualidad un gran desarrollo en este municipio, puesto que a ella se deben las lujosas y modernas urbanizaciones que lo hermosean.

Los suelos de Guaynabo poseen depósitos de caliza. La caliza es una roca formada de carbonato de cal. De ella se obtiene el cemento para las construcciones de casas, edificios, carreteras, etc. Otro mineral importante en Guaynabo es el mármol. En los pueblos de Trujillo Alto, Juana Díaz y Caguas se encuentran los mayores depósitos de mármol.

Por último, las arenas silíceas forman parte del grupo mineral del suelo de Guaynabo. Estas arenas son la materia prima para la elaboración de cristales. Guaynabo posee la única fábrica de esta producción en Puerto Rico. Tiene una superficie de 26.6 millas cuadradas.

Barrios: Está constituido por los barrios de Camarones, Frailes, Guaraguao, Hato Nuevo, Mamey, Pueblo Viejo, Río, Santa Rosa y Sonadora.

Pórtico de entrada Ruinas de Caparra

GUAYNABO   136

Lugares de interés...

Román Baldorioty de Castro. Nació en 1829. Desde pequeño pasó a vivir a San Juan, donde estudió sus primeras letras en la escuela del maestro Rafael Cordero. Siguió estudios en el Seminario Conciliar bajo la dirección del Padre Rufo Manuel Fernández, quien le llevó a España a cursar la carrera universitaria en compañía de otros alumnos distinguidos. Obtenida en Madrid la licenciatura de ciencias físico-químicas, realizó en París estudios avanzados en su especialidad. De regreso a su patria se dedicó a la cátedra y a la lucha por la abolición de la esclavitud. Electo representante de Puerto Rico en las Cortes Españolas, defendió en ellas con vigor los derechos de su pueblo. En 1880 asumió en Ponce la dirección del periódico "La Crónica" y siete años después fundaba el Partido Autonomista. Estas actividades le acarrearon persecuciones por parte del Gobierno, que llegó a suspenderle en la cátedra y a encarcelarle en el Morro. Baldorioty murió en Ponce en 1889, venerado por todos sus compatriotas.

Alejandro "Junio" Cruz. Fundador de la Liga Femenina de Softball Puertorriqueña. Fue alcalde del Municipio de Guaynabo.

El Municipio de Guaynabo, en su interés por brindarle a grupos de familias la oportunidad para el disfrute de vacaciones, ha desarrollado el Centro Recreacional del Caribe en el Barrio Camarones de esta municipalidad.

Parque Baldorioty de Castro
Coliseo Municipal de Guaynabo
Iglesia San Pedro Mártir de Verona
American Military Academy
Centro de Bellas Artes de Guaynabo
Las Ruinas de Caparra

Plaza pública, al fondo Iglesia San Pedro Mártir de Verona

Ruinas de Caparra

*Monumento a
Román Baldorioty de Castro*

Gurabo

Fundación:	1815
Gentilicio:	gurabeño
Cognomento:	Ciudad de las escaleras
Población (1990):	28,737
Alcalde (1997):	Hon. Víctor Rivera Acevedo

ESCUDO

La cruz patriarcal representa al patriarca San José, patrón de Gurabo, y está tomada del sello que usaba en la alcaldía Municipal a mediados del siglo pasado. En dicho sello y sobre la figura del cordero pascual, emblemática de Puerto Rico, que traían entonces todos los sellos municipales del país, exceptuando al de Ponce, aparece la cruz patriarcal con la que evidentemente se quiso particularizar a Gurabo.

Los escudones o pequeños escudos al lado de la cruz, simbolizan a Luis del Carmen Echevarría (derecha), y el lugar natal de zafra en extremadura España. El nombre de Luis está íntimamente relacionado en la historia y heráldica, y por su misma fonética, con el de la flor de liz que aparece en el escudo real de Francia; y el primer cuartel del blasón de la villa de Zafra trae, en campo de plata, un jarrón azul del que salen con sus tallos tres azucenas. De esta manera quedan representados en el escudo de Gurabo, junto a la insignia del Santo patrón, el nombre personal del pueblo de su fundador.

La corona mural es timbre genérico de blasones de ciudades, villas y pueblos. De acuerdo con la norma seguida en la creación de escudos municipales, a Gurabo le corresponde una corona de tres torres por su condición de pueblo.

HIMNO
Por: Miguel Monserrate

En un valle rodeado por montañas nace un
pueblo de entre el barro con valor fue creado
por hombres de fe y constancia para honrar
y alabar al Creador.

Es Gurabo un pueblo con mucho orgullo
de costumbres de cultura y devoción
donde el tiempo se detiene ante el arullo
de su gente de su historia y tradición.

Coro

Gurabo es mi pueblo, es mi hogar,
es mi vida, es mi orgullo, es mi cantar,
es mi música, es mi sueño, es mi luchar...
mi instrumento mi alegría y mi soñar.

Gurabo es mi pueblo, es mi hogar
escalera al paraíso terrenal
de las voces de su gente surge el himno
que se cantará por toda la eternidad.

El día 7 de noviembre de 1812 se reunieron los 168 vecinos o jefes de familia que componían el Barrio Gurabo o "Burabo" de Caguas, para tratar sobre la fundación de un pueblo y la erección de una parroquia en la ribera del río Gurabo. Alegaban estas personas que el pueblo de Caguas, al cual pertenecían, les quedaba muy lejos por lo que se encontraban distantes de toda autoridad judicial y de la iglesia donde debían ir a recibir ayuda espiritual; además, de carecer muchas veces de asistencia médica y otros servicios de la comunidad.

En esta reunión o "junta de vecinos" se le otorgó a Don Luis del Carmen de Echevarría poder para gestionar la fundación del pueblo.

El expediente de fundación de Gurabo tiene fecha de 1815. El territorio del nuevo pueblo era el abarcado por el barrio Gurabo de Caguas, además de una parte del territorio de Trujillo. Siete años después de fundado el pueblo, en 25 de abril de 1822 se erigió canónicamente su parroquia bajo la advocación del Patriarca San José.

En el 1831, según Don Pedro Tomás de Córdova, el territorio de Gurabo aparecía organizado en los barrios de Pueblo, Jagua y Peñón, Mamey y Jagual, Rincón y Pinal. En el 1853, según documentos en el archivo del Departamento de Obras Públicas, la organización territorial de Gurabo había variado bastante. El territorio aparecía constituido por los barrios Jaguá, Rincón y Navarro, Mamey, Quebrada Infierno, Masas y Hato-nuevo. Para esta fecha no se mencionaban los barrios Peñón, Jagual ni Pinal. Sin embargo, aparecieron los barrios Masas, Quebrada Infierno y Hato-Nuevo.

En el 1878 la organización territorial de Gurabo volvió a cambiar. El barrio Rincón apareció subdividido en Rincón Norte y Sur. El barrio Jagual, que no se mencionaba en 1853 a pesar de aparecer como parte del municipio en el 1831, apareció de nuevo. Para esta fecha surgió un nuevo barrio: Celada. Los otros barrios fueron los mismos del 1853, o sea, Masa, Hato Nuevo, Mamey, Navarro, Jagual y Quebrada Infierno.

En marzo 1 de 1902 la Asamblea Legislativa de Puerto Rico aprobó una "Ley para Consolidación de Ciertos Términos Municipales de Puerto Rico", La sección 1ra. de esta Ley estipula "que en el primer día de julio de 1902 el municipio de Gurabo (entre otros) sería suprimido como municipio y su ayuntamiento, junto con el Alcalde y los empleados municipales y todo el territorio del municipio sería anexado al municipio de Caguas." Esta situación perduró desde el 1902 al 1905. En marzo de 1905 la Legislatura de Puerto Rico aprobó una ley mediante la cual se revocaba la ley aprobada en marzo de 1902 y el municipio de Gurabo fue reorganizado y se constituyó de nuevo en municipio independiente con los mismos límites que tenía antes de ser anexado a Caguas y a la misma organización territorial.

La organización territorial de Gurabo, desde esta fecha en que fue constituido de nuevo en municipio, se mantuvo sin cambio hasta el 1948. En este año la Junta de Planificación de Puerto Rico, al preparar el Mapa del Municipio de Gurabo y sus Barrios, siguiendo instrucciones de las autoridades municipales, amplió la zona urbana de este municipio con parte de los barrios Hato Nuevo y Rincón. También para esta fecha el nombre del Barrio Jagual se cambió a Jaguar y el Barrio Masas y Masa. Resumiendo, en la actualidad Gurabo está constituido por los barrios Pueblo, Celada, Hato Nuevo, Jaguar, Mamey, Navarro, Quebrada Infierno y Rincón.

El Municipio de Gurabo está localizado en la parte Central del Área Nordeste de Puerto Rico. Tiene una cabida superficial de 18,418 cuerdas ó 27.95 millas cuadradas.

Gurabo colinda con los siguientes municipios: Caguas al Norte, San Lorenzo al Sur, con Juncos y Carolina al Este, y con Trujillo Alto al Norte. Nueve barrios y el área del pueblo constituyen a Gurabo, estos son: Celada, Hato Nuevo, Jaguar, Jaguas, Mamey, Masas, Navarro, Santa Rita y Rincón.

Dos ríos pasan por el municipio de Gurabo. El Río Grande de Loíza pasa por el Oeste y el afluente del río Gurabo lo atraviesa de Este a Oeste.

Gurabo está comprendido dentro de tres regiones geográficas distintas. La zona Sur está incluida dentro de la zona montañosa del Este. La zona Norte está incluida dentro de la

región Colinas húmedas del Norte, y la zona central forma parte del valle de Caguas.

El valle de Caguas, el más grande de los valles interiores de Puerto Rico, tiene una extensión de 32,483 cuerdas. Fue formado por la erosión causada por el río Gurabo y el Río Grande de Loíza y el río Valenciano. Sus suelos son muy fértiles y casi sin erosión. De este valle, 5,500 cuerdas están localizadas dentro del municipio, a lo largo de Gurabo. Estas zonas forman el 30% del área del municipio. Las elevaciones fluctúan en estas tierras entre 164 y 230 pies sobre el nivel del mar.

A partir del Valle hacia el Norte en la región de las Colinas Húmedas, la topografía se forma abrupta alcanzando una altitud entre los 1,000 y 1,300 pies en el centro de la región. Aquí se encuentra la región de la montaña del Este. La topografía es moderadamente empinada y más baja que la del Norte. Esta área que contiene el 30% del área municipal, no alcanza los 900 pies de altura sobre el nivel del mar.

El clima de Gurabo es semitropical. La temperatura promedio anual es de 76° Farenheit. Esta temperatura varía cerca de 5° entre las áreas altas y llanas. La temperatura mayor es alcanzada en junio con un promedio de 72°F. La temperatura llega a subir a los 90° o más en un promedio de 83 días del año. A pesar de que esta temperatura es relativamente alta, los vientos que provienen del noroeste hacen el clima relativamente agradable.

La precipitación en el área es abundante en la mayoría de los meses del año. La mayor cantidad de lluvia cae en los meses de invierno minimizándose en marzo; la precipitación anual tiene un promedio de 70 pulgadas.

Aunque el cultivo de la caña de azúcar ha declinado ostensiblemente en los últimos años, todavía en 1974 se cosecharon 15,218 toneladas de caña que produjeron 1,158 toneladas de azúcar; existían 13 vaquerías de primera clase que ese año entregaron a las plantas elaboradoras 9,801,715 cuartillos de leche y 6 agricultores de tabaco.

Una institución que contribuye al fortalecimiento de la economía de este municipio es la Cooperativa de Crédito Comunal de Gurabo, fundada en 1961, que cuenta en la actualidad con un millar de socios, activos por $946,651.64, acciones por $582,228.35; ahorros por $355,599.00 y ha hecho préstamos durante este último año por la cantidad de $833,364.00.

La circunstancia de contar en su territorio con la Academia de la Policía y el Colegio Universitario del Turabo, constituye también un aporte significativo para el desarrollo de la economía local.

Existen en Gurabo aproximadamente, diez importantes unidades industriales que producen carteras, sostenes, ropa, antenas, productos farmacéuticos, efectos eléctricos, etc., y proveen empleo a unos 1,500 vecinos de esta municipalidad.

Aquí nació...

Luis Del Carmen Echevarría. Fundador del pueblo de Gurabo. En 1812 dirigió a 168 padres de familia en búsqueda de que se reconociera a Gurabo como municipio independiente y no como un barrio del pueblo de Caguas. Esto se logró en 1815.

Angel Celestino Monclova. Violinista de renombre internacional. Sus conciertos en Venezuela y México le ganaron gran fama. Murió en Cuba durante su luna de miel.

Angel Viera Martínez. Abogado y político nacido en 1915. Estudió en la Universidad de Puerto Rico. Ocupó los cargos de fiscal auxiliar y fiscal de distrito de San Juan (1946-1955). Miembro fundador del Partido Nuevo Progresista, en 1968 fue elegido representante a la Cámara y reelegido en 1972, 1976 y 1980. Presidió dicho cuerpo legislativo en 1981, por un acuerdo parlamentario de la mayoría y la minoría, volvió a presidir la Cámara; le sucedió en 1982 Severo Colberg Ramírez. Viera Martínez fue Vicepresidente del partido citado, del cual se separó en 1983 para fundar junto al Dr. Hernán Padilla y a otros

disidentes novoprogresistas el Partido Renovación Puertorriqueña. Primero anunció que en las elecciones de 1984 aspiraba a Alcalde de San Juan, y luego a Comisionado Residente en Washington, D. C.

Lugares de interés...

Museo y Anfiteatro. En estos momentos se están construyendo el museo de Gurabo y el anfiteatro en el segundo piso de la Antigua Casa Alcaldía.

Academia de Ciencias Policiales. La academia está localizada en 30 acres de terrenos que formaban antiguamente el campamento O'Reilly del ejército de los Estados Unidos. Allí se adiestran con el equipo más avanzado los que serán los futuros oficiales de la policía de todo Puerto Rico.

Universidad del Turabo. La Universidad del Turabo se encuentra antes del puente que separa a Caguas de Gurabo. Esta Universidad cuenta con su propia escuela de ingeniería donde los jóvenes comienzan sus estudios y los terminan en prestigiosas universidades de los Estados Unidos.

Biblioteca Municipal. La biblioteca se encuentra en la calle principal donde antes estuvo localizado el Hospital. Allí siempre encontrará nuestra juventud haciendo sus quehaceres escolares y a nuestros bibliotecarios que siempre están dispuestos a cooperar.

Casa Alcaldía

Fundación:	1823
Primer alcalde:	Don Francisco Martínez
Gentilicio:	hatillense
Cognomento:	Hatillo del Corazón
Población (1990):	32,703
Alcalde (1997):	Hon. Juan L. Cuevas Castro

HIMNO
Charlie Aguilar
1 de febrero de 1984

De un mar azul en el Atlántico
De verdes campos a todo largo
Olas plateadas jugando en blanco
Es este pueblo, pueblo afamado.

Con tradiciones de gran legado
De ilustres hombres muy aclamados
Poetas libres y literarios
Que son orgullo del proletario.

Máscaras típicas de Islas Canarias
Como es el Truco también traído
Y en los deportes reconocidos
Esos son frutos bien cosechados.

Lolen Coballes, P. H. Hernández
Felipe y Cosme de los Aranas
y con Don Lalo, bellos paisajes
Fueron pintados por Don Oscar.

Piedra del Hombre de Pedro Pablo
La cuesta vieja; la del Guamá
Son pintorescos de su inventario
Pueblo de Hatillo, pueblo afamado.

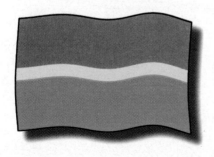

ESCUDO

El árbol de corazón y las vacas, alusivas a un hato de ganado proclaman gráficamente el nombre original del pueblo: Hatillo del Corazón. **Las ondas plateadas y azules** representan la playa de Hatillo. **El Escusón de la Orden del Carmen** simboliza a Nuestra Señora del Carmen, patrona de la población, que es Puerto Rico centro importante de esta advocación mariana. **La corona mural** es insignia heráldica representativa de pueblos, ciudades y municipalidades.

Historia...

Hatillo fue fundado como aldea el 30 de junio de 1823 por don Agustín Ruiz Miranda, siendo su primer alcalde don Francisco Martínez.

Se conoce como Hatillo del Corazón por dos razones: fue deslindado del barrio Hato Grande de Arecibo, a su vez este barrio había sido subdividido por los barrios Hato Arriba, Hato Abajo y Hatillo. Surgieron estos nombres como consecuencia del uso que para entonces se le daba a los terrenos que eran propiedad de don Esteban Colón, o sea la parte principal de ellos, dedicados al pastoreo de ganado o hatos. La segunda razón fue consecuencia directa de la revolución que en España iniciara don Rafael de Riego y Núñez contra al gobierno absolutista del Rey Fernando VII. En tributo a su gesto libertario y a propuesta del síndico don Juan Gabriel de Arana se le dio el nombre, al nuevo ayuntamiento, de Hatillo del Corazón de Riego. Para entonces, era el gobernador de Puerto Rico don Miguel de la Torre.

Los terrenos habían sido otorgados por don Agustín Ruiz Miranda y su cabida era de diez cuerdas de terreno aproximadamente, en cuya condición debían de levantarse edificios públicos y calles anchas y que vendieran o cedieran en uso el resto para casas. No debían de dedicarse esos terrenos a otra cosa que no fuera lo estipulado por don Agustín Ruiz Miranda. Llegaban las colindancias a: Carr. #2 (en la actualidad) la Carr. # 19, antigua vía del ferrocarril y la finca Perseverando.

En su primer año había una población de 910 habitantes y al año siguiente aumentó a 2,663 distribuidos entre la zona urbana y los barrios Carrizales, Capáez, Corcovados, Naranjito, Buena vista (antes Yeguadilla Occidente), Campo Alegre (Yeguadilla Oriental), Pajuil, Aibonito y Bayaney. En el censo de 1940 desapareció el barrio Pajuil dividiéndose entre Buena Vista, Naranjito, Corcovados, y Campo Alegre. El área total de Hatillo es de 42 millas cuadradas.

En el 1847 la población era la siguiente: 4,384 blancos, 898 mulatos libres, 75 negros libres, 91 mulatos esclavos y 125 negros esclavos para un total de 5,573. De estos vivían 173 blancos en la población, 107 mulatos libres, 6 negros libres, 6 mulatos esclavos y 10 negros esclavos. Los demás vivían diseminados por el campo y posesiones. En 1994 los habitantes sumaban 33 mil.

Geografía

El pueblo de Hatillo está localizado al norte de la Isla y son sus colindantes, al norte, Océano Atlántico; al este, el Municipio de Arecibo, al sur el Municipio de Lares y Utuado, y al oeste el Río Camuy.

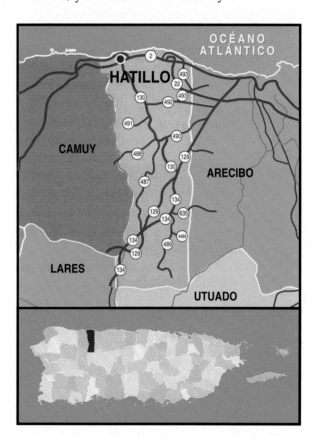

Economía...

La economía del municipio descansa fundamentalmente en la agricultura. En 1974 sólo se cosecharon 3,715 toneladas de caña. En el siglo XIX contaba con dos haciendas azucareras; la "Santa Rosa", fundada en 1872 por Pablo Curbelo, propiedad de Ramón Millán, con 150 cuerdas; y la denominada "Perseverancia", fundada en 1875 por Antonio Ledesma.

Las playas bañadas por el Océano Atlántico con la gran belleza y colorido de sus aguas.

Su área total cultivada es de 13,120 cuerdas, que corresponden a las 382 fincas que existen en el municipio. En éstas se cosechan todos los frutos de la tierra puertorriqueña y se desarrolla una buena ganadería. Es la más importante zona lechera del país, de tal manera que ese año entregaron a las plantas elaboradoras 59,479,609 cuartillos de leche.

Tiene también el municipio algunas instalaciones industriales que proveen empleo a numerosos vecinos de la comunidad. Se calcula su ingreso interno anual en once millones de dólares aproximadamente.

Aquí nació...

Charlie Aguilar (1938). Periodista, escritor, cuentista, locutor, poeta, pintor y conferencista. Son sus obras, **Estampas Puertorriqueñas**, **Al Paso de los Años**, **Las Máscaras**, **Tradición de mi Pueblo**, **La Mestiza**, **Había una vez** (cuento), **Los Emigrantes y la Radio antes de la T.V.** Ha trabajado en el periódico "El Mundo", "El Reportero", "El Vocero" y "El Visitante". Fundador del Festival de Máscaras y presidente del Centro Cultural José P. H. Hernández de su pueblo. Ha trabajado para W.K.A.Q. Radio como redactor de noticias. Además ha trabajado y escrito para teatro y ha hecho exposiciones de pintura.

Felipe N. Arana (1902 - 1918). Poeta, músico y escritor, escribió "Florecillas Silvestres", luego Retoños Líricos (1934), "Música Aldeana" (1936), "Antena (1937), Sementera (1945) "Plato del Día" (1955) y "Grito de la Tierra Honda" (1960). Fue presidente del Círculo de Escritores y Poetas Iberoamericanos en N.Y. hasta 1957. Murió en 1962.

Velda González. Artista en actuación y baile en teatro, televisión y cine. En la actualidad es senadora. Ha estado activa en la política puertorriqueña en los últimos años y dedica sólo parte de su tiempo al arte.

José P. H. Hernández (1892 - 1922). Músico, poeta y farmacéutico. Reconocido por su obra cumbre el madrigal, Ojos Astrales. Murió en Río Grande en 1922.

Lugares de interés

Teatro Municipal - José A. Monrouzeau Lacomba

Costumbres y Tradiciones

Las Máscaras de Hatillo. Desde hace cerca de 175 años y cada 28 de diciembre en el Municipio de Hatillo se ha venido celebrando la tradición de las Máscaras. Correr las máscaras, significa unirse en pareja dos o tres personas, usar un disfraz o careta como le llamaban para no ser reconocidos y vestirse con los colores de la época navideña que son el verde, rojo y amarillo. También salían disfrazados en forma igual a los Tres Reyes Magos, Gaspar, Baltasar y Melchor, teniendo este último el disfraz pintado de negro. Estos reyes usaban una corona de cartón con una cruz y con las manos libres cada uno toca el cuatro, la guitarra y el güiro.

Hormigueros

Fundación: 1874

Gentilicio: hormiguereño

Población (1990): 15,212

Cognomento: El pueblo del milagro

Alcalde (1997): Hon. Francisco J. Rivera Toro

HIMNO
Sin nombre

Sobre un verde valle
de mi linda Borinquen
se yergue orgulloso,
cual majestuoso corcel,
un pedacito de tierra,
un pueblo rico en ayer,
bendecido por la Virgen
al posar en él su pie.

Hormigueros, Hormigueros,
que distinto es para mí tu cielo,
hallo en la gente, hallo en tu suelo,
algo tan bello que describir no puedo.

Guardan tus calles, discretamente,
románticos recuerdos
de otros tiempos y gentes.
Tu suave brisa y tibio sol
arrullaron a Ruiz Belvis,
paladín Libertador.

Son tus mujeres
bellas y tiernas,
tienen sus ojos
brillo de perlas.

Es Puerto Rico,
el Jardín del Creador,
y mi Hormigueros
su más linda flor.

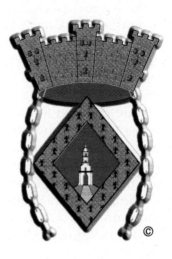

ESCUDO

La iglesia con su torre y escaleras representa el santuario de Nuestra Señora de la Monserrate, patrona del pueblo. Las hormigas proclaman el nombre del pueblo. Las cadenas rotas son en recuerdo de su hijo Segundo Ruiz Belvis por sus luchas por la emancipación de los esclavos y la libertad de Puerto Rico.

BANDERA

La bandera de Hormigueros está basada en los colores azul y blanco y es el diseño del escudo municipal. Consiste de un paño azul con un rombo blanco dispuesto en sentido horizontal. Superpuesto a este rombo hay otro rombo azul en cuyo centro figura un globo blanco centrado (bandado) de azul y sumado de una cruz del mismo color. El globo sumado de la cruz es insignia de realeza y representa el dominio de Cristo sobre el mundo. Es atributo tradicional de la representación iconográfica de Nuestra Señora de Monserrate, pues tanto la imagen de la Virgen como la del Niño Jesús muestran este globo en las manos.

Historia...

Siglo XIX

1804 - Don Mateo Belvis fue nombrado mayordomo-tesorero del Santuario, puesto que obtuvo por ser esposo de doña María Antonia García, heredera de la mayordomía vía su padre don Gerardo García. Se continúa ampliando el santuario. La destrucción del Santo Domingo francés a raíz de su guerra por la independencia (1795 ss.); la guerra general en Europa contra el poder napoleónico que condujo a la invasión de España por las tropas francesas (1808); la generalización de la lucha por la independencia en Sur y Centro América (1810-1826), abrieron las puertas para la consolidación de una política liberal en Puerto Rico que culminó con la Real Cédula de Gracias (1815) y la vigorización del azúcar puertorriqueña.

1805 - El Santurario de Monserrate fue declarado Ayuda de Parroquia por el Obispo Don Juan Alejo de Arizmendi.

1807 - Nació cerca de la Hacienda La Florentina don Antonio Duvergé, el general hormiguereño que peleó, luchó y murió por la soberanía de la República Dominicana. Don Joaquín Balaguer lo llamó el "primer campeón de la patria en la frontera", "el príncipe de los caudillos militares que laboran entre el humo de los combates de la independencia dominicana" y el "sucre dominicano".

1800 - 1860 Periodo en que se fundaron, establecieron varias haciendas-trapiches tales como la Luisa Josefa, Josefa, Acacia, San José (luego Eureka), entre otras.

1858 - El licenciado en derecho Segundo Ruiz Belvis comenzó su vida política. En ese año se desempeñó como Síndico en el Ayuntamiento de Mayagüez. Los deberes del Síndico eran velar por el buen trato de los esclavos y por el buen manejo de fondos públicos, entre otros.

1830-1860 Período de auge de la trata esclava y de la introducción de esclavos a Hormigueros. Muchos eran obtenidos de las costas de Africa a través de Curazao y San Tomás y eran bautizados en el Santuario. La mano de obra esclava se convirtió en pieza fundamental para el cultivo, extensivo de la caña de azúcar para la exportación comercial, y en elemento básico de nuestro quehacer cultural.

1863 - 1873 - Vecinos de Hormigueros empezaron a hacer peticiones segregacionistas para que este lugar se convirtiera en pueblo independiente de San Germán.

1872 - Constancia documental de la exigencia de un puesto de la Guardia Civil.

1874 - El 1ro. de abril de ese año, luego de larga lucha, Hormigueros se separó jurisdiccionalmente y administrativamente de San Germán.

Geografía...

Tamaño en millas cuadradas: 11.2

Región geográfica: Colinas húmedas del sur- oeste

Barrios oficiales: Hormigueros (Pueblo), Benavente, Guanajibo, Hormigueros (Barrio), Jagüitas, Lavadero.

Este municipio limita al norte con el municipio de Mayagüez, al este con el de San Germán y al sur y oeste con el de Cabo Rojo.

Corresponde geográficamente a la subregión denominada Valles Costeros del Oeste. Se trata de suelos aluviales y fértiles, donde las aguas abundan de mayo a noviembre y escasean de diciembre a marzo.

Por sus tierras corren los ríos Hondo, Guanajibo y Rosario. Numerosas quebradas de agua abundante forman además parte de su sistema hidrográfico.

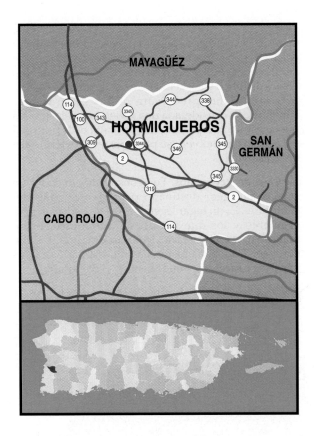

Modesta Díaz Segarra. La primera alcaldesa de Puerto Rico fue doña Modesta Díaz Segarra, en el barrio Guanajibo, el 15 de junio de 1909. Sus padres fueron don Ramón Díaz y Juanita Segarra. Cursó hasta el octavo grado en este pueblo. Más tarde estudió en la Escuela Superior Central, y allí conoció al Sargento Pedro J. Aponte Fuentes, con quien contrajo matrimonio. Para el 1932, el incumbente de la alcaldía, don Pedro Rodríguez Díaz, renunció a su posición y se reclutó a doña Modesta, la cual tenía para esta fecha 23 años de edad. Fue una feminista incansable; muy orgullosa de ser hormiguereña.

Segundo Ruiz Belvis (1829 - 1867). Nació el 13 de mayo de 1829. Fueron sus padres don Antonio Ruiz Gandía y doña Manuela Belvis García. Hizo sus estudios primarios en Aguadilla. Se graduó de Bachiller en Filosofía en Caracas, Venezuela. Luego pasa a España para comenzar estudios en derecho en la Universidad Central de Madrid. Destacado político, abogado y abolicionista. Íntimo amigo del Dr. Ramón Emeterio Betances y compañero de luchas. En 1860, ya graduado de abogado regresó a Puerto Rico, su patria. Manifestó a su padre la inconformidad que sentía hacia la esclavitud, por lo que se siente identificado con las causas de la libertad de los negros, tanto así que al morir su padre liberó a los esclavos de la hacienda que le fue heredada. Desterrado por el Gobierno Colonial español, pasa a Suramérica en busca de apoyo para la causa de la independencia de Puerto Rico. Murió el 3 de noviembre de 1867 en Valparaíso, Chile.

Economía

En 1878 contaba con varios trapiches e ingenios azucareros, lo que se explica porque sus terrenos son muy aptos para el cultivo de la caña. Se cosechan frutos alimenticios mixtos y algunas frutas, pero su cultivo esencial continúa siendo la caña de azúcar, que se muele hoy en la Central Eureka, localizada en el mismo municipio y operada actualmente por la Corporación Azucarera de Puerto Rico, que en la zafra de 1976 molió 230,703 toneladas de caña y produjo 20,774 toneladas de azúcar y 990,397 galones de miel, generando 1,800 empleos directos (fase agrícola e industrial). La ganadería es hoy una actividad secundaria.

Diversas fábricas, instaladas bajo los exitosos programas de Fomento, proveen empleo a numerosos vecinos de esta localidad y contribuyen ostensiblemente al fortalecimiento de su economía.

Segundo Ruiz Belvis

Santuario de la patrona Virgen de Monserrate. Este centro de adoración mariana está ubicado en el cerro más céntrico y más alto del área urbana, circundando por las calles La Monserrate, Peregrinos y la bifurcación de la calle Mateo Fajardo. La Iglesia Parroquial, aparte de la devoción religiosa, tiene un grandioso valor histórico y arquitectónico.

Hacienda Constancia o Macona. Fundada hacia 1850 por Simón Bey con trapiche de bueyes. En 1860 adquirió máquinas de vapor. Queda de ella en pie el cuartel de esclavos hecho de madera y techado de teja, un muro de ladrillos, y una fosa para la extracción de agua. Su maquinaria consistía de una azufradora, tres evaporadores y dos calderas multitubulares.

Casa Márquez. Es una hacienda, propiedad del fenecido don Alberto Márquez Deulofeu y construida alrededor del 1780. En su interior se conserva toda una serie de antigüedades tales como armas de fuego, muebles, tinajas de filtros y hasta una pintura de doña Margarita Marciani, dama precursora de las generaciones familiares. Es considerada una vivienda rural y urbana por su estratégica posición frente a una calle principal del pueblo mirando por su parte posterior al fértil valle de Hormigueros.

La Casa de Peregrinos. Fue construida alrededor de 1676 como lugar destinado para los visitantes del Santuario. Es un lugar legendario de recordación para el pueblo y los que fueron sus inquilinos. Es de mampostería y madera, techada de zinc al estilo europeo. Tradicionalmente ha sido habitación de los párrocos y sacerdotes que atienden el Santurario.

Plaza pública y el monumento a Segundo Ruíz Belvis

Humacao

Fundación: 1793

Gentilicio: humacaeño

Cognomento: Ciudad Gris

Población (1990): 55,203

Alcalde (1997): Hon. Julio César López Gerena

HIMNO
Prof. Miguel Correa López

*Humacao, hijo de taíno bravío
antillano por herencia occidental
con los africanos formamos tus hijos,
caribeño en abrazo fraternal.*

*Humacao, pueblo cuna de artistas y poetas,
que has sabido la gloria alcanzar
por tus hijos que han dado fortuna
para hacerte Ciudad Oriental.*

*Humacao, para ti es el canto taíno
inspirado en una hermosa oración
por tu gente, costumbres y encantos
eres paraíso terreno de Dios.*

*Humacao, pueblo cuna de artistas y poetas,
que has sabido la gloria alcanzar
por tus hijos que han dado fortuna
para hacerte Ciudad Oriental.*

Humacao, Humacao, Humacao...

ESCUDO

El escudo de Humacao fue diseñado por el licenciado Roberto Beascochea Lota del Instituto de Cultura Puertorriqueña en el 1975.

El escudo de armas tiene dos colores: oro y verde. **El color oro** es símbolo del sol. Humacao está ubicado en la zona oriental de la isla, o por donde sale el sol. El **color verde** simboliza el pasado taíno de Humacao y la naturaleza tropical del valle en que está sentada la población.

El escudo de armas en sí simboliza el origen y nombre indígena de Humacao y el fundamento cristiano de la población.

La corona sobre el escudo es el distintivo que se pone sobre los escudos de armas de los pueblos o ciudades de Humacao, por real decreto de España. Humacao fue declarada ciudad en el 1894 y en tal virtud le corresponden cinco torres. La corona también es una simbolización heráldica que representa la realeza del Cacique Jumacao. El cerco de la corona está adornado con una "greca" de carácter taíno.

Otros dos componentes del escudo son las dos haces de flechas y el escudito. Las flechas representan las dos guerras que sostuvo el cacique Jumacao contra los

149

HUMACAO

españoles en el siglo 16. (Se cree que las flechas eran una de las armas principales de nuestros indios).

El escudito, que aparece en el centro del escudo, representa el título de la Iglesia Parroquial de Humacao, el cual está dedicado al Dulce Nombre de Jesús.

Humacao también tiene una bandera que se basa en los colores del escudo de armas. Los tres colores son amarillo-oro, rojo y verde. **El amarillo-oro** representa el color de la corona del Cacique Jumacao y el monograma de Jesús. **El rojo** es el color del escudito pequeño. **El verde** representa el color de las flechas.

Historia...

Su nombre se debe al cacique Jumacao. A los españoles que arribaron a lo que hoy es el municipio de Humacao, les encantó tanto el paisaje que le dieron el nombre de Buena Vista al primer poblado que fundaron. A un lado tenían el mar y al otro lado una fértil vega.

Los primeros conatos se realizaron en 1721. Se le dio el nombre de San Luis Principio en honor al primogénito de Felipe V de España. Estaba situado junto al Río Humacao.

El 7 de septiembre de 1881 se concedió a Humacao el título de villa y en 1893 el de ciudad. El municipio de Humacao se encuentra situado geográficamente en la parte este de nuestra Isla. Linda por el Norte con Naguabo, por el Sur con Yabucoa, por el Este con el Pasaje de Vieques y por el Oeste con Las Piedras. Sus terrenos son aluviales, de gran productividad agrícola. En sus límites con Yabucoa y Las Piedras, sus terrenos son bastantes elevados. Dentro de la misma ciudad Las Alturas de San Benito ofrecen un excelente mirador tanto de día como de noche.

Cambió de agrícola a industrial. Con un pasado eminentemente agrícola, los humacaeños cosechaban maíz, arroz, café, frutas menores y tabaco. También le prestaban mucha atención al cultivo de la caña de azúcar, sin que por ello se descuidara la crianza de aves y animales domésticos y ganadería. Contó con dos centrales: La Central Pasto Viejo y La Central Ejemplo;

cuyas operaciones se descontinuaron hace tiempo.

A los comienzos del Siglo XX el gobierno motivó a varias industrias para que se establecieran en el Este y hoy día Humacao puede enorgullecerse de su industrialización.

Plaza de recreo, rodeada de árboles de Ceiba

Geografía...

Área en millas² - 44.82

Densidad poblacional - 1,025.2

Porciento de población urbana - 56.9

Barrios: Anton Ruiz, Mambiche, Collores, Río Abajo, Mabu, Tejas, Humacao Pueblo, Cataño, Buena Vista, Mariana, Candelero Abajo, Candelero Arriba y Punta Santiago.

El municipio de Humacao se encuentra situado geográficamente en la parte este de nuestra Isla. Linda por el norte con Naguabo, por el sur con Yabucoa, por el este con el pasaje de Vieques y por el oeste con Las Piedras. Sus terrenos son aluviales, de gran productividad agrícola. En sus límites con Yabucoa y Las Piedras, sus terrenos son bastantes elevados.

Su sistema hidrográfico está construido por los ríos Candelero, Humacao y Antón Ruiz, así como por gran número de quebradas

En 1878 Humacao tenía 10 haciendas con maquinaria a vapor y con trapiches de bueyes para la fabricación de azúcar.

A principio de siglo, se establecieron algunas pequeñas industrias que gracias a la asistencia prestada por la banca local, especialmente el Roig Commercial Bank, fundado en 1922 se multiplicaron con rapidez.

Hoy Humacao cuenta con 46 fábricas de industria ligera que dan trabajo a 4,921 hombres y mujeres. Esas fábricas producen desde ropa hasta marcapasos.

La industria local hotelera tiene centro en Palmas del Mar, Centro Vacacional y el Balneario de Punta Santiago son muy conocidos en verano y fines de semana.

Aquí nació...

Marta Casals De Istomin. Desde temprana edad demostró excepcional talento para la música. En el 1957 se casó con Pablo Casals. Después de la muerte del Maestro, fue nombrada Directora Musical del Festival Casals del Conservatorio de Música y de la Orquesta Sinfónica de Puerto Rico. En 1980 fue nombrada Directora Artística del John F. Kennedy Center. Su aportación a la cultura y servicios sobresalientes en el campo de las Artes le han merecido honrosos reconocimientos.

Emilio B. Huyke. Nació en 1912. De joven se distinguió por su afición a los deportes. Cronista de altos vuelos, escribió sobre temas relacionados con esa actividad. Publicó un análisis abarcador conocido como Los deportes en Puerto Rico. Murió en el 1984.

Aguedo Mojica. Nació en 1908. Estudió en París y Florencia. Más tarde se doctoró en Madrid. Profesor de Humanidades, en la Universidad de Puerto Rico, donde estudió leyes. Fue miembro de la Cámara de Representantes por doce años consecutivos. Orador brillante de fácil y encendido verbo, y gran conversador. A él se debe la Escuela Libre de Música, el Centro Cultural y el Colegio Universitario de Humacao. Murió en el 1982.

Rita Moreno. Su nombre real es Rosa Dolores Alverio. Nació el 11 de diciembre de 1931. Su familia emigró a Nueva York cuando ella tenía 12 años. Esta talentosa boricua se destacó en el canto, el baile y la actuación. Es la única artista en obtener los cuatro premios

ya que las lluvias son muy abundantes en la zona.

La superficie del municipio de Humacao alcanza las 54.84 millas cuadradas, equivalente a 39.548 cuerdas. 88.254 kilómetros cuadrados.

Economía...

En 1979, 4,979 los humacaeños llenaron voluntariamente planillas sobre ingresos, en las que desplazaron ingresos por un total de 5,016,173. Al año siguiente esas cifras fueron respectivamente, cinco mil quinientos cincuenta y ocho.

La tasación oficial, para efectos de contribuciones de las tierras del Municipio de Humacao fue de 20,139,150 en 1980: la de la estructura 42,544,150.

Rita Moreno

Iglesia Católica. Es el lugar donde acuden con gran fervor religioso las personas que pertenecen a la religión católica. Fue construída en el año 1878 durante el gobierno civil de Don José Laureano Sanz. Es de suma hermosura atractiva, ya que su arquitectura así lo indica. Está considerada como un Monumento Histórico en la ciudad de Humacao.

Museo Casa Roig. Ya restaurada, es una de las magníficas obras arquitectónicas del Checo Nechodoma. Está localizado en la calle Antonio López en Humacao.

Centro Cultural Dra. Antonia Sáez. Casa del Rey. Es de arquitectura colonial española. Fue una vez la alcaldía, escenario del cambio de soberanía, centro de reunión y actividades sociales y culturales. Se encuentra frente a la Plaza en la Calle Ulises Martínez.

Palmas del Mar. Una comunidad residencial planificada y ubicada dentro de un paraíso tropical de 2,780 cuerdas a sólo 45 minutos de San Juan, pero con una calidad de vida totalmente diferente. Posee un campo de golf de 18 hoyos diseñado por Gary Player y el centro de tennis más grande de todo el Caribe.

principales de las artes representativas en los Estados Unidos. Ganó el "Oscar" en 1961 por su actuación en "West Side History". En 1972 ganó el "Grammy" por el álbum "The Electric Company". El "Tony" por su actuación en teatro en 1975 en la obra "The Ritz". El "Emmy" lo alcanzó en 1976 y en 1978 por estelarizar en las series "Muppets" y "Rockford Files".

Antonia Sáez. Antonia Sáez fue maestra y ensayista. Nació en 1889 y murió cuando se encontraba en Japón, en 1964. Se graduó de maestra y durante mucho tiempo laboró en las aulas de Humacao. Luego estudió la Maestría en Artes en la Universidad de Puerto Rico y un año después fue a España y terminó su doctorado en Filosofía y Letras. Por más de un cuarto de siglo Antonia Sáez Torres se dedicó a la cátedra universitaria. Escribió dos libros fundamentales para el estudiante de pedagogía: **Las artes del lenguaje en la escuela elemental** y **La lectura: arte del lenguaje**.

Costumbres y Tradiciones

Festival Santa Cecilia - En noviembre, Patrona de los Músicos

Festival de la Pana - En septiembre, Barrio Mariana, Platos Típicos hechos de pana.

Festival Lancha Planúa - Playa de Humacao en junio

Palmas del Mar una comunidad residencial ubicada dentro de un paraíso tropical en Humacao

Isabela

Fundación: 1819

Gentilicio: isabelino

Cognomento: Los Gallitos de Isabela

Población (1990): 39,147

Alcalde (1997): Hon. Carmelo Pérez Rivera

HIMNO
Por: Felícita López de Irizarry

Isabela, Jardín del Noroeste,
pueblo hermoso al que nunca olvidaré.
Las ruinas de tu ermita, tus valles y colinas
en silencio nos narran la historia de tu ayer.

Floreciste con la caña de azúcar,
con el tabaco, también con el café:
que dieron paso a la moderna industria
y al gran progreso que has logrado tener.

Isabela, tus quesitos de hoja
y tus caballos de gallardo caminar,
tus gallos de pelea y peces de colores
son el orgullo de este, de este precioso lugar.

Se han destacado hombres que te den gloria:
Manuel Corchado, Noel Estrada, Chaguín
Polanco, Félix Mantilla, también Diana Valle
y Bernal Vera, ¡quién los podrá olvidar!

Siempre añoramos la música preciosa
de tu famoso Cuarteto Flor de Liz,
tu tradición del Júa y aquel puntal sereno,
el tren que nos paseaba y tu dulce pirulí.

Es nuestro orgullo tu progreso alcanzado
en nuestra vida y en nuestra educación;
tu Festival del Gallo, Tejido y de la Pesca
tu Pozo de Jacinto, cultura y tradición.

Tú, mi Isabela, Jardín del Noroeste,
de Puerto Rico eres hermoso edén.
Tu gente, tus palmeras, tus valles y colinas,
son el orgullo de nuestra Borinquén.

ESCUDO

El escudo de Isabela está dividido en tres franjas horizontales del mismo tamaño. La franja del centro es verde y las de los extremos son amarillas. En la franja superior figuran **dos gallos de pelea**, simbolizan la valentía de los famosos gallos utilizados para este deporte de Isabela. En la franja central tiene **una campana entre dos mantas de tuna**, representan el poblado original de Isabela, San Antonio de la Tuna y su ermita. La franja inferior tiene un **caballo negro de paso fino**, deporte en el cual Isabela se ha destacado siempre. En la parte superior del escudo está **la corona mural del pueblo**, representando el espíritu de unidad entre los isabelinos.

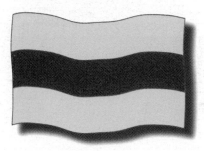

Historia...

El pueblo de Isabela se origina en el poblado de San Antonio de la Tuna, el cual fue fundado por el gobernador Mendizábal, al lado izquierdo del Río Guajataca, para el 1725.

Su economía se basaba en el cultivo del tabaco y del algodón. Además, en la elaboración de queso y crianza avícola. El ganado mayor (vacas, bueyes y caballos) escaseaba en el poblado. La Iglesia o Ermita de San Antonio de la Tuna, diseñada en forma de crucero, era el símbolo espiritual del poblado.

El 23 de agosto de 1818, el Obispo Mariano Rodríguez de Olmedo y sus vecinos de la Tuna decidieron pedir el traslado del poblado de San Antonio de la Tuna al Barrio de la Isabela. Este barrio, que era el más poblado, tenía su puerto en el área que conocemos como Villa Pesquera. También poseía otras facilidades económicas que beneficiaban a los pobladores. Razones de convivencia geográfica, topográfica, comercial y poblacional originaron su traslado a la Isabela.

El 26 de agosto de 1818, vecinos de San Antonio de la Tuna, acompañados por el obispo y el cura, salieron en procesión hacia el Barrio de la Isabela, en donde fueron recibidos por los vecinos del barrio. Todos se arrodillaron junto al Obispo, dieron gracias a Dios y bendijeron el lugar inmediatamente. Con una cruz de madera, marcaron el sitio donde levantarían la iglesia, como era costumbre. Entre los vecinos reunidos allí, recuerdan los historiadores, estaban las familias Corchado, Juarbe, Piñeiro, Chaves, Avilés y otras que fundaron así el pueblo de Isabela, en donde está ubicado actualmente.

El barrio se llamó La Isabela, en honor a la Reina Isabel de España, por lo que los organizadores decidieron que el nuevo pueblo llevara el nombre de Isabela. El 21 de mayo de 1819, se reconoció oficialmente el pueblo de Isabela y sus colindancias. Este fue organizado con su iglesia católica, la plaza y el ayuntamiento o casa alcaldía en su centro.

Geografía...

Isabela colinda, por el norte, con el Océano Atlántico; por el Sur con San Sebastián del Pepino y Moca; por el este, con Quebradillas (Río Guajataca); y por el oeste con Aguadilla, siendo la Quebrada de los Cedros la línea que divide ambos pueblos.

Su clima es subtropical y su área territorial es de 56 milla cuadradas, con una cabida de 36,900 cuerdas de terreno. Se compone de tres mesetas diferentes en topografía, clima y suelos. El Barrio Bajura y la parte norte del Barrio Guayabos forman la primera meseta. Es la más baja de las tres y queda hacia el Océano Atlántico. Su terreno es arenoso y llano, con una elevación de 0 a 10 metros sobre

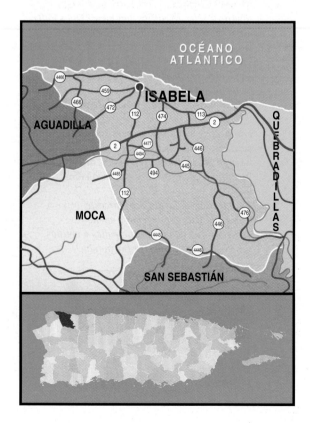

el nivel del mar. La Bajura se distingue por su famosa Playa de Jobos, además de Montones y Punta Sardina, el Pozo de Jacinto.

Economía...

Los terrenos de Isabela producen mucho. En ellos se cultiva toda clase de granos, café, tabaco, caña, yuca, batata, ñame, plátanos, guineos, etc. Cuenta con un gran número de agricultores. Durante los años sesenta, alrededor de 200 agricultores aparecían registrados en el Departamento de Agricultura. En la actualidad, hay alrededor de 500 en dicho departamento.

La industria de la ganadería se ha convertido en parte fundamental de su economía.

Aquí nació...

Manuel Corchado Juarbe (1840-1884). Nació el 12 de septiembre de 1840. Cursó en Barcelona la segunda enseñanza y se graduó, más tarde, de abogado, en la misma ciudad. Allí ejerció su profesión durante algunos años, y allí adquirió también legítima fama en la tribuna y en la prensa.

Noel Estrada. Aunque decidió su vida al servicio público, como empleado oficial del protocolo del Departamento de Estado, su vocación privada fue la música para la que sintió una especial inspiración. De entre todas sus composiciones, la que más fama ha alcanzado ha sido "En mi viejo San Juan", que se ha convertido, de hecho, en el himno de la capital de Puerto Rico. Otras composiciones son: "El amor del jibarito", "El romance del cafetal" y "Lo nuestro terminó".

Vicente Géigel Polanco. Nació el 18 de junio de 1904 y murió el 30 de abril de 1979 en San Juan. Abogado, escritor y político. Fundador y Secretario de la Academia Puertorriqueña de la Historia (1934). Presidió el Ateneo Puertorriqueño (1939-1941) y la Sociedad de Autores Puertorriqueños. Fue senador por acumulación por el PPD de (1941-1948). También fue procurador General de Puerto Rico. En 1951 abandonó el Partido Popular Democrático. Militó en el Partido Independentista Puertorriqueño. Colaboró en periódicos y revistas.

Lugares de interés...

Villa Pesquera - Al final de la Calle Emilio González

Bosque La Forestal - Llanadas

Plaza Pública - Calle Corchado

El Lago Guajataca

El Antiguo Granero

Camino de las Cotorras

La Playa de Jobos, con su pozo de Jacinto

Fosa de Jacinto, Jobos

Jayuya

Fundación: 1911

Gentilicio: jayuyano

Cognomento: Ciudad de la Tierra Alta

Población (1990): 15,818

Alcalde (1997): Hon. Jorge L. González Otero

HIMNO

Autor: Miguel Requena Maldonado
Coronel de la Policía de Puerto Rico

Ante nos se yergue
Fuerte y magestuoso
nuestro pueblo cuya
historia nos ensalza

En sus mantes de un
verdor indescriptible
nacen ríos, riachuelos
y quebradas.

Siente orgulloso todo aquel buen
jayuyano por sus bardos,
sus patriotas y poetas
en esencia sus mujeres
amorosas son orgullo de
la tierra borinqueña

(Coro)

Tierra Alta Primorosa
las riberas de tus ríos
nos recuerdan nuesttra ínfancia
y la herencia del Taíno luchador.

Tierra Alta patrimonio
de nobleza gente amena
hospitalaria y muy sincera.
Compatriota en nuestro
Pueblo eres hermano
te brindamos un abrazo
Borincano

Jayuyano tú que amas
nuestro pueblo sí estás
lejos llévalo en tu corazón
no te olvides de los
que nos precedieron
ya son parte de la
historia y del honor.

(Coro)

Tierra Alta Primorosa
de las riberas de tus
ríos nos recuerdan,
nuestra infancia y la
herencia del Taíno luchador.

Aprobado por la Asamblea Municipal de Jayuya en el 1996

ESCUDO

El escudo de Jayuya es un símbolo heráldico que recoge el patrimonio cultural, histórico y social del pueblo de Jayuya. Resume la vida de un pueblo, que ubicado en el corazón de Puerto Rico, proyecta la nobleza, la fe y el sentimiento del hombre de tierra adentro.

Es un blasón de figura geométrica, cuyo tope es una línea recta horizontal y su base de forma cónica circular. **Su fondo rojo** simboliza la convivencia y la confraternidad que caracteriza a los jayuyanos. Sobre el escudo descansa una **corona en forma de castillo o fortaleza, con tres torres equidistantes**, que representan el carácter municipal del escudo. Dentro del escudo, centralizado en la parte superior, **la corona del diseño taíno**, es el símbolo genérico de la monarquía representando al Cacique Jayuya.

Al centro se forma **una faja de picos verdes con bordadura blanca**, que representa los Tres Picachos, el verdor de nuestros campos y también a la Virgen de la Monserrate (Monte Serrado), Patrona de Jayuya.

Nombre original Hayuya, del Cacique taíno. Cuando se fundó el poblado de Jayuya, para el año 1883, el primer comisario del barrio o alcalde pedáneo fue don Julio Grau Bables. El poblado recibía la cantidad de 950 pesos anuales. Gracias a las gestiones del reverendo Sidney W. Edwards y el doctor Cueto, Jayuya obtuvo su independencia dejando de ser barrio de Utuado. Según el texto íntegro de La Ley 34, firmado el 9 de marzo de 1911, Jayuya se convirtió en municipio. La independencia del mismo fue dada a conocer el 4 de julio del mismo año, día en que se celebra la Independencia de los Estados Unidos, en prueba de amistad y democracia hacia el pueblo puertorriqueño. El gobernador Colton le dio el nombramiento a don Rosario Canales, que fue el primer alcalde independiente. Este recibía la cantidad de 30 pesos los que le entregaba íntegramente a su secretario. Fue alcalde desde 1911 hasta el 1916. En el año 1917 fue elegido el primer alcalde mediante el voto popular, don Juan de Jesús López, hasta el 1920. Luego fue electo don Ramón B. Marrero bajo el título de Comisionado de Servicios Públicos, Policías y Prisiones hasta el 1924. En este mismo año fue electo don Juan de Jesús Medina hasta el 1928. Bajo su administración Jayuya salió hacia adelante del atraso en que se encontraba. Se terminaron de construir las calles que existen actualmente en el pueblo y la primera Escuela Elemental. Para el año 1928 fue electo don José Rivera Aponte y renunció a los 3 meses. Luego don Jesús Dávila, primero como sustituto de don José Rivera y después por elección hasta el 1936 en que triunfa la coalición repúblicosocialista. En el 1936 se eligió al socialista Vicente Santiago Reyes, hasta el 1940 cuando triunfó el Partido Popular Democrático y fue electo don Juan Oliver Frau, el cual no cumplió su término y

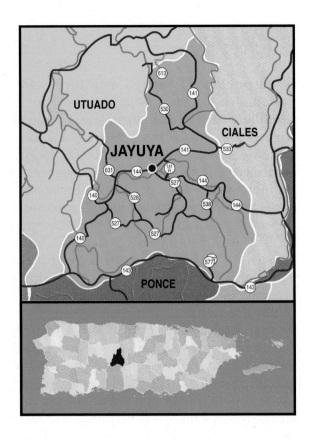

fue nombrado interinamente don Mario Canales: en el 1944 es electo Don Manuel Diversé, hasta el año 1948. Luego, don Ramón de Jesús Soto, hasta el 1952 en que triunfó don Adrián Torres Torres, el cual estuvo por un período de 12 años sirviéndole como alcalde a nuestro querido pueblo hasta el año 1968. En este año triunfó el Partido Nuevo Progresista y fue electo don Rafael Antonio Ríos, hasta el 1972 cuando vuelve a ganar el P.P.D. con don José D. Castro, hasta el año 1976 en el que triunfa de nuevo el P.N.P. con don Antonio Reyes Santiago, actual incumbente.

Así se describe brevemente la historia política del pueblo de Jayuya.

Entre los alcaldes fenecidos se encuentran: don Manuel Diversé, don Juan de Jesús López, don José Rivera Aponte, don Rosario Canales y don Ramón B. Marrero.

Geografía...

El pueblo de Jayuya está localizado justamente entre las montañas de la Cordillera Central de Puerto Rico. La mayor parte del terreno es montañoso, y una gran parte de sus montes de arcilla son colinas arenosas. En este municipio se encuentran los montes más altos de la Isla. Entre ellos se destaca el más alto de todos, Cerro Punta o Puntilla, con una altitud de 1,338 metros (4,3988 pies) sobre el nivel del mar, en el barrio Veguitas. Ubicado en el barrio Saliente, el Monte Rosa ocupa por su altura el segundo lugar en la Isla. La elevación del Monte Rosa es de 1,267 metros sobre el nivel del mar. El tercero más alto es Monte Jayuya, con una altura de 1,250 metros sobre el nivel del mar. El cuarto, Tres Picachos, cuenta con una altura de 1,205 metros. El Monte Guilarte ubicado en el pueblo de Adjuntas con una altura de 1,204 metros es el quinto monte; el sexto es el Cerro Maravilla con una altura de 1,183 metros y el séptimo es el Cerro Saliente, con una altura de 1,150 metros, ambos de la jurisdicción de Jayuya; y el undécimo más alto es el Cerro Morales con 988 metros (3,140 pies), ubicado en el Barrio Hoyos de Jayuya. Otras elevaciones importantes son Cerro Magayo en Mameyes, Piedra Blanca en Veguitas, Tres Palmas y Loma de la Zarza.

El sistema hidráulico está constituido por los Ríos Grande de Jayuya, Saliente, Jauca, Limón, Naranjito y Veguita, así como pequeños afluentes de los mismos y numerosas quebradas. Los terrenos más llanos de Jayuya se encuentran a lo largo de los ríos y riachuelos.

Jayuya se encuentra entre los municipios ubicados en la región central del país. Hacia el Norte limita con Utuado y Ciales. Hacia el Oeste, con Utuado; hacia el Este con Ciales y hacia el Sur con Ponce, Juana Diaz y Orocovis.

El pueblo tiene un clima primaveral durante todo el año. La temperatura promedio en la Tierra Alta, como se le conoce, es de 73ºF (23ºC) y la variación es de aproximadamente unos cinco grados. Sin embargo, con frecuencia se registran las temperaturas más bajas de Puerto Rico, en algunas partes del municipio debido a la altura.

Jayuya tiene una precipitación pluvial promedio de 62 a 65 pulgadas anuales y un promedio mensual de 5.22 pulgadas. Sin embargo, la precipitación pluvial debido a la altura es mayor en otras partes del municipio.

Economía...

Su economía depende primordialmente de los productos agrícolas, tales como café, tomate, gandules y vegetales. También el ganado vacuno contribuye eficazmente a su desarrollo, así como la manufacturación, que es la fuente económica más grande del pueblo de Jayuya y su más importante proveedora de empleos.

Una nueva fuente de ingresos la constituye el turismo, a través de "El Parador", que dispone de restaurante, piscina, facilidades de hospedaje y comida típica e internacional.

Aquí nació...

Nemesio R. Canales. Escritor, orador y político hijo de familia acomodada, estudió leyes en Baltimore y regresó a Puerto Rico en 1905 para ejercer su profesión en Ponce. Fue fundador del periódico El Día de esta ciudad, donde inició su columna "Paliques" de crítica social y política, plasmada del humor que lo caracterizaba. Estaba casado con Guarina Díaz, nieta de Baldorioty de Castro. Nemesio Rosario Canales Rivera nació el 18 de diciembre de 1878. Fue bautizado el 8 de abril del año siguiente en la parroquia de Utuado.
Fueron sus padres don Rosario Canales Quintero y doña Francisca Rivera Rivera.
Carlos Orama Padilla. Articulista, ensayista y poeta. Cursó las enseñanzas primarias y secundarias en su pueblo natal y en Ponce, respectivamente.

Como escritor colaboró con asiduidad en varias publicaciones periódicas del país y en algunas del exterior, y más particularmente en el rotativo capitalino "El Mundo", en cuyas páginas publicó la serie de artículos que titulaba "Estampas de tierra adentro" (El hombre y el paisaje) (1963). En 1943 el Instituto de Literatura Puertorriqueña le concedió uno de los cuatro premios de periodismo que se otorgaron en ese año. Dio a la estampa, además, tres libros: **Virgilio Dávila** (Su vida y su obra) (1945), ensayo biográfico-literario que alcanza el premio único en el certamen que en torno del ilustre poeta puertorriqueño nombrado patrocinó en 1944 la revista quincenal "El Yunque" de San Juan. "Los que no regresaron" (1946), estudio biográfico del soldado puertorriqueño Esteban Terrats Acha, muerto heroicamente durante la Segunda Guerra Mundial; **Surcos y estrellas** (1959), poemario de publicación tardía, avalorado por un prólogo del fenecido poeta bayamonés José Antonio Dávila.

Lugares de interés...

Hacienda Gripiñas. La historia de la hacienda Gripiñas está íntimamente ligada al quehacer histórico cultural de Jayuya. Formó parte del engranaje económico agrícola de la región para el Siglo XIX.

En el año 1853, don Eusebio Pérez del Castillo estableció la Hacienda Gripiñas en el barrio que lleva el mismo nombre. Era don Eusebio el hombre más poderoso y rico de toda la región de Utuado y Jayuya. Las haciendas cafetaleras constituían para la segunda parte del Siglo XIX la espina dorsal de nuestra economía y progreso. La Hacienda Gripiñas vino a ser el modelo y espejo del desarrollo agrícola de la Isla. En esta hermosa residencia pudo haber estado la imagen de la Virgen de la Monserrate, patrona de Jayuya. Fue ésta una escultura en madera regalada por don Eusebio Pérez del Castillo a su señora esposa, doña Monserrate Rivera, y que aún se conserva en la Iglesia Católica de la población.

Tumba del Indio Puertorriqueño. Tumba simbólica donde descansa la osamenta de uno de los primeros habitantes de Boriquén: el Indio Taíno. A su alrededor resalta la tierra de cada uno de los municipios que componían la Isla en el año 1974. A ambos lados de la cripta aparecen dos reproducciones de petroglifos indígenas: La mujer de Caguana y la Danzante del Otoa. Este monumento fue develado el viernes, 22 de marzo de 1974, y junto al Monumento al Cacique Jayuya conmemoran la herencia taína de nuestro pueblo.

Museo Casa Canales. Ubicada en el hermoso Valle de Coabey, en la falda de los Tres Picachos, se encuentra la Casa Canales, típica casona de hacienda de la época del siglo pasado. De estilo sencillo, pero bien logrado, cuenta con amplio balcón y balaustrada, un tradicional medio punto que divide la sala principal de la antesala, y una distribución muy práctica de sus cuatro dormitorios y las otras dependencias.

Ambientados con piezas de la época, están la cocina y el baño. Los bajos de la Casa Canales se recuerdan como un amplio lugar de múltiples usos: despacho, almacén, sitio de trabajo y el refugio utilizado por el vecindario cuando ocurrían desastres naturales.

Costumbres y Tradiciones

Fiesta Jíbara del Tomate. Esta fiesta se celebra durante el mes de febrero y es organizada por la Casa del Joven. El ingenio y el arte se unen para la confección de deliciosos manjares a base de tomate.

Festival Nacional Indígena. Organizado por el Centro Cultural Jayuyano, el Festival nos brinda la oportunidad de reencontrarnos con nuestras raíces indígenas. Areytos, juego de batú, danzantes, artesanías, reinado, exhibiciones de arte, espectáculos folklóricos nacionales e internacionales y comidas de platos típicos. Se celebra durante el mes de noviembre.

Cacique Indio Jayuya, obra del escultor puertorriqueño Tomás Batista

Fundación: 1798	
Gentilicio: juanadino	
Población (1990): 45,198	
Cognomento: La ciudad de los Reyes	
Primer alcalde: Don Francisco de Santiago	
Alcalde (1997): Hon. Santiago Martínez Irizarry	

HIMNO
Letra y música: José Rafael Gilot

Juanadinos
alcemos las voces,
en un himno
para esta ciudad;
De poetas y atletas
la cuna
y una historia
que la hace inmortal.

Coro

Gloria a ti
Juana Díaz
del Jacaguas
jardín sin igual;
Gloria a ti,
Juana Díaz
tus blasones
debemos honrar.

Juanadinos
digámosle al mundo
nuestro suelo
es todo esplendor,
por su noble hidalguía
de pueblo
lo bendijo la mano
de Dios.

ESCUDO

Montañas sobresalen trece mogotes simbolizando cada uno de los trece barrios de Juana Díaz. Simbolizan también las montañas del pueblo las que poseen una gran riqueza mineral. Juana Díaz produce a escala comercial el mármol de extraordinaria pureza y calidad comparado únicamente con el de Carrara, Italia. Produce además magnesio, yeso y piedra caliza para la construcción.

El sol simboliza un nuevo horizonte. Una esperanza en la formación de un pueblo. El sol tiene trece rayos, representando cada uno de los barrios de Juana Díaz.

La mujer representa el nombre de la mujer que le dio asiento al poblado -Doña Juana Díaz-. La mujer riega con su mano 13 granos de maíz sobre trece surcos: simbolizando la semilla que germinó y dio base para la formación y crecimiento de nuestro pueblo. La mujer vista a la usanza de la época.

El indígena representa el aborigen que era poblador de la aldea a la llegada del blanco conquistador. El indio representa al cacique Jacaguax; en cuyo honor nuestro río lleva su nombre. El aborigen lleva sobre su espalda trece flechas enfundadas y un arco. Una flecha sobre su cabeza. **El arco y la flecha** representan el único medio efectivo de defensa útil para subsistencia.

El arpa y la pluma ambigua el arpa representa la música y la pluma en el tintero; el verso, la poesía, Juana Díaz ha dado generosamente a las letras puertorriqueñas, distinguidos poetas y escritores.

Conforme con las Memorias de don Pedro Tomás de Córdova, el territorio de Juana Díaz se constituyó en parroquia independiente en 1798.

En 1816 tenía ya 1,831 habitantes y cuando en 1817 se separó de Ponce, su población había llegado a 4,325 habitantes. En 1820 este pueblo sufrió un incendio de grandes proporciones. La iglesia fue construida en 1846 y su altar mayor fue hecho con yeso extraído del barrio de Arenales.

La jurisdicción estaba constituida en 1846 por los Barrios Amuelas, Sabana Llana, Cintrona, Capitanejo, Jacaguas, Collado, Collores, Villalba Arriba, Villalba Abajo, Lomas, Guayabal, Hato Puerco Abajo, Hato Puerco Arriba, Caonillas Arriba y Caonillas Abajo. En 1878 los Barrios Vaca y Emajagual pasaron a formar parte de la organización política de Juana Díaz.

Los habitantes de este pueblo, y particularmente los autonomistas, sufrieron en 1887 los rigores del "componte", de tal manera que ese mismo año el Juzgado de Ponce se trasladó a Juana Díaz para entender en los casos promovidos por la existencia de sociedades secretas en el lugar. El 15 de enero de 1888 el pueblo de Juana Díaz sufrió un violento incendio que se atribuyó a venganzas de tipo político.

El 28 de julio de 1898, las tropas norteamericanas ocuparon el Municipio y un año después el Barrio Pueblo aparece subdividido en los barrios urbanos, Norte, Sur, Este y Oeste. En 1917 los Barrios Villalba Arriba, Villalba Abajo, Hato Puerco Arriba, Hato Puerco Abajo, Vacas, Caonillas Arriba y Caonillas Abajo, se segregaron de Juana Díaz y pasaron a constituir el Municipio de Villalba, Juana Díaz quedó constituido entonces por los Barrios que se consignaron en el encabezamiento. En 1948 la Junta de Planificación de Puerto Rico amplió la zona urbana del pueblo con partes de los Barrios Lomas y Amuelas.

Posee una extensión territorial de 60.64 millas cuadradas, equivalentes a 40,000 cuerdas. Registra una temperatura promedio anual de 78 grados farenheit con una precipitación de 35 pulgadas de lluvia al año. La topografía de Juana Díaz no presenta accidentes orográficos notables, lo riegan los Ríos Cañas, Descalabrado, Guayo, Inabón y Jacaguas. En el límite territorial con Villalba se encuentra el Lago Guayabal, represa construida en 1913 y reparada en 1950. Este cuerpo de agua tiene una capacidad de 9,800 acres pies de agua, está bajo la jurisdicción de la Autoridad de Energía Eléctrica y provee de agua a 14,000 acres al sur de Puerto Rico.

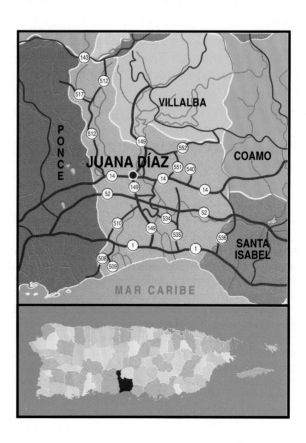

Juana Díaz está compuesto por 13 barrios; a saber: Cayabo, Collores, Sabana Llana, Capitanejo, Río Cañas Arriba, Río Cañas Abajo, Guayabal, Amuelas, Tijeras, Cintrona, Jacaguas, Lomas y Emajagual. Anteriormente, según el archivo de Asuntos Municipales del Departamento de Obras Públicas para el año 1846 formaban parte de Juana Díaz los Barrios Villalba Arriba, Villalba Abajo, Hato Puerco Arriba, Hato Puerco Abajo, Caonillas Arriba, Caonillas Abajo, Vacas. Estos últimos pasaron a formar parte del Municipio de Villalba cuando fue fundado en 1917.

Economía...

Juana Díaz es un excelente productor de carne de cerdo. Cuenta para dicha producción con 4 granjas comerciales, además de granjas para la avicultura. También es una de las ciudades de mayor riqueza minera en Puerto Rico.

En la ciudad se produce el segundo mejor mármol del mundo. En el Bo. Guayabal, Sitio Cuevas, están ubicadas las Canteras, Canarico Quarries y Cantera Hiram Rivera. De éstas se exporta para diferentes países la materia prima para preparar piezas de mármol, vajillas, losetas y alimentos para animales y otros.

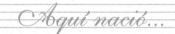
Aquí nació...

Luis Lloréns Torres. Nació en el Barrio Collores el 14 de mayo de 1876 y murió en Santurce el 16 de junio de 1944. Se hizo abogado y doctor en Filosofía y Letras en la Universidad de Granada. Se dedicó a la abogacía, pero fue además periodista y poeta. En 1913 fundó La Revista de las Antillas, expresión de los poetas modernistas. Junto a Canales publicó las revistas Juan Bobo e Idearium. Su poesía criollista le ganó el reconocimiento y la admiración de todo Puerto Rico. Entre sus obras se destacan América (1898), **El Grito de Lares** (1914), **Voces de la campana mayor** (1935) y **Alturas de América** (1940).

Luis Lloréns Torres

Cesáreo Rosa Nieves (1901 - 1974). Poeta, narrador, ensayista, educador. Falleció en San Juan. Estudió los grados elementales y música en Cayey. Residió durante una corta estadía en Nueva York, donde trabajó como músico. Se graduó de maestro de escuela superior en la Universidad de Puerto Rico en 1927. Para cubrir sus gastos trabajó como director de la banda de música del cuerpo de oficiales de reserva de la Universidad y como clarinetista en un cine de Río Piedras. Después de graduado ejerció la docencia en diversas poblaciones de la isla. Se graduó de maestro en Artes en el Departamento de Estudios Hispánicos de la Universidad de Puerto Rico, en 1936, para lo cual presentó como tesis **La Poesía en Puerto Rico**, y de doctor en filosofía y letras en la Universidad Autónoma de México con la tesis citada, ahora ampliada, que fue publicada el mismo año de graduación, 1943.

Cesáreo Rosa Nieves recibió premios y honores. Fue miembro de la Academia de la Historia Puertorriqueña, de la Sociedad de Periodistas y Escritores de Puerto Rico, del Instituto Internacional de Letras, Ciencias y Artes de Italia y de la Academia de Artes y Ciencias de Puerto Rico.

Emilia Villaronga de Armstrong (1875 - ?) Poetisa y cuentista. Falleció en Nueva York. Utilizó el seudónimo de "Azucena" y publicó versos, artículos y cuentos en la Revista de las Antillas y en las obras Mujeres puertorriqueñas (1910) y Lira ponceña (1912). Entre sus poemas se encuentran: "Arpegios", "Afectos", "Dolor", Nupcial" y "Pasionaria", y entre sus cuentos, **Las lavanderas** (1914).

Fiesta de Reyes. Todo el pueblo, grandes y chicos, se visten de pastores y acompañan a los reyes personificados, por tres ciudadanos juanadinos montados a caballos y participan de una monumental cabalgata por las calles principales de la ciudad. Miles de personas de toda la Isla visitan Juana Díaz el 6 de enero, para participar de esta gran celebración que lleva 108 años de existencia y culmina en la Plaza Pública, donde se celebra una solemne misa y los reyes adoran al Niñito Jesús.

Carnaval del Maví. Juana Díaz celebra durante el mes de abril, su famoso Carnaval del Maví. A este pueblo al sur del país también se le conoce como La Ciudad del Maví. Aquí se produce el mejor maví champán de Puerto Rico. El pueblo, el comercio, las organizaciones cívicas, adornan las calles, los barrios, para participar en esta gran fiesta de pueblo. Se celebran cuatro (4) días de fiesta en la Plaza Román Baldorioty de Castro, comparsas, espectáculos artísticos y un gran Desfile de Carrozas, engalanan nuestro carnaval.

Plaza Pública y la Iglesia Católica de San Ramón Nonato al fondo. Esta plaza se engalana el 6 de enero, Día de Reyes, donde se celebra una solemne misa y los reyes adoran al Niño Jesús.

163

Fundación: 1782	
Gentilicio: junqueño	
Primer alcalde: Don Tomás García Pagán	
Cognomento: Ciudad del Valenciano	
Población (1990): 30,612	
Alcalde (1997): Hon. Gilberto Conde Román	

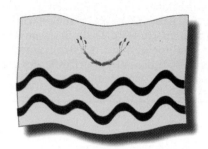

HIMNO
Por: Luis Díaz Lebrón

*Yo vivo tan feliz
y nunca olvidaré
el recuerdo de mi pueblo
el recuerdo de mi Juncos.
Eres pequeño París.*

*Juncos, tus noches
son tan bellas.
Pedacito de Tierra,
corazón de mi Borinquén,
Para ti, con el alma
te dedico esta canción.
Es tu Valenciano,
río de nácar,
Juncos, pequeño París.*

ESCUDO

Dividido en cuatro cuarteles, el escudo presenta en los cuarteles derecho superior (izquierdo para el observador) e izquierda inferior (derecho para el observador) franjas verticales oro (o amarillo) y gules (rojo) en alusión a la región de Valencia, en España y a su denominación como "Pueblo del Valenciano".

Esta referencia se vincula directamente a la función del pueblo: al desmembrarse en el siglo XVII el hato grande de los delgados, cuyo territorio abarcaba las llanuras del norte de la Cordillera Central en la ribera del río Grande de Loíza, surgieron una serie de hatos menores. Uno de ellos se llamó el hato del Valenciano, que a su vez, años más tarde, se subdividió en el Hatillo de los Juncos. En este último se desarrolló una aldea que el 2 de agosto de 1797 recibió título de pueblo.

Los otros dos cuarteles recogen los símbolos de la vida y el sentir del pueblo. El cuartel izquierdo superior (derecho para el observador) presenta sobre fondo azul una **luna nueva con doce pequeñas estrellas de plata,** símbolo de la Inmaculada Concepción de María, patrona de la población. Sobre ellas también en plata, aparece **la cruz**, símbolo de la cristiandad del pueblo.

El cuartel derecho inferior (izquierdo para el observador) recoge los símbolos de la historia económica de la región. Sobre fondo azul oscuro aparece **una planta de tabaco** en recordación a la vida agrícola de la municipalidad, que por muchos años cultivó tabaco. A la derecha aparece **una chimenea** que simboliza tanto la industrialización de la zona como el cultivo de la caña de azúcar que también dio vida en el pasado a este pueblo.

Al centro se dividen los cuarteles superiores de los inferiores por una **franja ondulada, azul los bordes, blanco al centro**, que rinde honor al río Valenciano, tan vinculado a la vida de este pueblo.

Bajo el escudo se presentan **juncos verdes con sus flores rojas** en alusión al nombre del pueblo, luego de los cuales aparece el nombre del pueblo con el año de su fundación.

El escudo lleva por timbre la **corona mural** que es símbolo heráldico de las ciudades, villas y pueblos.

El 2 de mayo de 1782 varios vecinos del sitio de los Juncos, lugar que formaba parte del entonces partido de Humacao, solicitaron a los tribunales seculares y eclesiásticos que se trasladase a este sitio de los Juncos la Iglesia Parroquial que se encontraba localizada en Las Piedras. Pidieron, además, que se les permitiese formar un nuevo pueblo separado de Humacao.

La Iglesia de Las Piedras es descrita por estos vecinos como una demasiado pequeña. Según el representante de los solicitantes, Don Antonio Matos, esta iglesia no podía "ser ampliada por estar situada en un peñasco... no pueden solemnizarse las procesiones y demás intenciones del culto divino". Alegaban los vecinos de Juncos que se pudrirían los ornamentos de la iglesia. Además, en el lugar donde se encontraba la parroquia no existía suficiente población, como para fundar un pueblo.

El sitio de los Juncos es descrito por los solicitantes como uno muy apropiado y muy saludable para fundar la población y establecer la iglesia. Además este lugar se encontraba muy poblado. Los vecinos del sitio de Juncos manifestaban sentirse muy disgustados por tener que asistir a la parroquia de Las Piedras. Les quedaba muy lejos y era difícil el acceso, especialmente en épocas de lluvia.

La solicitud de formar el nuevo pueblo de Juncos fue aceptada por el gobierno y diez años más tarde, el día 3 de agosto de 1792, el entonces gobernador interino don Francisco Torralbo expidió la orden para que se procediera a la fundación de éste. Aparentemente para entonces se nombró el primer administrador municipal de Juncos, don Tomás García Pagán. Ya en ese año los censos de población empezaron a mencionar a Juncos como un pueblo aparte.

En el año 1797 Juncos se convirtió en parroquia, requisito indispensable para que hubiese pueblo en esa época. La primera misa de la Parroquia de la Inmaculada Concepción de Juncos se celebró el día 8 de septiembre de 1797. Los terrenos que se usaron para crear la zona urbana de Juncos pertenecían a los herederos de doña María Rivera: los señores Martín Algarín y Mateo de Peña. Poco después de efectuarse la fundación del pueblo, se ordenó el traslado de calles y la delimitación de la Plaza Pública del nuevo municipio que tendría una extensión geográfica de 20,000 cuerdas.

Geografía...

Área: 17,258 cuerdas

Río: Lo riegan los ríos Valenciano y Gurabo

Temperatura: Agradable y constante

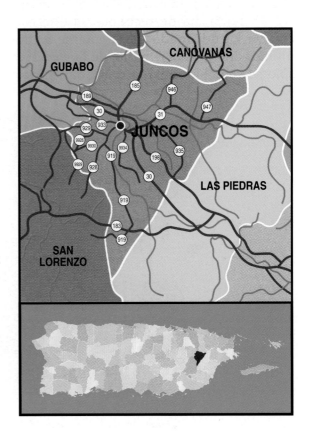

Localización: Ubicado al este de Puerto Rico. Colinda al Norte con el pueblo de Canóvanas y Carolina, al Noroeste con el pueblo de Gurabo, al Este con el pueblo de Las Piedras y al Sudoeste con el pueblo de San Lorenzo.

Economía...

A fines del siglo XIX el municipio contaba con una central llamada "Constancia", inicialmente propiedad de Agustín Collazo y después de la Eastern Sugar Associates, y dos haciendas, la Solitaria de Manuel Méndez y la Mallorquina, de la sucesión de Jaime Palau. Poseía además canteras de piedra caliza y yacimientos de hierro.

En su suelo se producen, además de diversos frutos, caña de azúcar, que al desaparecer la central "Juncos", se muele hoy en las centrales "Roig", de Yabucoa y "Fajardo", del municipio del mismo nombre. No obstante, ha de reconocerse que este cultivo ha declinado grandemente en los últimos años, hasta el punto de que en 1974 sólo se cosecharon 9,744 toneladas. Juncos constituye, sin embargo, una de las más importantes zonas lecheras de la región de Caguas. En 1974 contaba con 16 vaquerías de primera clase, que ese año entregaron a las plantas elaboradoras 13,929,787 cuartillos de leche; y 16 agricultores de tabaco.

Un buen número de fábricas manufactureras, desarrolladas bajo los exitosos programas de la Administración de Fomento Industrial, constituyen hoy la principal fuente de ingresos del municipio, como proveedoras que son además de gran número de empleos para los vecinos de esta comunidad.

Aunque en Juncos hay depósitos de hierro, cuando estos fueron investigados, resultaron demasiado pequeños para el capital que requiere su explotación.

Aquí nació...

Ramón Fortuño Sellés. Poeta, articulista y cuentista.

Rosa González Toledo. Primera bibliotecaria de la Penitenciaría Insular en 1924.

Clemente Pereda. Poeta, ensayista y periodista.

Plaza Antonio R. Barceló y al fondo la Iglesia de la Inmaculada Concepción

Lajas

Fundación: 1883

Cognomento: Ciudad Cardenalicia

Primer alcalde (1810): Don Teodoro Jácome Pagán

Gentilicio: lajeño

Población (1990): 23,271

Alcalde (1997): Hon. Marcos A. Irizarry Pagán

HIMNO
Por: Hernán Ortiz Noriega

Nuestro Lajas, pueblito querido
en mi pecho tienes un altar,
orgulloso estoy de haber nacido
en tus campos que no he de olvidar.

Faro y luz serás de Puerto Rico
con tu Estación Experimental,
con el riego en tu valle bendito
la Parguera que no hay otra igual.

Yo te añoro en mi ausencia y suspiro
por tus piñas de fama mundial...
y en mis noches de ensueño delirio
con tus montes, tu valle y tu amor.

ESCUDO

Hay varios estilos de escudos. El escudo oficial de Lajas es uno de estilo español confeccionado en la siguiente forma: Su cuerpo es **color oro** con una banda verde cruzándolo diagonalmente de derecha a izquierda hacia abajo: significando el color oro la izquierda del suelo lajeño y **el verde** el hermoso valle con el que la naturaleza nos dotó.

La banda está adornada, a cada extremo, con una piña color oro con su maya bordeada en negro y en el centro tiene una concha marina, igualmente en color oro: significando **la piña** nuestro fruto regional –la piña cabezona–, y la concha del fundador del pueblo en la persona de don Teodoro Jácome Pagán. (En la ciencia de la heráldica, **la concha marina** significa Santiago, Jácome, Diego...)

En su lado superior izquierdo aparece un sombrero cardenalicio en color rojo y en su inferior derecho una ancla roja con una soga verde adherida a su cuerpo: significando **el sombrero** el distintivo con que fue investido nuestro Cardenal Luis Aponte Martínez; y el ancla, la joya turística de la Parguera.

A la cabeza, lleva el escudo de castillo con tres torres amuralladas, cada una de las cuales consta de dos ventanas cuadradas y una puerta redonda.

Hay expedientes en el archivo municipal de San Germán que indican la creación de un nuevo cementerio en Lajas para 1844. Para el año 1855, la Parroquia Auxiliar de Lajas contaba con 285 bautizos, 202 entierros y 87 matrimonios. Una descripción de la iglesia de Lajas para 1860, la describe "de mampostería techada de madera y teja, piso de ladrillo, un campanario de madera, dos sacristías pequeñas, todo en mal estado... Se ignora el año en que fue construida, y sé que informan que ha tenido tres reparaciones..."

Don Teodoro Jácome Pagán murió en el 1856 víctima de la epidemia del cólera morbo. Fue enterrado en uno de los cementerios para coléricos que existía en el barrio Sabana Yeguas. Existía otro de estos cementerios en Lajas Arriba.

Historia...

La ley municipal del 24 de mayo de 1878, declara que era municipio "la asociación legal de todas las personales que residen en un término municipal o territorio al que se extiende la acción administrativa de un ayuntamiento." El término "ayuntamiento corresponde a la entidad administrativa o grupo rector de la vida municipal local."

Eran requisitos para el establecimiento de un municipio las siguientes circunstancias: el número de sus habitantes no podía ser menor de 2,000 personas, debía tener un territorio proporcionado a su población, y debía poder sufragar los gastos municipales obligatorios con sus recursos.

No le bastaba a San Germán estar sintiendo el remezón de los territorios despojados cuando el 6 de agosto de 1874 se leyó un escrito dirigido a la Diputación Provincial por vecinos de Lajas, Santa Rosa, Lajas Arriba, Plata, Costa, Parguera, Sabana Yeguas, Candelaria, Palmarejo, Paris y Llanos quienes solicitaban convertirse en pueblo. Los vecinos de Lajas, habían solicitado su segregación conjuntamente con vecinos de Las Marías y Hormigueros. Estos últimos municipios habían conseguido resultados favorables a sus peticiones, no obstante contar con menos barrios y población que Lajas.

Los vecinos de la demarcación de Lajas, elevaron una exposición con fecha del 15 de abril de 1882, en la cual pedían la pronta resolución del expediente acerca de la segregación de dicho territorio.

1883 - Lajas se convirtió en municipio independiente al segregarse de San Germán el 1ro. de julio de este año y el 16 de julio jura Don Pedro Santos Vivoni como Alcalde en propiedad.

1884 - La Parroquia Nuestra Señora de la Candelaria fue segregada eclesiásticamente, y el primer párroco fue Augusto Caimaris.

1889- Se construyó la Casa Alcaldía, y el Alcalde fue don Saturnino González Villar.

1897 - Se bendijo el nuevo Templo Católico, edificado de mampostería y techado de zinc.

1900 - Se estableció un Cementerio Municipal en la calle Unión salida hacia el barrio Palmarejo.

1903 - La línea de ferrocaril American Railroad Co. inauguró su servicio en el terminal de Lajas.

1904 - Se construyó la Escuela Perry, hoy sede del Departamento de Educación del Distrito Escolar de Lajas.

1905 - Se fundó la Iglesia Presbiteriana.

1907 - Don Juan Cancio Ortiz estableció el Instituto de Artes y Oficios en el barrio Palmarejo, y siendo alcalde don Juan Ramírez Ortiz, se estableció un dispensario Municipal, además se reconstruyó la Plaza de Recreo con un kiosko en su centro.

1908 - Siendo alcalde don Juan Cancio Ortiz se le dio el nombre de Juan Ramírez Ortiz a la Plaza Pública, nombre que actualmente conserva. Tuvo su inicio la construcción de un nuevo Cementerio Municipal en la parte sur del pueblo en tierras del barrio Sabana Yeguas.

1909- Fue establecido un Matadero Municipal en la Calle San Blás a la salida para el barrio La Haya, y se clausuró el viejo cementerio de la "Calle Abajo".

Geografía...

El municipio de Lajas está situado en la parte sudoeste de Puerto Rico. Limita al norte con el municipio de San Germán, al sur con el Mar Caribe, al este con Guánica y Sabana Grande y al oeste con el municipio de Cabo Rojo. Se compone de once barrios. Su área superficial cubre unas 60.1 millas cuadradas. Esto lo coloca entre los primeros dieciséis municipios de mayor extensión territorial.

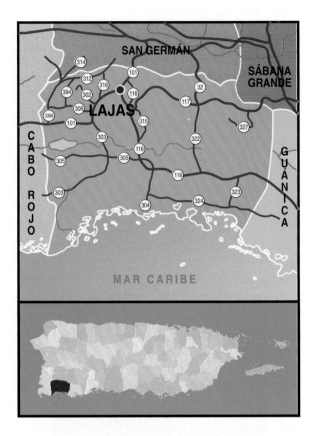

Lajas forma parte de las regiones geográficas como Valle de Lajas y las Lomas del Sudoeste. Su territorio se extiende en una vasta llanura entre dos líneas de colinas paralelas: las Lomas de Santa Marta al Norte, y Sierra Bermeja al Sur. Es en esta última donde alcanza su parte más alta con aproximadamente 1,000 pies de elevación. Hacia su parte media de elevación 40 pies sobre el nivel del mar.

Existen dos accidentes naturales principales que son: la bahía fosforescente en La Parguera y la Laguna Cartagena entre los barrios Llanos y Palmarejo.

La llanura que comprende el territorio de Lajas fue de las últimas regiones de la Isla en emerger a la superficie. Como consecuencia de esta sumersión de la poca altura y pendiente escasa, el drenaje es deficiente en algunos lugares y el suelo salitroso. La precipitación pluvial es de solo 38 pulgadas como promedio al año. El clima del sudoeste es el más árido de Puerto Rico, lo que facilita la producción de sal en la costa desde Ponce a Boquerón.

El Valle de Lajas carece de ríos. Al Este del Valle está el Río Loco de Yauco, y al Norte el Guanajibo, a quien la poetisa María Cadilla de Martínez llamó Río Pirata por robarse las corrientes orientadas hacia el Sur.

Economía...

La economía de este municipio descansa sustancialmente en la agricultura. Son célebres sus piñas que son un verdadero regalo al paladar, cultivadas actualmente en 130 cuerdas de terreno aproximadamente. Se produce también en forma abundante la caña de azúcar, de la que hay sembradas 11,500 cuerdas; café, guineos, gandures, chinas y en general todos los demás frutos de la tierra puertorriqueña. Es de relativa importancia su ganadería, que pasta y se reproduce en 18,100 cuerdas de terreno aproximadamente. Mediante el sistema de regadío del Valle de Lajas, a que antes hemos hecho mención, entre 1951 y 1970 se triplicó su producción agrícola.

En la zafra de 1974 se cosecharon en este municipio 211,394 toneladas de caña que produjeron 17,333 toneladas de azúcar. En el mismo año contaba con cinco vaquerías de primera clase, que entregaron a las plantas elaboradoras 1,137,296 cuartillos de leche.

Es la costa de este municipio una importante zona pesquera. Dentro de los límites de su jurisdicción hay además una salina y yacimientos de manganeso, que fueron en un tiempo intensamente explotados.

La Parguera es un centro turístico, muy frecuentado por los habitantes de la capital y los restantes de la Isla, ya que el lugar es de impresionante belleza y su lago fosforescente muy famoso.

En La Parguera existen varias asociaciones de plantas entre las que se encuentran: Bosque Estacional Semi-Siempre-Verde. Bosque Caducifolio, Matorral Espinoso Pastizales, Arboleda del Litoral, Salinas o Marismas, Manglares y Praderas Submarinas. En una región tan pequeña podemos observar gran diversidad de vegetación que hace de este lugar un sitio de belleza única para el disfrute de todos.

Bosque Estacional Semi-Siempre Verde. Este tipo de vegetación se encuentra en lugares dotados de agua y de suelos relativamente profundos, tales como bordes de quebradas, cañadas y arroyos. La especie dominante es el húcar, pero muchas de las especies asociadas son siempre-verdes. Además, podemos encontrar especias tales como: roble, guayacán, uvilla, violeta, que es una especie indígena de Puerto Rico y está en peligro de extinción.

Bosque Caducifollo. Este tipo de bosque se encuentra en las laderas de las colinas de moderada exposición al sol y al viento, en áreas de suelo fino o superficie rocosa. En este lugar predominan especies que en su mayoría permanecen, sin hojas durante la época de sequía. Especies típicas de la asociación incluyen: el almácigo, palo de vaca, tea, tachuelo y rolón o uña de gato, cuyos frutos son alimento para la mariquita. La altura y composición del bosque varían según el grado de exposición al viento, al sol y la capacidad de retención de agua del suelo.

Matorral Espinoso. Los matorrales espinosos se encuentran en lugares mas expuestos al sol, al viento y en áreas rocosas o de suelo extremadamente fino. Dicha vegetación está severamente afectada por la escasez de agua, lo cual provoca la fragilidad y la lenta recuperación del sistema. En este hábitat dominan especies espinosas, de hojas reducidas o sin hojas, de dosel muy abierto y tallos esparcidos. También se observa la presencia de numerosos cactus. Las especies comunes son: almácigo, alelí blanco y cactus tales como el sabucán, tuna breve, tuna petate y pitahaya.

Fauna

La Parguera posee gran diversidad de animales. Predominan gran variedad de especies de aves. En censos recientes se han encontrado alrededor de 66 especies. Esto responde a que en este sector existen bosques que permiten la reproducción y el anidaje de especies residentes y migratorias. Algunas de las aves que podemos encontrar son: la mariquita, pelícano pardo, garzas, gaviotas, playeros migratorios y otras. La mariquita es un ave autóctona de Puerto Rico, que anida principalmente en el manglar. Muchas aves utilizan el litoral costero donde buscar su alimento.

Otros organismos que pertenecen a la fauna de La Parguera:

- peces, boquicolorao, mero, pargo, chillo, jares, sierra, chapín

- moluscos, carrucho, pulpo

- crustáceos - langostas, juey, cocolía

- reptiles - carey de concha, iguana

- mamíferos - manatíes, murciélagos

Iguana

Aquí nació...

Cardenal Luis Aponte Martínez. Comenzó sus estudios sacerdotales en el Seminario San Ildefonso. Posteriormente, entró al Seminario St. John de Boston, donde se graduó de Bachiller en Artes. Se consagró sacerdote en 1950. En 1955 fue nombrado Vice Canciller - Superintendente de Escuelas y Secretario del Obispo de Ponce. Más tarde, fue designado Capellán de la Guardia Nacional de Puerto Rico y en 1970 consagrado obispo. El Papa Paulo VI lo honró en 1973 al otorgarle el palio como Cardenal en Roma. De esta forma, se convirtió en el primer puertorriqueño nombrado Cardenal.

José "Purro" Basora. Sobresalió en el deporte de los guantes. En las Olimpiadas de 1938 en Panamá fue campeón de peso ligero. Purro tiene un "récord" profesional de 102 combates con 85 victorias, y ganó consecutivamente las primeras 25 peleas.

Juan Cancio Ortiz de la Renta y Lugo. Nació el 20 de octubre de 1854. Fue filántropo, humanista, agricultor y en 1907 fundó el Instituto de Agricultura, Artes y Oficios, lo que luego se convirtió en el Instituto Politécnico de San Germán y hoy la Universidad Interamericana. Murió en 1951.

Teodoro Jácome Pagán. Nació probablemente del 1875 al 1880. Fue el fundador del pueblo de Lajas al donar el 10 de noviembre de 1824 ocho cuerdas y un cuadro de terreno. Murió el 11 de septiembre de 1856.

Jacobo Morales Ramírez. Nació en 1934. Es actor, cineasta, poeta, dramaturgo, director y productor de películas de largo metraje entre las que figura **Lo que le pasó a Santiago**, película candidata a un Oscar en el 1991 como mejor película extranjera.

Mario Pagán Irizarry. Nació el 8 de junio de 1909. Fue educador, escritor, poeta, historiador y receptor del premio Manuel A. Pérez por su labor insustituible en la educación. Es autor del libro **Historia de Lajas**, 1883-1983, escrita en colaboración con Angel Vega Rivera, publicada en 1983, año del Centenario de Lajas. Murió el 20 de abril de 1988.

Lugares de interés...

La Parguera. Reúne un gran número de recursos naturales (manglares, arrecifes de coral, bahía bioluminiscente, Mata la Gata, Isla Magueyes y Los Canales) que hacen del lugar un sitio muy peculiar, de gran valor ecológico y de una belleza escénica singular, también se encuentra Playa Rosada para el disfrute de todos.

Sierra Bermeja. Reserva Natural y zona de Conservación. Monte del Orégano, Bo. Palmarejo Sector Olivares.

Siembras de la Piña Cabezona. Los Piñales. Bo. París, Candelaria y Palmarejo.

Laguna Cartagena. Bo. Palmarejo - Sector Maguayo

Centro urbano: Plaza Recreo, Casa Alcaldía, Iglesia Nuestra Señora de la Candelaria, Parquecito Pedro Santos Vivoni.

Valle de Lajas. Estación Experimental Agrícola, Sistema de Riego

Complejo Cultural: Escuela y Plaza Artesanal Jacobo Morales Ortiz, Centro Cultural Anastacio Ruiz Irizarry, Las Cambijas.

Colección de Piezas Indígenas- Manuel González Izquierdo

Panorámica marina, Lajas nació como villa en suelo rocoso en forma achatada, semejante a las lajas de un río, sus habitantes la llamaron —Lajas —.

Una típica calle de La Parguera

Puesta de sol en La Parguera

Ciudad Cardenalicia, porque aquí nació el primer sacerdote puertorriqueño investido como Cardenal de la Iglesia Católica.

Lares

Fundación: 1827	
Primer alcalde (1827): Sr. Juan Fco. de Sotomayor	
Gentilicio: lareño	
Cognomento: Ciudad del Grito	
Población (1990): 29,015	
Alcalde (1997): Hon. Luis A. Oliver Canabal	

HIMNO
Por: Luis Lloréns Torres

En las verdes montañas de Lares
y en la lucha con la adversidad
nuestros padres lanzaron el Grito
aquel primer grito de la libertad.

Nuestros padres soñaron un día
una patria feliz conquistar
y murieron sin ver realizado
el ideal soñado
de patria y libertad

Brazo de oro que fue en Puerto Rico
la más noble y valiente mujer
brazo de oro bordó la bandera
que los puertorriqueños
sabremos defender.

La blanca cruz en ella significa
ansia de patria y redención
el rojo, la sangre vertida
por héroes de la rebelión
y la estrella en el azul soledad,
LIBERTAD, LIBERTAD, LIBERTAD.

La Bandera Municipal de Lares no es otra que la histórica bandera proyectada por el patricio Dr. Ramón Emeterio Betances para la República de P.R., y que se ha venido denominando "Bandera de Lares" debido al hecho de haber sido enarbolada en Lares, por los revolucionarios del 23 de septiembre de 1868.

ESCUDO

El mismo responde en su diseño y colores a los de la Bandera de Lares, adoptada oficialmente para el año 1952. El significado de dicho escudo es el siguiente:

Cruzada de blanco, cantonada al alto azul y al bajo de rojo, estrella blanca de cinco puntas en el antón alto de asta, con la variante de que de acuerdo con la mejor tradición heráldica, las figuras, que en la bandera son de color blanco representan en el escudo con el metal de plata. **La cadena** que rodea al escudo es arma parlante que representa el nombre del pueblo de Lares en que perpetúa el apellido de los colonizadores españoles Rodrigo y Amador de Lariz, regido por el primero de San Germán en 1519. El apellido de Lares tiene su origen en la sierra de ese nombre, localizada en la providencia de Bajadoz, Reino de Extremadura, en España, y es casi idéntico al vocablo de Lares con que en ciertas partes de la montaña y de Asturias se designan aún las cadenas de las que cuelgan las calderas en el hogar o chimenea, lugar de la casa considerado sagrado entre los romanos y dedicado por ellos al culto de los dioses Lares, de los que se deriva la palabra Lares tutelares de la familia. **La cadena** tiene, como accesorio exterior al escudo, un segundo significado: subrayar el objeto de la insurrección de Lares, que fue liberar a P.R. de las cadenas del coloniaje. El Escudo de Armas descrito, puesto en un semicírculo con las palabras: "Lares, Ciudad del Grito", en la parte inferior constituye el sello de Lares. Esto es para identificar inconfundiblemente al Municipio de Lares.

Historia...

Para el día 26 de abril del año 1827 el Gobernador Don Miguel de la Torre aprobó la solicitud de fundación y separó a Lares del pueblo del Pepino. El primer alcalde de la población se llamó Don Francisco de Soto Mayor, quien fue uno de los propulsores del movimiento para que se separara del Pepino. Originalmente se había pensado construir el pueblo de Lares en una sabana donde Martín Medina había donado 100 cuerdas de terreno, pero se decidió más tarde construirlo en las 15 cuerdas que había donado Don Juan Antonio de Toledo.

El nombre de Lares se origina del vascuence Laris o Lariz determinado por la presencia en otro territorio de un señor llamado Don Amador de Lariz, quien fue un colonizador del siglo XVI que había poseído esta región en calidad de hatero. Se dice que en Aguada vivió un colonizador vasco español del apellido Laris. Este señor poseyó grandes extensiones de terreno en aquel litoral, y caminaba desde Aguada hasta Lares con un hato de 150 indios y cazando animales para adquirir las pieles de los mismos y enviarlas a España. Por tal razón, por merodear la región de Lares, se derivó el nombre de éste a nuestra región.

Para fines de mayo y principios de junio de 1868 don Manuel Rojas presentó en una reunión de la Junta de Centro Bravo de Lares, el diseño de una bandera que había ideado el Dr. Ramón Emeterio Betances. Esta bandera estaba formada por una cruz latina blanca al centro cuyos brazos y base tenían de ancho la tercera parte de la latitud del emblema: cuatro cuadriláteros situados arriba y abajo de los brazos de la cruz. De color azul los dos superiores y de color rojo los inferiores y con una estrella blanca de cinco puntas colocada en el centro del cuadrilátero superior izquierdo. Este diseño sirvió de modelo para Doña Mariana Bracetti quien confeccionó la primera bandera de Lares. Esta bandera se convirtió en el símbolo de la revolución del 23 de septiembre de 1868 conocida como el GRITO DE LARES. Mediante resolución aprobada por la honorable Asamblea Municipal de Lares en el año 1952 esta bandera se proclamó bandera oficial del Municipio de Lares.

Geografía...

Área: 62 millas cuadradas

Localización: Región Central Montañosa

Temperatura: 80 grados

Situación y Límites: Está en el Centro de la Isla a 1,200 metros sobre el nivel del mar. Al norte limita con Camuy, al Este con Hatillo y Utuado, al Sur con Yauco y Maricao y al Oeste con San Sebastián y Las Marías.

Sistema Hidrográfico: El Río Guajataca, Río Pietro, Río Toro, Río Sapo, Río Angeles, Río

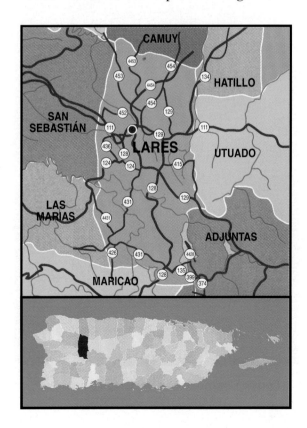

Guacio, Río Camuy, Río Guayo, El Lago Guajataca y muchísimas quebradas.

Fundamentalmente es agrícola. Su principal cultivo es el café, abundan las chinas y matas de guineo, plátanos, aguacates, yautías y ñames. La ganadería es una actividad secundaria. Se han hecho hallazgos cupríferos prometedores para el futuro.

Principales Industrias

1. Coach Leatherware, Inc.

2. Kiddie's Manufacturing

3. Garrido & Compañía - Cultivo y Procesamiento de Café

Famosa heladería de Lares con una gran variedad de sabores. No dejes de visitarla.

Aquí nació...

José Feliciano. Cantante, músico y compositor puertorriqueño. Es el cantante de baladas que mayor número de premios Grammy ha ganado. El primero, en 1983 por el álbum "Me enamoré", en 1986 con "Lelolai", en 1989 con "Cielito Lindo" y en 1991 con "Por qué te tengo que olvidar".

Anteriormente había ganado el Grammy en la categoría anglosajona cuando debutó en el mercado estadounidense con "Light my Fire", canción que le abrió las puertas del éxito y que le permitió recorrer con su guitarra gran parte del mundo.

Es el único puertorriqueño que ha ganado cinco Grammys y el único cantante no nacido en Estados Unidos que ha ganado este galardón cantando en inglés y en español.

Luis Hernández Aquino. Nació el 3 de junio de 1907 y murió en Río Piedras el 29 de abril de 1988. Escritor, poeta y profesor. Terminó el grado de Doctor en Filosofía y Letras de la Universidad de Madrid en España. Se dedicó al periodismo y catedrático de literatura española y puertorriqueña en la U.P.R.. Entre sus obras figuran: **Niebla lírica** (1931), **Agua de remanso** (1939), **Isla para la angustia** (1943), **Entre la elegía y el réquiem** (1968) y **La muerte anduvo por el Guasio** (1959) y **Diccionario de voces indígenas de Puerto Rico** (1969). Por varios años editó la revista literaria Bayoán que propició el desarrollo de jóvenes escritores.

Francisco Matos Paoli. Nació en 1915. Realizó estudios universitarios en el Politécnico de San Germán y en la Universidad de Puerto Rico. En 1947 estudió Literatura Comparada en la Universidad de la Sorbona, Francia. Es uno de los poetas puertorriqueños más fecundos, su obra poética es extensa; **Signario de Lágrima**s (1931), **Cardo labriego y otros poemas** (1944), **Canto a Puerto Rico** (1947), **Criatura del rocío** (1958), **Cancionero** (1970), **Antología poética** (1972), y **Rostro en la estela** (1973), entre muchos otros.

Clara L. Saliva de Liergier. Poetisa y bibliotecaria nacida en 1919. Se graduó de Bachiller en Artes en la Universidad Interamericana de San Germán y de maestra en Educación y en Ciencias Bibliotecarias en la Universidad de Puerto Rico. Desde 1970 fue directora de la biblioteca del Ateneo Puertorriqueño. A la par de esta labor, cultivó la poesía, y el cuento. Autora de los poemarios **Con los ojos del alma** (1969) y **¡Vibración!** (1982).

Clemente Soto Vélez. Poeta y escritor nacido en Lares en 1905, radicado en Estados Unidos. Con Graciany Miranda Archilla y otros fue fundador del movimiento poético de vanguardia denominado "atalayismo" (1928). Como poeta colaboró en **Gráfico de Puerto Rico, El diluvio, La linterna** y **Alma latina**, y ha publicado los cuadernos de versos **Abrazo interno** (1954), **Arboles** (1955), **Caballo de palo** (1959), y **La tierra prometida** (1979); como prosista cultivó la crítica literaria para el periódico El País escribió el libro de ensayos **Escalios** (1937). Defensor de la causa de la independencia para Puerto Rico y militante nacionalista, en 1936 fue arrestado, acusado y sentenciado por participar en las revueltas nacionalistas de esos años. Junto a él fueron juzgados y condenados Pedro Albizu Campos, Juan Antonio Corretjer y otros hasta ocho. Se les recluyó en la prisión federal de Atlanta, Georgia. Cumplida la pena impuesta, radicó en Nueva York.

Sigfredo Vélez González. Abogado y político nacido en 1915. Estudió en la Universidad de Puerto Rico. Miembro del Partido Popular Democrático, fue alcalde de Arecibo (1940-1948), representante a la Cámara (1948-1972) y delegado a la Convención Constituyente del Estado Libre Asociado de Puerto Rico.

Lugares de interés...

Cueva Pajita -Carr. 454 Barrio Callejones

Museo Nacional Bracetti - Calle San José

Parque El Jíbaro - Carr. 129 en el Barrio Lares

Costumbres y Tradiciones

Festival del Guineo - Junio, Plaza de Recreo

Iglesia Católica de San José, ubicada en una bonita panorámica.

Las Marías

Fundación: 1871

Gentilicio: marieño

Población (1990): 9,306

Cognomento: Los Cítricos

Alcalde (1997): Hon. Edwin Soto Santiago

HIMNO

Por tus montes y tus aguas cristalinas
Por tus hombres, tus mujeres y tu fe
Por tu aroma a flor de azahar que dan tus chinas
y tu aroma y fuerte sabor a cafe.
Por el fuego del combate desde Guacio
Porque Furnias el Grifo al aire lanzó
por el pasado, presente y el futuro
llevas el nombre de la madre de Dios.

Desde el pico de Cerrote hasta Río Grande
Desde el este, el oeste, norte y sur
por ser tres tus maravillas, Dios te guarde
bajo un dosel que corona un cielo azul
Privilegio es de tus hijos ser nacidos
en un lugar tan colmado de ilusión
que un certero poeta una vez dijo
"Eres chiquito, pero grande en corazón".

ESCUDO

Escudo cortado en cabría, el jefe de plata y la punta de azul, con un palo del uno al otro, y brochante sobre el todo tres árboles de María (Callophylum brasiliense antillanum), arrancados al natural, sus troncos acostados de dos ramas de cafeto frutados, al natural, uno a cada lado, y el monograma de Nuestra Señora la Santísima Virgen, de plata, coronado de lo mismo y calzado de un creciente del mismo metal. Bordura general de gules con una cadena de oro rota en lo bajo. Por timbre, corona mural de oro de tres torres, mamposteada de sable y adjurada de sinople.

El monograma de Nuestra Señora alude a la antigua parroquia del Dulce Nombre de María, origen del pueblo y de lo frecuente del uso del nombre de María, en dicho pueblo, por las personas de ambos sexos. Al nombre del municipio aluden directamente los árboles de María que, aunque no abundan en territorios de la municipalidad, cumplen función de armas parlantes. **Los esmaltes de plata y azul**, principales del escudo, también aluden a la Santísima Virgen. **Las ramas de cafeto** indican que Las Marías está ubicado en la región cafetalera de Puerto Rico y que el café ha sido siempre uno de los principales productos agrícolas. **La cadena rota** –símbolo de libertad– alude a la participación de Las Marías en la histórica gesta de Lares, pues fue del barrio Furnias que partió hacia el barrio Pezuela de Lares, el principal contingente de los revolucionarios que en 1868 proclamaron en dicho pueblo la independencia de Puerto Rico.

La corona mural es distintivo heráldico propio de los escudos municipales.

Historia...

Para el año 1842, comenzaron a plasmarse los primeros indicios de Las Marías como barrio importante o población en ciernes cuando se nombró a Don Francisco Pruna Munrose, terrateniente del barrio Furnias II, Alcalde por la delegación de la Villa de Mayagüez para el barrio de Furnias. Para este tiempo toda su zona pertenecía y dependía del corregimiento de la Villa de Mayagüez. El territorio comprendía los barrios de Anones, Río Cañas, Naranjales, Furnias I, Furnias II, Furnias III y Furnias IV, nombres que se modificaron en 1872.

Bajo el dominio español, era costumbre en Puerto Rico que al establecerse una aldea o comunidad con el fin de formar un pueblo, primero había que construir un cabildo, la iglesia, la casa parroquial, el cementerio y la carnicería. Estas construcciones se iniciaron en el año 1856 por Don Silvestre Jesús de Rivera. Éste no pudo realizar las obras y se le confiaron a Don Agustín Logier quien las entregó terminadas en 1857.

Para el año 1868 motivados por los sucesos de Lares y tomando en consideración el notable aumento en el vecindario y riquezas de los cuatro barrios de Furnias y el de Las Marías en el Distrito de Mayagüez, y por la considerable distancia entre éstos y su cabecera de distrito y para que los vecinos tuviesen una autoridad inmediata que vigilara por sus intereses y trámites de sus asuntos, el Gobernador Superior Civil, Don Julián Pavía decretó que desde esa fecha, octubre de 1868, se creara una alcaldía delegada inmediata del Corregidor de Mayagüez, que llevara el nombre de Las Marías que comprendiera este barrio y las cuatro Furnias. Se nombró provisionalmente como alcalde de Furnias, al sargento de Milicias Don Luis Martínez y como segundo a Don Sabino Gamir. Este nombramiento de carácter provisional fue motivado por los sucesos de Lares y para mayor vigilancia del vecindario. Pasan a formar parte de la jurisdicción de la nueva alcaldía de Las Marías, los barrios Furnias, Anones, Río Cañas Arriba y Naranjales teniendo en cuenta la facilidad de vigilarlos y la comodidad de sus moradores de entenderse directamente con los asuntos del servicio con el referido alcalde, por residir más cerca de Las Marías que de la Villa de Mayagüez.

El 29 de octubre de 1868 se nombró a Don Benito Recio, alcalde en propiedad quien se constituyó así en el primer alcalde de Las Marías.

A fines de 1870 se iniciaron las gestiones para lograr que el Gobernador Civil declarara a Las Marías pueblo independiente. Encabezaron las mismas, los vecinos Don Pedro José Hernández, Don Fernando Ferrer y Don Juan Agostini, en representación de los habitantes de la Parroquia de Las Marías y por conducto de don Ramón Durán, canónigo de la Iglesia Catedral de la jurisdicción, con el visto bueno del alcalde Don Benito Recio y del Corregidor de Mayagüez. Comprendía la nueva jurisdicción de Las Marías los barrios de Furnias, Anones y Naranjales con una población total de alrededor de 14,000 habitantes.

El pueblo de Las Marías quedó definitivamente separado del ayuntamiento de Mayagüez, efectivo el 1 de julio de 1872. Por orden del Gobernador Civil de Puerto Rico, Don Ramón Gómez Pulido, se procedió a nombrar a los Vocales y Síndicos que habían de formar el municipio. Su administración quedó constituida por Don Francisco Ramos como alcalde, vocales: Don José María Guerra, Don Francisco Annoni, Don Juan Agostini y Don Calixto Delgado. Para síndico se eligió a Don Antonio Zapata.

Uno de los primeros y más importantes acuerdos tomados por la nueva Junta Municipal de Las Marías, en diciembre de 1872 fue la subdivisión de los barrios del territorio y el cambio de nombre a algunos de éstos por los nombres con los cuales se conocen hoy día. La nueva subdivisión quedó arreglada de la siguiente forma: los barrios de Anones y Naranjales quedaron del mismo modo que estaban. Al de Río Cañas se le añadió un pedazo de terreno hasta llegar a la Cuchilla de los Ramos y se fijó como límite el Río Arenas. El nombre de este barrio sería Furnias. Desde la Cuchilla de los Ramos hasta llegar a las aguas del Río Guacio se formaría otro barrio con el nombre de Alto Sano o Altozano. El barrio de Furnias II, perdiendo su nombre, se dividió en la forma siguiente: empezando en las aguas del Río Arenas hasta llegar a las del Mayaguecillo y Guacio formaría un barrio con el nombre de Maravilla. Desde el Río Mayaguecillo hasta la Cuchilla de Buena Vista y por todo el Camino Real se formará otro barrio con el nombre de Buena Vista; el resto del barrio hasta caer en el Río Guaba constituiría otro barrio con el nombre de Purísima Concepción.

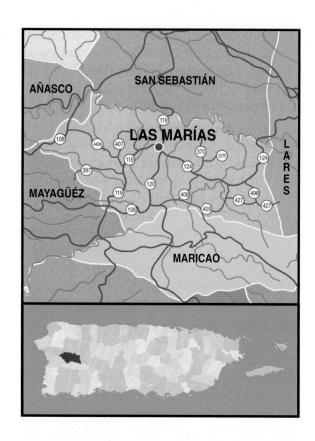

Geografía...

Está ubicado en la zona montañosa o baja cordillera del oeste de nuestra isla, Puerto Rico, situado en un altiplano que tiene una elevación de 2502 metros sobre el nivel del mar. Queda entre la latitud 18 grados 15'N y longitud 66 grados 59'0. Se halla a 27 kilómetros al noroeste de Mayagüez, a 29 kilómetros al sureste de Añasco, a 15 kilómetros al sur de San Sebastián, a 13 kilómetros al norte de Maricao y a 26 kilómetros al suroeste de Lares.

La superficie territorial del municipio es de más ó menos unas 30,000 o 31,000 cuerdas de terreno o 47 millas cuadradas. Sin embargo en 1948 la Junta de Planificación, Urbanización y Zonificación de Puerto Rico informa que es de 28,839 cuerdas o 43.75 millas.

La mayor parte de los terrenos dedicados al cultivo en la región de Las Marías está ocupada por la serie de suelo catalina, cialetas y en poca proporción la serie picacho. Estos componen los llamados suelos de altura. Han sido derivados de rocas volcánicas e ígneas.

En las pendientes se siembra café, que es una planta permanente que protege el suelo.

Para la época de "invierno" es natural que descienda a 71.8 grados F y para verano que ascienda a 77.4 grados F, por lo cual su promedio anual es de 74.6 grados F.

Economía...

Dentro de nuestras cosechas las más abundantes son el café, las chinas, frutos menores y las verduras (viandas); tales como el plátano, el guineo, la yuca, el ñame, entre otras, pero éstas se cultivan en pequeñas escalas.

Recogida del café

Matías Brugman. Líder revolucionario del Grito de Lares

Leonardo Lacourt Ithiet. Educador y líder cívico

Tomás Manzano Hernández. Literato, fue teniente de la Policía de Puerto Rico y educador

Luis Martínez Almodóvar. Comerciante e industrial

Luisito Medina Caraballo. Gran servidor público e historiador, también ex-policía

René Muñiz Padín. Abogado, legislador

Eustaquio Ramos. Ex alcalde

Juan Román. Pintor

Benito Recio. Fundador del pueblo y primer alcalde

Luis Santaliz Capestany. Ex alcalde, representante y senador

Domingo Silás Ortiz. Educador y escritor, es su obra cumbre **Cantos y Cuentos**

Ingenio Azucarero Don Paco Gaztambide. El monumento está hecho en ladrillos. Son los restos de la chimenea de la vieja central. Esta se dedicaba al proceso de hacer azúcar morena sin refinar y miel. El monumento está localizado en el barrio Altosano en la Hacienda de Don Paco Gaztambide cerca del río Guacio.

Símbolo del pueblo. El árbol de "María" es el símbolo de nuestro pueblo, el cual se encuentra adornando el centro de nuestra plaza de recreo (Callophylum brasiliense antillanum), es un árbol nativo, muy cultivado para madera y sombra. Alcanza una altura de 40 a 65 pies y un diámetro de un pie o más. El bálsamo de María o Látex se usa como ingrediente de medicinas. El fruto sirve como alimento para cerdos y de las semillas se extrae un aceite.

Costumbres y Tradiciones

Festival de la China - marzo, Plaza de Recreo

Festival del Caballo de Paso Fino - junio, Coliseo Municipal, Urb. El Bosque

Vista de la Plaza desde un banco a la sombra de sus grandes árboles de Marías

Las Piedras

HIMNO
Letra: Juan Casillas
Música: Germán

Somos de La Rivera
De Las Piedras, Puerto Rico,
Que entre ríos y montañas
ampliamos horizontes
cultivando nuestra tierra.

En el Centro de Oriente
Quiso el Obispo de España
Que con amor y gran empeño
Fundaran su templo en la montaña
los pedreños.

Somos del barco artesanos
Como pájaros cantores
Nos da el sol sus esplendores
E ilumina en nuestras manos
la noble y gloriosa enseña
de la Patria Borinqueña.

Con el valor, oh ribereños,
Miremos hacia el futuro
Y al triunfo siempre seguros
Y al triunfo siempre seguros
Marcharemos los pedreños.

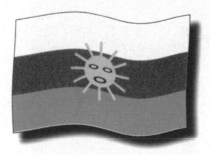

ESCUDO
DESCRIPCIÓN HERÁLDICA

En campo de plata el monograma de Nuestra Señora, la Santísima Virgen, de azul, coronado de la misma bordura de sinople con siete peñas de plata, y en su punta, el sol taíno denominado "Sol de Las Piedras", en oro.

SIMBOLISMO

El monograma de la Santísima Virgen, azul sobre fondo de plata, representa a la Inmaculada Concepción, bajo cuyo título se erigió la iglesia parroquial de Las Piedras, que fue el origen del pueblo. **Las peñas de plata sobre fondo verde** representan los peñascos diseminados por la región en que ubica aquél y de los cuales proviene el nombre de la municipalidad.

El sol taíno es una versión estilizada del que existe, formando parte de un petroglifo indígena, en la cueva llamada "del Indio" en la comarca de Las Piedras. Simboliza esta figura a los primitivos habitantes del lugar.

En el 1773 el Fraile Benedictino Iñigo Abbad, visitó el Este de la isla. Encontró que la aldea conocida como la Ribera de Las Piedras, situada en la cumbre de las montañas, se componía de tres casas y la iglesia parroquial. El resto del pueblo, compuesto de 1515 personas, se encontraba desparramado a uno y otro lado de las montañas, unos en dirección al poblado de Caguas, otros en dirección al poblado de Humacao. Cada uno de estos "caseríos" (grupo de casas) tenía su ermita (capilla) que dependía de la parroquia de Las Piedras, cuya jurisdicción cubría entonces, toda la extensión desde Caguas a Humacao.

El nombre de Las Piedras se cree surgió de la cantidad de enormes piedras que se encontraban en la colina donde se fundó; de ahí su antiguo nombre Ribera de Las Piedras. A medida que se construían más casas alrededor de la Iglesia y la Plaza Pública, las rocas se iban removiendo y enterrando para facilitar la construcción de las casas y las calles.

En distintas partes del pueblo se encuentran todavía rocas grandes en los patios de las casas, remanentes quizás, de una colina con muchas piedras.

En 1797, por orden del Gobierno Civil y Eclesiástico y a requerimiento de varios vecinos, fue trasladada la Parroquia con todas sus alhajas al barrio de Juncos. El descontento de los vecinos fue tal, que se reunieron y nombraron un apoderado para pedir al Gobierno una nueva parroquia en el mismo lugar donde se encontraba la antigua.

Estos a su vez se comprometieron a dar 16 cuerdas de terreno para la población y costear de nuevo, ornamentos y alhajas; más el pago de 300 pesos anuales para el cura y 25 pesos para el sacristán, en cuya virtud se les concedió la petición. En el 1801 fundaron el pueblo en el mismo sitio donde estaba la Parroquia de Las Piedras. La misma fue dedicada a Nuestra Señora de la Concepción. De acuerdo a Don Cayetano Coll y Toste, esto ocurrió en tiempos del Mariscal de Campos, Don Ramón de Castro y Gutiérrez.

Para entonces habían también adquirido categoría de pueblo: Caguas en 1775, Humacao en 1793 y Juncos en 1797.

En el 1827 se escribió en un expediente sobre la compra de una casa con objeto de destinarla para la Casa del Rey, lo que se conoce hoy como alcaldía municipal. Hubo una subscripción voluntaria de los vecinos de Las Piedras, para hacer una aportación económica. Aparecen en los Archivos Generales de San Juan, las antiguas hojas con los nombres de los donantes y la cantidad ofrecida por cada uno (promedio de dos pesos). El documento fue firmado por los vecinos el 3 de marzo de 1827 y a su vez por el alcalde señor Anselmo Torres.

El 10 de julio de 1846 se hizo un expediente con una descripción topográfica del poblado muy interesante. Contaba Las Piedras con dos calles: la Calle de la Gracia (donde se encontraba la iglesia) y la Calle Comercio con dirección de Norte a Sureste. En la primera, habían diez casas numeradas y en la segunda 43 casas, también numeradas. En el pueblo había un total de 57 casas.

La población se componía de un solo barrio o cuartel con su respectivo comisario llamado don Antonio Robles.

De acuerdo con otro manuscrito redactado por don Benito López en 1847, había, en esa época, en el pueblo 27 casas y 27 bohíos. Había seis barrios reconocidos: Pueblo, Boquerón, Río, Ceiba, Montones y Tejas.

La plaza existía con una superficie de 2800 varas cuadradas. Había una escuela de instrucción primaria con 18 alumnos. Lo civil y lo criminal pertenecían al Juzgado de Primera Instancia de Humacao.

Es interesante observar que el informe del 1853 lo firmó José Rafael Gómez, quien apareció como secretario en las actas de la alcaldía de Las Piedras para el 1914. El segundo fue el padre de los conocidos hermanos don José Gómez Merced, mejor conocido por don Tito y Rafael Gómez Merced. Rafael también siguió la tradición de los escribientes y fue secretario auditor por muchos años.

Describe don Cayetano Coll y Toste, en el **Boletín Histórico de Puerto Rico**, que para el 1897 ya la población había aumentado a 7,976 habitantes; de estos, 48 eran peninsulares y el resto criollos. Contaba en este año con tres escuelas públicas, en pueblo y barrios. En riqueza agrícola tenía Las Piedras tres ingenios azucareros. Se cosechaba caña de azúcar, café, tabaco, y frutos menores. Había además, 16,395 cuerdas dedicadas a la ganadería. Para esta época había 200 casas, que incluían los bohíos, dos almacenes comerciales, cinco panaderías, tres pulperías, dos mercerías y 17 ventorrillos.

Durante el siglo XIX según relató la maestra Carmen Benítez, varios españoles llegaron a Las Piedras, los cuales contribuyeron al progreso del pueblo. Entre estos, José Janer, quien se dedicó al comercio, la agricultrua y la venta de mieles. Manolo Roig, agricultor, estableció una hacienda con trapiches de caña en el área de Boquerón y del Pueblito del Río. Tenía además una finca dedicada a la crianza de caballos de paso fino. Fernando Roig se dedicó a la educación. (Hoy día la escuela intermedia lleva su nombre). José Albo fabricaba rollos de tabaco para mascar y estableció una fábrica de arcos de madera para la construcción de casas y una jabonería. José Mulero tenía almacenes de tabaco y tiendas de pulpería y mercería. Estos peninsulares, como solían llamarlos, debido a la migración de España, establecieron mucho movimiento comercial, en Las Piedras, y fueron el tronco económico de la comunidad por muchos años.

"Cuando llegaron los americanos" es una frase común en las conversaciones con aquellas personas que recuerdan la época del comienzo de este siglo. En Las Piedras rara era la persona que sabía inglés, y sin duda, fue una novedad la llegada de personas de los Estados Unidos.

El cambio de soberanía ocurrió en 1898. Para esa época llegaron a Las Piedras ingenieros que trabajaron en la construcción de puentes y carreteras. Otros se dedicaron a la instrucción, la medicina, comercio, etc. De ahí vienen los nombres de algunas de nuestras escuelas como Jefferson, Paul G. Miller, Dr. Brice, Equipo Vanderbuilt, etc.

En 1898 el municipio de Las Piedras se anexó al de Humacao, hasta el 1914, en que mediante la Ley número 9 del 12 de marzo de 1914, Las Piedras volvió a convertirse en un municipio independiente.

De acuerdo con la Gran Enciclopedia de Puerto Rico, en 1948, al prepararse por la Junta de Planificación de Puerto Rico, el mapa de los municipios y barrios, se encontró que la población había aumentado a 18,048 habitantes y se determinó que se debía ampliar la zona urbana del municipio. Para lograr esto, parte de las barriadas Collores, Montones, Quebrada Arenas y Tejas fueron anexadas a la zona urbana. Hoy día Las Piedras cuenta con alrededor de 25 mil habitantes. Este incremento poblacional se debe al establecimiento de un sinnúmero de industrias en la localidad.

Geografía...

Actualmente el pueblo de Las Piedras se compone de ocho barrios, entre éstos: el barrio Pueblo, Boquerón, Ceiba, Collores, El Río, Montones, Quebrada Arenas y Tejas.

El clima es subtropical y muy agradable. En los documentos siempre hacen alusión al "buen clima y temperamentos en la región".

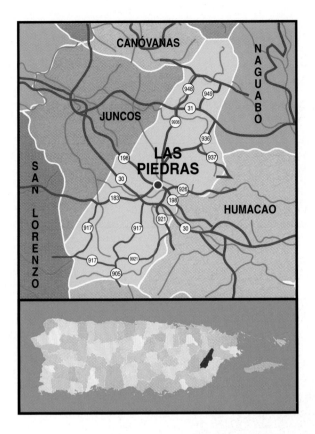

Las Piedras era un poblado agrícola para mediados del siglo pasado. Según La Gran Enciclopedia de Puerto Rico, por el año 1882, Las Piedras contaba con la hacienda Carmen, fundada ese año por Antonio Márquez López, que después fue propiedad de José Collazo. Dicha hacienda comprendía un extensión de 100 cuerdas.

Dos terceras partes de los terrenos agrícolas de este pueblo están dedicados a pastos y el 26 por ciento se hallan bajo cultivo. La caña de azúcar se produce casi totalmente en las tierras del Valle. Otros cultivos, especialmente los alimenticios, predominan en el área montañosa.

Además, en la zona central llana había sembrados de piña y de guayaba. Otro producto, el tabaco, se cultivaba en la parte Sur de los lindes municipales.

Aproximadamente 8,000 cuerdas proveen pastoreo a nueve vaquerías de primera y unas seis de segunda, las que poseen unas 2,800 vacas de alta productividad. Este sector agrícola se incrementa constantemente.

Aunque Las Piedras continúa siendo un poblado agrícola, cuenta con más de 30 industrias. En dicho pueblo se han establecido fábricas de textiles, ropa interior de mujer, productos químicos, alimentos para ganado, ropa de niños y damas y caballeros, tubos de cartón, esferas de relojes, hebillas para el pelo, arreglos florales, etc. Se cree que la fuerza obrera de estas industrias en conjunto asciende a 2,500 personas, muchas de éstas, mujeres, especialmente en el giro textil.

Las Piedras también se conoce por sus artesanos, que producen objetos en barro, güícharos, hamacas de colores y productos en pajilla como canastas y alfombras.

La lluvia es bastante distribuida y el promedio de lluvia anual fluctúa entre 70 a 90 pulgadas.

Las Piedras está localizado en la región de los valles húmedos del este. Sus suelos son pedregosos (litosoles) superficialmente húmedos y lateríticos de altura, aptos para la agricultura, pastos y bosques.

El municipio de Las Piedras tiene 33 millas cuadradas lo que es equivalente a unas 22.041.25 cuerdas. Corresponde geográficamente a la Sierra de Cayey y las elevaciones entre Las Piedras y el pueblo de Humacao no sobrepasan los 400 pies (130 metros). De Las Piedras, forman parte del Bosque Nacional del Caribe (El Yunque) unas 1,286.04 cuerdas. El pico más alto de dicha sierra es "El Toro" con una elevación de 3,524 pies, localizado entre los límites de los municipios de Río Grande y Las Piedras respectivamente.

Hon. **Miguel Hernández Agosto** Nació el 5 de abril de 1927. Inició sus estudios universitarios en el Colegio de Agricultura y Artes Mecánicas de Mayagüez, luego asistió al Michigan State College y a la Universidad de Michigan, en donde obtuvo la maestría y el doctorado. Además, es doctor en Derecho, grado que obtuvo en la Universidad Interamericana. Se inició como maestro de instrucción y luego como servidor público. Ha ocupado diversos cargos administrativos en el gobierno de Puerto Rico. En 1970 fue escogido por el Partido Popular Democrático para sustituir en el senado a Luis Muñoz Marín, quien había renunciado a su escaño.

Carmen Benítez - Educadora

Luis Humberto Torres - Atleta

La Cueva del Indio

Museo y Galería Escuela Elemental Carmen Benítez Agosto

Costumbres y Tradiciones

Festival del lechón asado

Plaza Pública con el nombre, su escudo y bandera

Fundación: 1719

Gentilicio: loiceño

Cognomento: Loíza, Capital de la tradición

Población (1990): 30,000

Alcalde (1997): Hon. Ferdín Carrasquillo Ayala

HIMNO
Por: Lolita Cueva

Loiceño en Acción,
deja huella de tu yo en tu tradición.

Tu bandera has de honrar,
tus raíces y tu himno exaltar.

Loiceño has de marcar
en el tiempo el orgullo de tu honor,
tu vehemencia ha de esconder
luz divina en horizontes de alta mar.

Unidos vamos adelante,
unidos en amor y paz.
Nuestra historia es la esperanza
que nuestra patria
hará triunfar.

Cultiva tu tierra, es tesoro.
Estudia y lucha sin cesar,
que Loíza es hija digna
de Borinquen;
pueblo de amor y paz.

ESCUDO

La figura ecuestre del Apóstol Santiago, dominante en el escudo, proclama la arraigada devoción que al santo profesan los loiceños, devoción que se manifiesta de manera especial en la celebración anual de las tradicionales fiestas del 25 de julio y días cercanos.

Las llamas del fuego son emblema del espíritu santo, dador de los siete dones, titular de la antigua Iglesia de Loíza.

La faja ondeada representa al Río Grande de Loíza, notable en la historia, y la literatura de Puerto Rico. **La corona a la antigua con su greca taína**, simboliza a la célebre cacica Luisa, que en territorio de Loíza tuvo su morada y halló trágica muerte.

Los tréboles representan a San Patricio, Apóstol de Irlanda y patrón de la población.

Loíza cuenta con una topografía variada, áreas de llanos, de manglares, de elevaciones y de mogotes. Gran parte de sus suelos son ricos en vegetación y pobres en minerales.

Posee bosques de pterocarpus. Estos se encuentran en Torrecilla Alta. El pterocarpus tiene un sistema impresionante de raíces que forman bosques pantanosos mayormente en el lado de los manglares que dan hacia tierra. En estos bosques se pueden encontrar varias especies de animales en peligro de extinción. Entre ellas hay gran cantidad de patos chiriría, palomas, cabeciblancas y aves marinas.

Boca de Cangrejos

Esta área contiene lagunas, manglares, pantanos de agua fresca y playas.

El bosque de mangle que hay en esta parte es el más grande de Puerto Rico. Tiene 3.136 cuerdas.

Aquí nació...

Castor Ayala. Primer puertorriqueño declarado "Maestro Artesano", padre de los Hermanos Ayala. Fue pintor y escultor de artesanías puertorriqueñas, a través de las cuales inmortalizaba nuestros paisajes y tradiciones de pueblo.

Descendía de una familia muy pobre, donde su padre no podía comprarle los pinceles y pigmentos que necesitaba para desarrollar su habilidad artística. Así, buscó él mismo cómo preparar su equipo de trabajo. Utilizó como pincel las plumas de las aves, y los colores para crear sus obras los tomaba del zumo que sacaba al exprimir las flores. En particular, el verde lo tomaba de hojas de las plantas de gandul y batatas. Con el tiempo fue puliendo el proceso y mezclado el polvo de la tiza con lo que extraía de las hojas. Además, usaba añil y anilina en polvo para preparar sus tintes.

Los primeros pinceles y reserva de pastas que tuvo fueron un regalo de un ciudadano español que visitaba Loíza, y sorprendido por su habilidad artística en ciernes se los obsequió.

Su primera máscara de vejigante la talló por encargo de un holandés, para la cual utilizó como modelo una tarjeta mutilada donde sólo aparecía la mitad del dibujo creando él la otra parte. Desde ese momento las talló y pintó para las fiestas de Santiago en su pueblo de Loíza.

Se estremecía de gozo manejando la cuchilla y el pincel en su taller modesto, pero muy activo, en el Barrio Medianía Alta.

Iván Calderón. Beisbolista de Grandes Ligas

Francisco E. Mundo Arzuaga. Nació el 4 de octubre de 1901. Se graduó de medicina en el Colegio de Medicina de Syracuse, Nueva York en el 1925. Ocupó el cargo de alcalde de este pueblo del 1932 al 1936. Este último año fue electo Representante a la Cámara por el Distrito Número 35. Fue miembro del Partido Liberal Puertorriqueño y, luego de la Unificación Puertorriqueña Tripartita, el cual lo nominó para un escaño en el Senado en las elecciones del 1940.

Ramón Suárez. Nació el 8 de mayo de 1895. Se graduó como médico en el Medical College of Virginia. Se especializó en la rama de la cardiología. Fundó el Hospital Mimiya ubicado en Santurce. Fue Secretario de la Asociación Médica de Puerto Rico durante el 1920, presidió en el 1928. Figuró entre los hombres más destacados del país.

Miguel Villarán. Beisbolista de Grandes Ligas

Lugares de interés...

Iglesia de San Patricio. Los orígenes de la Iglesia de San Patricio se pierden en lejanías de siglos, porque es tan antigua como la colonización de Puerto Rico. La historia escrita de Loíza comenzó con la conquista española. Sabemos que al llegar a esta zona a principios del Siglo 16 los españoles encontraron una población indígena numerosa, súbdita de la Cacica Loaíza, establecida en las riberas de nuestro río, el Cayrabón.

Y casi desde ese momento se tienen datos sobre el culto a San Patricio en esa región: en 1647 don Diego de Torres Vargas describió cómo los loiceños del siglo 16, acosados por una plaga de hormigas, sortearon el nombre de varios santos para dedicarle una rogativa especial. Este incidente dio origen al culto a San Patricio.

La Cueva de María de la Cruz. Del barrio Las Cuevas del Municipio de Loíza es un lugar de especial valor arqueológico por haber sido allí donde por primera vez se comprobó la presencia del hombre. Se puede visitar desde las 6:00 a.m. hasta las 6:00 p.m.

Está ubicada en la Carretera 188, Barrio Las Cuevas al lado de la Escuela Celso González Vaillant.

Loíza se caracteriza por su esfuerzo para conservar la influencia de la cultura india africana.

Entre sus costumbres tenemos el baile de bomba y plena que se conserva aún, gracias a los grupos de jóvenes loiceños que han organizado ballets folklóricos y han dado a conocer la bomba y la plena en toda la Isla y en el exterior, entre los que se destacan Los hermanos Ayala y los Mayombes.

Cuenta, además, con varios artesanos locales como los hermanos Ayala en la artesanía del coco: la familia Boria en la elaboración de artículos de la penca del coco y muñecos de tela: la familia Parrilla Pérez elabora disfraces de máscaras.

Además, se preparan platos típicos de origen indígena, los cuales se denominan como ventas, que se refieren a los productos elaborados con jueyes y/o jueyadas.

Origen de las fiestas de Santiago Apóstol

El 25 de julio de cada año es el día en que se celebra el descubrimiento de los restos del Apóstol Santiago, y marca el comienzo de la celebración de las fiestas de Santiago Apóstol en Loíza y sus barrios.

Existen unas tres imágenes de Santiago Apóstol, las cuales tienen diferentes descripciones y propósitos dentro de la tradición. Son ellas a saber: la imagen de Santiago de los Muchachos, la imagen de Santiago de los Hombres y la imagen de Santiago de las Mujeres.

Durante los días en que se celebra la Fiesta de Santiago Apóstol en Loíza, los hombres se disfrazan de máscaras y caminan por las calles de los barrios pidiendo dinero, cantando y bailando. Estas alegres máscaras ofrecen uno de los aspectos de mayor colorido en la fiesta. Comenzaron a aparecer en las calles de Loíza el 26 de julio, día en que se celebra la primera procesión de los Santiagos.

Fiesta en honor a Santiago Apóstol

Luquillo

Fundación: 1797

Gentilicio: luquillense

Cognomento: Come cocos

Población (1990): 18,100

Alcaldesa (1997): Hon. Edna J. Figueroa Gómez

HIMNO
Por: Don Carmelo Alvira Guerra

Junto a las costas del mar atlante
cerca del Yunque, en un rincón,
entre palmeras, muy arrogante,
se fue formando una población.

Llaman Luquillo de mis amores
al pueblecito que así creció;
chozas de pajas de pescadores
con el progreso se transformó.

Sus bellas playas y sus mujeres,
su fe cristiana y su tradición;
llenan el alma, nos traen placeres
recuerdos gratos del corazón.

Lindos paisajes, campos floridos,
nítido el cielo a la luz del sol
forman del pueblo sus coloridos,
y el alma llenan con su arrebol.

Cuando más lejos nos encontramos,
en la alegría o en el dolor;
Luquillo mío siempre te amamos
y te queremos con gran amor.

ESCUDO

La develación y la aceptación de este escudo tuvo lugar el 8 de diciembre de 1978. Simbolismos: en campo de oro y en situación de faja alzada a todo trance, **una sierra de tres montañas en verde**. Estas representan la Sierra de Luquillo, de la que deriva su nombre el pueblo.

La rada en campo de oro con la sierra al fondo, simboliza la playa de Luquillo. Las ramas de lirios simbolizan al patriarca San José, a cuyo patronato están acogidos el pueblo y la municipalidad. **Las ramas de palmas de cocotero que rodean el escudo** constituyen otra alusión a la playa de Luquillo y al litoral del municipio, de la que constituyen bellísimo ornamento.

Su corona mural es en oro de tres torres, mazonada de sable (negro) y adjurada en verde.

Historia...

Fue la tarde del 16 de noviembre de 1493 cuando, después de descubrir las Islas Vírgenes, navegando hacia el Oeste el gran Almirante "divisó" en el horizonte "la Sierra de Luquillo", según lo consigna el historiador puertorriqueño Salvador Brau en su obra **La Colonización de Puerto Rico.**

Luquillo tuvo sus comienzos en el año 1797 y está localizado en el extremo Noroeste de Puerto Rico, entre los Municipios de Fajardo y Río Grande. Españoles que salieron del Hato de Caparra se adentraron por la Cordillera hasta llegar a las costas donde se instalaron por un río de frescas y cristalinas aguas. Un español que era líder de la expedición, Don Cristóbal Guzmán, construyó una aldea a la que más tarde llamaron Luquillo, derivado del valeroso cacique Loquillo. Construyeron una nueva aldea bajo el patronazgo de San José Obrero, erigiéndose una capilla.

Abundan en la región cocos, café, frutos menores, árboles de madera como el ausubo, tabonuco, laurel, algarrobo, húcar y la palma real. Con la madera de esos árboles pudieron construir bien pronto sus casas, debido a la abundancia de la buena pesca y caza, además de frutos menores. El pequeño pueblo "llegó" a ser una comunidad de cientos de personas.

Para el año 1914 Luquillo fue declarado Municipio. En el año 1928 se terminó de construir la Plaza de Recreo y en el 1932 la Alcaldía; ambas han sido remodeladas.

 *Geografía...*

El Municipio de Luquillo colinda al Norte con el Océano Atlántico y al Este con el Municipio de Fajardo, por el Sur con los Municipios de Ceiba y Naguabo y por el Oeste con el Municipio de Río Grande.

Ríos Principales

Río Sabana, Río Juan Martín, Río Cristal, Río Pitahaya, Río Mameyes, Río de las Camándulas

Barrios oficiales

Pueblo, Juan Martín, Mameyes, Mata de Plátano, Pitahaya y Sabana.

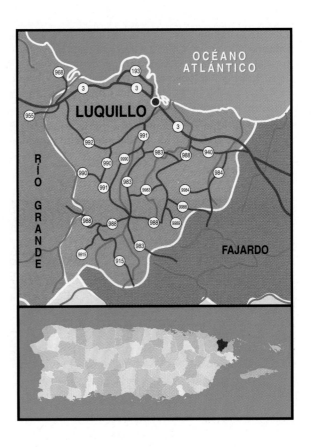

 *Economía...*

Fuentes de Empleo

Industrias de Manufactura; gobierno municipal y estatal; turismo; comercio; agricultura; pesca

Aquí nació...

Rosendo Matienzo Cintrón. Nació el 22 de abril de 1855. Murió el 13 de diciembre de 1913. En 1875 se graduó de abogado en la Universidad de Barcelona. En 1884 regresó a Puerto Rico cuando ya contaba veintinueve años y al poco tiempo fija su residencia en Mayagüez e instala allí su bufete de abogado.

Fue diputado provincial por el distrito de Mayagüez. Se dio a conocer como político en la Asamblea Autonomista de Ponce en 1887. Fue un prestigioso caudillo del partido Autonomista. Bajo la nueva soberanía de 1898 fue electo Presidente de la audiencia de Ponce, posición que desempeñó hasta 1899. Ciertas diferencias ideológicas con Muñoz Rivera lo llevaron a retirarse del Partido Liberal e ingresar en la defensa de los ideales del Partido Republicano, dirigido por José Celso Barbosa. En 1900, bajo la Ley Foraker y el gobierno civil, fue nombrado miembro del Consejo Ejecutivo y fue miembro de la Junta de Instrucción.

Impulsó la Liga Progresista que tenía como fin el consultar al pueblo a través del plebiscito antes de resolver el status final de Puerto Rico.

Uno de los simpáticos kioscos de Luquillo

Lugares de interés...

Balneario de Luquillo (Carretera # 3)

Sierra de Luquillo (Parte Principal del Bosque Nacional del Caribe "el Yunque"

Plaza de Recreo Rosendo Matienzo Cintrón

Plaza de la Paz (A la entrada del pueblo)

Paseo del Parque de Pelota Joaquín Robles

La Pared (Avenida Herminio Díaz Navarro)

Ocean View Boulevard (Sector Vilomar detrás de los condominios Playa Azul)

Condominios Playa Azul (Tres Torres)

Condominios Sandy Hill (Dos Torres)

Monumento al Cacique Luquillo

Plaza de Recreo Rosendo Matienzo Cintrón

Manatí

Fundación: 1738

Gentilicio: manatieño

Cognomento: La Atenas de Puerto Rico

Población (1990): 38,622

Alcalde (1997): Hon. Juan A. Cruz Manzano

ESCUDO

El escudo está acuartelado en cuatro partes. En su cuartel derecho superior, cruzado con el izquierdo inferior, tiene un templo griego alusivo a que esta ciudad se conoce como la Atenas de Puerto Rico, por su gran desarrollo intelectual en las décadas de los veinte, treinta y cuarenta.

En los carteles opuestos, un manatí alusivo al nombre de la población. Este aparece en sable sobre campo de plata. Al centro tiene un escudillo. Bajo el escudo aparece la leyenda "Atenas de Puerto Rico". Su corona mural es plateada con ventanales en rojo y es de tres torres.

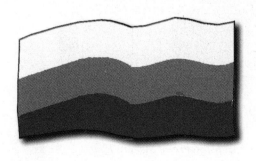

Historia...

En 1720, cuando visitó el lugar el obispo D. Sebastián Lorenzo Pizarro, existía en Manatí una ermita bajo la advocación de la Virgen de la Candelaria, que estaba a cargo del padre Manuel de León. Cinco años después aparece mencionado Manatí por el cabildo de San Juan, y ese mismo año - 1733 - se le cedió al Teniente a Guerra de la "ribera de Manatí", D. Pedro Menéndez de Valdés, una caballería de tierra en el Caño de Talanar para destinarla a la siembra de frutos, todo lo que revela que este sitio iba adquiriendo importancia poblacional.

Manatí fue oficialmente fundado en junio de 1738 en el barrio Manatí Abajo de Arecibo. Su nacimiento coincidió con más de una calamidad, que frenarían el desarrollo del naciente poblado. Plagas en los sembradíos y tormentas devastadoras dañaron considerablemente la ya de por sí raquítica economía del lugar. Al tesón del fundador del pueblo D. Pedro Martínez de Valdés, que venía siendo Teniente a Guerra del poblado desde 1733, débese su reconstrucción y el progreso que después llegara a alcanzar. El poder y prestigio de esta familia fue tal, que se prolongó en Manatí durante todo el siglo XVIII.

En 1831 estaba Manatí formado por los barrios Coto y Arenas Blancas, Yeguada, Tierras Nuevas, Palmas, Atlas, Manatí Abajo, Llanadas y Garrochales, Sabana Hoyos, Bajura, Río Arriba y Cuchillas; en 1853 surgieron los barrios Punta y Boca, pero dejan de mencionarse como pertenecientes al municipio los de Yeguada y Cuchillas. Lo que este municipio había logrado en el curso de estos años, muéstrase en un informe de 1853 por el que se da cuenta de que en su jurisdicción había 4 trapiches de vapor, uno de viento y 7 de bueyes; 7 alambiques de ron, 5 alfarerías, 3 tonelerías y 2 carpinterías; dos plazas, 19 casas de mampostería, 261 de madera y 1,156 bohíos, ocho calles (Palma, San Antonio, Curas, Chorro, Comercio, Altagracia, Amargura y Sol). En 1878 no aparecían en los límites de su territorio los barrios Llanadas y Sabana Hoyos, pero en cambio se consignó el nuevo denominado Florida, mientras que Palmas Altas, Manatí Abajo y Garrochales se le agregaron para anexarse al recién creado municipio de Barceloneta. En 1899 dejaron de mencionarse los barrios de Puntas y Boca, subdividiéndose los de Tierras Nuevas, Río Arriba y Bajura. Finalmente, en 1940 encontramos subdividido el barrio Coto, en Coto Norte y Coto Sur.

En lo que atañe a su proceso educacional cabe consignar que en 1853 se conocía de la existencia de una escuela en el pueblo a la que asistían 35 niños varones y 15 hembras; en 1898 llegaban a siete las escuelas de primeras letras en el pueblo y sus barrios. Hasta 1925, según informa Felito Montañez, Manatí sólo disponía de una escuela de continuación de dos años: noveno y décimo. Ese año se propuso Severo O'Neill Torres la creación de la Escuela Superior. Con la cooperación del Presidente de la Asociación de Padres y Maestros –Teodomiro Taboas– el director escolar– Clemente Ramírez de Arellano– de Ramón Morán, el municipio y el pueblo en general, se adquirió el equipo necesario y en el curso de 1926-27 se organizó el tercer año y el cuarto al siguiente. Se nutrió rápidamente, además, de estudiantes de Ciales, Morovis, Barceloneta y Vega Baja, por ser la única de esta categoría que existía en todo el litoral. Formaron parte de su Facultad Petra Corretier de O'Neill como principal, y los profesores Generoso Morales, Vivian S. Grant, Helen B. Lord, Mario B. Rodríguez, Mercedes Gorbea Valecillo, Germán P. Náter, Rafael Ramos y María C. Méndez. En 1943 se trasladó a la escuela José Severo Quiñones, encontrándose actualmente en la denominada Fernando Callejo, de la cual fue su primer principal Juan Antonio Sánchez.

Residencia de Don José Ramón Fernández en la finca La Esperanza en Manatí, 1850.

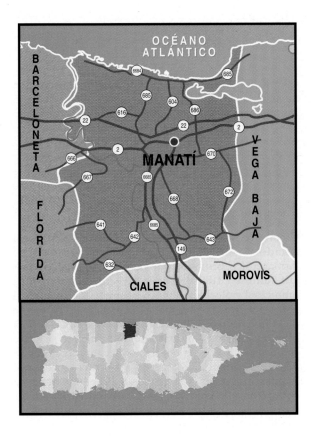

de manglares –, formados de materia orgánica de reciente descomposición, muy rica en humos, pero muy pobre en minerales. El río Manatí interrumpe una zona de mogotes que se extiende también por su suelo. En el barrio de Tierras Nuevas se encuentra la cueva de La Golondrina.

En lo que atañe a su sistema hidrográfico, hay que mencionar el río Grande de Manatí, que naciendo en las cercanías de Barranquitas tiene un recorrido de 22 millas (35 km.) y un área de drenaje de 224 millas cuadradas, para verter finalmente sus aguas al norte de Barceloneta.

Economía...

Ya desde principios del siglo XVI numerosos colonos establecieron haciendas y fomentaron toda suerte de labranzas en las riberas del río Manatí, atraídos por la fertilidad de sus tierras. La caña de azúcar se procesaba en los trapiches por los procedimientos más primitivos; se sembraba algún trigo, junto con el plátano y el casabe. Se cosechaba, además: café, maíz, tabaco, habichuelas y toda clase de frutos menores, para las necesidades del consumo local y aun en limitada proporción para abastecer a la capital, pese a que su acarreo era excesivamente dificultoso, a causa de la ausencia de caminos y a las pésimas condiciones en que se hallaban los pocos existentes.

El tesón de sus habitantes pudo más que la furia de los vendavales y la fuerza devastadora de las sacudidas sísmicas, pues pese al terremoto de 1786 y al ciclón de San Ciriaco de 1899, el pueblo crecía en el orden urbano y su jurisdicción mejoraba ostensiblemente en el aspecto económico.

En 1974 se cosecharon 38,818 toneladas de caña que produjeron 2,894 toneladas de

Geografía...

Área: 46 millas cuadradas

Barrios oficiales: Pueblo, Bajura Adentro, Bajura Afuera, Coto Norte, Coto Sur, Río Arriba Poniente, Río Arriba Saliente, Tierras Nuevas Poniente y Tierras Nuevas Saliente.

Este municipio está situado casi al centro de la costa Norte de la Isla, limitando al Norte con el Océano Atlántico, el Este con el Municipio de Vega Baja, al Sur con los Municipios de Ciales y Morovis y al Oeste con el de Barceloneta.

Desde el punto de vista topográfico corresponde a la región del Llano Costero del Norte y cuenta con terrenos aluviales de gran rendimiento agrícola, aunque alrededor de su costa o muy cerca de ella sus suelos son de turba –por estar en zonas cenagosas cubiertas

Manatí es un gran productor de piñas

azúcar, tenía 30 vaquerías de primera clase que ese año entregaron a las plantas elaboradoras, 14,921,183 cuartillos de leche, y 17 agricultores de tabaco, con una cuota asignada de 908 quintales. Manatí, es además, un gran productor de piña.

En la actualidad, la vitalidad económica de este municipio descansa fundamentalmente en sus industrias, pues numerosas e importantes fábricas establecidas en terrenos de su jurisdicción, proveen empleo a numerosos vecinos.

Iglesia Católica Nuestra Señora de la Candelaria

Juan R. Ramos Vélez. Abogado y político. Se graduó de abogado en Barcelona, España, alrededor de 1877. Inicialmente militó en el Partido Liberal Reformista; en 1887 figuró entre los fundadores del Partido Autonomista, pero por discrepancias con Luis Muñoz Rivera, Ramos y otros disidentes fundaron el Partido Autonomista Puro. Posteriormente se vinculó a la Unión Liberal Puertorriqueña y al Partido Republicano Puro. Fue electo diputado provincial en 1873 y en 1887 y delegado a la Cámara en 1902.

Clemente Ramírez de Arellano (1868-1945) Poeta nacido y fallecido en Manatí. Se graduó de farmacéutico, profesión que ejerció en su pueblo natal; allí también fue maestro, director escolar, juez municipal y alcalde. Publicó poemas y ensayos en la prensa, en **Atenas, El carnaval, El Mundo, El palenque de la juventud, La chispa, La democracia, La revista blanca y Puerto Rico Ilustrado**. Sus poemas: ¿Dudo o creo?, Fiat Lux y "La poesía" obtuvieron premios en distintos concursos literarios, así como su ensayo **Plantas indígenas, sus propósitos medicinales y su aplicación a las ciencias, las artes e industrias** (1905). Parte de su producción poética fue reunida en el cuaderno **Algas** (1939).

Néstor Rodríguez Escudero. Cuentista y ensayista, nació en 1914. Se graduó de abogado en la Universidad de Puerto Rico (1940). Alterna el ejercicio de esa profesión con la docencia y las letras. Ha colaborado en **El Imparcial, El Mundo** y **Alma Latina**. Es autor de las siguientes obras de cuentos: **Jaicoa, cuentos y leyendas** (1958), **Cuentos del Mar y otras páginas** (1959); **Litoral (premio del Instituto de Literatura Puertorriqueña**, 1962), **Cuentos de la tierra y cuentos del mar** (1971) y **Estampas de mi tierra** (1980); y de los libros **Ensayos recogidos** (1960).

Clemente Ramirez de Arellano
1868-1945 - Poeta

Maricao

Fundación: 1874

Gentilicio: maricaeño

Cognomento: Ciudad del Café

Población (1990): 6,206

Alcalde (1997): Hon. Gilberto Pérez Valentín

HIMNO

Por: Rev. Fausto Ramos

Sobre las verdes alturas
de mi borinqueña tierra,
se levanta Maricao
en medio de sus haciendas.

Coro
La Sombra del indio
vaga en la floresta
porque Maricao
se viste de fiesta.

Un sol benigno le alumbra
suave brisa le refresca;
y el alegre caserío,
viste sus galas de fiesta,

Coro

Entre tocatas y juegos,
asiste el culto a la iglesia
y van y vienen la gente
olvidando sus tristezas.

Coro

Pero al volver a la casa
cuando el hombre a solas piensa
del antiguo Maricao,
se oye un suspiro en la sierra.

Coro

ESCUDO

Descripción técnica: En campo de plata, una cabria de sinople, cargada de cinco bohíos de oro y acompañada de tres ramas floridas del árbol de Maricao (Byrsonima spicata), al natural. Rodeando el Escudo dos ramas de cafeto frutadas, al natural, y por timbre una corona mural de oro de tres torres, mazonada de sable y aclarada de sinople.

Los poblados de nuestros indios están representados por sus características casas, los bohíos que hace pocos años constituyeron también la habitación de los campesinos puertorriqueños.

Los ornamentos exteriores del escudo no son específicos ni exclusivos de Maricao. **Las ramas del cafeto** aluden a la zona cafetalera del país, en el que se asienta el pueblo. **La corona mural** es distintivo heráldico de las ciudades, villas y pueblos, y se usa como timbre de los blasones municipales, para distinguir a estos de los escudos reales señoriales, episcopales y familiares.

El pintoresco pueblo de Maricao está situado en la zona montañosa del centro occidental de Puerto Rico, como a quince millas hacia el Este de la ciudad de Mayagüez.

Se fundó el día 1ro. de abril de 1874, al inaugurarse su ayuntamiento bajo la presidencia de Don Juan Ferrer Arnijas, de origen catalán, y quien fue nombrado como el primer alcalde de este Municipio por el Exmo. Sr. Gobernador Civil de la provincia de Puerto Rico, General Don José Laureano Sanz.

Dicha inauguración hubo de efectuarse en virtud de una orden autorizada por la Diputación Provincial, que aprobaba una solicitud que se dirigiera a ese organismo con 994 firmas, para pedir la segregación de Maricao y sus barrios, que hasta entonces pertenecían al partido de San Germán, para convertirse en Municipio independiente.

El primer consejo municipal fue constituido como sigue: Presidente, el Sr. Alcalde don Juan Ferrer y Arnijas, Concejales, don Leoncio Martínez, don Bernardo Collado, don Pedro Torrós, don Pedro Mártir Irizarry; y don José Bats.

El pueblo de Maricao es de una gran significación en los anales de nuestra historia patria desde mucho antes de la llegada de los europeos al Nuevo Mundo, por el hecho de que sus indieras pudieron servir de atalaya a nuestros nativos borincanos para vigilar el desembarco de sus enemigos más encarnizados: los caribes.

Además, muchos colonizadores españoles prefirieron refugiarse en nuestras alturas para alejarse aun más de La Nueva Salamanca (San Germán) y protegerse así de ataques de piratas y enemigos, de la Corona Española; de las plagas de diversa índole del litoral, etc.

Por tal razón, estos parajes fueron preferidos primeramente por nuestros indígenas y luego por nuestros colonizadores como un óptimo refugio durante la época. De hecho, la Corona Española separó estos terrenos como último refugio de nuestros indios taínos, de ahí su denominación de Indiera Alta, Indiera Baja e Indiera Fríos que hoy se conoce como Indiera Fría.

Origen Legendario de Maricao

Nos relata la leyenda que en tiempos de la conquista una india llamada María se enamoró de un militar español. Ésta delató a los suyos con relación a un ataque que habían preparado contra los españoles. Los conquistadores se adelantaron y lanzaron la ofensiva antes, pero María fue tomada prisionera por los indígenas y enjuiciada por traición. Como era la costumbre, la ataron a un árbol y luego procedieron al sacrificio. Se dice que aquí surgió el nombre de Maricao. Se unieron las primeras cuatro letras de MARI al imprimir la (a) con CAO que significa martirio o sacrificio de María, de ahí Maricao.

Repetimos que el origen histórico de Maricao se entrelaza con la historia del Partido de San Germán. En la década de 1570 se fundó oficialmente la Villa de San Germán en las lomas de Santa Marta. Para los años de 1513-1514, Ponce de León había dividido la isla de Puerto Rico en dos demarcaciones geográficas. San Germán controlaría lo que hoy es desde aproximadamente Juana Díaz hasta Camuy. El territorio que luego ocuparía Maricao caía dentro de esta demarcación.

A fines de la década de 1850 se dieron los primeros indicios de constituir la población dispersa por las tierras de hoy Maricao en una comunidad organizada. Dos miembros de aquélla, don Napoleón Pietri y Don Julián Ayala donaron al ayuntamiento de San Germán un predio de 12 cuerdas para entre otras cosas, levantar una ermita o parroquia. Ya para el 1864 surgió dicha parroquia dos años más tarde, en 1866. Esta se desvinculó de la iglesia Madre de San Germán. En 1871, 3 personalidades elevaron una petición a la Diputación Provincial para que se considerara la necesidad y deseo de alrededor de mil habitantes de la comunidad de constituirse en un ayuntamiento o municipio aparte.

Después de un proceso de varios años, el día 1ro. de abril de 1874 los peticionarios Don Bernardo Collado, Don Francisco M. Sojo y Don Leoncio S. Martínez vieron hecha realidad su petición. Surgía en la demarcación de Maricao una "Corporación Municipal" desvinculada de San Germán, la cual quedó constituida por los barrios de Maricao Afuera, Montoso, Bucarabones, Indiera Baja, Indiera Alta e Indiera Fría. Aquella primera reunión del nuevo ayuntamiento estuvo presidida por don Juan Ferrer, como primer alcalde. De esta forma cobraba vigencia un nuevo mito en nuestra historia.

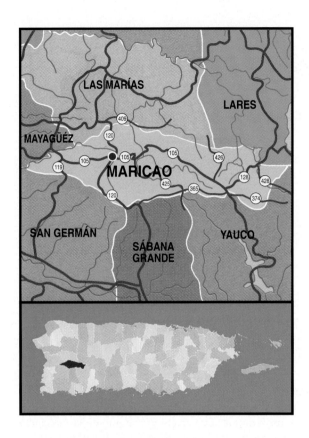

Geografía...

El actual Municipio de Maricao, enclavado en la Cordillera Central, presenta una geografía accidentada e irregular. El centro del pueblo está rodeado por un área montañosa muy rica en vegetación, varios ríos adyacentes y tierras fértiles aptas para los cultivos. Se encuentra a 2,500 pies sobre el nivel del mar.

Su capacidad geográfica abarca una superficie de 36.85 millas cuadradas ó 24,283 cuerdas, hoy dedicadas en parte al cultivo de café, frutos menores y frutas citrosas y la otra parte permanece aún en barbechos y bosques naturales. El clima es fresco y uniforme, con una temperatura promedio de 65°F - 80°F.

Se comunica por el Oeste con Mayagüez, por el Suroeste con San Germán y Sabana Grande al norte, Noroeste con Las Marías y Lares al Este con Yauco. Son muy importantes las carreteras 119, 120, 105, 106 y 128.

Se encuentra al sudoeste de la Cordillera Central y a unos 2,870 pies sobre el nivel del mar. Los suelos son pedregosos, relativamente profundos y de productividad media. En sus terrenos montañosos se encuentra el cerro Cerrote, cerro Chabriel y cerro Gordo, también el Pico Montoso.

Economía...

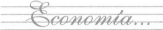

Desde su fundación la economía ha estado concentrada en el cultivo del café.

Sería conveniente añadir que a Maricao se le reconoció en justicia como el productor de la mejor calidad de café en Puerto Rico y por ende en el mundo.

En Maricao hay unas 500 fincas, cuya área es de alrededor de 15,000 cuerdas. El 74% de estas fincas son de 10 cuerdas o menos. El café es la cosecha principal y le siguen en

Café

importancia los frutos menores como el guineo, plátano y cítricas.

Aquí nació...

Don Virgilio Brunet Maldonado. Educador, abogado y gran orador. Fue electo Presidente de la Asociación de Maestros de Puerto Rico durante varios términos. Laboró hasta conseguir el Hospital del Maestro y una serie de planes médicos para la matrícula. En 1952 fue invitado por el Gobernador Luis Muñoz Marín para trabajar en la redacción del Estado Libre Asociado de Puerto Rico.

Doña Judith Seda Matos. Nació en 1910. Fue la primera mujer en Puerto Rico en ocupar una plaza de Juez de Paz en los años 1936 - 41. Luego pasó a realizar labores en el Departamento de Instrucción Pública a nivel elemental como directora.

Don Francisco Vicenty. Farmacéutico, abogado y educador. Fundador y Presidente de la Asociación de Maestros de Puerto Rico. En 1930 se postuló para Representante de la Cámara por el Partido Nacionalista. Terminó su carrera como educador dirigiendo el Asilo de Jóvenes en San Juan.

Lugares de interés...

Bosque del Monte del Estado. Carr. 120, km. 12.8. Este bosque es un santuario de aves y posee los más variados especímenes de nuestra flora. Veredas, miradores y merenderos son algunas de las facilidades para el disfrute de este paraíso desde donde se domina un impresionante panorama del litoral suroeste de nuestra Isla.

Viveros de peces. Carr. 410, km. 1.8. La temperatura y la calidad del agua de Maricao son ideales para la crianza de peces de agua dulce. Al alcanzar un tamaño adecuado, estos peces son trasladados a distintos lagos alrededor de la Isla. Se exhibe gran variedad de especies exóticas.

Gruta San Juan Bautista. Ubicada en el mismo camino hacia los viveros, este parque posee un área de recreación pasiva con merenderos, columpios y un Santuario donde está representado el bautismo de Jesús.

Centro Recreacional Monte del Estado. Carr. 120 km. 13.8. El Centro Recreacional posee piscinas para adultos y niños, canchas, cabañas, áreas de pasadías, estanques para peces, miradores y terrazas. Este Centro es administrado por el Departamento de Recreación y Deportes.

Salto Curet. Carr. 425 Final. El Salto Curet es una impresionante cascada que anualmente atrae a cientos de visitantes de diferentes pueblos de la Isla. El área es también ideal para pasadías familiares.

Costumbres y Tradiciones

Fiesta del Acabe del Café. Durante el mes de febrero se celebra esta tradicional fiesta que atrae una cantidad impresionante del público de toda la Isla. Feria de artesanía, espectáculos artísticos, comida y música típica son algunas de las atracciones que ofrecen durante los tres días que se celebra al final de la cosecha del café.

Fiesta del Acabe del café

Maunabo

Fundación: 1799	
Gentilicio: maunabeño	
Cognomento: Pueblo Jueyero	
Población (1990): 12,471	
Alcalde (1997): Hon. Erasto Fernández Perales	

HIMNO
Por: Lcdo. Gilberto Martorell Hernández

Maunabo pueblito del sureste
de mi amada patria Borinquén
Tus lunas llenas, y tu sol
tus blancas nubes, su arrebol
Eres Maunabo, un mismo Edén.
(Se repite)

Tus palmeras
abanican y saludan
lisonjeras
al obrero
al viajero
el paisaje
brindarán.
(Se repite)

Tus llanos verdes...qué primor
Tu Mar Caribe...qué esplendor
Al ser inspiran
Amar al Creador.

A ti Maunabo, cantaremos
con el alma y emoción
y te amaremos
Con el Corazón.

(Vuelve a la parte 1 y termina ahí)

ESCUDO

Los esmaltes principales del escudo, plata y sinople (verde), propios de las cañas de azúcar florecidas, simbolizan la principal fuente de riqueza de Maunabo desde su fundación. **La cabria** alude a las dos hileras de montañas, dispuestas en forma de V, que por dos lados resguardan al pueblo de Maunabo; Sierra de Guardarraya y Sierra de la Pandura. **El faro** representa la edificación más antigua existente en el litoral de la municipalidad. **Los yugos**, por último, como emblemas de la agricultura, simbolizan a San Isidro Labrador, patrón de Maunabo.

Historia...

La Administración Municipal de Maunabo acepta como correcta la fecha de la Fundación del Pueblo de Maunabo para el año 1799. Se reconoce a la Academia Puertorriqueña de la Historia, encomendada por el Instituto de Cultura Puertorriqueña, como la autoridad para certificar la fundación del pueblo a base de las pruebas presentadas y las documentaciones utilizadas de referencia para determinar que Maunabo fue fundado en el 1799 y no como señala Cayetano Coll y Toste que fue para el año 1779.

Es evidente que durante el año 1779 no existía poblado alguno en el Valle del Río Maunabo, pues la **Historia Geográfica, Civil y Natural de la Isla de San Juan Bautista de Puerto Rico**, escrita alrededor de esos años por Fray Iñigo Abbad y Lasierra no lo mencionó. Mencionó el Río Maunabo al Oriente del Cabo de Malapascua. Para aquella fecha sólo existía Guayama al Sur de Puerto Rico, lo demás eran estancias cuyos dueños residían en ellas en formas aisladas. En forma casi unánime los historiadores y cronistas señalaron el año 1799 como el año de la fundación de Maunabo. El Secretario de Gobernación para el año 1931, Don Pedro Tomás de Córdoba, indicó en sus memorias la fecha de fundación de Manuabo y la de su iglesia, bajo la advocación de San Isidro Labrador y Santa María de la Cabeza, en el año 1799 (**Memorias Geográficas, Históricas, Económicas y Estadísticas de Puerto Rico** - 6 Tomos -Madrid-1831-32-33-38).

El Sr. Manuel Siles de Padua, en un documento oficial del 25 de octubre de 1853, aseguró "el pueblo fue fundado en el 1799".

Otro documento oficial del 27 de octubre de 1880 dirigido al Sr. Doctor Gobernador, Intendente y Capitán General, Don Ramón de Castro y Gutiérrez (1793-1804), señala que el pueblo de Maunabo se creó separadamente del pueblo de Yabucoa.

El Agrimensor titulado, Don Cristóbal Elavaniet, aclaró para el 18 de agosto de 1847 que el municipio de Maunabo fue fundado para el 1799 y también su iglesia y contaba el pueblo de siete barrios: Emajaguas, Talante, Palo Seco, Quebrada Arenas, Calzada, Lizas, Matuyas Alto y Matuyas Bajo.

Para el 1ro. de marzo de 1902, la Asamblea Legislativa aprobó una Ley para la consolidación de ciertos términos municipales de Puerto Rico, estipulando que para el 1ro de julio de 1902 Maunabo sería anexado a Yabucoa, junto con el Alcalde y los empleados municipales, ley que fue revocada para el mes de mayo de 1905.

La Academia Puertorriqueña de la Historia y el Instituto de Cultura Puertorriqueña concluyeron que "La fecha de la fundación de Maunabo es con toda seguridad el año 1799 y no 1779 como erróneamente apareció en el Informe del Secretario Civil del año 1899, Dr. Cayetano Coll y Toste.

Geografía...

Área: 21 millas cuadradas. Latitud 8, longitud 66.

El municipio de Maunabo está localizado en la región Sureste de Puerto Rico. Sus pueblos limítrofes incluyen al municipio de Yabucoa por el norte y noreste y al municipio de Patillas en el área oeste. En el sur y sureste tiene al Mar Caribe. Su extensión geográfica es de 21.0 millas cuadradas en las que se distribuye la zona urbana del pueblo y sus 9 barrios. Estos son los siguientes: Calzada, Emajagua, Lizas, Matullas Alto, Matullas Bajo, Maunabo Pueblo, Palo Seco, Quebrada Arenas y Talante.

Economía...

La economía es esencialmente agrícola. A principios del siglo XIX había seis trapiches para moler caña. Estos producían aproximadamente 2,400 cuartillos de miel.

Para 1974 se cosecharon 38,623 toneladas de caña de azúcar y esta cosecha produjo 3,252 toneladas de azúcar.

En 1967 se estableció una fábrica de medias de mujer, que emplea a 100 personas.

En 1969 se fundó una pequeña industria de vestidos de mujer. Para 1970 se emplearon

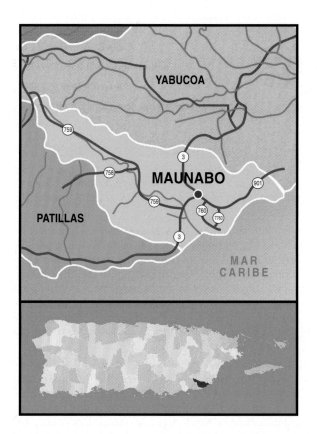

José Gumersindo Sugrañes Díaz. Nació en 1872. Farmacéutico, político y líder cívico. Primer "postmaster". Alcalde desde 1916 - 1917. Fue Juez de Paz, fallece en 1971 en Maunabo.

Lugares de interés...

Parque Pasivo Familiar, Ave. Emilio Calimano, Salida hacia Yabucoa.

Cueva del Indio - en el Barrio Quebrada Arenas

Faro de Maunabo, localizado en Punta Tuna. Construido entre 1882 y 1895. Antiguas estructuras de la Central Batey Columbia.

Costumbres y Tradiciones

Feria de la Caña - abril
Festival Jueyero - septiembre
Festival Palo Seco - noviembre
Festival de San Pedro y San Isidro Labrador - junio

65 personas en otra fábrica que producía piezas electrónicas para computadora.

Principales industrias: Juan Orozco, Ltd., Inc. Preparación de Cuerdas y Estuches para guitarras, Rico Plants, Inc., productos para plantas ornamentales, AGRIMAX, Cooperativa Agrícola, mercadeo de derivados del plátano.

Aquí nació...

Benjamín Ortiz Ortiz. Nació en 1908. Abogado, legislador y profesor. Estudió derecho en la Universidad de Harvard en 1934. Miembro de la Asamblea Constituyente en 1951. Falleció en 1978.

Cruz Ortiz Stella. Nació en 1900. Abogado, poeta y legislador. Miembro del Instituto de Literatura Puertorriqueña.

Luis Riefkohl Sandoz. Administrador de la Hacienda La Bordaleza, de descendencia alemana, nació en el 1857. Dedicado al cultivo de la caña, estudió en Suiza, contabilidad y administración. Accionista principal en la Central Batey Columbia. Murió en 1927.

Casa Alcaldía

Mayagüez

Fundación: 1772

Gentilicio: mayagüezano

Cognomento: La Sultana del Oeste

Población (1990): 100,371

Alcalde (1997): Hon. José Guillermo Rodríguez

HIMNO

En la calle Méndez Vigo
y en la Plaza de Colón
en el muchacho que corre
y en el errante pregón
en el mendigo que pide
una limosna por Dios,
en la guaga que va lenta
y el auto que va veloz,
en la hembra de paso fino
y en el mozo positrón,
en la escuela, en el teatro,
y en la acera y el balcón,
en las mil voces que parlan
como en una sola voz
y en los mil ojos que miran
en la urbana posesión
y en las mil voces que ríen
Mayagüez sabe a Mangó.

ESCUDO

El escudo, eminentemente colombino, recuerda y conmemora el descubrimiento de la Isla de Boriquén, hoy Puerto Rico, por Cristóbal Colón en el segundo de sus viajes al nuevo mundo en el año de 1493.

El descubridor desembarcó en nuestra tierra precisamente por la costa occidental de la Isla, desde donde vienen sus aguas al Canal de la Mona varios ríos, entre ellos el Yagüez, del que deriva su nombre la ciudad de Mayagüez. Es éste el río cuya desembocadura se presenta en el centro de la "punta" o parte inferior del escudo.

Dos elementos colombinos se destacan en el simbolismo del escudo: la carabela portadora de la cruz, o sea, del cristianismo al Nuevo Mundo, que constituye la pieza central del escudo y desplegado en el "jefe" (reconocido como uno de los lugares más honoríficos de cualquier blasón) otra referencia al descubridor; el escudo de armas que uniendo los de sus reinos principales al propio de los colones, otorgaron los reyes al primer almirante del mar océano.

Es de rigor observar el hecho de que el escudo de Mayagüez, que recuerda uno de los primeros acontecimientos de la gesta que en América realizaron mediante sus descubridores, exploradores, marinos, colonizadores y fundadores, los Reyes Católicos y sus sucesores, ha sido también, como broche que se adelanta a cerrar toda una época, el último blasón municipal otorgado por los monarcas españoles a una ciudad del Nuevo Mundo. Así este escudo se convierta en memorial perenne de todo un glorioso proceso histórico.

Mayagüez tomó su nombre del río sobre el cual se desarrolló el pueblo: el Yagüez. Dicho poblado anteriormente era conocido como Mayagüex, según Juan de Castellanos; que en lengua taína significa "sitio de las aguas".

La comarca que se fue desarrollando en la ribera del Río Yagüez, conocida como Mayagüez, tuvo unas pretensiones de fundar un nuevo pueblo bajo el patronato de Nuestra Señora de la Candelaria y Patrocinio de San José. Se presentó la solicitud al Gobernador de la Isla con fecha de 29 de julio de 1760 a través de Faustino Martínez de Matos. El Gobernador accedió a esta petición ya que era el deseo de los habitantes de la "Ribera de Mayagüez" fundar un pueblo en el mismo sitio, bajo el título de "Nuestra Señora de la Candelaria". De que la comarca en la ribera del río se conocía con el nombre de Mayagüez, se demuestra por el hecho de que un oficio del Canónigo de la Santa Iglesia Catedral de San Juan, Dr. Nicolás Quiñones, el 20 de octubre de 1760, expresó que el mismo había visto los autos con la pretensión de los fundadores del nuevo pueblo de Nuestra Señora de la Candelaria y Patrocinio de San José que está ocupado en la ribera de Mayagüez. Por otra parte, el alcalde de San Germán, don José Nazario de Figueroa en 1760, en sus actas extendidas, las iniciaba con la frase "En la Ribera de Mayagüez" aun cuando los del archivo parroquial comenzaban expresando "En la Villa Nuestra Señora de la Candelaria. Sin embargo, una partida del 7 de agosto de 1791 tiene como encabezamiento "En esta Ribera de Mayagüez" y en otra del 19 de marzo de 1763 el cura rector de la iglesia parroquial hace constar que lo era de la Ribera de Mayagüez. De toda esta información, los investigadores concluyen, entre ellos el acucioso historiador local Elpidio H. Rivera que la intención fue fundar el Pueblo de Mayagüez bajo el patronato de Nuestra Señora de la Candelaria y Patrocinio de San José.

A la petición de Faustino Martínez de Matos, correspondieron Juan de Aponte y Juan de Silva ante el Alcalde de San Germán, cediendo un pedazo de terreno de sus estancias para que en él hicieran la fundación del pueblo e iglesia, bajo la advocación de Nuestra Señora de la Candelaria de Mayagüez.

En el mes de agosto se había designado el lugar donde se edificaría la Iglesia, la cual tuvo 40 varas por 10 de longitud. Un notario de nombre Nazario Figueroa, realizó los trámites legales correspondientes y otorgó los documentos de rigor. La parroquia se fundó en 1763. Tres años después construyeron la estructura de la iglesia en madera. Para 1772 se habían desarrollado 50 viviendas en los alrededores de ese lugar. Se habían establecido 419 familias en esta área y la población constaba de 1,800 habitantes.

Durante la Guerra de la Independencia de los Estados Unidos, en 1777 se refugiaron en la Bahía de Mayagüez dos goletas americanas, la "Eudawook" y la "Henry", y armadas en corso. Venían huyendo de la persecución que les hacía la fragata de guerra inglesa "Glasgow". Esta penetró en la bahía y les intimó la rendición. Los mayagüezanos tomaron a empeño la defensa de las goletas y por medio de señales las atrajeron a la playa, encallándolas, hicieron saltar a tierra la tripulación y enarbolaron en los dos barcos la bandera española. El comandante de la "Glasgow", acudió a quejarse al Gobernador, pero éste aprobó la conducta de los mayagüezanos e intimó a la "Glasgow" la salida inmediata del puerto, como así lo hizo.

El 7 de mayo de 1836 se dio el título de Villa y su primer alcalde fue Don Rafael Mangual. Más tarde el 10 de junio de 1877, se le dio el de Ciudad, por Real Decreto del Gobierno de España.

En 1841, un violento incendio redujo a cenizas a casi toda la población que constaba de 500 viviendas. De estas, 300 fueron pasto de las llamas. Dos años después, siendo Gobernador de la Isla, el Teniente General, Don Santiago Méndez Vigo y Primero y Segundo Alcaldes de la ciudad, José Antonio de Cucullú y Jerónimo Paxot respectivamente, se fundó el Cuerpo de Bomberos de Mayagüez con un ingeniero de Obras Públicas. Este desarrolló un plano de la nueva población, la cual se reconstruyó rápidamente. Ante esta obra, el Ayuntamiento en testimonio de gratitud a Méndez Vigo, le dio su nombre a la calle principal de la ciudad, la cual aún, así se conoce.

En 1845 se construyó el Ayuntamiento a un costo de $25,000.00. Este edificio se destruyó en el terremoto de 1918, pero se levantó una nueva estructura en el mismo lugar.

También en 1865, se llevó a cabo la construcción del edificio del Hospital San Antonio. El costo de éste fue $8,601, el cual lo sufragó Don Antonio Blanco. Luego en 1877, un filántropo francés, Don Pedro Ithier, donó $3,923 pesos para el desarrollo de un departamento que se destinó para la escuela de párvulos. Otro filántropo, Don Rafael Arroyo Pichardo donó la suma de $15,700 pesos a esta institución. Este hospital se destruyó también en el terremoto de 1918, pero también se reconstruyó mas tarde.

Las facilidades del cementerio se establecieron en 1850, y luego en 1878 se construyó otro. El primero tenía 21 panteones de familias, tres mausoleos y 421 nichos. El segundo cuenta con tres mausoleos también, dos osarios circulares y cuatro cuerpos de nichos, que constan de tres hileras con un total de 318 sepulturas.

La carnicería de la plaza hecha en mampostería, se estableció en 1853 y la del pueblo en 1854. El primer acueducto que se estableció en Puerto Rico fue el de Mayagüez, en 1866. Se consideró como el mejor de su tiempo. Así también la primera franquicia que se concedió para construir una vía férrea se le otorgó a Don José A. González con el que se estableció un tranvía tirado por caballos, desde el Barrio Balboa hasta el sector de la Playa. Este quedó inaugurado en 1875.

Esta sociedad mayagüezana con su inquietud cultural estableció un Centro Hispano Ultramarino el 1ro de julio de 1873. En 1874 se inauguró el Casino de Mayagüez y durante ese mismo año se estableció el Círculo de Amigos.

Geografía...

Mayagüez está situado al Oeste de Puerto Rico. Colinda por el Norte con el Municipio de Añasco; por el Sur con los Municipios de Hormigueros y San Germán; al Este con los Municipios de Maricao y Las Marías y por el Oeste con la Bahía de Mayagüez y el Canal de La Mona.

Corresponde geográficamente a la región denominada Valles Costeros del Oeste, en donde llueve abundantemente durante el período de mayo a noviembre, y hay escasez de diciembre a marzo. Sus suelos son aluviales y de gran fertilidad. Entre sus accidentes orográficos se destacan los cerros Las Mesas y Leclerc.

Su sistema hidrográfico lo componen los Ríos Cañas, Hondo, Guanajibo, Arenas, Mayagüecillo, Guabá, Bucarabones, Casei y Yagüez. Tiene numerosas quebradas que completan este sistema hidrográfico. En sus costas se encuentran la Bahía de Mayagüez y la Punta Algarrobo.

Separada de su costa por el Canal de La Mona, se encuentra la Isla de Mona y el Islote Monito que pertenecen al Municipio de Mayagüez. La Mona tiene veintiuna (21) millas cuadradas de superficie. Es una meseta

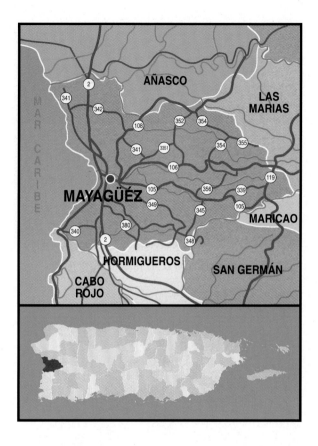

Características físicas

El naturalista francés, André-Pierre visitó esta región en 1798 y definió a Mayagüez, "en el río del mismo nombre (a dos leguas y medias de Añasco), terreno bastante fértil y variado, pero casi sin cultivar, dos mil doscientos diez (2,210) habitantes que crían mucho ganado y cultivan un poco de café y arroz. Por el río Mayagüez corren algunas pepitas de oro que sus habitantes descuidan. Su embocadura poco profunda sólo recibe embarcaciones pequeñas. De este río a Cabo Rojo (siete leguas) atraviesan llanuras fértiles bien regadas".

caliza de suelos muy pobres. El clima es seco y la vegetación se reduce a cactus y arbustos espinosos. Está deshabitada, aunque la visitan de vez en cuando algunos cazadores, ya que en ella existe una fauna de iguanas gigantes, puercos salvajes y cabras. En las cercanías de sus costas, la pesca es abundante. Se ha contemplado la idea de mantenerla como refugio para la conservación de la vida silvestre o construir en ella un superpuerto petrolero, ya que la Isla está rodeada por aguas profundas que facilitan el desarrollo de éste.

Economía...

Desde sus comienzos como pueblo, su agricultura ha sido bien extensa. En 1894, cuatro años antes de la invasión norteame-

ricana, se cultivaban en sus fértiles suelos la caña de azúcar, café, cacao, algodón, arroz, maíz, entre otros. No obstante, su principal riqueza la constituía el comercio, debido a su extenso puerto. Por este, Mayagüez exportaba tanto los frutos de sus cosechas, especialmente azúcar, café, como también la de los municipios anexos; ésto es Maricao, Cabo Rojo, Añasco y Las Marías. Su aduana se consideró siempre de primera clase. A fines del Siglo XIX, contaba con un movimiento industrial y comercial, que era un imperio de riqueza y laboriosidad. En 1894 su riqueza agrícola consistía de una central, 145 estancias de café y 371 frutos menores.

Como parte de su desarrollo comercial había una representación de 28 casas capitalistas exportadoras. Entre esas figuraban, en primer término, Las Schulze & Co., Moral González & Co., Playa Hnos., Inc. y Francisco Blanes. También había gran número de almacenistas de víveres, maderas, chocolate, ladrillos, talleres de hacer carruajes, camiserías y zapaterías y siete farmacias. En ese año de 1894 la población era de 28,246 habitantes.

Hasta la década del 40 la economía de Mayagüez fue de tipo agrario. La producción de café, caña y frutos menores constituyó la base de movimiento económico. Aun en 1974, las cifras indican que se cosecharon sesentisiete mil trecientos setenta y dos (67,372) toneladas de caña de azúcar. La Central Igualdad, ubicada en su territorio, molió en la zafra de 1976, la cantidad de 136.023 toneladas de caña de azúcar y setecientos 1770,253 galones de miel. Este movimiento generó tanto en la fase agrícola como en lo industrial un empleo de 1,200 trabajadores. En la actualidad esta central no opera, no obstante, quedan agricultores cuya producción de caña la llevan a la Central Plata en San Sebastián.

Plaza de Colón con el Ayuntamiento al fondo

Se cultivan también vegetales y frutos como el mangó tipo mangotín, tomates, pimientos, frutas cítricas, guanábanas, caimito, etc. Su producción de mangó es tan extraordinaria que se ha señalado ésta como una de sus tipicidades. Esta característica le ganó el título de "sabor a mangó" por parte del genial bardo puertorriqueño Luis Lloréns Torres en una de sus composiciones poéticas.

En el 1987 la situación de las empresas manufactureras en Mayagüez fue como sigue más adelante: Se registraron un total de 50 empresas promovidas por la Administración de Fomento Económico en su programa de industrialización. La clasificación de ropa y artículos relacionados registró la cantidad de 44 establecimientos; la de alimentos y productos relacionados fue de nueve; en las empresas dedicadas a la manufactura de productos químicos hubo seis; en las de maquinaria, excepto Eléctrico, de Equipo Eléctrico y Electrónico y en la de Instrumentos Científicos y Profesionales se registraron cuatro en cada una de estas clasificaciones; en la Productos Fabricados de Metal y la Industria Manufacturera Miscelánea se registraron tres, respectivamente. También cuenta con una de Servicios, la cual se dedica al comercio interestatal.

Teatro Yagüez

También cuenta con una actividad tanto agrícola como industrial en la crianza de ganado vacuno para la producción de leche. En el Año Fiscal 1986-1987, tenía en

Colegio Universitario de Mayagüez

producción una vaquería; 375 cuerdas en pasto con un total de 229 vacas lecheras. Se entregó un total de un millón doscientos ochentiún mil doscientos setentiséis (1,281,276) cuartillos de leche a las pasteurizadoras.

Por otra parte, tiene unos depósitos de hierro, los cuales están localizados en el Cerro de Las Mesas, al Sureste del Municipio.

Hacia mediados de la década del 40, el aspecto de la vida del pueblo de Mayagüez empezó a cambiar. La economía basada en la producción agrícola se transformó en una de tipo fabril. Esto surgió en el movimiento de industrialización de la Administración de Fomento Económico. A partir de esa fecha empezaron a establecerse fábricas que convirtieron a este pueblo en una ciudad manufacturera. Tenemos que en el 1984 se registró un total de 61 empresas promovidas por esta Administración. Había dieciocho 18 empresas que manufacturaban ropa y productos relacionados; nueve dedicadas a la producción de alimentos y artículos relacionados; ocho dedicadas a la elaboración de productos químicos; seis en la industria de Equipo Eléctrico y Electrónico; cinco en la de Instrumentos Científicos y Profesionales; cuatro en las Industrias de Maquinaria y Equipo Eléctrico y en la de Productos Fabricados de Metal, respectivamente; tres en Industrias Manufactureras Misceláneas. Por último, se registró un establecimiento en cada clasificación industrial de los que a continuación se señalan: de productos de goma, de productos de cuero; de productos de piedra; y de productos primarios de metal.

Aquí nació...

José A. Cabranes. Cursó estudios en la Universidad de Columbia donde completó un Bachillerato en Artes. En 1965 obtuvo el grado de Juris Doctor de la Escuela de Leyes de Yale University, e hizo estudios posgraduados en Cambridge University, Inglaterra. Fue Asesor Legal para "The Yale Corporation". En el 1979 fue designado Juez Federal de la Corte de los Estados Unidos para el Distrito de Connecticut. Fue nombrado Juez del Tribunal de Apelaciones de los EE.UU. para el Segundo Circuito. Tras la designación recibió la más alta calificación que otorga la Asociación Americana de Abogados.

Eugenio Ma. De Hostos. Nació en 1839 y murió en 1903. en Santo Domingo Hizo sus estudios primarios en San Juan. En la Universidad Central de Madrid se graduó de abogado. En aquel período abogó en la prensa y en el Ateneo de Madrid por reformas autonómicas y por la abolición de la esclavitud en Cuba y Puerto Rico. Sus ideas demócratas le llevaron al Partido Republicano y obtuvo de sus jefes la promesa de un sistema autonómico.

Rafael Martínez Nadal Nació en 1877 y murió en Guaynabo en 1941. Obtuvo su Bachillerato en Filosofía y Letras en el Instituto Provincial de San Juan en 1893, y se graduó de abogado en Barcelona en 1913. Tenía una personalidad polifacética, se distinguió como abogado criminalista y como defensor incansable del ideal de la estadidad. Cultivó las letras como novelista, cuentista y crítico teatral y de arte. Se destacó como periodista de combate. Era orador elocuente, de verbo conceptuoso y elegante estilo.

Ernesto Ramos Antonini. Nació en 1898 y murió en Santurce en 1963. Se graduó de abogado de la Universidad de Puerto Rico en 1922. Se distinguió como criminalista y orador. Fue un importante líder del Partido Popular Democrático. Ocupó la presidencia de la Cámara de Representantes desde 1948 hasta su muerte en 1963. Descendiente de una familia de músicos, tenía una auténtica preocupación por las artes. Autor de la ley que creó las Escuelas Libres de Música (en San Juan, Ponce y Mayagüez) y el primer Conservatorio de Música de Puerto Rico.

Roberto Sánchez Vilella. Nació el 19 de febrero de 1913. Se graduó de ingeniero civil de la Universidad de Ohio en 1934. Fue una importante figura en el gobierno del Partido Popular Democrático. En 1968 fundó el Partido del Pueblo. Retirado de la política partidista, fue profesor de la Escuela Graduada de Planificación de la U.P.R. Sirvió a Puerto Rico como Gobernador de Puerto Rico (1965-1969);Secretario de Estado (1952-1964); Secretario de Obras Públicas (1951-1959), Secretario Ejecutivo de Puerto Rico (1949-1951); Administrador de la Capital (1945-1946); Director de la Autoridad de Transporte de Puerto Rico.

José Enrique Serrano. A temprana edad sus padres lo llevaron al Sur del Bronx donde cursó sus estudios elementales. Estudió en el Lehman College. En 1975 fue electo asambleísta por el Sur del Bronx. Se ha distinguido como un ardiente defensor de los derechos del consumidor. Presentó un Proyecto Legislativo a favor de éstos, que al ser convertido en ley ha hecho del Estado de Nueva York un pionero en este campo. En 1980, el presidente Jimmy Carter lo nombró miembro del Consejo Intergubernamental de Educación, y se convirtió en el primer puertorriqueño en alcanzar esa distinción. Tras 14 años de servicio como asambleísta, en 1990 fue electo Congresista con plenos derechos para votar en el Congreso de Estados Unidos.

Festival de la Danza Puertorriqueña (regularmente es en mayo). Es auspiciado por el Club de Leones.

Festival de la Música Mayagüezana (el día lo determina el Comité Organizador). Consiste en actividad artística-cultural en la cual participan artistas mayagüezanos.

Día de José de Diego (día 16 de abril de cada año). Organiza el Centro Cultural Eugenio María en los terrenos del Parquesito de la calle de Diego.

Día de la Paz (1ro de noviembre de cada año). Actividad de un día celebrada en diferentes formas. Organiza el Club Altrusas de Mayagüez.

Plaza Colón y al fondo Nuestra Señora de la Candelaria

Zoológico de Mayagüez

Fundación: 1772

Gentilicio: mocano

Primer alcalde: Don José de Quiñones

Cognomento: La capital del mundillo

Población (1990): 32,926

Alcalde (1997): Hon. Eustaquio Vélez Hernández

ESCUDO

Lo diseñó el compueblano Augusto Hernández a petición de la Sociedad Pro Conmemoración del Bicentenario de Moca, Inc. La Sociedad aprobó el diseño preparado por Augusto Hernández. La asamblea municipal lo adoptó oficialmente el 19 de febrero de 1972. El 22 de junio - Día del Bicentenario de Moca - fue presentado al pueblo el escudo basado en el original preparado en madera policromada por el pintor mocano Valentín Pérez.

Tiene forma oblongada. Está dividido en campo plateado y cielo azul unidos por un losange púrpura, el color de la flor de Moca. El losange está cargado de simbolismos religiosos. Rodean el losange, en su parte inferior, dos hojas y ramos frondosos del árbol de Moca; en su parte superior, un arco de once estrellas plateadas de cinco puntas superadas por una estrella dorada, todas de cinco puntas. Dentro del losange se encuentra un monograma dorado (de la Virgen María) superado por corona cristiana del mismo metal.

El escudo está coronado por corona plateada en forma de castillo de tres torres almenadas. Sobre el cuerpo frontal de la corona está esculpida en oro la palabra Moca. A la diestra y siniestra de la palabra Moca, en los huecos de las puertas frontales del castillo, hay dos candados dorados, con ojos en forma de cruz latina denotados en su púrpura. Las piedras del castillo están

mazonadas de azul. Las puertas y ventanas del mismo están aclaradas de púrpura. El escudo está bordeado en oro.

El campo plateado o blanco significa pureza y modestia. El campo azul, que representa el cielo mocano, es símbolo de paz y libertad.

El losange es significativo de doncella. **El monograma** es símbolo eclesiástico de la Virgen María. **La corona** es de la Virgen María de la Monserrate puertorriqueña. Todos estos simbolismos son representativos de la Virgen de la Monserrate bajo cuya advocación fue fundado el pueblo de Moca, conjuntamente con San Juan Nepomuceno. **Las hojas verdes y los ramos** (fertilidad e inmortalidad) son representativos del árbol de Moca (Indira Inermis), que es el árbol oficial del pueblo, y seguramente le dio su nombre al pueblo.

La estrella dorada simboliza el Pueblo y zonas adyacentes; las restantes a sus once barrios en orden alfabético de izquierda a derecha. **La corona en forma de castillo** significa, además de autonomía municipal, la unión y confraternidad que debe prevalecer entre todos los mocanos. La palabra Moca es el nombre oficial del pueblo. **Los candados cristianos**, **en guardia** son representativos del Excelso Patrón de Moca, San Juan Nepomuceno, quien fue martirizado por guardar valiente y celosamente el secreto de la confesión.

El Auto de Fundación del pueblo de Moca obra en el Archivo General de Indias en Sevilla (España), Legajo Núm. 2396 de Santo Domingo.

El 7 de abril de 1772, Don José de Quiñones se presentó ante el Gobernador Don Miguel de Muesas, con un poder de 71 vecinos que solicitaba permiso para fundar el pueblo y la iglesia. Luego de haber llenado los requisitos de reconocimiento, deslindes, otorgamiento de fianza y aseguración de renta para el cura, Moca quedó oficialmente fundado el 22 de junio de 1772.

Don José de Quiñones fue designado Capitán Poblador y primer Teniente a Guerra del nuevo pueblo fundado. El Cura Rector Fundador de la Parroquia lo fue Don Manuel Marcelino Martínez y Zepeda. El pueblo se fundó bajo la advocación de Nuestra Señora de la Monserrate y San Juan Nepomuceno.

Los terrenos donde se fundó el pueblo de Moca fueron donados por Doña Cándida Vives en 1841. Estas tierras están inscritas a favor de Moca en el Registro de la Propiedad de Aguadilla con el número de finca 1977. La finca tiene un área de 13 cuerdas y 49 céntimos y fue valorada en aquel entonces en $1,000.00 y colinda por el NORTE con terrenos de Doña Guadalupe López de Otero por el ESTE con terrenos de Alfredo Egipciaco y Tomás Babilonia; por el SUR con terrenos de Antonio Sánchez Ruiz y el cementerio; y por el OESTE con Quebrada Santiago.

Geografía...

El pueblo de Moca está situado en la parte Noroeste de la Isla de Puerto Rico, en los 18° 23' 39 Latitud Norte y 67° 6' 26" longitud Oeste del meridiano de Greenwich. Está localizado en un pequeño valle, en la falda de las montañas de la Tuna, a 141 pies sobre el nivel del mar.

Distribución por barrios (12)

Aceituna, Capá, Centro, Cerro Gordo, Cruz, Cuchillas, Marías, Pueblo, Naranjo, Plata, Rocha, Voladoras.

Clima

La temperatura media anual está comprendida entre los 76 y 78 grados Farenheit. Los vientos soplan, generalmente del primer cuadrante entre el Norte y el Este.

Ríos

El Río Culebrinas, que nace en las montañas de Lares, atraviesa la jurisdicción por los barrios de Plata, Voladoras, Cerro Gordo, Capá, Cruz y Marías.

Área Superficial

La jurisdicción tiene un área total de 50.7 millas cuadradas, distribuidas entre las 33,127.13 cuerdas de terreno que comprenden sus barrios.

Economía...

Sus fértiles llanuras son muy adecuadas para el cultivo de la caña de azúcar. Desde mediados del siglo XIX contaba con dos haciendas, la Irurena, de 50 cuerdas, fundada en 1860 por Juan Pellot y después propiedad de la sucesión de Labadie, y la Enriqueta, de 30 cuerdas, fundada en 1884 por Enrique Cleiven y más tarde propiedad de Tomás Babilonia.

En la actualidad continúa siendo la caña de azúcar su cultivo principal, aun cuando se cosechan frutos menores para las necesidades del consumo local. La ganadería es en este

económicas. Su aportación literaria incluye, Novelas: **La llamarada** (1935), **Solar Montoya** (1941), **El 30 de febrero** (1943), **La resaca** (1949), **Los dedos de la mano** (1951), **La ceiba en el tiesto** (1956), **El laberinto** (1959), **Cauce sin río** (1962), **El fuego y su aire** (1970), **Los amos benévolos**. Ensayos: **Pulso de Puerto Rico**. Teatro: **La Resentida**.

Nuestra Señora de la Monserrate

municipio una actividad secundaria. En 1974 se cosecharon 160,116 toneladas de caña que produjeron 13,843 toneladas de azúcar.

Cuenta también con algunas industrias, auspiciadas por los programas de Fomento, que contribuyen, aunque en escasa medida, al fortalecimiento de la economía local.

Enrique Laguerre. Nació el 3 de mayo de 1906 en el barrio Aceitunas de Moca. Estudió el Bachillerato y la maestría en (1941), y el Doctorado en la Universidad de Columbia. Novelista. Doctor en Filosofía y Letras de la Universidad de Colombia. Trabajó para UNESCO en Mexico en 1951-52. Director de Estudios Hispánicos en la Universidad Católica en Ponce. Se ha destacado como profesor y escritor y ha realizado labor educativa fuera de la Isla para la UNESCO. En su columna "Hojas libres" publicadas por el periódico **El Mundo** escribió en torno a situaciones políticas, sociales, culturales y

Juan de Dios Quiñones Velázquez. Nació en el Bo. Voladoras el 8 de marzo de 1923. Se graduó de la Segunda Unidad de Voladoras (1936), de la Escuela Superior de Aguadilla (1939); del Instituto Politécnico (1943), de la Universidad de Colombia (1948) y de la Universidad de Illinois (1956).

Profesor de matemáticas en la Universidad Interamericana y en el Colegio de Agricultura durante 20 años. Director del Departamento de Matemáticas del Colegio de Agricultura.

Sirvió en la Segunda Guerra Mundial (1943-46), y en la Guerra de Corea (1950-52). Ingresó en la Guardia Nacional de P. R. y se licenció con rango de Comandante en 1964.

Líder cívico de Moca: fundó equipos de béisbol aficionado en Moca y Aguadilla. Socio fundador del Club de la Ceiba y del Club de Leones.

Líder político: candidato a Senador por Aguadilla en 1968. Jefe de Transporte del ELA. Presidió la Comisión del Niño en 1969-71. Fue Ayudante Especial del Gobernador, Luis A. Ferré.

Dr. Efraín Sánchez Hidalgo. Nació en el Bo. Voladoras de Moca el 29 de abril de 1913. Fueron sus padres Zenón Sánchez Avilés y Pelegrina Hidalgo Pérez. Cursó instrucción elemental en Moca y superior en Aguadilla.

Obtuvo un Bachiller en Artes en Educación, "Magna Cum Laude", en la Universidad de Puerto Rico, en 1939. Se graduó de Maestro en Artes de la Universidad de Columbia en 1940. Hizo un Doctorado en Filosofía de la Universidad de Columbia en 1951. Fue Secretario de Instrucción Pública y Presidente del Consejo Superior de Enseñanza, 1957-60.

Lugares de interés...

Los Castillos Meléndez. Monumentos antiguos ubicado en el Bo. Centro de Moca. Desde la carr. 110 se asemejan a los castillos que aparecen en novelas y películas de misterio. Por su majestuosa escultura, estilo medieval, es un sitio de gran atracción turística.

El Castillo Labadie. Es una de las casas más antiguas de Moca. Es una estructura en estilo francés construida a principios de siglo y conocida además como el Palacio de la Familia Moreau. Es un edificio de dos plantas con balcones de hierro y una torre sobre el techo que le da un aspecto señorial. Desde esta antigua casa escribió su novela, "La Llamarada", el ilustre mocano y novelista don Enrique A. Laguerre.

La Hacienda Enriqueta. Es un monumento histórico que todo turista debe visitar. Es una casa antigua ubicada en la entrada principal del pueblo, cerca del barrio Palmar de Aguadilla. Su actual propietario, el Dr. Eleuterio Loperena, la conserva como una reliquia del pasado. En su interior pueden verse muebles antiguos, camas, lámparas y otro mobiliario de antaño. Aquí también existe una cisterna antiquísima y el cubo que usaban nuestros antepasados para sacar agua.

Monumento a la tejedora de Mundillo

Castillo de Labadie de las estructuras más antiguas de Moca

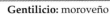

Morovis

Fundación:	1818
Gentilicio:	moroveño
Cognomento:	La Isla menos Morovis
Población (1990):	25,288
Alcalde (1997):	Hon. Ramón Russe González

HIMNO
Letra: Juan Manuel Rivera Delgado (Beto)
Música: Oscar Rodríguez Rivera

¡Oh Morovis, tú vives latente,
en los pechos de todos tus hijos
aunque diga el refrán "La Isla Menos"
aunque el mapa te muestre algo chico!

Son tus lomas de varios verdores
amplias vías ya son tus caminos
pero aún cuentan historias muy viejas
con sus linfas cantoras tus ríos.

¡Oh, recuerdos de ayer que dormitan
en las calles de nuestro pueblito!
¡Oh, la Iglesia que eterna en el centro
es vigencia de Fe en Jesucristo!

Aquí está la heredad moroveña
es acervo de todos tus hijos,
que haya fiesta y que el verbo acompasen
tus guitarras...y cuatros...y güiros.

Y marchemos con Fe hacia el futuro
a forjarlo con mil sacrificios
sin JAMÁS olvidar el pasado
¡POR TI SIEMPRE MOROVIS, UNIDOS!

ESCUDO

En campo de color amarillo, un águila pasmada de sable, picada y membrada de gules, su cabeza nimbada y entornada, partido de gules con cinco cuatros (guitarras puertorriqueñas) de amarillo, puestos en aspa; y en abismo, en escusón, el blasón de la Orden del Carmen. Al timbre, corona mural de color amarillo de tres torres, mamposteada de sable y adjurada de gules.

El águila nimbada representa a San Juan, apóstol y evangelista, cuyo nombre ostentó el fundador del pueblo, Don Juan Evangelista Rivera. **Los cuatros** simbolizan la importancia de Morovis como centro productor del típico instrumento musical puertorriqueño, que en el pueblo y su territorio ha tenido, además, numerosos intérpretes. **El blasón de la Orden del Carmelo** representa a Nuestra Señora del Carmen patrona de Morovis.

La corona mural es insignia genérica de ciudades y municipios y simboliza las libertades municipales y la unión y la solidaridad de los hijos de un mismo pueblo.

A comienzos de la segunda mitad del siglo XVII Puerto Rico todavía era una sociedad prominentemente costera. Para 1758, según un informe del gobernador español Esteban Bravo de Rivero, existían 9 "lugares" y 9 "riberas" además de la ciudad de San Juan y la Villa de San Germán.

Varias razones justificaban el asentamiento costero. Las tierras llanas eran las más aptas para la crianza de ganado y para el cultivo de pequeñas "talas" de subsistencia. De otro lado, la proximidad a la costa permitía a los vecinos mantener el necesario contacto con los extranjeros que venían de las Antillas Menores a realizar el intercambio de sus mercancías con los productos que se producían en la Isla. Mientras tanto, la Cordillera Central permanecía casi despoblada.

En 1765 España envió al Mariscal de Campo Alejandro O'Reilly a Puerto Rico para estudiar el estado en que se encontraban las defensas militares. Así también tenía como objetivo adicional el analizar la situación económica del país. La principal recomendación que hizo O'Reilly fue que se legislara para adoptar medidas que estimulasen el desarrollo de la agricultura comercial, en especial el de tierras a gran escala. Como era lo usual, el gobierno español comisionaba a una persona para dirigir el trámite. Este delicado asunto se puso en manos de don José Maysonet, residente de Toa Alta. A él le encargaron el repartimiento de los hatos de Morovis y San Lorenzo (dos barrios entonces). Esta labor le consumió unos dos años. Para 1811 había establecido unas guardarrayas preliminares entre los beneficiados para que eventualmente la midiesen y obtuvieran títulos de propiedad. Más tarde fueron demolidos otros hatos.

El paso común que precedía la fundación de los primeros pueblos en la Isla era la construcción de una pequeña capilla. Sin embargo, en lo que conocemos hasta ahora, en el caso particular de Morovis no hay constancia de que se hubiese construido una capilla previo a la fundación.

La noticia más lejana que refiere una gestión concreta dirigida a la fundación de Morovis se remonta a 1815. En ese año un grupo de vecinos de Morovis se unió a un más pequeño grupo de vecinos de Ciales para iniciar el trámite de segregarse de Manatí. Un tiempo después los vecinos de Morovis optaron por seguir solos en su empresa, ya que hubo rencillas entre los grupos mayormente debido a litigios por tierras.

El grupo de vecinos nombró a don Juan José de Torres como "apoderado" o persona que dirigiría los trámites de fundación. Su asistente lo fue don Juan.

Fue entonces el 1 de julio de 1818 cuando los vecinos fundadores recibieron la buena nueva de que podían "levantar la fábrica material de ella, independientemente de la parroquia de Manatí a la que pertenecía la mayor parte de este territorio...." Esto se refería a la construcción de la iglesia. Sin embargo, no fue hasta 1823 que finalmente ésta se construyó.

Es a partir de 1818 que el proyectado municipio tomó forma. El próximo paso fue establecer los linderos territoriales. ¿Por qué era esto importante? Hasta tanto no se supiese con certeza cuáles familias propietarias quedaban dentro de la jurisdicción moroveña, no se les podía imponer los subsidios o contribuciones económicas para levantar los edificios públicos requeridos. Hay referencias indirectas que indican que en 1818 hubo un primer trazado de colindancias de Morovis con los pueblos vecinos. Este plano fue levantado por el Teniente a Guerra de Manatí don José Gumá y por el cura rector del mismo municipio, don Joaquín Manuel de Santaella.

No obstante, además de ser un término preliminar en espera de una mensura más precisa, faltaba por mensurar con claridad las guardarrayas entre Morovis y Ciales. Hubo que esperar hasta 1820 para que ello se hiciera.

Al cierre del año 1821, los gestores de la fundación habían adelantado un gran trecho. Tenían a su haber la ratificación de municipalidad de parte de la Diputación Provincial, el término municipal y una población mayor a los 1,000 habitantes. Sólo faltaban dos pasos no menos escabrosos para llevar a la práctica el reconocimiento como municipio: la formación del primer ayuntamiento (gobierno municipal) y la construcción de los edificios públicos.

El domingo 16 de diciembre de 1821 se integró el primer ayuntamiento con la elección de don Juan José de Torres como alcalde de Morovis. El resto de personas electas fueron: Justo Díaz, Bernardino Negrón, José de las Mercedes Menéndez y José María Archilla.

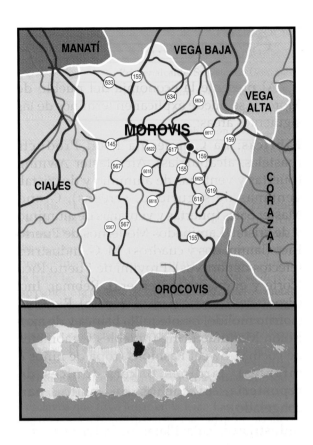

Geografía...

Morovis está situado a cincuenta millas de distancia de San Juan, capital de Puerto Rico. Las coordenadas que nos ubican son longitud 66.22, latitud 18.18. Los pueblos vecinos con los cuales tenemos contigüidad territorial son Vega Baja, Vega Alta, Corozal, Manatí, Ciales y Orocovis. La topografía de Morovis es montañosa en un sesenta por ciento, pero los terrenos son fértiles y están bien regados por numerosos ríos y quebradas. Morovis está situado a 375 pies sobre el nivel del mar.

Los suelos principales de Morovis son: Múcara, Soller, Colinas, Ciales, Santa Clara, Moca, Jayuya y Juncos. El Soller predomina en los barrios de Barahona, Torrecillas, Morovis Norte, Fránquez y parte de Montellano.

El suelo Ciales predomina en los barrios de San Lorenzo, Morovis Sur, partes de Torrecillas, Montellano y Morovis Norte. En Perchas, Pasto y Vaga predomina el Múcaro en 4,500 cuerdas aproximadamente dedicadas al café y frutos de subsistencia.

En Morovis Sur predomina el Jayuya y Juncos, así como en Cuchillas y Unibón y parte de Montellano. De las 25,403 cuerdas que forman el municipio de Morovis, 25,357 consisten de terrenos utilizables para la agricultura. La zona urbana ocupa 46 cuerdas. El 43 por ciento de las tierras agrícolas está en pastos, el 38 por ciento se dedica a la producción de cosechas y el resto consiste de bosques y malezas.

Morovis está regado en toda su extensión por varios ríos y quebradas entre los cuales están: Río Grande de Manatí, Río Carreras, Río Morovis, Río Unión, Río Bauta, Río Sana Muertos, Río Orocovis, Río Culebras y muchas quebradas entre ellas la quebrada San Lorenzo, la quebrada Fránquez y la quebrada Los Muertos.

En 1794 y a petición de varios vecinos influyentes ante la corona de España, se inicia la fundación de Naguabo, en el sector conocido como Pueblo Viejo. Por ser éste un lugar demasiado lomoso, se gestionó el traslado del pueblo al lugar que hoy ocupa. Dicho traslado se terminó durante los años 1821-1822.

He aquí algunas fechas de mucha importancia histórica:

1850 Existían 10 trapiches en Naguabo

1855 Brote de cólera

1892 Cierran minas de oro y plata en río Blanco

1894 Se funda la primera central de azúcar moscabada

1901 Se funda la Central San Cristóbal

1905 Primer alcalde criollo

1910 Primer acueducto

1912 Fuego destruye gran parte del pueblo

1914 Primer alumbrado eléctrico

1924 Terminan construcción de la alcaldía

Entre las fechas que son de importancia a nivel isla, se encuentran la del 1822, cuando se intenta una revuelta en el Daguao para establecer la República Boricua. Este movimiento estaba dirigido por Pedro Dubois, emisario de Simón Bolívar, por lo que cabe decir, que antes del Grito de Lares, surgió en el pueblo de Naguabo el primer movimiento para establecer la República.

Geografía...

Naguabo es un pueblo pequeño, ubicado en la parte oriental de Puerto Rico. Colinda al Norte con los municipios de Río Grande y Ceiba; al Sur con el Mar Caribe y el Municipio

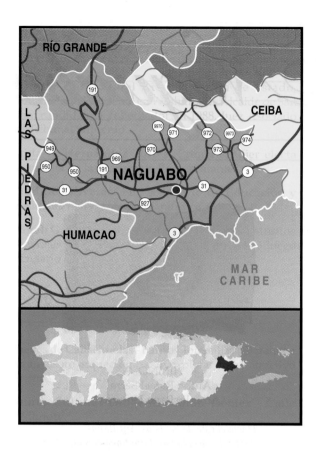

de Humacao; al Este con el Mar Caribe y al Oeste con el Municipio de Las Piedras. Las fiestas en honor a la Virgen del Rosario, patrona de Naguabo, se celebran anualmente en el mes de octubre, y octubre 7 es el día de la patrona.

Economía...

Naguabo cuenta en la actualidad con alrededor de 10 fábricas, entre las que se encuentran la producción de efectos electrónicos, lámparas, y otros productos. Dichas fábricas proveen empleo a numerosos vecinos de la comunidad. Otras instalaciones importantes son la planta eléctrica y la planta regional de filtración en Río Blanco, la cual beneficia a los municipios de Humacao, Las Piedras, Naguabo y Culebra.

La actividad agrícola de mayor impacto es la ganadería. Hay actualmente 32 vaquerías, lo que evidencia el gran desarrollo que se ha logrado en esta área. Además de la producción de leche, se cría ganado para carne, aves y pescado. La cosecha de frutos menores abarca también gran parte de la actividad agrícola en la zona rural. Se ha establecido en el área del barrio Duque una pollera, donde se utilizan los más modernos métodos de producción de huevos y carne de pollo.

El comercio de Naguabo abarca diferentes facetas, y se destaca la pesca en el área de la Playa Húcares. Hay dos sucursales bancarias, Banco Roig y Oriental Federal Savings, la Cooperativa Gasolinera San Cristóbal y la Cooperativa de Ahorro y Crédito "La Naguabeña", para sus transacciones comerciales.

Aquí nació...

Pedro Flores. Pedro Flores nació en 1894. Murió en San Juan en 1979. Famoso compositor de música popular que cuenta con una producción de más de mil canciones, muchas de ellas inéditas. En sus composiciones prefiere los temas de amor. Durante la Segunda Guerra Mundial su canción "Despedida", en voz de Daniel Santos, conmovió a los soldados puertorriqueños. Entre sus canciones populares son muy conocidas: "Obsesión", "Sin Bandera", "Perdón", "Amor perdido", "Bajo un palmar", "Se vende una casita", "Margie y Ciego de amor".

Ramón Ortiz del Rivero (Diplo). Actor y comediante, compositor y deportista.

Preciosa plaza rodeada de grandes árboles y bancos que invitan al descanso y la reflexión

Naguabo cuenta con cuatro monumentos históricos que revelan datos significativos del ambiente artístico y cultural del pasado:

La Estatua de Ramón del Rivero (Diplo). Ubicada en la Plaza de Recreo. Se erigió en su honor como el gran comediante naguabeño que hizo historia en Puerto Rico.

El Antiguo Teatro Municipal. Es un monumento histórico ubicado frente a la Plaza, el cual está en proceso de restauración para uso futuro.

El Castillo Villa del Mar. Representa una leyenda de principios de siglo. Es una antigua y hermosa construcción victoriana, ubicada en la Playa Húcares, con 18 columnas jónicas, pisos de mosaico y balaústres. En una ocasión fue utilizado como restaurante y en su salón principal se estableció una galería de arte donde los pintores locales solían exponer sus obras.

Monumento a Don Pedro Flores. Fue develado el 29 de marzo de 1991, en una de las esquinas de la Plaza de Recreo. El mismo consiste de una estatua de bronce y mármol, hecha por el escultor puertorriqueño señor José Buscaglia y fue eregido a un costo aproximado de $75,000 a través de unas aportaciones canalizadas a través del Instituto de Cultura Puertorriqueña y la Administración Municipal de Naguabo. El busto al compositor de fama internacional tiene una altura aproximada de veinte (20) pies.

Catarata el Salto de Río Blanco. En el Sector Río Blanco (Cubuy), camino hacia El Yunque. Sus aguas son cristalinas y refrescantes a las cuales va una gran cantidad de público a bañarse. Varias agencias publicitarias han utilizado este lugar para fotografías y comerciales.

Huerto Dorado II. Centro Agrícola, donde además de la venta de productos agrícolas, plantas y objetos artesanales, se le brinda a los clientes y amigos un pedazo de sosiego y esparcimiento espiritual. Parte de sus facilidades se utilizan para la celebración de bodas, seminarios, reuniones sociales y otras actividades donde impera el buen gusto.

Vista de una residencia en la loma

Naranjito

Fundación: 1824
Gentilicio: naranjiteño
Cognomento: Los changos
Población (1990): 27,914
Alcalde (1997): Hon. Alfredo Serrano Rodríguez

HIMNO
Letra: Don José Archilla Cabrera
Música: Don Paquito López Cruz

Naranjito es mi hogar predilecto
de Borinquen un plácido Edén,
mis cariños por ti son eternos,
porque tú eres el alma del bien.

En un valle profundo reposas
del Guadiana el eterno rumor
te circundan preciosas colinas
y te mira del cielo el Señor.

¿Qué me importan las grandes ciudades?
Si allí imperan el vicio y maldad
en tí luce la sana costumbre
en tí brilla la Santa hermandad.

Eres culto la Diosa Minerva
da su ciencia profusa por ti,
por la Esteves también Teresita
que se yerguen triunfantes aquí.

Dios bendiga los sabios mentores
que difunden contentos la luz
y nos dan los consejos más puros
son los Cristos que llevan la Cruz.

Cuando cese mi vida yo ansío
pueblo amado un humilde rincón
donde pueda dormir al regazo
de mi tierra que hallara Colón.

Naranjito es mi hogar predilecto
de Borinquen un plácido Edén,
mis cariños por ti son eternos
porque tú eres el alma del bien.

ESCUDO

Está compuesto de una cruz de color rojo que es símbolo de San Miguel Arcángel, Santo Patrón del pueblo de Naranjito. **El globo con la cruz** simboliza el poder y soberanía de Dios. Las franjas doradas y rojas que figuran en los cuarteles segundo y tercero, constituyen el bastón primitivo del linaje de los Guadiana. **La vara de azucenas** es atributo de San Antonio de Padua, confesor y doctor de la iglesia. **El árbol de naranjas** representa aquel pequeño árbol que da el nombre a Naranjito. **La corona** es símbolo de unidad moral del pueblo.

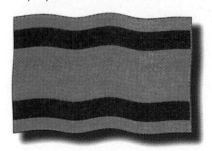

Desde 1810 ya había comenzado la lucha por la fundación del pueblo. Después de grandes tropiezos con intereses poderosos de la época, se logró el permiso el día 3 de diciembre de 1824.

El pueblo se fundó en el barrio del mismo nombre en tierras que donaron Doña Manuela Rivera y Don Braulio Morales. El nombre de Naranjito se deriva de un pequeño árbol de naranjas que servía de punto de referencia a los viajeros que querían acortar el camino real.

Cinco barrios unidos reclamaban la acción del gobierno de que se les hiciera justicia. Estos eran Lomas, Guadiana, Achiote, Anones, Nuevo y Cedro; dividiéndose este último en el 1853 en Cedro Arriba y Cedro Abajo. Contaba, además, con una zona urbana compuesta por las Bdas. San Miguel, San Antonio y San Cristóbal.

Fue Don Braulio Morales nombrado el Capitán Poblador y a la misma vez Alcalde del pueblo que comenzaba a crecer.

Naranjito no por ser tierra propia para el cultivo de la caña de azúcar y sus grandes centrales, mantuvo una distribución más o menos equitativa de la riqueza con respecto a su modo de producción. Ha sido una sociedad de pequeños agricultores sin dar margen a oligarquías con ideologías reaccionarias y directivistas. Ese aspecto es la diferencia de los pueblos costeros donde la conducta política era distinta.

La época más difícil para Naranjito empezó en el 1928 con el paso del huracán San Felipe, San Ciprián en el 1932 y el desplome del sistema capitalista en 1929. En toda esa década del 30 se padeció la crisis económica más espantosa de nuestra historia. El desempleo era rampante y el dinero apenas circulaba. El monocultivo del tabaco llevó a los pequeños agricultores a perder sus tierras, pues se quedaban con la ganancia de toda la producción.

En el 1940 se abrió un nuevo horizonte al desarrollo y al progreso. La industrialización, la educación masiva, los dramáticos cambios en las comunicaciones, la ciencia y la tecnología, además de los nuevos conceptos políticos y sociales, emplazaron la presente generación a presentarnos al mundo como un pueblo maduro y dispuesto a seguir existiendo frente a las fuerzas históricas que operan sobre la humanidad.

Geografía...

Se encuentra en la región centro-oriental de la Isla. Limita con Toa Alta por el Norte, con Barranquitas y Comerío por el Sur, con Bayamón por el Este, y con Corozal por el Oeste.

Corresponde a los municipios situados en la región de las colinas del norte. La parte sur de su territorio es la más elevada; comprende

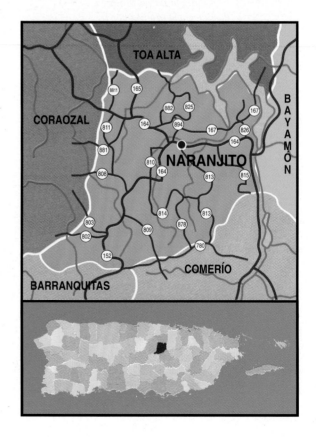

los barrios Cedro Arriba y Anones, y parte de los Cedro Abajo y Nuevo, en este último se encuentra el cerro Avispa, de unos 510 metros (1,673 pies) de altura sobre el nivel del mar. En todos los barrios mencionados las alturas fluctúan entre los 500 y los 700 metros (1,640 y 2,296 pies) sobre el nivel del mar. En el resto del territorio el relieve alcanza entre los 100 y los 500 metros (328 y 1,640 pies) de altura sobre el nivel del mar.

Está regado por el río de La Plata, que le sirve de límite con Bayamón por el este y con parte de Toa Alta por el norte; y sus afluentes los ríos Guadiana - que nace en Cedro Abajo . El Guadiana tiene de afluentes las quebradas del Toro, Rivera, Anones, Patos y San Francisco: el Cañas a la quebrada Jaguas. También riega a este municipio el río Mavilla, que es el afluente del Cibuco. Nace en Cedro Arriba, a unos 650 metros (2,132 pies) de altura sobre el nivel del mar y recorre unos 25 kilómetros (15.5 millas). Es pues, el mayor afluente del Cibuco. El río Grande de Manatí lo riega por su extremo sudoeste.

Plaza de Naranjito justo después de pasar un aguacero, muy normales en esta parte de la Isla.

Vista panorámica de Naranjito

El sistema hidrográfico de este municipio se completa con el lago o embalse de la Plata, situado al norte del municipio: ocupa parte de la superficie de los barrios Guadiana y Achiote.

Sus recursos naturales consisten en oro, que aparece asociado a otros minerales. De hecho, el río Mavilla fue el más pródigo en oro durante la colonización de Puerto Rico, cuando los indios eran obligados a lavar sus arenas en busca de las codiciadas pepitas.

Economía...

En los terrenos de este municipio abundaban las estancias de café y era de importancia el cultivo del tabaco. Hoy continúa siendo un municipio de economía fundamentalmente agrícola, dedicado al cultivo de frutos menores. La ganadería es una actividad secundaria. En 1974 existían dos vaquerías de primera clase, que entregaron ese año a las plantas elaboradoras 302,921 cuartillos de leche. También, con una cuota asignada de 2,219 quintales.

Media docena de industrias, surgidas en época reciente al amparo de los programas de Fomento, proveen empleo a numerosos vecinos del municipio y contribuyen apreciablemente a su fortalecimiento económico.

Costumbres y Tradiciones

Día de San Antonio - 13 de junio - Caminata desde el Bo. Cedro Arriba hasta el pueblo; se celebra misa.

Día San Miguel Arcángel Patrón del Pueblo - 29 de septiembre - Se realiza una novena y misa. Plaza Pública.

Olimpiadas del Chango - junio y julio - Competencias deportivas entre todos los barrios del pueblo. Participan más de 1500 atletas de todas las edades.

Centro de Gobierno y Alcaldía

Fundación: 1825	
Gentilicio: orocoveño	
Cognomento: Corazón de Puerto Rico	
Población: (1990) 21,158	
Alcalde (1998): Hon. Jesús E. Colón Berlingeri	

HIMNO
Por: Celestino Avilés, hijo

Mi patria es una bella isla
y Orocovis su corazón
y a ese pueblo que me dio la vida
hoy le canto con todo mi amor.

Rodeado de verdes montañas
vigilado por un árbol de mangó
centinela y fiel testigo de su historia,
de su gente, de su honra y su valor

Fue en tu suelo que nació
el gran Cacique Orocobix
y muchos hombres que le han dado
tanto gloria a mi país.

Y es por eso que hoy doy gracias al Señor
de nacer en este suelo...
¡Qué orgulloso estoy!
De poder levantar
tu escudo y tu bandera
y gritar a donde vaya...
¡Orocoveño soy!
¡Orocoveño soy!

ESCUDO

El ovalo es símbolo de la (o), inicial del nombre de nuestro pueblo. En cada cuadrante aparecen elementos representativos de nuestro modo de ser como pueblo. En el cuadrante superior izquierdo se observa **un busto indígena con guanín**, símbolo del gran "Cacique Orocobix", en silueta color oro sobre fondo plateado. **El perfil indígena** mira hacia la estrella o sol que aparece al lado superior derecho, el cual está realizado en oro sobre un fondo azul y representa nuestra municipalidad con sus diecisiete rayos o demarcaciones territoriales. En el cuadrante inferior derecho se observa una mata de plátano (elemento vegetal), en silueta color oro sobre un fondo plateado. Un puente también realizado en silueta de oro sobre un fondo azul, donde asoma el río, aparece en el cuadrante inferior izquierdo.

El indio representa las raíces taínas y la noble valentía de nuestra gente. **La estrella o sol**, fuente de luz y energía y cuerpo central del sistema solar a que pertenecemos el cual es símbolo de nuestro municipio como centro geográfico de la isla de Puerto Rico.

La mata de plátano representa nuestra principal fuente de subsistencia, la fecundidad de nuestro suelo y nuestro amor a la tierra, a la naturaleza y al trabajo mismo. **El puente** es símbolo de nuestra hospitalidad, comunicación y amistad con los pueblos vecinos. Es también una característica física y principal que distingue a nuestro municipio.

La corona de tres torres realizada en oro que aparece sobre el escudo, es símbolo de la categoría que corresponde al pueblo. Esta descansa a 3/8 de pulgadas de cada uno de los lados izquierdo y derecho de la placa o marco en la parte superior del escudo.

Los esmaltes en el escudo también tienen su significado, son esencialmente los colores de nuestra bandera. El verde representa el color físico de la naturaleza en nuestros campos, es símbolo de la esperanza de progreso y abundancia que emana de nuestra tierra. **El azul** simboliza nuestra sinceridad y nobleza de espíritu. Representa también la serenidad y armonía que caracteriza nuestra convivencia. **El plateado y el oro** son indicativos de los metales preciosos a que se hace referencia. Son símbolos de la seguridad y riqueza espiritual que caracteriza a nuestra gente.

"Orocovis", ¡Pueblo dotado de grandes valores humanos y espirituales!

Historia...

Las vastas extensiones de tierras que más tarde vinieron a formar la jurisdicción de Barros (hoy Orocovis) estaban adscritas a los municipios de Morovis y Barranquitas, perteneciendo al primero el barrio de Barros, y al segundo el de Orocovis, de entre cuyos vecinos se originó la idea de fundar el pueblo.

El barrio de Orocovis derivó su nombre del cacique Orocobix, quien tenía hasta el comienzo de la colonización su aldehuela principal en las alturas de Aibonito, Barranquitas y Orocovis.

Al finalizar el primer cuarto del siglo XIX vivían diseminados por toda la extensión del barrio Orocovis setenta y cinco familias de campesinos. La necesidad de una vida comunal los llevó a pensar en una aldea, con su capilla y escuela. Para esto comisionaron a Don Juan Rivera y Santiago para que a nombre de los vecinos del barrio compareciera personalmente ante el Capitán General de la Isla y ante el Obispo de la Diócesis a solicitar permiso para la erección de un pueblo en el sitio conocido por los Barros en el Barrio de Orocovis, de la jurisdicción de Barranquitas. El 10 de noviembre de 1825 el Gobierno Central aprobó la fundación del nuevo pueblo cuyo territorio comprendería los barrios Barros de Morovis y Orocovis de Barranquitas. El 15 de julio de ese mismo año se había comprado a Doña Eulalia de Rivera, en el sitio conocido por los Barros, un predio de terreno de 15 cuerdas con el fin de erigir en él la nueva población. Sin embargo, sólo llegó a construirse en este sitio la Casa del Rey. A fines de 1825, aduciéndose que el lugar no era conveniente por lo lejos de sus aguas, se solicitó y se consiguió del Capitán General Don Miguel de la Torre el traslado al sitio de Orocovis, aunque conservando la población el nombre de Barros.

A pesar de haberse fundado el pueblo en el 1825, la parroquia de San Juan Bautista de Barros no se fundó hasta el 1838. La inauguración de la nueva parroquia se llevó a efecto el 29 de octubre de ese año.

El año de 1875 fue un año trágico en la historia de Orocovis, ya que un terrible fuego destruyó la mayor parte de la población, incluso la iglesia, la escuela y la Casa del Rey.

En el 1878, según nuestro historiador Manuel Ubeda y Delgado, el pueblo de Barros estaba constituido por los barrios de Orocovis, Gato, Mata de Cañas, Pasto, Sabana, Botijas, Bermejales, Collores, Bauta Abajo, Bauta Arriba, Cacaos, Ala de la Piedra, Barros, Damián Arriba, Damián Abajo, Pellejas y Saltos. En el 1898, según Coll y toste, el Barrio Pellejas no formaba parte del municipio aunque en el censo de 1899 aparecía unido al Barrio Bauta Arriba. En el censo de 1899 tampoco aparecía el barrio Pasto, aunque Coll y Toste lo mencionaba en el 1898 en su **Reseña Histórica de Puerto Rico** como parte de Orocovis.

En el 1928, mediante una resolución conjunta de la Asamblea Legislativa de Puerto Rico se cambió oficialmente el nombre del municipio de Barros a Orocovis, nombre por el que se le conoce en la actualidad.

En el 1948, al prepararse por la Junta de Planificación de Puerto Rico el Mapa de

Municipios y Barrios de Orocovis, la zona urbana de este municipio fue ampliada para incluir parte del barrio rural Orocovis. Este fue el único cambio que sufrió la organización territorial de Orocovis desde el 1899. Por lo tanto, el municipio de Orocovis está en la actualidad, constituido por los siguientes barrios: Orocovis Pueblo, Ala de la Piedra, Barros, Bauta Abajo, Bauta Arriba, Bermejales, Botijas, Cacaos, Collores, Damián Abajo, Damián Arriba, Gato, Mata de Cañas, Orocovis, Pellejas, Sabana y Saltos.

Localización y ubicación

El municipio de Orocovis está ubicado en el centro montañoso de la Isla. El mismo se encuentra a unos 40 kilómetros de San Juan, 35 kilómetros de Ponce y 43 kilómetros de Arecibo. Este tiene una extensión territorial de 164.5 kilómetros cuadrados (63.5 millas cuadradas). Tiene como vecinos a los municipios de Corozal y Morovis al norte, Ciales en su parte noroeste, Villalba y Coamo al sur, el municipio de Barranquitas al este y al municipio de Jayuya por su parte oeste.

Orocovis se subdivide en 17 barrios. Estos son: Ala de la Piedra, Barros, Bauta Abajo, Bauta Arriba, Bermejas, Botijas, Cacaos, Collores, Damián Abajo, Damián Arriba, Gato, Mata de Cañas, Orocovis, Orocovis Pueblo, Pellejas, Sabana y Saltos.

Orocovis en su parte norte, pertenece a la cuenca hidrográfica del río Grande de Manatí. Entre los ríos de mayor importancia en el municipio se encuentran el Río Orocovis, el Río Botijas, el Río Sana Muertos, el Río Culebras, el Río Bauta y el Toro Negro.

El Río Orocovis, que corre por el centro del pueblo, es un pequeño río que nace en las montañas norteñas de la cordillera central y desemboca en el Río Grande de Manatí.

Fisiografía: La topografía del municipio de Orocovis es una totalmente montañosa. Las alturas fluctúan entre los 500 metros sobre el nivel del mar, en el centro urbano, a unos 1,080 metros en su punto más alto, el cual es el Cerro el Bolo.

Orocovis pertenece a la división geomórfica de la Provincia del Interior Montañoso Central. Las rocas que afloran en esta división son de origen volcánico y sedimentario pertenecientes al Cretáceo y el Terciario Temprano.

Geología: El núcleo urbano de Orocovis se encuentra sobre varias formaciones geológicas. La mayor parte del asentamiento urbano se encuentra sobre una formación perteneciente al cretáceo bajo. Esta, llamada "La Brecha Torecilla", es una estrata compuesta por una brecha calcárea muy fina en espesor interconectada por brechas basálticas y andesitas de lava. Incluye

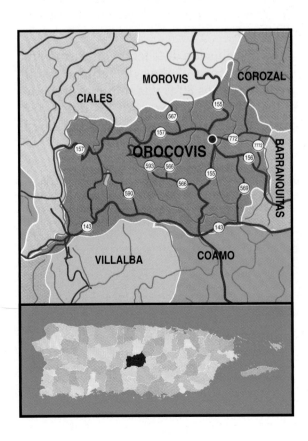

también unas estratas muy finas de tufa y arenas tufáceas.

Otra formación que se puede apreciar está compuesta de aluvión de la época Holocénica. Está formada básicamente de arenas, gravillas y residuos arcillosos, los cuales han sido depositados en la zona debido a las corrientes de los ríos. En muchos de los cauces de estas formaciones se pueden encontrar pedrejones de dos metros de diámetro. Los más grandes de estos pueden llegar a medir hasta cinco metros de diámetro.

La tercera formación sobre la cual se asienta el núcleo urbano pertenece a la época de transición entre el Holoceno y el Pleistoceno. Esta llamada "Depósitos de Terrazas" está compuesta en su mayoría por arcillas y depósitos de grava, con superficies mayores a los niveles de inundabilidad históricos.

Clima: Su ubicación central respecto a la isla y la altura de la zona son condicionantes del comportamiento climático en el término municipal.

La distribución de la temperatura máxima promedio para el mes de febrero oscila alrededor de los 80°F, y la mínima alrededor de los 58°F. Si se observan los datos para agosto, que es un mes caluroso, se ve que la

distribución de la temperatura máxima promedio se encuentra en los 86°F y la mínima en los 64°F.

La precipitación en la isla es la característica de islas tropicales. En estas se refleja un periodo relativamente seco, en los meses de invierno, y un periodo más lluvioso en los meses de verano.

Economía...

Economía principal: La agricultura

Productos principales: Café, plátano

Frutos menores: China, ñame, apio, repollo, chayote, yautía, guineos y otros.

La economía se nutre en un 50% de la agricultura.

Fábricas

Sorobei

    Artesanía de la Aguja, 48 empleados

Caribbean Nilon Point of Orocovis, Inc.

    jackets militares, 125 empleados

Oro-Agrario, Inc.

    café, 20 empleados

Oro Muebles

    muebles y enseres del hogar

Orocoveña Biscuit Corp.

    derivados de la harina, 22 empleados

Centro recreacional Doña Juana

Aquí nació...

Jenaro Collazo Collazo. Nació el 20 de septiembre de 1932 en el barrio Botijas. Cursó todos sus estudios primarios en las escuelas públicas de nuestro pueblo. Luego pasó a la Universidad de Puerto Rico. Ostenta un grado de Doctor en Filosofía con especialidad en Sociología. Su fructífera labor como servidor público ha sido demostrada al desempeñarse, entre otras cosas, como Profesor en el Recinto Universitario de Mayagüez y en el Recinto de Río Piedras de la Universidad de Puerto Rico. En este recinto se desempeñó como Decano de la Facultad de Ciencias Sociales de donde fue reclutado por el Gobernador, Hon. Carlos Romero Barceló, para ocupar la Secretaría de Servicios Sociales.

Andrés Jiménez. Nació en el Barrio Gato de Orocovis en 1947. Estudió Ciencias Sociales en la UPR. En 1969 fundó junto a compañeros de labor cultural el grupo Taoné, primera manifestación organizada del fenómeno altamente divulgado hoy de "La nueva canción puertorriqueña". Desde entonces ha sido reconocido como el más genuino exponente de lo autóctono campesino en tal movimiento, que le ha ganado el codiciado sobrenombre de "El jíbaro". Con tal reconocimiento, representa a Puerto Rico en el X Festival de la Juventud en Alemania, 1973 y en el Primer Cantar del Pueblo Latinoamericano en Cuba, 1974. Ha hecho conciertos en todas las universidades de renombre de los Estados Unidos. Discos de larga duración: "Yo vengo de la montaña", 1978; "Con el filo del machete y Cantata", 1981; entre otros.

Padre Efraín Rodríguez Otero. Nació en el Barrio Barros en el año 1948 y cursó todos sus estudios primarios en las escuelas públicas de nuestro pueblo. Luego ingresó en el Seminario Regina Cleri en Ponce, donde, estudiando en la Universidad Católica, logró un Bachillerato en Filosofía. El sacerdote orocoveño también tiene una Maestría en Divinidad de la Universidad San Vicente de Paúl del Estado de la Florida y una especialización en comunicaciones de la Universidad CBN de Virginia. Es el segundo hijo de nuestros compueblanos Jovino Rodríguez e Isabel Otero. Actualmente se desempeña como Párroco de la Iglesia La Caridad en Hato Rey y como Secretario de los Medios de Comunicación Social de la Iglesia Católica en la Arquidiócesis de San Juan. El Padre Efraín es otro valor orocoveño.

Lugares de interés...

Museo Orocoveño (Familia Avilés) - Salida hacia Morovis, Sector Bajuras. Cuentan con más de 100 artesanías que forman parte del programa del Instituto de Cultura.

Refugio Taíno Formado por dos rocas con más de cien petroglifos - Bo. Bauta Abajo Sector Matrullas

Proyecto Artesanal de la Aguja "Sorobei" - Salida Corozal, carr. 568, Sector Pueblo

Costumbres y Tradiciones

Para el año 1985, un grupo de empleados municipales dirigidos por el Honorable Alcalde Tito Colón, planificaron una actividad musical para la inauguración de las facilidades del área recreativa. Después de varias sugerencias, se tomó la idea de organizar un festival musical de tres (3) días, que lleva el nombre de Festival del Camarón.

El árbol del Centinela, es parte el pasado histórico de Orocovis.

Patillas

Fundación: 1811

Gentilicio: patillense

Cognomento: La Esmeralda del Sur

Población (1990): 19,633

Alcaldesa (1997): Hon. Pilar Rodríguez Rivera

HIMNO
Por: L. y M. De Andrés Plaud

PATILLENSES, ¡veis la luz
de la antorcha y su esplendor,
que ilumina en noble gesta con amor...
La ruta que recorrió,
el que por ti ayer luchó,
en las lides de los campos del honor!

No olvidéis otras proezas
en las Artes del Saber,
producto de otros hermanos,
que este pueblo vio nacer.

Sus conquistas celebramos
con solemne admiración;
¡Hosanna mis compueblanos...
Les brindo mi corazón!

ESCUDO

El escudo de Patillas, uno de los más hermosos de Puerto Rico, nació en el 1977. Heráldicamente el escudo exhibe una bella forma y un verdadero equilibrio de sus símbolos y sus colores.

Tiene este pueblo sureño un escudo acuartelado que nos presenta **la figura de un cuervo con una hojarasca de pan en el pico sobre fondo plateado** que representa la bondad, el humanismo y la abnegación cristiana, que mantuvo con vida a San Benito Abad cuando se encontraba en suplicio. Este es el santo patrón de Patillas.

Las torres doradas sobre fondo rojo simbolizan a Santa Bárbara, Matrona del pueblo, y recuerda su cautiverio en la torre de un castillo.

La cruz dorada en el centro del escudo sobre campo verde representa al Santo Cristo de la Salud, a quien se venera tradicionalmente en nuestro pueblo.

Los dos machetes en plata y cabos negros cruzados bajo la cruz simbolizan las luchas económicas del cañaveral patillense y de su agricultura.

El escudo está flanqueado por ramas verdes simbolizan la vegetación y el verdor de los campos de Patillas, que se conoce como la "Gema del Sur".

Aun cuando el pueblo de Patillas se fundó en 1811 por el capitán don Ignacio García Salinas, sábese que ya desde mediados del siglo XVIII numerosos vecinos hallábanse diseminados por toda la vastedad del Valle de Patillas, y hasta que probablemente existiera el germen de un núcelo urbano, que sirviera de base al pueblo que más tarde habría de fundarse. La fundación del pueblo se debió al incremento de la siembra de caña –traída a Puerto Rico por don Nicolás de Ovando desde la Española – y a la instalación de trapiches para la elaboración de azúcar en dicha región. El auge económico de la zona determinó la afluencia de gran número de corsos emprendedores y otros europeos, que se dedicaron con tesón al cultivo de sus tierras, llegando muchos de ellos a amasar grandes fortunas.

Adelina Cintrón, propietaria de la finca Patillas –llamada así por abundar en la misma una fruta acuosa de ese nombre– se propuso congregar en un núcleo o centro urbano a los campesinos dispersos por todo el ámbito del Valle, donando al efecto una parcela de ocho cuerdas, en la que se fundó poco después el pueblo que da nombre al Municipio y que es también el de la finca original. Llevó además el nombre de Patillas el ingenio que allí fundara don Juan Pou, vendido con todas sus tierras en las postrimerías del siglo XIX, a los hermanos Massari, de Córcega, que fueron de ese modo los impulsores en gran medida de la expansión del lugar.

Según la Descripción de don Ulpiano Lizardi, a la que ya se ha hecho mención, el primer cura de la Parroquia lo fue don Miguel José de Crespo, que murió en 1845 a la edad de 94 años. Se conoce también de un titulado Libro III llevado en la misma, "para la Archicofradía del Santo Sacramento de esta Parroquia de San Benito Abad y Santa Bárbara de las Patillas", cuyo primer asiento corresponde al 20 de marzo de 1813. La iglesia era todavía en 1846 de madera y se hallaba en estado ruinoso, aunque tenía "buenas alhajas y ornamentos muy decentes", por lo que se ordenó su nueva construcción de mampostería en 1848. Esta Parroquia era entonces sufragánea del vicariato de la Villa de Coamo. El ciclón de San Felipe –13 de septiembre de 1928– la destruyó, levantándose sobre sus ruinas el hermoso edificio que ofrece hoy sus servicios religiosos a los feligreses de la comarca, adornado en su interior por valiosos frescos del artista ponceño Juan Bertoli.

Pese al tesón de sus vecinos, las fuerzas ciegas de la naturaleza se opondrían a veces al progreso del incipiente poblado, que fue azotado en 1825 por un destructor huracán, mientras que en 1845 un violento incendio reducía a cenizas la mitad del caserío. Sin embargo, en 1846 tenía ya ocho calles y dos callejones, con 106 casas, 69 bohíos y 20 establecimientos (También contaba con una edificación de dos plantas destinada a Casa del Rey, cuyos bajos ocupaba la cárcel, y una escuela de instrucción primaria para 30 niños pobres, dotada con trescientos pesos anuales. Su administración estaba a cargo de un Teniente a Guerra, sustituido temporeramente por un Sargento Mayor de Urbanos. Una Junta de Visitas, compuesta de ocho miembros y un Síndico Procurador, además de ser organismo consultivo hacía el repartimiento de las Contribuciones Reales y Vecinales. En el orden militar contaba con un Comandante de Cuartel, que era a la vez Capitán de la Compañía de Milicias Disciplinadas de Infantería. Había además un Subdelegado de Marina y estafeta de correos, y aunque no existía aduana, dos cabineros apostados en El Bajo y Jacaboa impedían, hasta donde ello era posible, el comercio de contrabando. Dentro del perímetro del pueblo habitaban ya 321 blancos, 423 mulatos libres, 61 negros libres y 222 esclavos; la jurisdicción –excluido el pueblo– contaba con

1,224 blancos, 2,775 mulatos libres, 115 negros libres y 593 esclavos.

Muchos datos que pudieran arrojar luz sobre el desenvolvimiento administrativo de este Municipio desde su fundación, permanecen ignorados a causa del incendio que en 1880 destruyó la casa de la alcaldía con todos sus archivos. En las postrimerías del siglo XIX y siendo alcalde don José Cobián, fue construido el matadero y también el acueducto asegurándose, sin que dispongamos de fuentes de comprobación, que fue el primero en Puerto Rico.

Geografía...

Área: 48 millas cuadradas

Barrios: Pueblo, Apeadero, Bajo, Cacao Alto, Cacao Bajo, Egozcue, Guardarraya, Jacaboa, Jagual, Mamey, Marín, Mulas, Muñoz Rivera, Pollos, Quebrada Arriba y Ríos.

Este municipio, situado hacia el oriente de la Isla y en su costa sur, limita al norte con el municipio de San Lorenzo, al este con los municipios de San Lorenzo, Yabucoa y Maunabo, al oeste con los de Guayama y Arroyo y al sur con el Mar Caribe.

Corresponde geográficamente a la sección de la Llanura Aluvial Ponce-Patillas, formada por la consolidación de los valles que descienden hacia el sur de la Cordillera Central y de la Sierra de Cayey, cuya sección forma parte a su vez del Llano Costero del Sur. Sus terrenos aluviales son de alta productividad agrícola, incrementada por los sistemas de irrigación artificial que se han instalado para el logro de mejores rendimientos.

El relieve de su suelo acusa la escasa elevación de algunas de sus tierras, como las de Espino al Norte en los límites con San Lorenzo; Malapascua, al Este y Yaurel en el límite con Guayama.

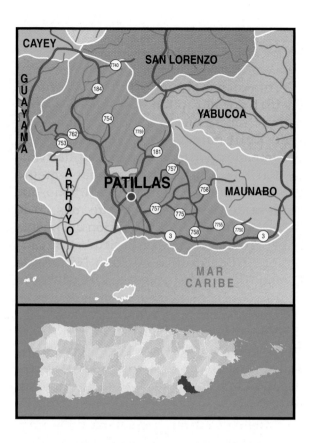

El embalse de Patillas, a una milla del noroeste del pueblo del mismo nombre, represa las aguas de los ríos Patillas y Matón y constituye un importante sistema de riego de la región. Las obras de esta represa se iniciaron en 1910, y se terminaron cuatro años después, para sufrir sucesivas ampliaciones en los años 1918 y 1921. El llamado Canal de Patillas, que va desde la represa hasta las inmediaciones del pueblo, y sus canales laterales de distribución riegan un área aproximada de 12,000 cuerdas de terreno.

Economía...

Como sus tierras de aluvión son aptas para el cultivo de la caña, muchos de los terrenos de este municipio, estaban dedicados a mediados del siglo XIX a la siembra de la dulce gramínea.

Cerro La Cruz

Por esa época la mayor parte de los ingenios de azúcar estaban situados en el barrio Los Pollos (Mariani, Río Chico, Hacienda Semidey, Hacienda Catalina, etc.), en su mayoría de corsos y franceses. Aunque los había también en los barrios Cacao Bajo (Felícita y Patillas), Jagual (Blondet), Guardarraya y Cacao Alto. De los ocho ingenios que a mitad del siglo pasado existían en la jurisdicción de este municipio, a principios del siglo XX sólo molía el Río Chico, convertido más tarde en la Providencia Sugar Company, que fabricaba azúcar moscabada para embarcarla hacia el exterior por el Puerto del Bajo.

A este cultivo le seguía en importancia, el de café, que corsos y españoles habían llevado a las espesuras de sus montañas. Se cultivaba también algún tabaco y eran famosas las chinas de Patillas, especialmente las producidas en el barrio Real –hoy Muñoz Rivera– que se exportaban incluso para Estados Unidos. En la Descripción Topográfica del Pueblo de Patillas y su Jurisdicción, que el 10 de octubre de 1846 redactara don Ulpiano Lizardi por orden del Comandante Comunal, señalaba su autor que en las estancias de este municipio se cultivaba además arroz, maíz, plátanos, batatas, ñames, habichuelas, yucas y otros frutos menores; que había muchos árboles frutales como aguacates, anones, guanábanas, guayabos, mangoes, hicacos, piñas, etc., produciéndose también uvas parras, moradas y moscatel, de tan buena calidad dque se enviaban a la Capital y se exportaban a St. Thomas. El ciclón de San Felipe destruyó casi por completo las siembras de café y ocasionó daños cuantiosos a los demás cultivos.

En el Barrio Jagual existía una mina de pirita, sin explotar, y en las márgenes del río del mismo nombre otra de cristal de roca, que tampoco se puso en producción.

En 1874 se cosecharon 24,275 toneladas de caña que produjeron 2,090 toneladas de azúcar y existían 26 agricultores de tabaco que ese año tenían una cuota asignada de 997 quintales.

La caña de azúcar fue el puntal de la economía patillense a lo largo del siglo XIX y hasta el 1960 aproximadamente.

Actualmente la economía patillense se fundamenta en los salarios gubernamentales (maestros y empleados públicos, producción de frutos menores y algunas fábricas).

Aquí nació...

Gaspar Cochran. Nació en 1910. Hizo sus estudios en Patillas y Arroyo, pero los tuvo que abandonar para dedicarse al trabajo y ayudarles a sus padres. Gesto que ilustra la nobleza de su corazón.

En el 1982, aproximadamente, se radicó la primera petición a la Comisión de Recreo y Deportes para la construcción de un parque atlético. "Sus sueños se vieron obstaculizados por una ley tarifaria que ofrecía incentivos a la agricultura, ésta era más importante que el parque, así lo entendía el gobierno", señalaba Gaspar. En el 1952, le nombraron Líder Recreativo de Patillas, puesto que ha desempeñado con gran maestría. Fue el primero en inscribir un equipo de beisbol clase "A" (Patillas Lions) en el primer torneo de la Administración de Parques y Recreo Públicos de Puerto Rico, sin apenas Patillas, contar con un parque atlético.

Ha estado íntimamente relacionado con el baloncesto en todas las categorías y en todos los tiempos. Ha sido Director de los Carnavales en las Fiestas Patronales, por 20 años.

También hay que señalar su gran dedicación al ciclismo. Por espacio de 18 a 20 años, auspicia la Carrera Ciclista en las Fiestas Patronales.

En el atletismo ha proyectado su liderato. Recuerda con cariño el CLUB ATLETICO auspiciado por la Administración de Parques y Recreos Públicos de Puerto Rico, ya que varios de los hijos de este pueblo se destacaron. Entre otros, Eugenio Hernández, tercero en el Péntalo Juvenil de Puerto Rico, Teresa Cochran, ganadora de los 100 metros en la Universidad de Puerto Rico, Manatí, Guayama...

La comunidad patillense y el pueblo de Puerto Rico, reconocen sus grandes cualidades de ciudadano y deportista. Prueba de esto son los certificados, trofeos, medallas y pergaminos que le han otorgado.

Ramón E. Figueroa Lebrón. Ramón Emilio estudió sus grados primarios en Patillas. Ya despuntaba como estudiante sobresaliente en todas las áreas del saber. Fue promovido dos veces en el mismo año porque dominaba con gran maestría las asignaturas que le enseñaban.

Ingresó en la Universidad de Puerto Rico en el año 1953 y en el 1957 obtuvo un Bachillerato en Ciencias Naturales. Ya sus pasos eran firmes en la consecución de sus grandes anhelos. Quería servirle a su pueblo, a

Vista de una de las hermosas playas que bañan sus límites con grandes palmas al fondo

sus gentes, de la manera más honrosa, de la forma más útil. En el 1957, ingresó en la Facultad de Medicina en la Universidad de Santiago, España.

Obtuvo uno de los puestos más elevados en la medicina de su especialidad. En octubre de 1972, lo eligieron "GOVERNOR OF AMERICAN COLLEGE OF CHEST PHYSICIANS".

Son innumerables los trabajos que ha escrito. Ha publicado, entre otros, los siguientes: **Effect of Ethambutol on the Ocular Zinc Concentration in Dogs**, American Review of Respiratory Deseases, Vol 104, 1971; **A New Method for Identification of Cryptococus Neforms in Spinal Body Fluids**, Puerto Rico Medical Association Bulletin - Vol. 64 Nov. 8, 1972.

En el 1970 fue premiado con el "American Medical Association Professional Advancement Award".

Paulino Rodríguez. Nace este ilustre patillense en el Barrio Los Pollos, en el año 1893. Comenzó sus estudios elementales en Patillas y en el vecino pueblo de Arroyo.

El anhelo por la búsqueda del conocimiento le estimuló a continuar sus estudios por correspondencia. Se graduó de Comercio y Leyes.

Fueron 36 años de ferviente dedicación a la enseñanza. Son muchos los hijos de este pueblo los que agradecen su ejemplaridad ciudadana y magisterial.

La fecunda labor literaria se pone de manifiesto en **Gotas de estío** - lectura para niños; **El hijo del remoldimiento** (Novela); **Mi huerto solitario** (poesía) y **La historia del pueblo de Patillas** (1811-1965).

Jalil Sued Badillo. Educador e historiador nacido en 1941. Graduado de la Universidad de Puerto Rico (1963) y de la Escuela Nueva para Investigaciones Sociales de Nueva York (1969). Ha dirigido los Estudios Interdisciplinarios del Departamento de Ciencias Sociales Generales y ha sido vicepresidente de la Fundación Arqueológica de Puerto Rico. Es autor de **La mujer indígena y su sociedad** (1975), **Bibliografía antropológica para el estudio de las culturas indígenas del Caribe** (1978), **Los caribes; realidad o fábula** (1978), **Cristóbal Colón y la esclavitud del indio en las Antillas** (1983) y **Puerto Rico Negro**.

Lugares de interés...

Lago

La Iglesia Católica

Bosque Forestal

Playa del Bajo (Villa Pesquera)

Área Recreativa "Los Tres Chorros"

Canal de Patillas que va desde la represa hasta las inmediaciones del pueblo.

Peñuelas

Fundación: 1793

Gentilicio: peñolano

Cognomento: Valle de los Flamboyanes

Población (1990): 22,515

Alcalde (1997): Hon. Walter Torres Maldonado

HIMNO
Por: José "Tony" Santos

El Valle de Guayaboa te ha legado,
firmeza de sus peñas, del indio su valor,
del mar enfurecido tu Cristo te ha salvado,
tus hijos han frustrado con sangre al agresor.

Tus aguas - las lágrimas de indígenas mejillas,
son fuente de energía, frescura y flacidez,
tejiendo tus montañas, feraces maravillas,
susurran sus dolencias al Río Guayanés.

Viva Peñuelas, deportes, tradiciones,
viva su güiro, instrumento vegetal,
artesanos, poetas, trovadores,
que viva su talento musical.

De tu grandeza, humilde peñolano,
desde el Cerrote al mundo le diré,
que así es mi pueblo - a todos da la mano,
hospitalario, de paz, de amor y fe.

ESCUDO

El escudo de Peñuelas fue creado en el año 1974, por medio de un proyecto del Instituto de Cultura Puertorriqueña, a cargo del Señor Rodríguez, y financiado con fondos federales.

El adorno sobre el escudo, **un muro de piedra** (amarillo oro), representa la perpetuidad, **la cruz** (púrpura) representa al santo cristo de la salud que detuvo el mar cuando inundó a Peñuelas. **El brazo** (púrpura) representa el sacerdocio y al pueblo de Peñuelas. ¡Pueblo creyente! **El color amarillo** representa el sol, **los colores azul y blanco** simbolizan el mar agitado cuyo aplacamiento se logró obtener por la fe de todos los peñolanos y también simbolizan el cielo. **La regia** (enseña) representa la fe en el cristianismo. "En Dios Confiamos".

Historia...

La historia de un pueblo, se conoce por las gestas, las leyendas, costumbres, ideas en el tiempo, la política, por su gente y su valor. El pueblo de Peñuelas, situado al sur salitroso de Puerto Rico y arropado por su fértil y verdoso valle bajo la vigilancia de sus picos, cerros y montañas, cumplió 200 años de fundación el 25 de agosto de 1993. Es pues, esta fecha, símbolo del patrimonio cultural, de Peñuelas en cada minuto vivido y por vivir.

Peñuelas ha visto las señales del tiempo en su devenir como pueblo. Las primeras décadas del siglo XIX representan a un pueblo que dependía, enormemente de la agricultura. Los cultivos de frutas cítricas, café, tabaco, maíz y arroz son los más importantes. También la cría de ganado era parte importantísima para el sustento familiar.

La actividad económica más importante, era el comercio. Éste se realizaba a través del Puerto de Tallaboa y se comerciaban las mejores chinas que esta tierra peñolana producía -las mejores del Caribe. Este puerto era visitado por un sinnúmero de barcazas de diferentes países, y al momento de comerciar, no podía faltar el famoso contrabando.

Hoy, la historia es distinta, el pueblo, conocido como "El valle de los flamboyanes", se mece en otros rumbos. Actualmente cuenta con una población de 23,200 habitantes, aproximadamente, según el censo federal de 1990. Marcados por una estrechez económica, debido al cierre industrial petroquímico, se sobrevive dentro de este hermoso país de 100 x 35 - ¡PUERTO RICO!

Peñuelas –CAPITAL DEL GÜIRO– cuenta con su Escudo, su Bandera, y su Himno Municipal "Así es mi pueblo", que demuestra la fe, la esperanza, el coraje del pasado, la creencia taína vertida a través de los caciques: Guaraca (señor del caracol), Guayaboa y Guaypao. El pueblo también cuenta con su

Santo Patrón: "Santo Cristo de la Salud", evocador de la leyenda y salvación cristiana, cual muro invencible de la fuerza del mar. Peñuelas, bañado por las aguas de su famoso Río Guayanés, se torna Flor de Leyenda en los brazos de la historia, y ante todo hijo peñolano, siendo esto, el legado de más de 500 años –legado de un porvenir, ¡POR SIEMPRE!

Geografía...

Extensión y Límites Territoriales

El pueblo de Peñuelas está localizado en la zona sur de la Isla, y esta misma costa sur está bañada por las aguas del Mar Caribe; se encuentra Peñuelas entre los pueblos de Guayanilla y Ponce, por el oeste colinda con Guayanilla y por el oeste con Ponce, por el sur con el Mar Caribe y por el norte con el pueblo de Adjuntas.

Recursos Naturales y Calidad del Ambiente

Peñuelas se destaca por sus recursos naturales de ríos y quebradas, montañas, bosques y tierras fértiles y temperatura agradable. Su cuenca produce hasta un máximo promedio de más de 20 millones de galones diarios, según datos recopilados del "U.S. Geological Survey", Oficina de San Juan. El municipio cuenta con más de 10,000 cuerdas en bosques y montes (mayormente fincas privadas) las que ofrecen una oportunidad para el desarrollo de la recreación pasiva dirigida a satisfacer necesidades regionales del área de Ponce. La combinación de montañas, buen clima, vistas panorámicas, grandes sistemas de cuevas y manantiales se juntan para presentar otra gran oportunidad para el desarrollo del turismo local.

Clima

El pueblo de Peñuelas está enclavado en uno de los valles más fértiles de toda la región sur de Puerto Rico, el cual está rodeado de

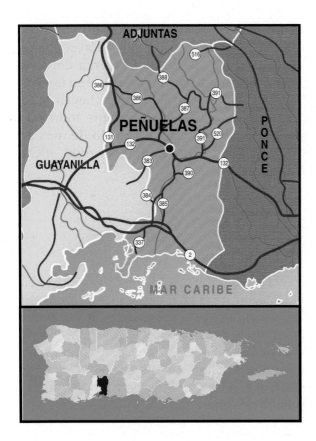

Actualmente se sustenta económicamente con las contribuciones que pagan alrededor de 6 fábricas pero, que no compensan lo que una vez significó la CORCO.

El árbol y flor municipal

El pueblo de Peñuelas se ha caracterizado por ser un valle rodeado de montañas, sumamente fértil, de ahí que la flora de su naturaleza le prodigó, desde su fundación, de diferentes árboles y entre ellos, uno muy especial: el flamboyán. De ahí que sea por este árbol el que nuestro pueblo se distinga: es Peñuelas, el "Valle de Flamboyanes". Por eso, el árbol y la flor distintiva del pueblo es la del flamboyán. A principios de siglo, a la entrada del pueblo; en la carretera que conduce al Bo. Tallaboa Alta, en la que conduce al Bo. Santo Domingo, así como en todos sus barrios, la belleza del flamboyán florecido engalanaba a todo nuestro pueblo. De hecho, cuando el Presidente de los Estados Unidos, Franklyn D. Roosevelt visitó a Peñuelas quedó asombrado y maravillado ante el espectáculo visual que se le presentó.

montañas. Su terreno es gredoso, con una regular capa de tierra vegetal negra. Su temperatura es considerada una de las más agradables de toda la región; contribuyen a esto las frescas aguas del Río Guayanés, que casi circunda la población, además (el clima), es templado en todas las estaciones. Esto hacía que, en el pasado, enfermos de los pueblos limítrofes, especialmente de Ponce, vinieran a Peñuelas a reponer su quebrantada salud, con la ayuda de los aires puros del ambiente y con los baños del río.

Economía...

En términos económicos la situación del pueblo ha variado considerablemente desde la fuga o cierre de la CORCO que venía a ser la base del sustento económico del pueblo.

Aquí nació...

Dr. **Luis Díaz Hernández** y el profesor **Alfonso Santiago**. Los libros de Díaz Hernández son: **Castañer, Una Hacienda Cafetalera en Puerto Rico** y **Temblores y Terremotos de Puerto Rico** (1868-1930).

En el campo de la pintura se destacan los hermanos Wilmer y Rafy Colón, Moisés Castillo, Erick Ortiz, Geraldo Santos, Israel Rosario, Lucas Castillo y otros.

A través de su historia, nuestro pueblo ha contado con grandes figuras en el campo del saber: el Dr. Lorenzo A. Balazquide, escribió el **Compendio Intrahistórico de Peñuelas**, el único libro que se ha escrito sobre la historia de Peñuelas y también escribió el libro testimonial **Un héroe mínimo**. Nuestro pueblo ha producido políticos que han servido en nuestra legislatura como: Don Angel Miguel Candelario Arce, nuestro primer Representante a la Cámara. También han sido representantes el Lcdo. y Juez Rafael Quiñones Cruz, el Lcdo. José M. Novoa González y el Lcdo. Samuel Ramírez, quien fuera Vice-Presidente de la misma.

Cuevas del Convento. Este es un lugar que consta de seis cuevas aproximadamente. Por su rareza natural, ha sido visitada por miles de puertorriqueños interesados en conocer su origen y valor turístico. Está ubicado en un sector del barrio Santo Domingo, terreno que pertenece al Sr. Pedro Juan Nigaglioni y tiene varias vías de acceso a saber: Final Carretera del sector Yauco, del barrio Tallaboa Poniente de Peñuelas, Camino Joya Seca (Bo. Cotto Quebradas), Final camino sector Sumidero (Bo. Santo Domingo) y al Final Bo. Magas de Guayanilla. Lo interesante de este lugar es que las mismas se comunican entre sí y existe una corriente de agua subterránea.

Playita Alegre. Este predio de terreno playero está ubicado, lógicamente, al sur de Peñuelas en el sector "El Boquete" y pertence al Departamento de Recursos Naturales de Puerto Rico.

Hace aproximadamente cinco años, surgió la inquietud genuina de los residentes de esta comunidad a los fines de desarrollar este proyecto de "Playita Alegre".

Respecto a las costumbres de nuestro pueblo, se celebran fiestas tales como: Día de San Juan, Los Santos Reyes, La Octavita, Día de San Pedro, Día de Santiago, Día de los Inocentes, La Navidad, Semana Santa, Fiestas Patronales, Corpus Christi, pasear a caballo, ir de pasadía al mar, bañarse en el río, hacer visitas, pasear por la Calle Principal, asaltos navideños, y otros. Tarde en la noche se oían las cuerdas de una guitarra y el violín llevando serenatas. También, se celebra el Día de la Candelaria, Peleas de Gallos, La Fiesta Nacional del Güiro, El Maratón al Santo Cristo de la Salud, La Vuelta Ciclista, El Maratón Abe Fornés, El Festival de Chiringas y múltiples actividades cívicas, sociales, culturales y religiosas.

Vegetación típica de la zona con flamboyanes al fondo

Ponce

Fundación: 1692

Gentilicio: ponceño

Cognomento: La Perla del Sur

Población (1990): 187,749

Alcalde (1997): Hon. Rafael Cordero Santiago

HIMNO
Por: Juan Morell Campos

*Tú eres divina Ponceña,
por tu gracia y tu candor,
la más delicada flor
de la tierra borinqueña.
Son tus ojos hechiceros,
dos luceros brilladores;
y en tu seno bendecido
forman nidos los amores.
Nada tu beldad supera,
nada iguala los hechizos,
de esos ondulantes rizos
de tu agradable cabellera
¡Ay, Ponceña!
¡Ay, Ponceña!
Tu belleza al contemplar,
la reina de la hermosura
yo te quiero proclamar.
Desvanece el suave aroma
de tu boca perfumada,
y es lánguida tu mirada,
cual de cándida paloma.*

ESCUDO

Escudo tronchado, dividido por una línea diagonal, que va del cantón diestro del Jefe al cantón siniestro de la punta. En su campo dividido, están los colores, que son: **Gules** (rojo), que cubría la parte siniestra superior símbolo de fuego y de fortaleza, valor, fidelidad, alegría y honra. **Sable** (negro), que cubrirá la parte diestra inferior símbolo de la noche y del arrepentimiento, de la prudencia, la modestia, el temor, del secreto y del desinterés. Sobre ese fondo rojo y negro, está un León, de color amarillo y melena negra, pasante hacia la diestra del escudo, contorrando (mirando) hacia la siniestra. Este león pasante está sobre el puente. El puente tiene colores amarillos, en contorno superior, seguido de color ladrillo, en el centro, y en la parte inferior (la base), color gris. **Los ríos** están simbolizados por líneas grises, sobre el fondo negro. Tiene el escudo un trechor o contrafilete a su alrededor, de color amarillo. En la parte superior del escudo está una **corona con cinco torres**, que significa las etapas de crecimiento de nuestra Ciudad: poblado; su fundación en el 1692; el Decreto Real de Villa en el 1850*, por S.M. Isabel II, Reina de España; y Ciudad por Decreto Real en el 1877, por S.M. Alfonso XII, Rey de España. Una orla verde bordea el escudo, semejando una planta de café, con sus hojas verdes y el fruto en rojo. A la siniestra, la caña de azúcar.

Historia...

No ha sido fácil para los historiadores puertorriqueños establecer claramente los orígenes de la ciudad de Ponce. Según las antiguas tradiciones, se le llamaba Ponce a toda la vasta llanura al sur de la Isla, que va desde el Río Baramaya (hoy Portugués) terminando cerca de la Bahía de Guayanilla. Ya desde el 1646 se conoció toda esta región, al oeste del río Jacaguas, con el nombre de Ponce. Como gran parte de los pueblos de la Isla, el área de Ponce fue en sus orígenes un hato ganadero. Pero quizás muchos nos preguntaremos: ¿De dónde surge que a toda esta región se le llame Ponce? Según el historiador ponceño don Eduardo Neumann Gandía, el nombre se deriva del conquistador de Puerto Rico, don Juan Ponce de León. Sin embargo, otros historiadores indican que la región tomó el nombre de Ponce, del biznieto de don Juan Ponce de León: Juan Ponce de León y Loaíza. Este señor, aconsejado por el Obispo Fray Diego de Salamanca, tío de su esposa, obtuvo concesiones del gobierno central para obtener estos terrenos con el propósito de reunir los pobladores dispersos de la Villa de Coamo, y fundar una población que promoviera el desarrollo comercial y civil de la región sur. Se sabe que es importante conocer de dónde procede el nombre de la ciudad. Se puede asegurar que su nombre proviene, ya sea directa o indirectamente de don Juan Ponce de León, colonizador de Puerto Rico. Según el historiador español Vicente Murga Sanz, ya para el 1597 existe un poblado llamado Bucaná en la Bahía de Ponce. Sin embargo, uno de los núcleos más importantes de Ponce fue el que se estableció a las orillas del Río Baramaya, cerca de la ceiba. Aquí se estableció don Pedro Rodríguez de Guzmán, natural de San Germán, y a quien se le llamó El Portugués por ser descendiente de portugueses. Con este nombre más tarde se denominaría el río Baramaya. Don Pedro estableció aquí su casa y una tienda. Muy cerca de este lugar, y a principios del siglo XVIII, don Antonio Abad Rodríguez Berríos edificó una ermita bajo la advocación de San Antonio Abad, de donde más tarde se derivaría el nombre de San Antón, uno de los barrios más pintorescos de Ponce. La mayor parte de los historiadores señalan y con ellos coincide don Eduardo Neumann Gandía, que Ponce se fundó el 17 de septiembre de 1692. Esto se realizó mediante una Real Cédula que convirtió la pequeña capilla en Parroquia Colativa, dependiente de la Villa de San Germán.

Al momento de su fundación, Ponce dependía religiosa y políticamente del Partido de San Germán. Sin embargo, ya para el 1776, Ponce pasa a depender, tanto en lo civil como en lo religioso, de la Villa de Coamo.

En el 1848 Ponce fue declarado Villa, por orden de Isabel II. En el 1877 se le concedió el título de ciudad.

Geografía...

Ponce está a 40 pies sobre el nivel del mar, está asentada sobre un extenso valle, en el Llano Costanero del Sur. Colinda al Sur, con el Mar Caribe, por el este, con Juana Díaz, por el oeste, con el pueblo de Peñuelas, por el norte con Adjuntas, Utuado y Jayuya. Su área municipal cubre una extensión de 116 millas cuadradas, con una densidad de 1,623 habitantes por milla cuadrada.

Cinco ríos cruzan la zona urbana de Ponce: Bucaná, Portugués, Canas, Pastillo y Matilde.

El clima de Ponce es bastante seco y caluroso. Su temperatura promedio es de 78.7°F. La cantidad de lluvia es de 36.10 pulgadas anuales.

La zona urbana de Ponce la componen los siguientes barrios: Canas Urbano, Machuelo Abajo, Magueyes Urbano, Playa, Portugués

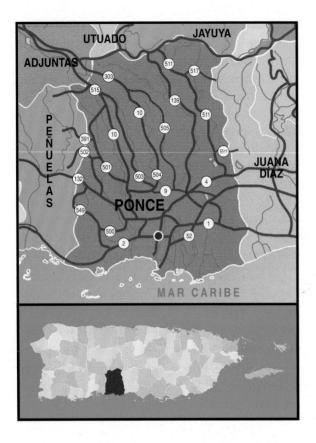

su punto más cercano a Puerto Rico es el Barrio Manzanilla de Juana Díaz, cerca de la desembocadura del Río Jacaguas. Tiene un área de 412.22 cuerdas, o sea, 2.75 kilómetros de largo y 1.85 kilómetros de ancho.

La isla no posee ríos, quebradas ni lagunas.

Economía...

En lo referente a la agricultura, Ponce produce principalmente caña, café y algunos frutos menores y como productos elaborados más importantes, los derivados del azúcar, el ron, la gasolina y los relativos al pescado. La central "Mercedita", operada actualmente por la Corporación Azucarera de Puerto Rico, molió 420,059 toneladas de caña de azúcar en la zafra de 1976, que produjeron 39,065 toneladas de azúcar y 3,150,442 galones de miel, utilizando 2,600 trabajadores en las fases agrícola e industrial.

Ponce es un área altamente industrializada, con cerca de 200 empresas, 9,000 empleados, una nómina de más de $13,000,000 y con un valor productivo anual de $40,000,000. Fue en Ponce donde se montó la primera y por mucho tiempo única planta de azúcar refinada en la Isla. Entre las más destacadas empresas de Ponce se encuentran la Destilería Serrallés, la Puerto Rico Cement Corporation, Inc., que opera con un capital de millones de dólares. Otras fábricas importantes son de ropa, zapatos, bombones, sanitarios, efectos eléctricos, tuberías plásticas, diamantes, etc.

Un próspero y activo comercio, que comprende los más diversos renglones, satisface las necesidades de consumo aun de los públicos más exigentes. Este comercio representa 2,500 almacenes y tiendas que emplean 7,000 personas con una nómina anual de $9,000,000 y ventas anuales por $150,000,000.

Urbano, San Antón y Sabanetas; los barrios Primero, Segundo, Tercero, Cuarto, Quinto y Sexto.

La zona rural incluye los siguientes barrios: Anón, Bucaná, Canas, Capitanejo, Cerrillo, Coto Laurel, Guaraguao, Machuelo Arriba, Magueyes, Maragüez, Marueño, Monte Llano, Portugués, Quebrada Limón, Real, San Patricio, Tibes y Vayas.

Caja de Muertos: Una isla ponceña

En el territorio municipal de Ponce, se incluyen islas e islotes que tienen una historia muy interesante. Una de ellas, y la más importante, es la legendaria isla de Caja de Muertos. Es probable que muchos ponceños desconozcan la geografía, la flora, la fauna y la historia de su isla compueblana. Está localizada a una distancia de 4.8 millas náuticas de la Playa de Ponce. Sin embargo,

La economía municipal está también estimulada por la presencia de ocho instituciones bancarias: Banco de Crédito y Ahorro Ponceño, Banco de Ponce, Banco Popular, First National City Bank, Banco Obrero, Banco Mercantil, Ponce Federal and Loan Association y el Banco de la Vivienda. Dos de los principales bancos puertorriqueños, el Banco de Ponce y el Banco de Crédito y Ahorro Ponceño, son oriundos de esta ciudad y mantienen operaciones en toda la Isla y en los Estados Unidos.

Aquí nació...

Pedro Albizu Campos. Nació en el Barrio Tenerías, el 12 de septiembre de 1891. Estudió sus grados primarios y secundarios en las escuelas de su pueblo natal. Realizó sus estudios universitarios en la Universidad de Vermont y luego en la de Harvard. Fue una persona brillante en sus estudios. Obtuvo su Bachillerato en 1916. Se gradúa con honores, de abogado, en el 1921. Sirvió como oficial en el ejército norteamericano. En el 1924 ingresó en el Partido Nacionalista Puertorriqueño, del cual se convirtió en máximo líder, y en fogoso orador. Para el 1930 en la asamblea que se celebró en el Ateneo Puertorriqueño, lo eligieron Presidente del Partido Nacionalista Puertorriqueño. Su pensamiento político se centró en la separación de Puerto Rico de los Estados Unidos mediante la lucha armada. Fue arrestado y encarcelado junto a otros líderes de su partido a raíz de la Revuelta Nacionalista del 1950 (Grito de Jayuya).

María Teresa Babín. Cultivó la poesía, el ensayo y la crítica literaria. Nació en el año 1910. Obtuvo un Doctorado en Filosofía y Letras en la Universidad de Columbia en el 1951. Fue catedrática en la Universidad de Nueva York. Dirigió el Programa de Español en el Departamento de Instrucción Pública. También dirigió el Departamento de Estudios Hispánicos en el Recinto Universitario de Mayagüez. A fines del 1960 fue nombrada Directora del Programa de Estudios Puertorriqueños en el Lehman College de la Universidad de Nueva York. Allí también enseñó cursos de literatura hispanoamericana en el Centro de Estudios Graduados. Falleció el 19 de diciembre de 1989.

Miriam Colón. Es una de las pocas actrices hispanas consideradas para roles importantes en producciones de teatro, televisión y cine. Además, fue la primera puertorriqueña aceptada en el legendario "Actors Studio". Miriam Colón fue la cofundadora del Nuevo Círculo Dramático, el primer teatro de habla hispana en Nueva York, y en el 1967 fundó el Teatro Rodante Puertorriqueño.

Sor Isolina Ferré. Nació en 1914. Se unió a las Siervas Misioneras de la Santísima Trinidad en 1936. En la primera etapa de su vida religiosa trabajó en los Estados Unidos. Completó una Maestría en Sicología de la Universidad de Fordham. Su labor se concentró en las comunidades marginadas de la ciudad de Nueva York. Ofreció sus servicios a familias pobres y dedicó su mayor esfuerzo a la atención de adolescentes miembros de pandillas juveniles. Regresó a Puerto Rico en 1968. Desde entonces realiza su misión religiosa y social desde el sector La Playa de Ponce. Allí estableció el Centro Sor Isolina Ferré para servir a jóvenes de escasos recursos. Su labor es extraordinaria. En 1969 fundó en el sector La Playa de Ponce el Centro de Orientación Sor Isolina Ferré. En 1988 establece otro centro en el Barrio Caimito en Río Piedras. Su esfuerzo y dedicación han sido ampliamente reconocidos.

Luis A. Ferré. Nació en 1904. Estudió en el Massachussets Institute of Technology, Estados Unidos. En 1959 fundó el Museo de Arte de Ponce, que es uno de los mejores de las Antillas. En la política, intervino en las luchas electorales como líder del sector republicano o anexionista. Fue candidato a la gobernación de Puerto Rico en varias ocasiones, la que obtuvo en 1968 y fue Gobernador de enero 1969 a diciembre 1972. Se destacó por su interés en las artes.

Rafael Hernández Colón. Nació en 1936. Se graduó de Bachiller en Artes y Derecho, con máximos honores, en las universidades de John Hopkins (1956) y Puerto Rico (1959). Finalizados sus estudios, ejerció la cátedra de Derecho Civil en la Universidad Católica de Ponce (1961-1965). Desde joven se afilió al Partido Popular Democrático y participó activamente en la política del país. Fue secretario de Justicia en 1965. Fue Presidente del Senado hasta 1972. Lo eligieron como gobernador hasta 1977. En las elecciones del 1984 se le designa nuevamente gobernador hasta el 1992. Ha publicado varias obras dentro del campo del Derecho, entre ellas: **Procedimiento Civil**, **Trayectoria histórica de la Autonomía política puertorriqueña** y, **Nueva Tesis**, sobre la culminación del Estado Libre Asociado; **La Nación de siglo a siglo y otros ensayos** (1998). Anunció su retiro de la vida pública al finalizar el periodo de su mandato. En 1992 renunció a la presidencia del Partido Popular Democrático, puesto que ocupó por 23 años.

Juan Morell Campos. Este insigne músico ponceño nació el 16 de mayo de 1857. Antes de cumplir los 20 años ingresó en el Ejército Español en Ponce. Fue trasladado a San Juan como músico de la banda militar. Luego regresó a Ponce y participó en la Feria-Exposición del 1882, como director de la orquesta sinfónica que él creó y donde ganó

Catedral de Nuestra Señora de la Guadalupe

destacó como cantante operático. Su voz se escuchó en los más importantes teatros de Europa y de las Américas. En 1907 grabó en Nueva York la ópera Payasos, de Leoncavallo. Es la primera vez que se hace la grabación de una ópera completa. En la Argentina se le contrató para inaugurar el famoso Teatro Colón de Buenos Aires. Su fama rivalizó con la del gran Caruso. El público le conocía como "El Tenor de los reyes y el rey de los tenores".

José (Chegüi) Torres. Natural de la Playa de Ponce, Puerto Rico. A la edad de 20 años ya era ganador de una Medalla de Plata en los Juegos Olímpicos de Melbourne, Australia. La bandera de Puerto Rico subió airosa, escena que se repitió cuando se convirtió en campeón mundial del boxeo. Chegüi Torres fue el primer "Ombudsman" hispano en Nueva York. Además fue Comisionado de Boxeo de la Capital del Mundo.

Costa ponceña

el Primer Premio con la sinfonía La Lira. Morell Campos fue un compositor prolífico, pues produjo 549 obras musicales de las cuales 283 fueron danzas. De éstas las más conocidas son: "Felices días", "No me toques", "Mis penas", "Si te toco", "Ten piedad", "Di que me amas", "Laura y Georgina", "Idilio", "Maldito amor, buen humor" y "Perlas de mi patria".

Antonio Paoli. Nació el 14 de abril de 1871 y murió en San Juan el 24 de agosto de 1946. Estudió música y se

Flora y Fauna

Los pocos animales que se encuentran son: el ratón de bosques, el ratón marino, algunas especies de culebras, lagartos y abundan las iguanas pequeñas. A sus costas vienen a desovar las tortugas, y también se encuentran jueyes y cobos.

Las aves están representadas por el alcatraz, la garza y algunas tórtolas. En sus alrededores abunda la pesca. Grandes tiburones visitan sus costas con frecuencia.

La flora es bastante reducida debido a la escasez de lluvia y ausencia de ríos y quebradas. El suave declive del norte está cubierto por malezas y pequeños árboles. Las especies de éstos que más abundan son: manzanillo, mangle colorado, mangle blanco, tea, limoncillo, corcho, bariaco, garrucho, hoja menuda, guayacancillo, espinillo, pajuil, hicaco, uvas playeras y brasil de costa.

Garza (Bubulcus ibis)

El Teatro La Perla. El primer Teatro La Perla fue construido por la iniciativa de don Francisco Parra y don Pedro Garriga. El Sr. Juan Bertoly fue el arquitecto que preparó los planos. Fue inaugurado en mayo de 1864. En los últimos años el Teatro La Perla ha sido reacondicionado en su interior. En el segundo piso del edificio, se encuentra una biblioteca pública y el Archivo Histórico de Ponce.

Paseo de los Próceres, Museo de Arte, Paseo tablado La Guancha, Castillo Serallés, Casa Alcaldía, Museo Histórico de Ponce, Catedral de Nuestra Señora de la Guadalupe, Iglesia Metodista, Cruceta del Vigía, Calle Isabel, Parque del Bombas

Bohios, Centro Ceremonial de Tibes, Ponce

Los coches. A Ponce se le llamó en tiempo atrás la Ciudad de los Coches, porque fue la única ciudad que conservó sus coches a pesar de la introducción del automóvil y otros medios de transportación.

En primer cochero de alquiler del siglo pasado lo fue don Juan Nepomuceno de Castro, quien poseyó un caballo llamado Churbi. Sin embargo, el cochero más conocido e importante de los últimos años en la ciudad de Ponce fue don Carlos Garay. Este por muchos años estacionó su coche frente al Banco de Ponce. Garay heredó el coche de su padre. Por muchos años paseó los turistas que venían a Ponce por todos los sectores más importantes de la ciudad.

Quebradillas

Fundación: 1823

Gentilicio: quebradillano

Cognomento: La Guarida del Pirata

Población (1990): 24,450

Alcalde (1997): Hon. Luis A. Pérez Reillo

HIMNO
Por: Guillermo Venegas Lloveras

De lejos canto,
porque anhela el corazón
cantarle a este rincón que no se olvida.

De lejos canto
mi más sentida canción
que llena de recuerdos nuestras vidas.

Hay que ver como de noche
la luna va castigando el palmar,
y con látigos de plata
va azotando inútilmente el mar.

Y se ven maravillosos,
como duendes en retozo,
los destellos intranquilos
en el límpido cristal.

Noche, sutil maravilla
Yo vi en Quebradillas
la noche más linda
que pude soñar.

Cálida, salpicada de estrellas,
romance y querellas
canciones que tienen
sabor tropical.

ESCUDO

El escudo es de factura reciente. Aparece a principios del año 1976. Los blasones (dones, atributos, honores, glorias) han estado desde que se llamó San Rafael de las Quebradillas.

Al tope del escudo vemos **un castillo coronado por tres torres**. En parte nos ayuda a explicar su origen. Es semejante al castillo que fue insertado en el escudo español por el Rey Alfonso VI en el año 1037. Desde las elevadas torres de los castillos españoles combatieron los valientes caballeros de Castilla y de León. **El castillo** es símbolo de fortaleza, seguridad y resistencia.

Debajo del Castillo hay **una banda amarilla** (dorada). El amarillo ha sido siempre un signo de profundo simbolismo. Es el color de la luz y la luz es la fuente de la sabiduría.

La pieza en blanco plateado, del pescado y el bastón, en la parte superior del flanco o lado derecho recuerda a Tobías, aquel noble y piadoso israelita, célebre por su amor sin límites para con su prójimo.

El bastón (báculo o cayado) representa la dignidad de los padres espirituales, los jerarcas de la iglesia.

El pescado es el que Tobías, siguiendo los consejos del Arcángel, extrajo del Tigris (Asia Occidental). "Ábrelo, sácale la hiel, el corazón y el hígado y guárdalos", le dijo el Arcángel.

Al lado superior izquierdo del escudo nos presenta nueve franjas (bandas) verdes y blancas, onduladas. **El blanco** simboliza la paz, la serenidad. **El verde** significa la renovación, la primavera, la soñada transformación, tal como la figuramos en las ramas y las hojas del árbol, nuestro hermano. **Las ondulaciones** nos recuerdan las serpeantes quebraditas que cantan la frescura de nuestras praderas... O las ondas de nuestro Guajataca Azul, ¡único por su belleza! Nos recuerdan, además, esas ondulaciones, a las olas de atlético empuje de nuestro mar, de ese mar por donde nos llegó el aguerrido y egregio nombre de Los Piratas.

En el extremo inferior del escudo de Quebradillas, veremos un predio de tierra en medio del cual crece un flamboyán alargándose al espacio en extensión de rojo encendido. **El flamboyán** fue importado a América de la Isla de Madagascar, en el Océano Índico.

Historia...

Quebradillas fue fundado en el año 1823 por Don Felipe Ruiz y un grupo de habitantes del lugar. El nombre de San Rafael de las Quebradillas se originó en las pequeñas quebradas que cruzaban el territorio y en la devoción al Santo Patrón San Rafael Arcángel.

El crecimiento poblacional se hace evidente en los siguientes censos: 1824, 3,036 habitantes; 1900, 7,432 habitantes; 1950, 13,702 habitantes; 1970 - 15,500 habitantes; y 1990, 21,450 habitantes.

En el 1947, la Junta de Planificación amplió la zona urbana siguiendo instrucciones de las Autoridades Municipales, con parte de los barrios rurales de Terranova, Cacao y San José. La CRUV ha contribuido a la desaparición de los arrabales. El pueblo cuenta con un Caserío Público, un centro residencial llamado Guarionex y siete urbanizaciones: Amador, Ávila, Kennedy, San Rafael, El Retiro, Villa Norma y Santa Marina.

En la época precolombina, el territorio estaba poblado por los indios taínos, y fue Mabodamaca su último cacique. Este murió heroicamente defendiendo a su patria frente al colonizador español Diego de Salazar. Su yucayeque estaba localizado en las riberas del Río Guajataca. Luego de la conquista, el territorio se fue colonizando con pobladores españoles procedentes de diversas provincias, principalmente de Castilla, Andalucía, Galicia, Mallorca, Cataluña y Vasconia; pero los colonos procedentes de las Islas Canarias fueron los que mayor influencia ejercieron en el desarrollo étnico y cultural del pueblo.

En el mes de julio de 1823 (posiblemente el 9 de este mes), se fundó el pueblo de San Rafael de las Quebradillas. Su primer alcalde fue Don Felipe Ruiz. Este donó nueve cuerdas de terreno para erigir la nueva población.

El primer cabildo, formado en el 1823 fue constituido en la siguiente forma:

* Don Felipe Ruiz - Alcalde
* Don Eusebio Jiménez - Regidor
* Don Pedro Lorenzo - Regidor
* Don Cristóbal González - Regidor
* Don Francisco Antonio Bravo - Síndico Procurador
* Don Tomás Villanueva Ríos - Secretario (este luego pasó a ser el primer Administrador del Correo)

A la bella y feroz comarca que tenía por límite el Océano Atlántico, a la Sierra de Guarionex, al río Camuy, y la quebrada de los Cedros, se le llamó "La Tuna". En su fértil territorio surgieron tres pueblos. Estos son: San Antonio de la Tuna (fundado en el 1725 y trasladado a la actual Isabela en el año 1819 por orden del Obispo, Mariano Rodríguez de Olmedo); Camuy (San José de Camuy) fundado en el 1807; y San Rafael de las Quebradillas fundado en el 1823. Frente al Océano Atlántico, en una meseta cerca del río Guajataca, surgió el pueblo que seleccionó a San Rafael Arcángel como patrón, desprendiéndose del vecino territorio de Camuy. En un acta del 1829, ante el cabildo, el cura párroco (primer sacerdote de la parroquia) y Don Manuel Marcelino Valdés, se confirmó que el nombre del pueblo sería el de "San Rafael de las Quebradillas".

El núcleo que originó a nuestro pueblo fue uno llamado las Quebradillas, localizado al oeste de Camuy. Don Felipe Ruiz y el cabildo iniciaron la difícil tarea de planificar el pueblo. Desde el 1823 se segregaron los lugares para construir la Iglesia parroquial, la Casa del Rey, la Plaza de Recreo y el Cementerio.

La construcción de la primera Iglesia comenzó en el 1823 y se concluyó en el mismo año, estando a cargo de la obra el Señor Atannison (ciudadano inglés) y el contratista Baltazar Fernández, vecino del lugar. El cementerio se había terminado en el 1823 en terrenos que eran propiedad de Don Antonio Bravo.

La Casa del Rey, también iniciada en el 1823, estaba construida con fuerte madera del país, su techo, a cuatro aguas, formaba un cucurucho. La vieja Alcaldía, que hoy alberga el centro parroquial, se construyó en los primeros años del presente siglo en los terrenos de la demolida Casa del Rey.

Transcurridos los primeros lustros del siglo, y luego de enconadas disputas relacionadas con las colindancias, el pueblo se tornó lento. Gracias al arrojo y a la perseverancia, los quebradillanos se enfrentaron con dignidad y esperanza a los severos ataques del destino.

Gradualmente, se fueron estableciendo instituciones que ayudaron al desarrollo de Quebradillas, entre ellos: el correo, la beneficencia municipal, y la escuela pública. El comercio y la agricultura se desarrollaron y surgieron las señoriales casonas que en el centro del pueblo se han destacado, sirviendo de tema a nuestros poetas, pintores y músicos. Sus misteriosos tejados, junto a los balcones de madera, han pasado a los lienzos de Luis Germán Cajiga, y a los folios de Gilberto Cruz Igartúa.

En el campo, las haciendas adornaban con sus siluetas señoriales, los glacis y las piletas cafetaleras, reflejándose en las legendarias charcas donde croaban los sapos. La caña de azúcar pronto sustituyó al café en la economía agrícola.

Es notable la participación de Quebradillas en la vida política de Puerto Rico. Siempre estuvo atada al movimiento democrático que se centralizaba en los partidos autonomistas liberales dirigidos por Román Baldorioty de Castro, José de Diego, y Luis Muñoz Rivera. Ellos exigían una democratización ante los regímenes españoles y americanos. Por ejemplo: abolición de la esclavitud, autonomía para Puerto Rico, Ley Foraker, y Ley Jones.

En el "Grito de Lares" participaron algunos quebradillanos y la tradición nos dice que junto a nuestra centenaria ceiba, se divulgó la insurrección de Lares, siendo jefe de la guardia civil española el Capitán Francisco de Castañón (residente en una de las casas aledañas a la iglesia San Rafael). Es interesante la presencia pasajera del patriota arecibeño Pachín Marín. Este logró burlar la guardia civil, luego de pernoctar una noche en el pueblo, para luego morir heroicamente en Cuba.

En la historia política y a nivel de Puerto Rico, se destacaron las primarias celebradas entre el Alcalde Honorio Hernández y el aspirante Anselmo Prieto Saavedra. En los anales políticos de nuestra Isla, éste ha sido el primer ejemplo de primarias municipales, dando un gran ejemplo de altura política.

En la vida democrática se destacaron: Don Honorio Hernández, Don Ramón Donato Saavedra y Espinosa, Don Manolo Lamela y Don Conrado Santiago, entre otros. En las asambleas autonomistas, Don Honorio Hernández figuró como representante, fue diputado en el gobierno autonomista que Don Luis Muñoz Rivera logró instituir a través del pacto con Práxedes Mateo Sagasta. Durante el gobierno autonómico don Ramón Saavedra fue nombrado alcalde. Luego, Puerto Rico cambió de soberanía y el pueblo perdió su autonomía municipal anexándose a Camuy. La recobró en el 1903. Es interesante que la quebradillana doña Francisca Lamera de Cordero fuera la primera mujer alcaldesa en Puerto Rico en el 1940, representando al Partido Liberal.

Quebradillas es uno de los pueblos más destacados en el arte, los deportes, la educación y el turismo. Esto confirma que como Atenas, la pequeñez territorial no determina la grandeza de los pueblos.

Geografía...

En el 1910 surgió un cambio en la organización territorial del Municipio. El Barrio Pueblo apareció subdividido en Barrio Pueblo Norte y Barrio Pueblo Sur. Sin embargo, en 1920 se reestableció el Barrio Pueblo como un solo barrio.

Quebradillas es uno de los pueblos más típicos e históricos de Puerto Rico. Su bello territorio, constituido por una meseta salpicada por graciosos mogotes, está rodeado en el norte por el Océano Atlántico, en el oeste por el Río Guajataca que lo separa de Isabela; por el este linda con el pueblo de Camuy, y por el sur, el Lago Guajataca, el pueblo de San Sebastián y la Sierra de Guarionex lo limitan.

Zona rural: Cacao, Charcas, Cocos, Guajataca, San Antonio, San José, Terranova.

Límites Geográficos: Situado en la costa norte de Puerto Rico. Colinda por el norte de Puerto Rico con el Océano Atlántico, por el saliente con Camuy, al Sur con San Sebastián, y por el poniente con Isabela.

Ríos Principales: El Río Guajataca, que limita el territorio con Isabela; la Quebrada Bellaca, que limita con Camuy, hace tiempo es un cauce vacío. Hay otros cuerpos de agua, como: La Quebrada Margarita, la Mula y los Barros.

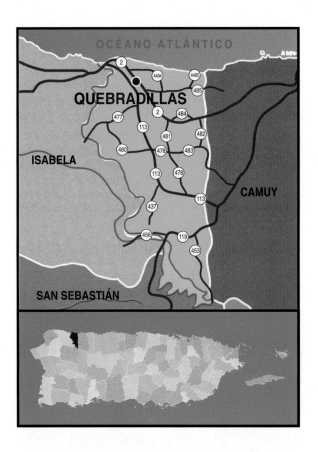

Área: 15,191,860 cuerdas (23.4 millas cuadradas)

Economía...

A través de toda su historia, y hasta el año 1950, Quebradillas fue siempre un pueblo de economía agrícola. Luego, a partir de esas fechas, comenzaron a instalarse fábricas, comienza el auge de la construcción y es así como nuestra economía se va tornando en una de tipo industrial, hasta el presente.

Tanto en la parte civil y eclesiástica, como para fines electorales, conforme a la última redistribución, corresponde al pueblo de Arecibo. La actual Iglesia Católica que se encuentra entre las más espaciosas, es de reciente construcción. En cuanto a la organización escolar, Quebradillas está adscrito al Distrito Regional de Arecibo.

Luis Germán Cajiga. Destacado pintor. Sus serigrafías son famosas en toda la Isla. Actualmente residen en San Juan.

Rafael Muñoz. Músico, reconocido director de orquesta. Su orquesta se llamó la Orquesta de Rafael Muñoz. José Luis Morenó, Vitín Garay, Víctor Luis Miranda, Castrillón y Rafi Muñoz fueron algunos de los cantantes con los que cantó la Orquesta de Rafael Muñoz, el reconocido violinista Pablo Elvira tocó en dicha orquesta.

Guillermo Venegas Lloveras. Compositor, cantante, poeta y escritor. Fue el autor de la canción "Génesis" con la cual nuestra Lucesita Benítez ganó el Festival Latinoamericano de la Canción en Mexico.

Se puede decir que los últimos estudios sobre la vegetación quebradillana arrojan un monto de 1051 especies del total de 3200 que existen en toda la Isla. Estas especies se distribuyen en 110 familias y 625 géneros. Las especies autóctonas son un total de 37, entre las cuales se encuentran: el árbol de matabuey, palma real, árbol de maga (el árbol nacional), palo de cruz, palma de sombrero, árbol de violeta, mamey del Cura, tabloncillo, guayabota, roble cimarrón, árbol de Navidad, cordobancillo, oreganillo, guerrero, palo de rosa, un tipo de corcho, la quina, el aceitillo y otros. El árbol más importante es el matabuey que se encuentra en la Quebrada La Bellaca y en la Finca de Confesor Lasalle. De este árbol sólo existen aproximadamente entre 30 y 40 árboles en la Isla. Existen 37 especies en peligro de extinción, 14 autóctonas y 16 comunes (presentes en el Caribe). Se considera una especie autóctona aquella que sólo existe en la Isla (usamos el término endémica). Hay aproximadamente 115 especies de helechos de los 400 presentes en la Isla; un total de 171 especies de monocotiledóneas, y 771 especies de dicotiledóneas. Las plantas exóticas alcanzan un número de 184 especies (especies extranjeras, no incluye las plantas en jardines). Algunas de las especies son medicinales, otras venenosas, algunas muy beneficiosas para la construcción de muebles y hogares, otras para uso comestible o sencillamente embellecen el ambiente, con variedad de colores, que hacen de Quebradillas el pueblo más impresionante de la costa noroeste de la Isla.

Foto de cuadros de Cajiga

Una de las 115 especies de helechos

El Puerto Hermita. Con sus vetustas murallas junto al acantilado El Puerto Hermita se levanta frente a un mar bravío cuyas olas rompen en blancos destellos contra el acantilado. La solitaria rada, las ruinas bicentenarias, los negros peñascos, salpicados de maleza y de cuevas poblados de murciélagos, crean una atmósfera de misterio y de leyenda que nos transporta al pasado. La soledad y la poca comunicación facilitaba la visita de piratas y proscritos que guardaban sus tesoros junto a las rocas. Floreció un comercio ilícito con los países vecinos. Los productos se almacenaban en el pequeño fuerte y luego se embarcaban en lanchas y veleros. Es la construcción más vieja de Quebradillas, pues data de las últimas décadas del siglo XVIII. La familia Hermita era dueña del terreno y más tarde el gobierno español estableció un puesto de vigilancia costanera; muy cerca está el Camino de la Cruz y el Pozo del Mago, lugares de leyenda y tradición.

Teatro Liberty. Se fundó en 1921. El maestro de obras fue el Sr. Alfredo Mayoral de Ponce, y el creador de la parte decorativa el Sr. Acisclo Rosa de Camuy. En la fachada se funde el estilo renacentista con el "art noveau" en un gran acto triunfal romano. El vestíbulo con espejos y techo "belle epoque", es de gran interés arquitectónico. El interior, con sus balcones, palcos y pilastras, ornados por los retratos de los artistas del cine, recuerda los grandes teatros de Europa.

Vista panorámica de la costa de Quebradillas observada desde la carretera número 2

Fundación: 1771	
Gentilicio: rincoeño	
Cognomento: El pueblo de bellos atardeceres	
Población (1990): 12,218	
Alcalde (1997): Hon. Rubén Caro Muñiz	

HIMNO
Por: Profesor Conrado Rodríguez

*Rincón es mi pueblo querido
yo amo su cielo y su mar,
son verdes sus campos floridos
con brillo de sol tropical.*

*Las bellezas de sus montañas
son cual bendiciones de Dios.
Sus flores, su brisa y sus cañas
son gratos mensajes de amor.*

*Rincón, Rincón yo quiero
en tus playas vivir.
Rincón, Rincón yo quiero
en tus playas morir.*

ESCUDO

El escudo consta de un blasón español en colores verdes y anaranjado, formando un tajado y una banda amarilla, inclinada de izquierda a derecha en color amarillo, formando un terciado del tajado.

A la derecha y en fondo verde se encuentra la **figura de una cruz**, símbolo de cristiandad. A la izquierda y en fondo anaranjado se encuentra la **figura de la nave** española símbolo del descubrimiento de Puerto Rico, en las costas de Rincón.

El cintillo con el nombre de Rincón y la corona que representan un castillo medieval español, son figuras que adornan nuestro escudo. El cintillo tiene en su superficie el nombre del Municipio de Rincón, y debajo de éste la fecha de su fundación: 1770. **La corona** representa la designación de pueblo.

Historia...

El Municipio de Rincón, nombrado originalmente como Santa Rosa de Rincón, fue fundado el 27 de julio de 1771, según don Fernando Miyares; en agosto de 1772, según otros historiadores.

No obstante esta discrepancia, todos concuerdan en que aconteció durante la gobernación del Coronel Miguel de Muesas. La importancia que había adquirido el poblado, cuyo fundador, según Iñigo Abad, fue don Luis de Añasco, teniente de don Juan Ponce de León, queda constatado en la memoria del Gobernador don Esteban Brau de Rivero, publicada en marzo de 1759. En dicho monumento se señala la importancia de Añasco (cuyo territorio abarcaba a Rincón) en conjunto con otros pueblos como los lugares y riberas más importantes de la Isla, después de San Juan y San Germán. Para esa época Rincón ya contaba con una antigua comunidad que creció considerablemente durante el siglo XVIII.

De acuerdo con Fray Iñigo Abad, la comunidad rincoeña consistía de "once casas y una muy pobre iglesia; la población comprendía unas 210 familias, o 1,130 personas y vivían en las colinas de Añasco (que fuera declarado municipio en 1728), en tierras del antiguo Cacique Urayoan".

La iglesia del pueblo, nombrada en honor a Santa Rosa de Lima, fue construida en 1789. En el año 1780, Aguadilla se separó de Aguada y se convirtió en un Municipio independiente, del cual dependería Rincón a partir del año 1878 en cuanto a lo militar y lo judicial. Para esa fecha el municipio estaba constituido por los barrios Pueblo, Cruz, Río Grande, Puntas, Ensenada, Atalaya, Jagüey, Calvache y Barrero. Veinte años más tarde (1898), cuando Puerto Rico pasó de manos de España a las de Estados Unidos de Norteamérica, la organización territorial de Rincón se mantuvo igual.

El 1ro. de marzo de 1902, la Asamblea Legislativa de Puerto Rico aprobó una Ley: "Ley para la Consolidación de Ciertos Términos Municipales de Puerto Rico." La sección primera de esta ley estipulaba que "en el primer día de julio de 1902 el Municipio de Rincón (entre otros) sería suprimido como municipio y su ayuntamiento, junto con el Alcalde, los empleados municipales y todo el territorio del municipio sería anexado al municipio de Añasco". Esta situación permaneció desde el año 1902 hasta el 1905. En marzo de 1905 la Legislatura de Puerto Rico aprobó una ley mediante la cual se revocaba la ley aprobada en 1902 y el Municipio de Rincón se reorganizaba y se constituía de nuevo en municipio independiente con los mismos límites y organización territorial que tuviera antes de la anexión.

Geografía...

El Municipio de Rincón está localizado en el extremo más occidental de la Isla de Puerto Rico, a aproximadamente 15 millas hacia el norte de Mayagüez y 11 millas hacia el suroeste de Aguadilla. Tiene acceso a ambas ciudades a través del corredor número 115, que a su vez conecta con la Carretera de P. R. #2.

La superficie territorial del Municipio cubre un área de 14 millas cuadradas, equivalentes a 9,231 cuerdas. Colinda por el norte con el Océano Atlántico, por el sur con el Municipio de Añasco, al este con el Municipio de Aguada, y por el oeste con el Pasaje en la Mona. Corresponde gráficamente a la región denominada Valles Costeros del Oeste con suelos aluviales y muy fértiles. Su sistema hidrográfico está constituido por los ríos Grande y Córcega, la Laguna de Rincón y varias quebradas. Los accidentes más destacados en su costa son Punta Cadena, Ensenada, Higuera y Gorda.

Economía...

Desde los comienzos de la colonización de Puerto Rico el área de Rincón fue considerada como un pilar en el desarrollo agrícola. La importancia que tenía la caña ade azúcar para los colonizadores y el mundo europeo fue un factor determinante para el desarrollo de grandes extensiones de terrenos en la siembra de caña. Para principios del siglo Rincón tuvo una central azucarera, La Córsica, fundada por Domingo Rafucci con 400 cuerdas de terreno cultivadas de caña y llegaron a producir 12,000 sacos de azúcar. Contó además, con unas haciendas: Fussá, fundada para el 1872 de la cual era propietario Baldomero Rosado y la hacienda Juanita, fundada en 1886, propiedad de Juan Angel Rodríguez. Para 1974, Rincón producía 24,301 toneladas de caña, produciendo 1947 toneladas de azúcar.

En la década de los 60 surgió una nueva corriente dentro del marco económico del pueblo: el turismo. A diferencia del resto del país, el desarrollo de este mercado en Rincón no fue deliberadamente estructurado y planificado, sino que nació como respuesta a la popularidad de un nuevo deporte conocido como "surfing". Este deporte, que se practica sobre altas olas, encontró en las costas de Rincón su edén. En 1968 Rincón fue escogido como sede del campeonato mundial de "surfing". A partir de dicha fecha muchos extranjeros que nos visitaron hicieron de Rincón su hogar permanente. Para otros en cambio, Rincón se convirtió en lugar especial para regresar anualmente y sentirse más cerca de la naturaleza. Todo esto significa un nuevo giro económico para el pueblo. El turismo es una industria de servicio que por naturaleza es intensiva, y da lugar a una diversidad de manifestaciones necesarias para el bienestar de los visitantes, quienes representan la fuente de ingresos para el pueblo. Como parte del desarrollo turístico de Rincón comenzaron a edificarse hospederías y restaurantes, así como embellecerse lugares típicos, históricos y otros puntos de interés que distinguen hoy día a Rincón como un destino turístico por excelencia.

Aquí nació...

Domingo Bonet Santos. Senador y figura de bien ganado prestigio en el servicio de esta comunidad.

Juan Sánchez Martínez. Fue miembro de la Marina de Guerra de los Estados Unidos durante la Segunda Guerra Mundial en la que se desempeñó como especialista en comunicaciones.

Fue el primer puertorriqueño en ocupar la posición de representante para América Latina de la empresa Tampax, Inc. Además fue el primer boricua en ser nombrado Comisionado de Derechos Humanos en Nueva York.

La Iglesia Católica de Rincón. Localizada a un costado de la Plaza Pública, fue fundada en el 1789. Para esa fecha constaba de dos patrones: Santa Rosa de Lima y San Antonio de Padua.

El Faro. El Faro de Punta Higuero fue construído en 1892 para cubrir el espacio intermedio entre los faros de Punta Borinquen y el de Cabo Rojo.

El paso de las ballenas. La temporada de migración de las ballenas "humpback" por las costas de Rincón se estiende desde diciembre hasta marzo. En años recientes constituye una de las atracciones turísticas por excelencia. Ya sea con el uso de binoculares o a simple vista desde las modernas facilidades del faro, la majestuosidad de estos mamíferos es algo digno de ser observado.

El Astrolabio. El astrolabio de Rincón está entre los 64 reportados en 1987. Fue extraído de un naufragio que yace en el fondo marino frente a las costas de este Municipio. El instrumento astronómico se utilizaba para medir con precisión la altura de los astros sobre el horizonte o la distancia angular entre ellos. Está hecho de bronce y aún se conserva en muy buenas condiciones. Tiene inscrita la fecha de 1616 y la escala en grados es legible. Fue elaborado en la Península Ibérica y está bajo el custodio del Instituto de Cultura Puertorriqueña.

Costumbres y Tradiciones

Rincón tiene una de las costumbres más raras del país, posiblemente la única en su clase; se anuncia el fallecimiento de los ciudadanos por las calles y carreteras con altoparlantes.

El Faro de Punta Higuero fue construido en 1892.

Río Grande

Fundación: 1840

Gentilicio: riograndeño

Cognomento: Ciudad de El Yunque

Población (1990): 46,000

Alcalde (1997): Hon. César Méndez Otero

HIMNO

Entre las ondas que juguetean
del Mar Caribe cerca del fin;
brotó una islita bella y fecunda
exuberante como un jardín.

En esa islita que Puerto Rico
al descubrirla llamó Colón;
existe un pueblo siempre florido
el cual es nido de mi ilusión.

Llaman Río Grande al pueblecito
de una belleza pura y sin par;
y suaves trinos en sus follajes
a voz pregonan su bienestar.

Aquí en Río Grande de mis amores
sus bellas damas son todo amor;
y son sus niños tiernos capullos
que dan al libro su corazón.

En las alturas la suave brisa
llena los aires de grato olor;
y en la sabana la dulce caña
crece y se esparce con gran primor.

Si la desgracia fatal me hiciera
irme muy lejos alguna vez
desde otros lares a todas horas,
siempre a Río Grande recordaré.

ESCUDO

El escudo reúne los elementos autóctonos, históricos y geográficos de Río Grande. El centro destaca los tres picos de El Yunque y sobre éstos, dos cotorras puertorriqueñas; aves autóctonas que se albergan en esta región. **La faja ondeada azul** representa el Río Espíritu Santo, vía navegable de gran utilidad en el desarrollo turístico y comercial, cuyo nombre alude también al nombre del pueblo.

El libro abierto representa a la Escuela Pimental y Castro, la primera escuela que en Puerto Rico se edificó mediante la aportación pareada de fondos por un municipio (el de Río Grande) y por el Gobierno Insular de la Isla. **Uno de los grupos de cinco bezantes** (el bezante era una antigua moneda bizantina), representa los cinco mil pesos aportados por Río Grande y el **otro grupo**, los cinco mil pesos proporcionados por el Gobernador Insular de Puerto Rico para la construcción de la escuela. **El libro** también simboliza la importantísima participación que tuvieron el magisterio y el estudiantado de Río Grande, en las gestiones hechas para dotar la municipalidad de un escudo de armas, gestiones debidas a la iniciativa del maestro e historiador local Don Edmundo Del Valle, quien dio al proyecto, que no pudo ver realizado en vida, toda su dedicación y entusiasmo.

La corona mural es insignia especial de los escudos municipales.

El pueblo de Río Grande surgió como una pequeña villa, vinculada al tráfico comercial que se realizaba a través del puerto localizado en la curva del Río Grande, desde donde partía la carga en barcazas hasta otros puntos. En el área que hoy constituye su límite geográfico, existían numerosas haciendas azucareras, cafetaleras y madereras que comerciaban sus productos aprovechando las profundas aguas del río Espíritu Santo.

En 1836, Juan Monge y los hermanos Desiderio y Quilimico Escobar, asesorados por el párroco Padre Juan León Lascot, pidieron al gobernador de la Isla, Don Miguel López de Baños, que permitiera su desprendimiento del catastro de Loíza, una de las fundaciones más antiguas de toda la comarca del Gran Valle del Norte de Puerto Rico. Este esfuerzo se vio coronado el 16 de julio de 1840, cuando recibieron el permiso de separar los asuntos civiles y eclesiásticos, con la condición de diseñar los planos del pueblo con la Casa del Rey, la Iglesia Católica y un cementerio municipal.

El día 15 de diciembre de 1843, se colocó la cruz en el lugar donde iría ubicada la iglesia, la cual se construyó para 1846. Por su parte, la Casa del Rey se terminó de edificar el 28 de enero de 1846 y el cementerio, aunque no se tiene fecha exacta de su construcción, se sabe que fue en 1866, cuando fue trasladado al lugar donde está hoy día.

El nombre del pueblo viene del gran río que tiene su nacimiento en la montaña: El Río Grande. Bañan sus tierras otros afluentes como el Río Espíritu Santo (el único navegable en Puerto Rico), la Quebrada Grande, las charcas de El Yunque y de la Sonadora.

Según datos recogidos de sus anales históricos, la villa se inició con siete cuerdas de terreno que posteriormente llegaron a 22 cuerdas, hasta contar hoy día con más de 100 cuerdas en su área urbana y barrios aledaños. En sus inicios, el pueblo contaba con sólo dos calles verticales y transversales alrededor del cuadrángulo formado por la iglesia y la alcaldía alrededor de la plaza de tipo español.

Geografía...

El municipio de Río Grande está situado al este de Puerto Rico. Sus límites colindan con el Océano Atlántico (por el norte), con los municipios de Luquillo y Ceiba (por el este), con los de Loíza y Canóvanas (por el oeste) y con los de Naguabo y Las Piedras (por el sur).

Río Grande forma parte de la región denominada como Llanos Costeros del Norte. Sus terrenos aluviales y fértiles, tienen también áreas rocosas y dunas de arena. La parte sur del pueblo, está ocupada en gran parte por las montañas de la Sierra de Luquillo.

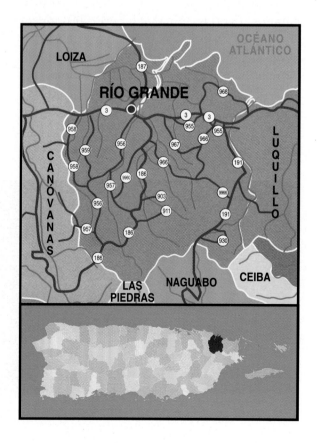

En la geografía de Río Grande hay una serie de bellos cuerpos de agua, entre los que se encuentran:

Quebradas: Grande, Culebra, Sonadora, Juan González, Suspiro, Las Lajas, Tabonuco, Angola, Jiménez, Vega.

Ríos: Espíritu Santo, Río Grande, Herrera, Mamayes, La Mina.

Montañas: Pico El Toro (1,074 mts.), Pico El Yunque (1,065 mts.), Roca El Yunque (1,050 mts.), Cerro El Cacique (1,020 mts.), Cerro Los Picachos (960 mts.), Monte Britton (941 mts.).

Valles: Valle Costero del Norte.

Economía...

Además de contar con vaquerías y cientos de cuerdas de terreno sembradas de caña de azúcar, el pueblo cuenta con varias fincas dedicadas a la ganadería y a la avicultura. También se cultivan a nivel comercial, flores, plátanos, yautías, tomates y pepinillos, entre otros frutos. Además, el municipio cuenta con diversas fábricas, las cuales son una buena fuente de empleo para los riograndeños..

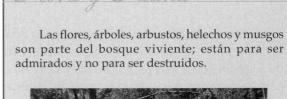

Flora y Fauna

Las flores, árboles, arbustos, helechos y musgos son parte del bosque viviente; están para ser admirados y no para ser destruidos.

Cascada la Coca en el Yunque

Fincas dedicadas a la ganadería por sus buenos pastos

Aunque pequeño en extensión territorial, Río Grande ha sido cuna de varias personas, que, por sus ejecutorias, le han dado lustre a su pueblo natal, en y fuera del ámbito local. Entre otros, se puede mencionar al poeta José Agustín Guerra, a Francisco Mojica, José P. H. Hernández, Enrique Calderón y Aníbal Montero.

Entre los ciudadanos distinguidos en el campo de la educación, se encuentran Jesús Parrilla Calderón, Manuel Slaca Rivera, Rafael de Jesús Urigen, Cecilia Arnaldi de Olmeda, Betty Ferrer, Bernardita Conde de Rodríguez y César L. Baldrich. En el ámbito de los deportes, Eugenio Guerra y Ovidio de Jesús.

Como escritores, se destacan Aníbal Díaz Montero y Manolín Siaca Rivera.

En la carrera de actuación, sobresalen Arturo Correa Raldiris y José Reymundi Ríos.

Lugares de interés...

Bosque Nacional del Caribe - Atracciones del Bosque

En el Centro Interpretativo de Palma de Sierra para Visitantes se ofrece orientación sobre los lugares de recreación y las actividades que lleva a cabo el Servicio Forestal. El Centro está abierto de 9:00am a 5:30pm de lunes a domingo. Está situado en el km. 11.6 de la carretera #191.

Es permitido acampar en muchas áreas del bosque, pero no hay facilidades sanitarias. Para acampar se necesita un permiso, que se obtiene sin costo alguno en nuestras oficinas.

Los lugares para gira están localizados en las áreas Palma de Sierra, Caimitillo y Palo Colorado, entre los km. 11.6 al 12.1, de la carretera # 191. No es necesario hacer reservaciones para el uso de estas facilidades.

El Toro y Vientos Alisios son veredas de recreación nacional cruzando el área de "El Cacique", la cual ha sido propuesta como "Area Virgen" (Wilderness Area). Estas veredas atraviesan por los cuatro tipos distintos de vegetación del bosque, que son: Tabonuco, Palo Colorado, Palma de Sierra y Bosque Enano. Las entradas están en la carretera #191, km. 13.5 y en la carretera #186, km. 10.6

La Cascada La Coca, una de las más atractivas del bosque, se encuentra en el km. 8.2 de la carretera #191.

La vereda de Árboles Grandes, localizada en el km. 10.4 de la carretera #191, ejemplifica el Bosque Tabonuco (verdadero bosque pluvial), donde se pueden ver muchos árboles de gran tamaño.

Costumbres y Tradiciones

Carnaval de Río Grande "Cuidad El Yunque"

Festival de Las Picúas - Septiembre

Cruzada de Hogares CREA - Octubre

Festival de Rellenos de Papa - Abril

Actividad privada "Paraíso de las Frituras"

Historia...

El primer trabajo que se publicó acerca de la historia de Río Grande, lo escribió el conocido profesor don Francisco Mojica (fenecido). Lo tituló **Datos sobre la Historia de Río Grande**. Narra la siguiente información:

"Allá por el año 1836, un grupo de ciudadanos prominentes de la comunidad dieron principio a sus gestiones cerca de las autoridades pertinentes para conseguir el establecimiento del Municipio de Río Grande. Para esa fecha, el territorio comprendido por el pueblo de Río Grande estaba bajo la tutela del ayuntamiento de Loíza. No fue hasta el año 1840 que Don Desiderio Escobar, Juan Monge y otros, asesorados por el Padre Juan León Lascot, obtuvieron del entonces gobernador militar Don Miguel López de Baños, Mariscal de Campo, permiso para la creación del nuevo municipio de Río Grande. En julio 16 de ese mismo año (1840), se separaron los asuntos civiles y eclesiásticos pertenecientes a este pueblo del municipio de Loíza. Fue su primer alcalde Don Saturnino Arreguera, en 1841.

Río Piedras

Fundación: 1714

Gentilicio: riopedrense

Cognomento: Ciudad Universitaria

Población: 332,865

HIMNO
Por: Juan A. Bonet

Soy vetusta chimenea
Hoy truncada, muy de pie
Cenizas y humo lancé
a Río Piedras del ayer.
Cuesta arriba, cuesta abajo,
Cargado de caña el buey
Es leyenda del pasado
Pues Vannina ya se fue.
Y en las cañas del batey
El dulce también se fue
Con Río Piedras del ayer.

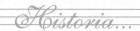

Historia...

El pueblo de Río Piedras se fundó en 1714, en una pradería conocida como la Vega de las Garzas Blancas, según nos refiere el historiador Cayetano Coll y Toste. Su nombre original fue la Aldea o Villa del Roble. Así, bajo el nombre de El Roble, se fundó el quinto poblado de la Isla, previa autorización del Gobernador Juan de Rivera y por orden real del mismo año.

Las primeras noticias que tenemos de su fundación nos las ofreció nuestro primer historiador Fray Iñigo Abad en su obra

Plaza de recreo y la Iglesia Nuestra Señora del Pilar

Descripción de los pueblos de la Isla en 1776. Nos dice: A media legua del Puente de Martín Peña está la Iglesia Parroquial del pueblo de Río Piedras y tres casas situadas en una pradería junto a un arroyo: las demás hasta el número 267, habitadas de 1,369 almas están en las vegas de diferentes riachuelos que las fecundan.

Su iglesia se erigió bajo la advocación de Nuestra Señora del Pilar. Para ese entonces era Obispo de la Diócesis de Puerto Rico Fray Pedro de la Concepción Urtiaga y Salazar. La iglesia fue construida originalmente de madera y más tarde de ladrillos.

Continuando con la cita del historiador Fray Iñigo Abbad, cuenta éste sobre las posibilidades de crecimiento del poblado, dado la riqueza de sus tierras. Dice que sus primitivos pobladores ahí 'tienen sus haciendas de caña de azúcar, algodón, café, casabe y demás frutos del país, aunque generalmente se dedicaban a cebar ganados para el abasto de la Capital'. Agrega: "La buena calidad de las tierras que disfruta este vecindario, la inmediación a la ciudad, y la facilidad de transportar sus efectos por agua, no los ha vigorizado a fomentar los muchos ingenios de azúcar que podrían formar, respecto a la multitud de trapiches, que tienen ya establecidos, contentándose con sacar de sus haciendas un producto tan moderado como su cultivo, que es muy poco, atribuyéndolo a la escasez de esclavos que experimentan, igualmente que a la de caudales, para el establecimiento de ingenios con todos los utensilios y máquinas necesarias; y aunque estas razones se verifican en algunos; generalmente, la causa verdadera de la desidia natural que los dominaba, apoyada de la facilidad que tenían de adquirir la subsistencia con la ceba de ganados, conducción a la capital de plátanos, piñas, frutas, pescado y aves, con otras industrias y granjerías semejantes, que les proporcionaban su inmediación.

La cita anterior nos sugiere que aunque el Roble disponía de tierras muy fértiles para el desarrollo agrícola, sus habitantes no se preocupaban por explotarlas al máximo, lo que llevó al pueblo a cierto estancamiento en su desarrollo o crecimiento. Nuestra primera década fue lenta. Nos informa don Pedro Tomás de Córdova que para el 1832 Río Piedras estaba constituido por cuatro barrios: El Roble (pueblo), Cupey, Caimito y Monacillos. Añade que para ese año el pueblo estaba en ruinas y sin iglesia.

Economía...

Una producción anual azucarera de la Central Vannina (San José) para los años 1913 a 1931 y luego para 1945 y 1946 es la siguiente:

Producción de azúcar, en toneladas, durante 1913-31 y 1945-46			
1913	12,006.88	1924	7,283.68
1914	7,224.25	1925	12,005.00
1915	5,186.61	1926	11,449.43
1916	10,464,75	1927	11,170.00
1917	10,543.00	1928	10,188.00
1918	12,135.25	1929	9,731.12
1919	11,733.25	1930	14,544.00
1920	12,921.50	1931	11,370.00
1921	11,762.38	1945	15,741.00
1922	9,1616.50	1946	12,181.00
1923	5,944.50		

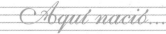
Aquí nació...

Lidio Cruz Monclova Nació el 13 de agosto de 1899. En 1922 obtuvo el grado de Bachiller en Derecho en la Universidad de Puerto Rico. Ese mismo año el Ateneo Puertorriqueño premió su ensayo titulado **Folklore de Puerto Rico**, que acusa ya su noble preocupación por la cultura y la historia de la Isla.

En 1923, invitado por don Juan B. Huyke, a la sazón Comisionado de Instrucción Pública y Presidente de la Universidad de Puerto Rico, pasó a ser el primer expositor de las cátedras de Historia y Literatura Puertorriqueña, que se incluyeron entonces en los currículos universitarios.

Luego de un interregno por varios años en el ejercicio de la abogacía, Cruz Monclova decidió responder al verdadero llamamiento de su espíritu, y regresó a la cátedra. En 1933, entró de nuevo a formar parte del claustro de la Universidad de Puerto Rico, y su tarea docente jamás fue interrumpida.

Pueblo donde reside la Universidad de Puerto Rico y su inconfundible Torre.

En 1944 hizo investigaciones en la Universidad de California y los años de 1949 y 1956 los dedica a llevar a cabo una fructífera misión oficial en el Archivo General de Indias en Sevilla, y en los archivos, bibliotecas y hemerotecas de Madrid. Desde hace varios años y a instancias también del Rector Jaime Benítez, Cruz Monclova se dedica de lleno a la investigación histórica y a publicar sus libros.

Jorge Romaní. Nació en el 1869, en el Barrio Cupey. Estudió en el Colegio de Río Piedras, donde daba clases don Felipe Janer, quien diera clases a casi todos los hombres que más tarde se destacaron en la comunidad riopedrense. Entre éstos cabe mencionar a don Juan Caloca, quien fuera alcalde de Río Piedras de 1904 a 1908.

Luego de sus estudios, don Jorge Romaní se dedicó a la agricultura, en la finca de Monacillos, que heredó de su padre, y en la finca Casablanca, que compró a don Modesto Bird.

Comenzó su vida política a temprana edad, como asambleísta municipal. Fue alcalde interino varias veces, entre los años 1910 al 1912, aproximadamente. Comenzó su labor legislativa en el 1917 la cual duró hasta el 1932. Fue electo representante por el Distrito Número 3 que incluía a Río Piedras, Carolina, Trujillo Alto. Desempeñó este cargo como miembro del Partido Unionista Puertorriqueño hasta el 1924. Continuó su labor política y legislativa dentro del Partido que pasó a conocerse como Alianza Republicana y luego Partido Unión Republicana. Durante su último período legislativo, fue Presidente de la Comisión de Gobierno Insular y Municipal de la Cámara de Representantes.

Juan (Chi-Chi) Rodríguez Su familia era pobre y el golf le fascinaba desde pequeño. Para ayudar en el sustento de la familia, comenzó a trabajar como portador de palos desde los seis años de edad. En 1963 ganó su primer título con la Asociación de Golfistas Profesionales, en el Abierto de Denver y así comenzó su ascendente carrera.

Catalogado como uno de los mejores golfistas profesionales del mundo, en 1987 ganó más torneos que cualquier otro jugador master, y obtuvo el título de Jugador Veterano del Año otorgado por la revista "Golf Digest".

Utiliza gran parte de sus ingresos como golfista para albergar, cuidar y educar niños jóvenes víctimas de abuso o con impedimentos para su desarrollo. Esto le mereció el "Horatio Alger Award" el premio de mayor importancia cívica por humanismo.

Sabana Grande

Fundación: 1813

Gentilicio: sabaneño

Cognomento: El pueblo de los prodigios

Población (1990): 22,843

Alcalde (1997): Hon. Miguel G. Ortiz Vélez

HIMNO
Por: Raúl A. Torres Irizarry
Elpidio Montalvo

Sabana Grande, ciudad petatera,
alegre y bonita del sur del país.
Sabana Grande, tus montes y llanos,
tu gente y tu historia leyenda ya son.

Sabana Grande, tierra bendita,
tierra del sol brillante,
de hermosa luna que se perfuma,
con el aroma de sus plantíos en la llanura (2)

Sabana Grande, de noble estirpe,
leyendas y tradiciones,
entre sus montes canta el pitirre,
Dios con su hijo te brindan juntos sus bendiciones (2)

Sabana Grande, cuna de héroes,
poetas y atletas a orgullo eres Tú.
Por eso Sabana Grande, mirando al futuro,
en la historia te habrán de tener. (2)

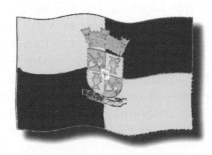

ESCUDO

El Escudo de Sabana Grande contiene los elementos que representan simbólicamente a los patronos de nuestro pueblo. **El rastrillo y la pala** representan a San Isidro Labrador, también patrón de Madrid. Se cree que su representación surgió debido a la fe que tenían los labradores de la antigua campiña sabaneña. Cuando las grandes sequías les azotaban, enviaban promesas con la esperanza de que el patrón les salvara sus cosechas. **La jarra** simboliza las faenas domésticas de Santa María de la Cabeza, mujer de San Isidro. Hacia el centro encontramos **la hoja de la palma de petate** como símbolo de una industria típica de este pueblo. En la parte superior encabeza el escudo **la corona mural** como símbolo de solidaridad, unión cívica y defensa común, es el tributo heráldico con que se timbran los escudos de los pueblos.

Los colores que contiene el escudo son los que encierra la tradición de nuestro pueblo: el oro y el verde. Finalmente, el lema de nuestro escudo, Pueblo de los Prodigios, nos trae a la memoria la tradición de un pueblo donde han ocurrido numerosos sucesos de carácter misterioso, extraordinario e histórico.

SABANA GRANDE

Historia...

Mucho antes de 1808 ya había en Sabana Grande Arriba (barrio de San Germán) una comunidad con iglesia propia, auxiliar de la parroquia de San Germán, cuya iglesia estaba bajo la advocación de San Isidro Labrador y Santa María de la Cabeza.

El núcleo de vecinos que en 1808 gestionaron la erección de la iglesia de San Isidro y Santa María de la Cabeza aprovecharon los beneficios de la Constitución Política de 1812 constituyéndose en pueblo al siguiente año, 1813 por existir el número requerido. No consta en documento alguno el archivo municipal de la fecha exacta, pero del acta levantada en San Germán el 5 de diciembre de 1813 sobre la organización de la Junta Electoral de Parroquia resulta evidentemente demostrado que en esta fecha ya estaba constituido el pueblo. Y hay que dar por válido este año de 1813 como el de la fundación legal de Sabana Grande porque la primera vez que el cura de este lugar se llamaba a sí mismo "Cura Ecónomo de la Parroquia de Sabana Grande" en contraposición a sus antecesores que se llamaban "Curas Tenientes" o coadjutores de la Villa de San Germán, aparece en la partida número 23 del libro 3 de matrimonios fechado el día 1 de julio de 1813. Hasta el día 8 de mayo de ese año la iglesia de Sabana Grande estuvo señalada siempre como auxiliar de la de San Germán, atendida por sacerdotes que venían por turno a servirla. Vino pues, Sabana Grande a ser constituido en Parroquia Independiente, con jurisdicción propia, allá por el mes de junio de 1813, siendo su primer párroco, el padre Martín Antonio Borreli, según lo llama y reconoce el padre Juan Francisco de Acosta en la primera partida que fue firmada por él el 30 de enero de 1814.

El Pbro. Juan Francisco de Acosta, hermano del alcalde y párroco de Sabana Grande desde enero de 1814 a igual mes de 1815, donó al pueblo su casa propia, para que fuese destinada a Casa del Rey o Casa Consistorial. El 1 de agosto de 1820 el Ayuntamiento tomó el acuerdo de asignar al vecindario 300 pesos para invertirlos en clavazón, herraje, tablas, cuartones y pago del maestro para construir la Casa del Cura, de 9 brazas de madera cubierta de yaguas. El párroco don Francisco de Acosta la entregó tres años después al Ayuntamiento, pues desde el 26 de febrero de 1823 ya él había constituido otra con el mismo fin, por su cuenta.

El nombre de Sabana Grande se origina a causa de las características geográficas de este pueblo. La voz caribe sabana era usada por los indígenas para indicar toda llanura o campiña de gran extensión, cubierta de alguna yerba y con poca o ninguna arboleda.

Fundación

Como fecha de la fundación de Sabana Grande, se celebra el día 5 de diciembre de 1813. Aunque dicha fecha figura desde hace años, hasta el presente no se conoce la fecha exacta en que Sabana Grande tomó vida oficialmente como pueblo independiente de la Villa de San Germán. Este tema ha sido objeto de controversia por falta de actas municipales o eclesiásticas que contengan la fecha exacta o algún otro documento de la época. Autores como Francisco Pastrana, Manuel Ubeda y Delgado, Pedro Tomás de Córdova y otros mencionan el año 1814 como el de la fundación de Sabana Grande, pero sin precisar el día y el mes.

Los orígenes del actual Sabana Grande se remontan a principios del siglo XVIII, cuando se indica que en la Villa de San Germán, para el año 1720, existían ermitas en los llamados "sitios de Mayagüez, Sabana Grande y Yauco". Debido a factores desconocidos al momento, este núcleo de vecinos que componían el "sitio de Sabana Grande" no logró su separación de San Germán, como pueblo autónomo, hasta principios del siglo XIX.

Se encuentra aproximadamente, a 18 millas de Mayagüez, hacia el oeste, y a 28 millas de Ponce, hacia el este. Su comunicación terrestre con ambas ciudades se facilita a través del corredor más importante del área suroeste, la Carretera P. R. Núm. 2. Su distancia de la Capital es de 98 millas, aproximadamente.

La superficie total del Municipio de Sabana Grande cubre un área de 37.03 millas cuadradas. Colinda por el norte con el Municipio de Maricao, por el sur con los municipios de Lajas y Guánica, por el este con el Municipio de Yauco y por el oeste con el Municipio de San Germán.

Zona Rural

Sabana Grande está dividido en siete barrios que ocupan 35.88 millas cuadradas de

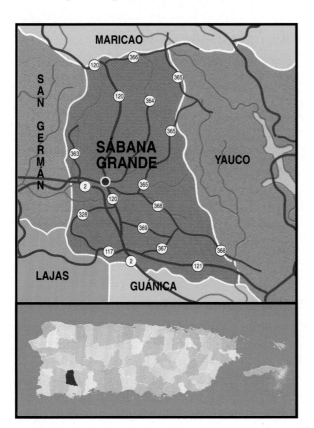

su territorio: Santana, Tabonuco, Rincón, Rayo, Machuchal, Torre y Susúa.

Hidrografía

Las aguas de superficie que corren en Sabana Grande se originan en las montañas de la parte norte y este. El Río Guanajibo es el cuerpo de agua más grande del pueblo y el tercero en la región oeste. Su nacimiento se origina de las corrientes que fluyen de las alturas de nuestro municipio, pasando luego por las jurisdicciones de San Germán y Hormigueros, desembocando finalmente en Punta Guanajibo del Municipio de Mayagüez. También hay otros tres ríos secundarios que son afluentes del Guanajibo. Estos ríos son: Cocos, Cruces y Flores. Este último encierra una leyenda que se menciona por voces de abuelos y que proviene desde la época de la colonización de Puerto Rico, según éstos. Esta leyenda menciona al Río Flores como la cuna de la Familia Flores, de donde surgió Santa Rosa de Lima.

Condiciones climatológicas

El clima en Sabana Grande es generalmente fresco. La temperatura varía por temporadas o estaciones del año entre 70°F y 80°F. La humedad aumenta durante las noches cuando la temperatura baja y disminuye durante el día cuando la temperatura aumenta. Los vientos son constantes y su movimiento normal es de este-suroeste.

En Sabana Grande la lluvia es usualmente abundante durante los meses de abril a noviembre y escasa de diciembre a marzo, con una precipitación de 56 pulgadas de agua como promedio anual. Normalmente, la lluvia es de baja intensidad, excepto aquella causada por el paso de fenómenos atmosféricos como huracanes y depresiones tropicales, los cuales causan inundaciones.

Productos agrícolas: Plátanos, china, café, aguacate. Se siembra en diferentes tiempos.

Frutos menores: Pimientos, berenjenas, calabaza, tomate, ají dulce, cilantrillo, lechuga, habichuelas blancas, gandures.

Farináceos: Yautía, ñame, yuca, guineo.

Recursos naturales

De todos los recursos naturales de Sabana Grande, además de sus ríos, se encuentran sus fértiles suelos, su flora y otros en los que podemos destacar el Bosque de Susúa. Este está localizado hacia el noreste de Sabana Grande. Su ambiente tranquilo y acogedor lo hace un lugar ideal para el sano disfrute de sus visitantes.

En este bosque se encuentra una serie de árboles y plantas propias del área, como lo es la palma de donde se fabrica el petate. A ésta se le conoce como palma de cogollo o palma de petate. Su nombre científico es "Thrinax morrisi", según lo indicó el Sr. Miguel Canals, biólogo del Departamento de Recursos Naturales. Este bosque cuenta, además, con

Ricos frutos de la zona de Sabana Grande

un área recreativa para actividades pasivas, así como con un área para acampar. Tiene también una estación de guardabosques y un riachuelo que ofrece refrescantes momentos a quienes le visitan.

Desarrollo de la economía sabaneña

Pasan los años y la agricultura da paso a la industrialización que viene impactando a todos los pueblos de la isla. Sabana Grande no es la excepción. El desarrollo poblacional obliga a la construcción de más y mejores viviendas. La actividad económica del pueblo contribuye al desarrollo de nuevos empleos en la manufactura de diversos productos. Industriales de diferentes partes de Estados Unidos y Puerto Rico se establecen en el lar sabaneño. Actualmente Sabana Grande cuenta con 77 cuerdas de terreno destinadas al uso de estas industrias dedicadas a la manufactura de adhesivos, efectos médicos, uniformes industriales y a la crianza de camarones de agua dulce.

Baxter, V. Mueller Division

Radica en la antigua vía hacia Yauco. Se dedica esta industria a la manufactura de productos relacionados con la medicina, mediante la utilización de aparatos electrónicos y de sofisticada tecnología. Cuenta con un personal de 117 empleados.

Loctite, Puerto Rico Inc. - Unica industria de adhesivos en Puerto Rico en la actualidad. Su producción se especializa en adhesivos industriales y para el consumo doméstico. Componen su personal 190 empleados. Se inauguró su planta el 17 de octubre de 1974.

Langostinos del Caribe

Proyecto innovador de crianza y venta de camarones de agua dulce. Está ubicado en el Barrio Rayo, sector La Plata, cerca del Valle de Lajas. Es considerado el productor más grande de camarones de agua dulce en todo el territorio estadounidense, con una

Berenjenas

producción mensual de 17,000 a 19,000 libras de langostinos. El proyecto se encuentra en una etapa de expansión por lo que se proyecta que su producción aumente a 25,000 libras de langostinos mensualmente. Es importante señalar que en la reciente visita de los Reyes de España uno de los platos que disfrutaron los monarcas, en el comedor de La Fortaleza, fue langostinos de los viveros de Sabana Grande. La mayor parte de su producción se exporta a los Estados Unidos e Islas Vírgenes, lo que genera grandes beneficios a la economía de la isla.

Aquí nació...

Lcdo. Augusto Malaret Yordán. Nació el 31 de julio de 1878. Don Augusto fue miembro fundador de la Academia Puertorriqueña de la Lengua y de la Academia Puertorriqueña de la Historia.

Entre sus obras también se destaca el **Diccionario de Americanismos** (1925) al ser el primero en su clase que se publicara en el mundo hispano. Malaret perteneció al Ateneo Puertorriqueño, el cual le reconoció públicamente y le otorgó la Medalla de Servicios Distinguidos. La Universidad de Puerto Rico le otorgó el grado de Doctor en Letras Honoris Causa por su conocimiento, organización y difusión de las aportaciones lexico-gráficas de Puerto Rico a la lengua española.

Félix Rigau Carrera. (Primer aviador puertorriqueño). Nació en el 1894. Era el hijo menor de la familia. Desde niño se destacó por sus inventos mecánicos. Fabricaba modelos de aviones que lanzaba desde el campanario de la Iglesia Católica de Sabana Grande. Estudió electricidad e ingeniería mecánica en el Colegio de Agricultura y Artes Mecánicas de Mayagüez. Luego ingresó en la Armada de los Estados Unidos.

En el 1919 adquirió un monoplano, Curtis JN-4, con el cual realizaba vuelos de exhibición y transportaba pasajeros en vuelos recreativos.

Se destacó como aviador de combate en Francia, además de haber sido uno de los primeros paracaidistas de la aviación americana. Como todo un pionero, en el 1931 fue autorizado por el Administrador de Correos de San Juan para transportar la primera correspondencia que se envió por vía aérea en Puerto Rico.

Adalberto Rodríguez Torres "Machuchal". (Comediante, artista y paracaidista). Es otro sabaneño que se distinguió en la farándula y mantuvo gran popularidad entre la audiencia desde sus inicios. "Machuchal" fue un jíbaro a quien las visicitudes y circunstancias de la vida le destinaron diversas experiencias en lugares distanciados de su natal Sabana Grande, pero que ante tales momentos siempre mantuvo el orgullo y el honor de ser natural del Pueblo de los Petateros y de ser jíbaro. Adalberto representa la caracterización de dicho jíbaro y adoptó el nombre del barrio donde naciera doña María Luisa Torres, su progenitora.

Lugares de interés...

Casa Alcaldía. Su construcción data de principios de este siglo. Fue residencia de la Familia Malaret antes de ser alcaldía. Un documento que le enviara el ingeniero de mantenimiento al Superintendente de Obras Públicas de Puerto Rico, en el 1922, indica que el precio por el que intentaba comprar el municipio dicha casa era de 6 mil dólares, lo cual era la mitad de lo que realmente le hubiera costado si la hubieran construido nueva en aquel entonces.

Logia Masónica. La Logia Igualdad, nombre que posee el capítulo masón en Sabana Grande, se vistió de gala cuando se inauguró el 9 de septiembre de 1891. Es la primera en tener un edificio propio en toda la Isla. Este año (1988) la masonería cumple su primer centenario de haberse establecido en Sabana Grande. Al inicio de establecerse, el lugar de reunión era secreto debido a las constantes persecuciones que sufrieron los masones por supuestamente existir dudas sobre los propósitos de las reuniones.

Salinas

Fundación: 1841

Gentilicio: salinense

Cognomento: Pueblo del mojo isleño

Población (1990): 28,335

Alcalde (1997): Hon. Basilio Baerga Paravisini

HIMNO
Por: Antonio Ferrer Atilano

Salinas, Salinas
el pueblo donde yo nací
sus campos, sus montes
son siempre verdes para mí
Salinas, Salinas
yo no te puedo olvidar
tus bellos palmares
te saludan con una canción

ESCUDO

Está dividido en dos partes iguales horizontalmente. En la parte superior figuran cinco montículos de sal. En la parte inferior hay tres peces. Hay dos ramos de caña de azúcar rodeando el escudo por sus lados y parte inferior. El escudo de Salinas es de color verde y plata ya que son los colores tradicionales del pueblo. **El verde** representa el pasado indígena, cuyo territorio regía el Cacique Abey. **Los montículos de sal** indican el nombre de la población. **Los peces** hacen referencia a la pesca y **las ramas** que rodean el escudo simbolizan las plantaciones de caña. **Sal, pesca y caña** moldearon la vida de sus habitantes. Se unen los simbolismos de la naturaleza, la tierra, la vegetación y el mar.

Historia

Para el año 1776 Fray Amigo Abbad puntualiza en su relato "...y a tres leguas de distancia está el caserío que llaman Las Salinas, en que vivirán de 90 a 100 vecinos de la parroquia de Coamo, cuyas tierras, aunque arenosas y pobres están muy cultivadas y cogen mucho café..."

Salinas fue un barrio de la parroquia de Coamo, hasta que por la Real Orden de 15 de julio de 1847 se incorpora al territorio de Guayama.

En 1851 recibe Salinas su declaratoria de pueblo, y el 17 de enero de 1854 fue declarada parroquia independiente. En esta fecha contaba con los siguientes barrios: Pueblo, Quebrada Honda, Quebrada Yeguas, Aguirre, Collado, Río Jueyes y Palmas, y tenía poco más de 3,000 habitantes. Según nos informa el historiador don Manuel de Ubeda y Delgado, en 1878 desaparecieron los barrios Quebrada Honda y Collado y se había creado uno nuevo, Playas, el cual desapareció antes de 1898.

En 1899 se mantiene la misma organización territorial, excluido el barrio Playas, que desaparece.

El 1ro. de marzo de 1902 la Asamblea Legislativa de Puerto Rico aprobó una "Ley para la Consolidación de Ciertos Términos Municipales de Puerto Rico", disponiendo en Sección Primera "que el primer día de julio de 1902 el municipio de Salinas (entre otros) sería suprimido como municipio y su ayuntamiento, junto con el alcalde y los empleados municipales y todo el territorio del municipio sería anexado al municipio de Caguas". Esta ley fue revocada por la propia Legislatura de Puerto Rico en 1905, constituyéndose de nuevo Salinas como municipio independiente con los mismos límites que tenía antes de ser anexado a Guayama y la misma organización territorial.

En 1945 se prepara el actual mapa oficial de Salinas por la Junta de Planificación de Puerto Rico, la organización territorial del mismo sufre algunos cambios. Se amplió la zona urbana para incluir parte de los barrios rurales Aguirre, Lapa y Río Jueyes. Se subdividió el barrio rural Aguirre en : Central Aguirre (Village), Coquí, San Felipe y Aguirre. Tanto los sub-barrios Central Aguirre, como Coquí y San Felipe son pequeños poblados del barrio rural Aguirre.

En 1948 se inaugura el Parque de Bombas y se elige a Doña Victoria Mateo como alcaldesa de este pueblo.

Para el 1986 se inauguró el Albergue Olímpico y en 1990 la Central Aguirre cerró sus operaciones.

Geografía...

Localización y topografía

Salinas está localizado en la costa Sur-Central de Puerto Rico, al este de la ciudad de Ponce. Está a 55 minutos de la Capital San Juan. Colinda al oeste con Santa Isabel y Coamo, por el este con Guayama y por el norte con Cayey y Aibonito. Al sur se encuentra el Mar Caribe. El municipio es semillano y por el norte se levanta la Sierra de Cayey que es cuenca de sus ríos y quebradas.

Montes y Cerros

Monte Las Tetas (2,756 pies), localizado entre el límite de los barrios Cuyón de Aibonito y Lapa de Salinas. Peñón de los Soldados (2,592 pies), en el punto donde convergen las líneas divisorias de los barrios Palmas y Quebrada Yeguas de Salinas y Cercadillo de Cayey. Cerro Los Cielos (1,870 pies), entre el extremo sureste del barrio Palmas y Quebrada Yeguas. Cerro Las Piedras Chiquitas, separa el municipio del barrio Cuyón de Coamo, Cerro

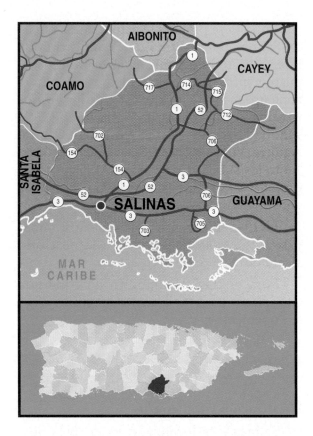

contienen muy poca agua la mayor parte del año por ser Salinas una de las zonas más secas del país.

Economía...

En 1878 se dedicaba a la cría de ganado. También tenía tres haciendas de caña con máquina de vapor, una con trapiche de bueyes y tres estancias de café.

Era uno de los pueblos más prósperos de Puerto Rico, debido principalmente a la extensión y volumen de su riqueza azucarera. Su central "Aguirre", operada por la Corporación Azucarera de Puerto, fue una de las mayores y más sólidas del país. Fue fundada en el 1900. En la zafra de 1976 molió 527,223 toneladas de caña (siguiendo muy de cerca a la central Guánica), produjo 49,933 toneladas de azúcar (poco más que la central Guánica) y 3,426,949 galones de miel, empleó (fase fabril y agrícola), 3,800 personas aproximadamente, aparte de que esta industria genera, además, numerosos empleos indirectos.

En el municipio se producen también otros frutos alimenticios y cuenta con ganado de ceba y lechero, que contribuyen también a la economía. En el barrio Aguirre se encuentran también las salinas del Estadio, favorecidas porque es región donde hay una gran escasez de lluvia. En sus costas abunda la pesca, que es además de gran calidad.

Cariblanco, entre el límite de este barrio y el río Jueyes de Salinas (1,824 pies). Cerro Garau (1,437 pies), se levanta por el este en la línea divisoria entre los barrios Quebrada Yeguas de Salinas y Pozo Hondo de Guayama.

Cuerpos de agua

El Río Salinas (conocido como "Río Niguas") nace en el barrio Lapa a unos 985 pies (300 mts.) de altura sobre el nivel del mar. Desemboca en el Mar Caribe al sureste de la población, después de haber recorrido 10 millas (17 kms.). Su afluente primario, el Río Majada, nace en el municipio de Cayey y recibe aguas de los ríos Jájome y Lapa. El Río Jueyes nace entre Salinas y Coamo y tiene una longitud aproximada de 8 millas (13 kms.). Además, riegan a ese municipio las quebradas Amarós y Aguas Verdes, las cuales nacen en el Barrio Aguirre y desembocan en el mar de la Bahía de Jobos. Estos ríos y quebradas

Industrias
Steri-Tech: manufactura y esterilización de productos médico desechables.
ASI-PR: reciclaje de gomas.
IDI Recycling: recicladora de aluminio
PR Ostrich: crianza y procesadora de carne de avestruz
Naguas Mfg.: ropa interior de mujer
Carib: corbatas
Inabón: gravera

Siembra de frutos menores, china, guineos, aguacates

Abundante pesca de chillo, rábalo, sierra, se le conoce como la "Ciudad del Mojo Isleño"

Aquí nació...

Jesús María Amadeo. Médico que fue además novelista y autor dramático.

José Chepo Caraballo. Líder obrero

Rafael Esparra. Formó parte de la facultad de New York City Technical College donde ocupó varias posiciones. Ocupa la posición de Diputado del Comisionado de Bomberos de Nueva York.

Lugares de interés...

Entre los lugares de interés que tiene Salinas podemos señalar la Casa Alcaldía construida en 1915, la Plaza de Mercado y la Escuela Luis Muñoz Rivera en 1925.

Destacan el Campo de Golf en Aguirre, el Monumento al Jíbaro, la Bahía del Arenal, la Pista de Carros de Carrera, el Pozo de Agua Dulce, la Iglesia Católica, el Coliseo Ángel Luis (Cholo) Espada y el Albergue Olímpico construido en el año 1986.

Plaza de Salinas, con la Iglesia Católica rodeada de árboles de María.

San Germán

Fundación: 1573

Gentilicio: sangermeño

Cognomento: Ciudad de Las Lomas

Población (1990): 34,962

Alcalde (1997): Hon. Isaac Llantín Ballester

HIMNO
Sra. Raquel Quiñones

San Germán, es mi pueblo querido
en sus lomas alegres nací
Y no encuentro otro sitio en el mundo
donde yo pueda ser tan feliz.
Es antiguo, legendario y muy culto
y fue cuna de hombres grandes ayer
De poetas, maestros, artistas
Y de damas muy nobles también.
(Coro)
Porta Coeli se levanta orgulloso
Cual reliquia de un tiempo que fue
En sus muros antiguos aún vibra,
Un pasado de gloria y de fe.
(Coro)
Yo no cambio mis verdes colinas
por París, Nueva York ni Berlín
Porque allí no se ven golondrinas
Como siempre las vemos aquí.
(Último Coro)
Dios bendiga este pueblo tan mío
Este pueblo en donde nací
Del que puedo yo estar orgulloso
Donde siempre me siento feliz

ESCUDO

En su escudo, **la mitra y el báculo episcopales** simbolizan a San Germán Auxerre, patrón de la ciudad. **Los cuarteles a la derecha de estos símbolos** son los escudos de Fernando el Católico, Rey de Aragón y Sicilia.

Los cuarteles bajo la mitra y el báculo son blasones de la reina Germana de Foix, segunda esposa de Fernando El Católico y en cuyo honor se puso a la ciudad el nombre de San Germán.

El último cuartel (el león), es el escudo de Juan Ponce de León. Rodea el escudo una planta trepadora tropical. Su corona mural es de cinco torres, en oro con huecos verdes.

San Germán la Ciudad Primada de Puerto Rico, si se tiene en cuenta que fue el burgo que nació a la vida con la llegada de Juan Ponce de León a esta Isla, el 24 de junio de 1506, quien ya en esta fecha erigió las primeras casas de maderas cortadas por los propios aborígenes, cerca de la desembocadura del río Añasco, en su ribera norte, al lado del gran pueblo de indios de Mabo el Grande.

La fundación de San Germán con el nombre de Higuey, débese a que Ponce de León quiso hacerlo así en recuerdo de la provincia que gobernara en Santo Domingo. Más tarde don Cristóbal de Sotomayor pobló un lugar cercano al pueblo del cacique Guaybaná, nombrándolo Tavara, en honor a doña Beatriz de Tavara, Condesa de Camiña, que era su madre. En 1510 apareció Sotomayor como Alcalde Mayor y Antonio de Camudio y Fernando de Herrera, como procuradores de los vecinos de la Villa de Tavara. Ambos pueblos fueron destruidos por los indios.

La naturaleza del terreno, poco sólido para sostener fabricaciones de piedra, aconsejó el traslado de la Villa, que se efectuó en 1528, a un lugar situado cerca de la Punta de Calvache. El mismo año sería destruida por el corsario Diego Ingenios que incendió el caserío, ubicándose otra vez en el "asiento viejo". En 1529 los caribes saquearon el Monasterio del Espinar, en Aguada, donde residían entonces algunas familias sangermeñas; en 1538 fue atacado de nuevo este Monasterio, esta vez por corsarios franceses. Ante la reiteración de estas depredaciones se autorizó por el Rey, en 1540, la construcción de una fortaleza, que fue iniciada y luego suspendida, y se determinó que los vecinos de San Germán trasladaran sus estancias tierra adentro, mientras que otros comenzaron a establecerse en las Lomas de Santa Marta desde 1543, conforme se

evidenció por un madero encontrado en el barrio de Santo Tomás, que aparece grabado con dicho año. Cinco años después, el poblado situado tierra adentro sólo contaba con treinta vecinos. En 1554 el pueblo volvió a ser objeto de un ataque por parte de corsarios franceses que destruyeron hasta el ingenio de azúcar. como consecuencia sus vecinos, muy escasos por cierto, determinaron poblar en el puerto de Guayanilla, mientras los restantes vivían desde antes, como ya se ha dicho, en las Lomas de Santa María. Cuando los caribes atacaron a Guayanilla en 1565, los vecinos solicitaron su traslado a las lomas referidas. El ataque e incendio del pueblo por corsarios franceses en 1569 determinó que los sangermeños interesaran al procurador don Simón Bolívar (quinto abuelo del Libertador) que el pueblo fuese ubicado oficialmente en las Lomas de Santa Marta, lo que se concedió en 1570 o 1571. De todos modos, hasta diez años después todavía pugnarían los vecinos, unos por permanecer donde estaban y otros para acceder, al traslado al que se referían las reales providencias.

Después de ventilarse en la Audiencia de Santo Domingo las apelaciones interpuestas a causa de esta situación, el 1 de enero de 1573 se falló en la Villa de Santa Marta. Este nombre, debido a que el gobernador D. Francisco Solís era natural de Salamanca, no perduró porque los vecinos persistieron en llamarlo San Germán, tal como desde entonces se conoce. En 1571 era capitán y primer alcalde ordinario de San Germán don Rodrigo Ortiz Vélez, el mismo que en 1565 luchó en Guayanilla contra los corsarios franceses y en 1567 contra los caribes.

El convento de Porta Coeli, verdadera reliquia histórica conservada y restaurada por el Instituto de Cultura Puertorriqueña y destinada su iglesia a museo, fue fundado por el padre Antonio Mejía en 17 de diciembre de 1606 en el asiento de la casa vieja de Juan López Aliceda". Para su construcción contribuyeron los vecinos con doscientas diez reses y mil cincuenta reales. Fray Igiño Abbad lo describe así en 1776: "el Convento de Santo Domingo, situado sobre un precipicio, es poco más que una casa particular. Nada tiene de recomendable su fabrica; en él habitan tres religiosos que ayudan a la administración del eclesiástico con jurisdicción en todo su distrito, hasta los ríos Jacagua y Camuy, igualmente que la del Cabildo secular, que es el segundo de esta Isla".

Por su parte Iñigo Abbad (1776) lo describía de este modo: "tiene una grande plaza cuadrada y dos calles, que se extienden hasta el Convento Santo Domingo, que está en el extremo de la loma; la iglesia parroquial es muy pequeña y en nada corresponde al lustre y antigüedad de la Villa. Frente a la parroquia hay una buena capilla dedicada a Nuestra Señora de la Concepción; en la calle que va a Santo Domingo, hay un hospitalillo muy reducido y tan pobre, que rara vez mantiene algún enfermo. El sitio en que está la Villa es una loma larga y desigual; hay 411 casas, las demás de sus vecinos, que ascienden a 1,166 con 7,958 almas; están derramadas por todo el territorio, que es extenso aunque no igualmente bueno." Ambos cronistas dan cuenta además del espíritu bizarro de sus vecinos que en 1743 rechazaron de nuevo, "sin más muralla que la de sus pechos", un ataque de los ingleses, obligándolos a reembarcar, después de haberles tomado un paquebote. Cuando en 1812 Ramón Power defendía el derecho que asistía a la Villa para que se le concediese el título de "muy noble y muy leal ciudad", volvía a hacerse mención de la valentía de sus moradores al distinguidamente los vecinos por su decidida lealtad, por su heroico patriotismo y por un denuedo tan bizarro, que acaso parecería una injusticia si se les negara el bien merecido timbre de nobles y leales".

Con la llegada de las Hijas de la Caridad q San Germán, en la última quincena del siglo XIX se mejoró ostensiblemente la educación pública, mediante el establecimiento de una Escuela de Párvulos gratuita para 104 alumnos, 80 pobres y 24 pudientes, 59 de los cuales eran varones y 45 niñas, además de otras que fueron creadas. En la ermita de San Sebastián, junto a la casa llamada Las Monjas, funcionaba el Colegio San José, fundado antes de establecerse la instrucción pública que impartía las disciplinas correspondientes a la primera y segunda enseñanzas.

El Círculo de Recreo, fundado en 1879, es la institución cívica cultural y social más antigua de la Isla, y fue sede, además de sus primeros Juegos Florales. El Colegio San José, acreditado en 1930, de primera y segunda enseñanzas, es un plantel privado de gran prestigio.

Geografía...

Área: 54 millas cuadradas.

Situado este Municipio hacia el occidente de la Isla, limita al Norte con los Municipios de Sabana Grande, por el Oeste con los de Hormigueros y Cabo Rojo y por el Sur con Lajas.

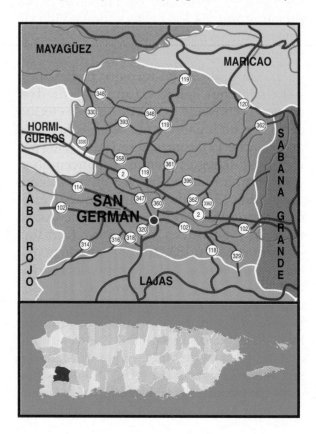

Desde el punto de vista topográfico corresponde a la región denominada Valles Costeros del Oeste. Sus terrenos, como todos los de la región, son aluviales y muy fértiles. Pertenece, además, a la unidad de Maricao de la División de Bosques del Departamento de Agricultura de Puerto Rico.

Barrios

Pueblo, Ancones, Caín Alto, Caín Bajo, Cotuí, Duey Alto, Duey Bajo, Guamá, Hoconuco Alto, Hoconuco Bajo, Maresúa, Minillas, Retiro, Rosario Alto, Rosario Bajo, Rosario Peñón, Sábana Eneas, Sábana Grande Abajo, Tuna.

Economía...

Sus terrenos aluviales son, como ya se ha dicho, muy aptos para la agricultura. Ya Fray Iñigo Abbad señalaba en 1776 que la mayor parte de las tierras de San Germán se destinaban a la cría de ganado, dada la gran calidad de sus pastos, agregando que había además "muchos plantales de café, algodón, caña, que muelen en los trapiches para melado, aguardiente y algún azúcar", cosechándose igualmente "todo género de legumbres, plátanos y demás frutos, comunes en la Isla, cuyos sobrantes pasan al Guarico (Haití), retornando en cambio ropas y otros efectos". Téngase en cuenta además que en San Germán se instaló el primer ingenio de la Isla (1523), el San Juan de las Palmas, de Tomás de Castellón, sin duda porque sus vegas eran las más fértiles del país.

En la jurisdicción de este municipio existen yacimientos de cobre, aunque no son los más prometedores entre los que se han descubierto; como mineral metálico abunda en sus tierras la archilla blanca o caolín, que se usa en alfarería y cerámica. A principios de la colonia fue San Germán, junto a Corozal y Luquillo, lugar en donde se encontraban los placeres más importantes de oro. Hoy éstos pueden considerarse prácticamente agotados, y ofrece mejores perspectivas la explotación de los filones, o sea, las venas de cuarzo con oro.

Aquí nació...

Francisco Mariano Quiñones (1830-1908). Es junto a Lola R. de Tió, una de las figuras más conocidas de la cantera de personalidades que a través de su historia, ha producido San Germán. Político, abolicionista y escritor. Concejal del cabildo de San Germán en el 1866. Formó parte de la célebre junta informativa de 1867 que recabó un sinnúmero de reformas para Puerto Rico. Luchó por la abolición de la esclavitud, hecho que se logró el 23 de marzo de 1873 "con o sin indemnización". Fue figura prominente del Partido Autonomista Puertorriqueño. En 1897 fue Presidente del Consejo de Secretarios del Gobierno Autonomista. Fue miembro de la Primera Legislativa Puertorriqueña (1900-1902), alcalde de San Germán en 1901 al 1902. Fue designado historiador oficial de Puerto Rico y autor de apuntes para la **Historia de Puerto Rico**. Fundó y dirigió el periódico "Espejo". Escribió dos novelas relacionadas con Persia, Magofonia, Kalila y Fátima.

Iglesia San Germán de Auxerre

Samuel R. Quiñones. Nació en 1904 y murió en 1976. Fue abogado, político y literato. Colaboró en revistas y periódicos. Militante político, participó en el Partido Liberal y fue uno de los fundadores del Partido Popular en 1940. Presidió diversas instituciones: Ateneo Puertorriqueño (1934-37); Colegio de Abogados (1943-45); Senado (1949-68), entre otras y también fue uno de los fundadores de la Academia Puertorriqueña de la Lengua Española. Publicó: **Temas y letras** (1941), ensayos; **Un jíbaro en la Academia de la Lengua** y escribió el prólogo al libro **Paliques** de Nemesio Canales en 1967.

Dr. Efrén Ramírez. Nació en San Germán, Puerto Rico. Sirvió por ocho años en el Programa de Salud Mental del Hospital Psiquiátrico de Río Piedras, donde desarrolló el primer prototipo de Programa Terapéutico Supervisado, dirigido a pacientes crónicos.

Fue reclutado por el alcalde John Lindsay de Nueva York para organizar el primer programa Contra la Adicción, "Addiction Service Agency". Participó en el desarrollo de los primeros programas terapéuticos para la comunidad como: Hogares CREA, "Proyect Return", P.R.O.M.E.S.A. y otros.

Lola Rodríguez de Tió (1843-1924). Una de las figuras más sobresalientes de la vida pública puertorriqueña eminente poetisa y defensora de sus ideales. Por causa de sus ideas políticas fue desterrada en varias ocasiones junto a su esposo, don Bonocio Tió. Realizó o logró la libertad de los presos políticos del Morro mediante un indulto del Gobernador Contreras en 1889. Vivió parte de su vida en Cuba y desde allí venía a la Isla

Casa de la Plaza de Santo Domingo

ocasionalmente. Fue autora de tres importantes poemarios: **Mis cantares, claros y nieblas** (1876-1885); **Mi libro de Cuba** (1895). Su máximo anhelo fue la libertad de Puerto Rico.

Lugares de interes...

Porta Coeli. Fundado en 1606-1607. Hoy es un museo de arte religioso ubicado en la Calle Ramas frente al Parque Santo Domingo.

Monumento en Honor a Santa Rosa de Lima. Ubicado frente a la Calle Dr. Veve y hacia la parte este de Porta Coeli.

Iglesia de Porta Coeli

San Juan

Fundación:	1509
Primer alcalde:	Don Juan Ponce de León
Gentilicio:	Sanjuaneros
Cognomento:	Ciudad amurallada
Población (1990):	437,745
Alcaldesa (1997):	Hon. Sila M. Calderón

HIMNO
Por: Noel Estrada

En mi viejo San Juan
cuantos años forjé
en mis años de infancia.

Mi primera ilusión
y mis cuitas de amor
son recuerdos del alma.

Una tarde partí
hacia extraña nación pues
lo quiso el destino
pero mi corazón
se quedó frente al mar
en mi Viejo San Juan.

Adiós, adiós, adiós
Borinquen querida
tierra de mi amor
adiós, adiós, adiós
mi diosa del mar
mi reina del palmar.

Me voy, ya me voy
pero un día volveré
a buscar mi querer
a soñar otra vez
en mi Viejo San Juan.

Pero el tiempo pasó
y el destino burló
mi terrible nostalgia
y no pude volver
al San Juan que yo amé
pedacito de patria.

Mi cabello blanqueó y
mi vida se va ya la muerte
me llama y no quiero morir
alejado de ti
Puerto Rico del alma.

ESCUDO

El origen de este escudo es incierto, sólo se sabe que se ha venido usando hace varios siglos y que a través del tiempo su diseño ha sufrido varias modificaciones, ninguna de ellas de importancia.

El escudo de la Ciudad de San Juan es muy parecido al de Puerto Rico, ambos tienen como figura principal al **Cordero de Dios o Cordero Pascual**, el cual representa a Jesucristo y a San Juan Bautista.

Era natural que se pusiera el Cordero Pascual en el escudo de la Isla -la cual originalmente se llamó Isla de San Juan Bautista- y en el de la Capital. Con el correr del tiempo San Juan pasó a ser el nombre de la Capital y Puerto Rico el de la Isla. San Juan Bautista es también el Santo Patrón de la Ciudad.

El blasón de San Juan es azul. El cordero aparece de pie sobre una roca. Este **cordero** representa, en primer término, a Jesucristo Redentor. Es por esto que su cabeza tiene una aureola que lleva la insignia de la cruz. **La bandera que porta el cordero, plateada o blanca, con una cruz roja,** representa el sacrificio de Cristo en la Cruz, y también su triunfo, en la resurrección, sobre el pecado y la muerte.

El Cordero representa además a San Juan Bautista, precursor del Salvador, ya que fue el Bautista quien señaló a cristo diciendo: "He ahí el Cordero de Dios, que quita el pecado del Mundo".

La roca sobre la que se yergue el Cordero tiene un doble significado. Representa, en primer lugar, el Monte Sión, símbolo de la ciudad santa de Jerusalén y de la iglesia. **El chorro que de ella mana** representa los ríos del Paraíso y los Sacramentos, particularmente el Bautismo. **En segundo lugar, la roca, puesta sobre ondas de agua,** representa la isleta de San Juan, asiento de nuestra Capital.

La corona mural es el emblema con el cual se adornan los escudos de pueblos, villas y ciudades, principalmente aquellas que están o estuvieron fortificadas o rodeadas de murallas, como San Juan.

Este escudo representa toda una historia de constancia y heroísmo. En el año de 1799 el Rey Carlos IV de España, para premiar el valor y fidelidad mostrado por los hijos de Puerto Rico en ocasión del último ataque inglés a San Juan (1797), le concedió a la capital el privilegio de orlar su blasón con el siguiente lema: "POR SU CONSTANCIA, AMOR Y FIDELIDAD, ES MUY NOBLE Y MUY LEAL ESTA CIUDAD".

Historia...

Los orígenes de San Juan se remontan al año 1508. A finales de este año, don Juan Ponce de León, recibió la orden del Gobernador de la Española, Fray Nicolás de Ovando, para fundar a Caparra.

Se le otorgó el nombre de Caparra, al primer albergue de gobierno establecido en la Isla, en reconocimiento a una ciudad extremeña muy famosa desde la Era Romana. Caparra se estableció en la costa norte de la Isla frente al lugar donde se encuentra hoy la Capital.

Las condiciones insalubres y la inaccesibilidad del lugar determinaron el traslado hacia la Isleta de la Capital. Recibió su confirmación a mediados de 1519.

Tuvo asiento definitivo la Capital en 1521 con el nombre de San Juan Bautista. El cambio de nombre empezó a mencionarse a partir del emplazamiento oficial de la nueva ciudad. La primitiva isla de Borinquen, y luego de San Juan Bautista vino a llamarse oficialmente con el correr de los días: "Isla de Puerto Rico".

Desde el inicio de su fundación, la isleta contaba con 80 casas. Algunas estaban hechas de canterías o tapias con techos de tejas, pero la mayoría eran de madera techadas de paja o yagua. Ya para el 1604 la Ciudad de San Juan contaba con 300 casas, 120 bohíos y 1600 habitantes; reconocidos como vecinos, más unos 2,000 negros y mulatos.

En esta época podrían mencionarse cuatro calles y caletas bien trazadas, dispuestas de norte a sur; el Santo Cristo y Recinto Oeste; de este a oeste; la Caleta de San Juan y la Caleta de las Monjas.

Por mediación de una bula del Papa Julio II en 1511, se consagró a esta capital con el título de "Ciudad de San Juan"; correspondiéndole así, San Juan Bautista como el Santo Patrón. Diez (10) años después, tendría como sus primeras autoridades municipales a: Don Pedro Moreno, alcalde; Don Diego de Villalobos, Tesorero; Don Juan Sánchez, Contador; Don García Troche, Alcaide de la Fortaleza y Don Blás de Villasante, Escribano de Minas.

El Centro de Actividades Cívicas del Viejo San Juan se hallaba situado, casi desde su fundación y durante todo el resto del siglo XVI, alrededor de la Plaza Mayor. Esta se conocía como Plaza de las Monjas, que tenía a su frente la catedral y el Obispado, en su parte sur el Cabildo o Casa Rey con su cárcel, y en su lado oeste el desembarcadero.

La Catedral de San Juan se comenzó a erigir en la isleta al poco tiempo del traslado y consagración del Obispo de Santo Domingo, Sebastián Ramírez de Fuenlean en 1528. La Catedral originalmente se construyó de madera, y fue destruida por un huracán en el 1539. El cabildo eclesiástico resolvió acometer la nueva construcción de la Catedral para el 1540, y se terminó en el año 1587 cuando el Obispo Diego de Salamanca se retiró.

La construcción de la Casa Blanca se comenzó en el 1523, por orden de Carlos V; supervisada por el Sr. Don Juan García Troche, quien era cuñado del Sr. Ponce de León. La misma se destinaba para la familia de Ponce de León. Sufrió daños similares a los de la Catedral en 1539, y fue reconstruida en el 1540.

Entre los años 1533 y 1544 se dio comienzo a la defensa de la ciudad mediante la construcción del fuerte; que sucesivamente se conocería por la fuerza, la fuerza vieja y finalmente como la Fortaleza de Santa Catalina. La primera etapa de su construcción fue terminada el 25 de mayo de 1540.

Por la pobre ubicación estratégica de La Fortaleza, en 1539 se iniciaron las obras del Fuerte San Felipe del Morro; localizado al extremo oeste de la isleta, sobre el promotorio que domina la entrada de la bahía.

El Morro sufrió reformas y se le añadieron baluartes a través de los años hasta el 1776, cuando adquirió su fisonomía definitiva. Otras estructuras defensivas que fueron construídas en el Siglo XVI fueron baluarte de Santa Elena, que fuera reconstruido durante los años 1591 y 1598; una plataforma de artillería que se llamaría mas tarde la Batería de San Germán; un muro almenado con su puerta para proteger la caleta de Santa Catalina, y un fortín en la puerta Escambrón. La primera facilidad de asistencia médica de la ciudad se conoció como el Hospitalillo de la "Concepción de Nuestra Señora", el cual fue fundado en 1524. Se conoce también el de San Alfonso, fundado por el Obispo Manso.

Geografía...

La Ciudad de San Juan está localizada, aproximadamente, en la longitud 66° 07'00 Este y la latitud 18°28'00" Norte, situada en la costa norte de la isla de Puerto Rico, próxima a la zona oriental.

La ciudad limita al Norte con el Océano Atlántico, al Sur con los municipios de Caguas

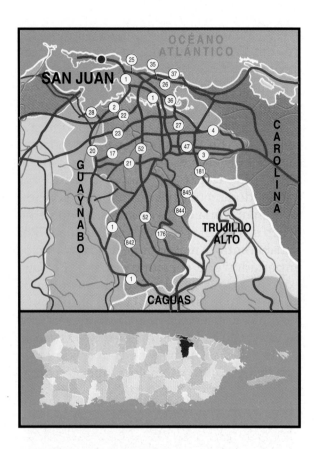

y Aguas Buenas, al Este con los Municipios de Carolina y Trujillo Alto y al oeste con el municipio de Guaynabo.

Topográficamente, pertenece a la región denominada el Llano Costero del Norte. Ofrece como el más importante de sus accidentes geográficos la Bahía de San Juan, el puerto de mayor actividad comercial de Puerto Rico.

La Ciudad de San Juan comprende un área de 47 millas cuadradas.

Economía...

Al presente, como resultado del desarrollo industrial que desde hace tiempo ha venido promoviendo la Administración de Fomento Económico, el Municipio de San Juan cuenta con medio millar de instalaciones fabriles. Estas comprenden los más diversos giros y actividades tales como: alimentos, productos de metal, imprentas, ropa, productos químicos, madera, goma, plásticos, maquinarias eléctricas, tabacaleras y otras.

Hoy día, San Juan, Capital de Puerto Rico, es el centro de toda actividad económica y comercial. En San Juan tienen sus oficinas centrales las empresas que operan el país, al igual que todos los bancos, entidades aseguradoras y oficinas de crédito y servicios. La gran mayoría de las agencias del gobierno tienen sus oficinas centrales en San Juan. Por su bahía entra la mayor parte de los productos importados que consume el país. El auge explosivo de la construcción en los últimos tiempos, con su secuela de empleos y movimiento comercial-financiero y de servicios de muy alto volumen, nos explica como la Ciudad de San Juan se ha convertido en la atractiva, próspera y populosa urbe que es hoy.

Casa de España

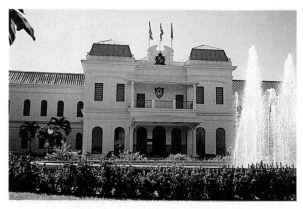

Hospital Auxilio Mutuo en Hato Rey

Antigua Cárcel de la Princesa

Vista aérea del Centro de Recepciones del Gobierno, antiguo Casino de Puerto Rico

José Julián Acosta (1825-1891). Natural de San Juan, donde hizo sus estudios primarios y secundarios, fue uno de los jóvenes protegidos del Padre Rufo Manuel Fernández, quien le llevó a Madrid a estudiar la carrera de ciencias físicomatemáticas. Luego de obtener en esta ciudad la licenciatura realizó ulteriores estudios en París, Londres y Berlín.

De regreso a Puerto Rico ejerció las cátedras de botánica y de náutica y la dirección del Instituto Civil de Segunda Enseñanza. Colaboró además en el "Progreso" y en otros periódicos liberales.

En 1867 formó parte de la comisión puertorriqueña que participó en las labores de la Junta Informativa de Ultramar, reunida en Madrid y que solicitó la abolición de la esclavitud en Puerto Rico. En 1871 y 1879 fue representante de Puerto Rico en las cortes españolas.

Se le debe a Acosta la publicación de una nueva edición de la *Historia de Puerto Rico*, de Fray Iñigo Abbad, continuada y anotada por él, obra que dio gran impulso a nuestros estudios históricos.

Ricardo Alegría. Nació en 1921. Estudió en la U.P.R.. Prosiguió estudios en Chicago y Harvard. Ha sido catedrático de antropología en la U.P.R., Director del Instituto de Cultura Puertorriqueña y Secretario de Asuntos Culturales del E.L.A.. Dirige el Centro de Estudios Avanzados de Puerto Rico y el Caribe. Es autor de varios libros, entre ellos: *Cacicazgo Among the Aborigenes of the West Indies* (manuscrito en la Universidad de Chicago, 1947); *La población aborigen antillana y su relación con otras áreas de América* (1948); *Historia de nuestros indios* (1950); *La fiesta de Santiago Apóstol en Loíza Aldea* (1954).

Manuel A. Alonso (1822-1889) Natural de San Juan, Estudió medicina en la Universidad de Barcelona. En 1844, año en que terminó su preparación profesional, publicó **El Gíbaro**, conjunto de trabajos en prosa y en verso sobre el tema de nuestro campesino y otros asuntos de interés puertorriqueño.

Alonso ejerció la medicina en España y en Puerto Rico y durante varios años fue director de la Casa de Beneficencia de San Juan. En política figuró en el movimiento liberal reformista, cuyo vocero, El Agente, dirigió por algún tiempo.

Como escritor, periodista y poeta, Alonso se inspiró preferentemente en los temas del amor y la patria y cultivó con especial interés la vena festiva. Su obra más representativa es de carácter costumbrista. Fue el primero de nuestros escritores notables y el iniciador del criollismo en nuestra literatura.

Juan Alejo de Arizmendi (1760-1814). Tres notas particulares distinguen la figura venerable de don Juan Alejo de Arizmendi; su claridad para con los pobres, su acendrado patriotismo y el haber sido el primer obispo puertorriqueño. Natural de San Juan, estudió en esta ciudad, en Caracas y en Santo Domingo, donde fue ordenado sacerdote. En 1803, a petición del Rey Carlos IV de España, el Papa Pío VII le designó obispo de Puerto Rico. Arizmendi respaldó públicamente la misión patriótica que llevó a España don Ramón Power en 1809 como primer diputado del país a las Cortes del Reino.

Francisco de Ayerra Santa María. Nacido en 1630, es el primer poeta puertorriqueño conocido. Estudió las primeras letras en su patria, trasladándose muy joven a México, en cuya Universidad recibió el grado de licenciado en derecho canónico. Ordenado de presbítero, ocupó importantes cargos eclesiásticos y fue el primer rector del Seminario Tridentino de México, ciudad donde falleció en 1708. Sobresalió Ayerra como poeta de estilo culterano, cuyos temas principales, fueron lo religioso y lo histórico. Se conocen algunos de sus versos, que escribía en latín y en español.

Antonio Barasorda. Tenor puertorriqueño, que estudió en la Universidad de Puerto Rico y en el Conservatorio Luigi Cherubini en Italia. Debutó en Puerto Rico en el 1971, ganó las audiciones de la Metropolitan Opera en el 1973 y dos años más tarde, le fue otorgado el Gran Prix National de la Critique Francaise. Se ha presentado en Italia, Francia, Irlanda, Venezuela, Chile y Estados Unidos.

José Campeche (1751 - 1809). Hijo de un liberto que ejercía el oficio de orador y restaurador de imágenes, José Campeche es nuestro primer pintor conocido y uno de los mejores que ha tenido el país. Se distinguió por sus pinturas de tema religioso y por sus retratos de gobernadores y otros personajes.

La sociedad de su época estimó mucho sus méritos personales y artísticos. Las obras de Campeche se hallan hoy en museos, iglesias y colecciones particulares de Puerto Rico y Venezuela.

Rafael Cordero. Por su dedicación a la enseñanza, este humilde hijo de San Juan, tabaquero de oficio, dejó escrito su nombre con letras de oro en la historia de la pedagogía puertorriqueña.

Utilizando los modestos medios que derivaba de su trabajo, Cordero estableció y mantuvo una escuelita donde enseñaba las primeras letras a los niños de San Juan, sin distinción de razas ni de posición económica. Ejerció así la noble profesión del magisterio por espacio de cincuenta años, conquistándose la admiración y el aprecio de sus contemporáneos. La Sociedad Económica de Amigos del País reconoció su obra, otorgándole el memorable su presentación en Carnegie Hall en Nueva York. Su arreglo de voces para "Los carreteros", es un clásico de la música coral puertorriqueña.

Arturo Somohano. Nació en 1910 y murió en 1977. Estudió música desde niño. Se destacó como pianista, director de orquesta y compositor de canciones, romanzas, valses y boleros. Dirigió la Orquesta Filarmónica de Puerto Rico. Dio a conocer nuestra música puertorriqueña en el extranjero.

Fundó la Orquesta Filarmónica de Puerto Rico. El Manhattan College de Nueva York instituyó la beca Arturo Somohano para estudiantes pobres. Somohano fue el embajador musical por excelencia de Puerto Rico. Dirigió en Nueva York, Madrid, Oslo Berlín y Texas entre otros lugares a nivel internacional.

Entre sus composiciones están: *Dime, Mi casita, Quisiera besarte, Si tú supieras, Canción del dolor, Esclavo moderno, Se contentó el jíbarito* y *Canción de las Américas*.

Alejandro Tapia y Rivera (1826-1882). Fue tal vez la persona que más contribuyó directa e indirectamente al progreso cultural de Puerto Rico en el siglo XIX. Maestro, conferenciante, periodista, poeta,dramaturgo, biógrafo y novelista, Tapia fue autor de numerosas obras en prosa y verso, entre las que se destacan **La Sataniada** (poema épico), **Bernardo de Palissy** (drama), **La palma del cacique** (novela histórica). Tambien se le deben la **Biblioteca Histórica de Puerto Rico** (1854), colección de documentos importantes de nuestra historia, y las biografías de José Campeche y Ramón Power. Tapia falleció repentinamente en su ciudad natal, San Juan, en los momentos en que pronunciaba una conferencia en el Ateneo Puertorriqueño.

Manuel Gregorio Tavarez (1843-1883). Mostró desde niño vocación para el piano. Becado por la Sociedad Económica de Amigos del País, inició estudios de música en el Conservatorio Imperial de París, pero por razones de salud tuvo que regresar a Puerto Rico. Consagróse entonces a la enseñanza de piano, fijando su residencia en Ponce, donde vivió hasta su muerte.

Tavarez fue nuestro primer compositor romántico. Compuso obras de diverso género, sobresaliendo entre ellas su rapsodia "Souvenir de Puerto Rico", su gran marcha "Redención" y sus danzas "Recuerdos de Antaño" y "Margarita". Imprimió a nuestra música un sello característicamente criollo. Se le considera el padre de la danza puertorriqueña.

Este insigne sanjuanero dejó numerosos discípulos, entre los cuales se destacó el compositor Juan Morel Campos. Fue además progenitor de la distinguida Elisa Tavarez.

Lugares de interés...

Se distinguen en la antigua ciudad el Parque de las Palomas, la Plaza de San José, Plaza de Armas, Plaza Colón y Plaza de San Francisco.

Entre sus numerosos museos y galerías de arte merecen citarse: El Museo de Arte e Historia, Casa Museo Felisa Rincón, Museo de las Américas, Museo Arqueológico o del Indio, El Ateneo Puertorriqueño, Cuartel de Ballajá, El Capitolio, Paseo de la Princesa, La Fortaleza, El Morro, San Cristóbal, Teatro Tapia, La Casa de España, El Ateneo, Cementerio Santa Magdalena de Pazzis, Casa de Beneficencia, Museo Pablo Casals, Catedral de San Juan, Plazoleta de la Monjas, Palacio Santa Catalina (Fortaleza), Capilla del Cristo, Arsenal de la Puntilla, Centro de Recepciones del Estado, entre otros.

Crucero entrando por la Bahía de San Juan al fondo, El Morro.

Capitolio de Puerto Rico

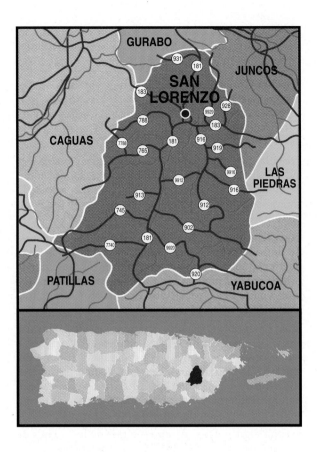

Barrios: Pueblo, Cayaguás, Cerro Gordo, Espino, Florida, Hato, Jagua, Quebrada, Quebrada Arenas, Quebrada Honda y Quemados.

Situación y límites

Este municipio está situado en la parte oriental de la Isla, limitando al norte con el municipio de Gurabo, al este con los municipios de Juncos y Las Piedras, al oeste con el de Caguas y al sur con los municipios de Patillas y Yabucoa.

Orográficamente San Lorenzo pertenece a la región denominada Valle Interior de Caguas. El promedio de precipitación anual llega en este municipio a 73 pulgadas (185 cm.). Algunos accidentes de este sistema con los cerros Santa Ana, Gregorio, Viviana y

Piedra Blanca; el cerro de Nuestra Madre está en la misma colindancia común a las jurisdicciones de los municipios de San Lorenzo, Cayey y Caguas.

Constituyen su red hidrográfica el Río Grande de Loíza, que atraviesa de norte a sur toda la jurisdicción del municipio, el Cayaguás y el Emajagua, que es en realidad un afluente del primero y nace en los límites de Caguas. Varias quebradas, tales como Quebrada Adentro y las denominadas Blas, Puerca, Arenas y Salvatierra, completan su sistema hidrográfico.

Economía...

En 1830, la economía del municipio –como en el resto de los municipios para esa fecha– descansaba en la agricultura. Sus cultivos principales eran el café, el tabaco, maíz, caña de azúcar y los frutos menores de usual explotación en la Isla. Contaba también con una apreciable ganadería. Era notable su riquera maderera, explotándose como especies principales el roble, capá, ausubo, guaraguao, algarrobo, laurel y la yaya. Pedro

Las vaquerías son frecuentes y una importante industria.

Tomás de Córdova agregó en su **Memoria de 1831** "que todos eran muy útiles para fábricas de casas y muebles de maderas preciosas".

En 1974 se cosecharon 15,808 toneladas de caña que produjeron 1,169 toneladas de azúcar y contaba con 10 vaquerías de primera clase, que ese año enviaron a las plantas elaboradoras 5,389,758 cuartillos de leche. San Lorenzo es una importante zona productora de tabaco, a tal punto que el mismo año de 1974 existían 140 agricultores de tabaco, con una cuota asignada de 6,075 quintales. Tampoco ha sido este municipio ajeno al desarrollo industrial del país, pues, cuenta con fábricas de tabaco, carteras, ropa interior, que proveen empleo a numerosos vecinos de esta comunidad.

Aquí nació...

Lic. Francisco Aponte Pérez, que presidiera con singular acierto el Colegio de Abogados de Puerto Rico.

Elmer Figueroa Arce (Chayanne). Nació en Río Piedras y fue criado en San Lorenzo. "Chayanne", como se conoce en el mundo del espectáculo, es una de las figuras jóvenes mejor cotizadas a nivel latinoamericano. Desde muy joven Chayanne tenía dotes artísticas. Declamó en su escuela y participó en varias representaciones de su comunidad.

Comenzó su carrera artística a los once años como integrante del grupo "Los Chicos". En 1984, se lanza como solista. En todos los países donde se presenta, sus conciertos rompen récords de asistencia y ha ganado importantes premios como el USA 23 millones, Aplauso 92, el Premio Paoli, el Cemí, el Premio Ace, la Antorcha de Plata en Chile durante el Festival Viña del Mar y en 1989 obtuvo el premio de los MTV Video Music Awards por el Mejor Video Musical Latino, otorgado por primera vez en la categoría de latinos.

A su temprana edad, Chayanne ha puesto en alto no sólo el nombre de San Lorenzo, sino el de PuertoRico, y al día de hoy es conocido en todos los confines de la tierra. Este joven samaritano es un vivo ejemplo de la juventud puertorriqueña para la humanidad entera. Se le admira por su trayectoria, que, a fuerza de trabajo arduo y esmero, ya ha logrado el éxito. Es por dicha razón que en el año 1991 fueron dedicadas a él las Fiestas Patronales como joven símbolo en San Lorenzo.

En 1989 se convirtió en artista exclusivo a nivel mundial de la compañía PepsiCola, para sus comerciales presentados en toda América y parte de Europa y Asia.

Priscilla Flores. Por su facilidad de crear versos y por la manera espontánea de interpretar las cadenas, se le considera a Priscilla Flores, "La Alondra de San Lorenzo", uno de los baluartes de la música típica puertorriqueña.

Priscilla quien ha paseado la música campesina por todos los rincones de la isla, también por Estados Unidos y Centroamérica, vino acompañando por espacio de 12 años a Tony D'Astro y su Ballet Folklórico en todas sus presentaciones.

Consciente de lo que implicaba ser cantante del género de tierra adentro y para satisfacer el deseo de todo puertorriqueño de tener un espectáculo de altura donde se le da énfasis también a la música típica, "La Alondra" formó parte del espectáculo "Criollísimo" que estuvo presentándose en el Teatro Tapia.

Priscilla escribía la décima y la improvisaba desde muy niña. Fue maestra de escuela elemental. Comenzó a cantar profesionalmente en el programa "Tribuna del Arte", de don Rafael Quiñones Vidal. Estuvo muy activa en radio y televisión, donde se presentó esporádicamente en el programa "Borinquen canta, baila y ríe", que era transmitido por el Canal 7.

Sin embargo, a pesar de que fue uno de los pilares de este género, tuvo que afrontar en el transcurso de su carrera, una serie de obstáculos, porque según se explicó el puertorriqueño no desea identificarse con la palabra jíbaro, ni con la música típica, por asociar estas dos con el analfabetismo".

"Esto es un error de primer orden", continuó explicando **La Alondra**, "porque la décima fue interpretada por grandes figuras que aún permanecen en las páginas históricas de Puerto Rico y la música típica no es solamente una décima."

"Este género abarca, a mi entender, plena, danza y la mazurca. En fin, toda esa música preciosa que tanto gusta y conmueve cuando se escucha."

María E. Machín. Oriunda de este municipio, constituye un legítimo orgullo local y una positiva gloria del país; después de haber realizado estudios en Puerto Rico, en Nebraska, Columbia, Bruselas, Pennsylvania y Madrid y de haber pertenecido a prestigiosas instituciones cívicas y profesionales, consagró a la enseñanza los frutos de su intelecto y los fulgores de su inquietud cultural.

Genaro Morales Muñoz (1898-1956), historiógrafo, que realizó varios trabajos de investigación para la Universidad de Puerto Rico y el Instituto de Cultura Puertorriqueña y colaboró en numerosos periódicos y revistas del país y del extranjero.

Antulio Parrilla Bonilla. Nació en 1917 y murió en San Juan en 1994. Se ordenó como sacerdote jesuíta en 1952. Fue designado Obispo en 1965. Se identificó con la lucha por la independencia de Puerto Rico. Fue un destacado promotor del movimiento cooperativista en Puerto Rico y América Latina. Colaboró con importantes escritos en los periódicos "Claridad", "El Mundo" y "El Nuevo Día". Entre sus libros están: **Puerto Rico, supervivencia y liberación y Cooperativismo en Puerto Rico**.

Lugares de interés...

La Santa Montaña (Barrio Espino)
La Casa de Machín Ramos
Teatro Municipal Priscilla Flores
Iglesia Nuestra Señora de las Mercedes

Costumbres y Tradiciones

Cabalgata Moncho Roldán. El Sr. Ramón Roldán (Moncho) falleció, dejó instituida esta cabalgata anual la cual sus compañeros han continuado celebrando la misma año tras año todos los días pasado el día de Reyes.

Se reúnen los caballistas, según se identifica el grupo en la residencia de la viuda en la Urbanización Ciudad Masó; de allí hasta el cementerio municipal donde descansan los restos de Don Moncho, le rinden homenaje póstumo y salen luego hacia el pueblo de Yabucoa.

Durante el trayecto visitan de 14 a 16 familias que esperan año tras año esta cabalgata. Esta actividad moviliza de 1,500 a 2,000 personas en su recorrido.

Festival de Trova y Monta. Este festival reúne a trovadores de San Lorenzo y de todo Puerto Rico en una competencia donde se destaca de "Pico a Pico". También se incluye una cabalgata con la participación de caballistas, cocheros, caballos de paso fino. Se celebra el último fin de semana del mes de enero.

Festival de La Parcha. Industria pequeña de pocos empleados, elaboran refrescos de parcha y otras frutas. Próximamente abrirán un nuevo edificio. Está localizado en el km. 12 del barrio Espino de San Lorenzo. El Festival de la Parcha se celebra todos los años durante la última semana de noviembre o primeros días del mes de diciembre. Durante dicho Festival, se llevan a cabo diferentes espectáculos tales como: música típica, música de diferentes géneros, platos típicos y artesanías.

Iglesia Nuestra Señora de la Merced

291

San Sebastián

Fundación:	1752
Gentilicio:	pepiniano
Cognomento:	San Sebastián de las Vegas de Pepino
Población (1990):	38,799
Alcalde (1997):	Hon. Justo Medina Esteves

HIMNO
Letra: Juan Avilés Medina
Música: Guillermo Figueroa

Van más de dos siglos de historia de vida,
vida con historia, siempre florecida
de esperanzas nuevas, de anhelo y de afán,
con el gran prodigio de la Fe Cristiana
que abrió los caminos de ayer al mañana
bajo el nombre augusto de San Sebastián.

Somos de los llanos, somos de la sierra,
somos de los valles, somos de la tierra
que lleva muy hondo clavada en su entraña
la feliz historia del Río Culebrinas,
las nobles leyendas de hazañas taínas
y la historia escrita con sangre de España.

Tenemos orgullo, forjamos cultura,
labramos rencores, sentimos bravura,
guardamos amores en el corazón.
Pero en un instante, cultura y rencores,
bravura y ternura, y orgullo y amores
se postran de hinojos a nuestro Patrón.

De prisa vivimos la vida del día;
vamos al progreso con la gallardía
de un pueblo que marcha con paso seguro.
Y el viejo Pepino de los pepinianos
sigue siendo el pueblo
de miles de hermanos
que van siempre unidos.

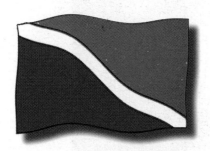

ESCUDO

El escudo de San Sebastián reúne tres simbolismos: religioso, patriótico y geográfico, todos referentes a su tradición histórica.

Las tres flechas representan el Santo Patrón de la población, San Sebastián Mártir, con cuyo nombre se inviste oficialmente el pueblo del Pepino en el año 1869. Las flechas o saeta constituyen el atributo de este Santo, según inmemorial tradición fue muerto a flechazos por sus perseguidores, dando de este modo testimonio de la fe. Las flechas que figuran en el antiguo sello de la población perpetúan el uso de su simbolismo.

El color rojo del escudo tiene además otro simbolismo que el de mártir de la fe. Recuerda el hecho de que fue en San Sebastián el primer pueblo de Puerto Rico en que en el curso de la acción bélica, se derramó sangre por la libertad nacional de Puerto Rico. Fue en efecto, en la plaza del pueblo, junto a la Iglesia Parroquial, donde, el 24 de septiembre de 1868, cayeron abatidos por las descargas de los milicianos leales del régimen español, Venancio Román y los demás patriotas que de Lares vinieron con el propósito de ocupar el cuartel de milicias de El Pepino.

Las montañas, con sus fronteras plateadas, representan los característicos montes "pepinos" que dominan la población y de los cuales deriva éste su nombre primitivo.

La superposición de las montañas verdes sobre el fondo rojo del escudo constituye una deliberada infracción de la ley heráldica que prohíbe poner color, realizada con el propósito de singularizar el escudo y destacar así el excepcional hecho histórico en él presentado.

La corona mural es insignia heráldica utilizada para identificar los escudos de pueblos, villas y ciudades. Simboliza la defensa y conservación de las tradiciones municipales y la unión de propósitos que deben reinar entre los habitantes de un municipio.

Las ramas de cafeto y de caña de azúcar que rodean el escudo, representan los principales productos agrícolas de las zonas donde se asienta la población.

BANDERA

La bandera de San Sebastián consistirá de un paño rectangular de las proporciones usuales, atravesado por una banda ondulada blanca que separa su parte superior, roja de la inferior, que es verde. El color rojo simboliza a San Sebastián Mártir, y la gesta del 68; el verde representa las montañas del Pepino; y la banda ondulada blanca, al río Culebrinas.

Historia...

Para el año 1752 en un extenso valle protegido por montañas y regado por los ríos Culebrina y Guatemala, nace un nuevo poblado, el Pepino.

En el año 1812 se fundó el primer ayuntamiento constitucional por virtud de la Constitución de las Cortes de Cadiz, y fue nombrado alcalde Don José González. En 1820 se deslinda de Añasco, posteriormente en el 1825 de las villas de Mayagüez y San Germán y, finalmente, el 18 de abril de 1828 se inicia el deslinde de la nueva población de Lares.

El actual nombre de nuestro pueblo, San Sebastián, no fue plasmado oficialmente hasta el año 1869.

"...que durante algún tiempo al usar los documentos oficiales, al nuevo nombre de "San Sebastián" que se pide para dicho municipio, se añadan las palabras "antes Pepino".

Plaza de recreo Román Baldorioty de Castro con su Glorieta al Centro.

SAN SEBASTIÁN

Geografía...

San Sebastián está ubicado en el centro del Noroeste de Puerto Rico y su superficie abarca un total de 70.5 millas cuadradas. Colinda con los municipios de Isabela, Camuy y Quebradillas por el Norte; Las Marías por el Sur; Lares al Este, Moca y Añasco al Oeste. El territorio está localizado dentro de la región geográfica conocida como Colinas del Norte. Cerca de un 75% de su territorio está ubicado dentro de la región montañosa de las llamadas colinas húmedas del norte, un 13% pertenece a la región montañosa lluviosa del oeste central y un 12% en el llano interior a lo largo del Río Culebrinas. Su área total es de 47,127.90 cuerdas contando con 24 barrios.

Divisiones Fisiográficas

Puerto Rico está dividido en tres áreas fisiográficas, de las cuales San Sebastián está ubicada en dos de ellas: el area Topográfica Karstica o Privincia del Carso Norteño y el Interior Montañoso Central o Cordillera Central. El Norte del municipio es un área mayormente cársica. El resto de San Sebastián pertenece a la zona montañosa central.

Los suelos de San Sebastián

El territorio del Municipio de San Sebastián está clasificado dentro de dos asociaciones de suelos principales: las Alturas Calizas y las Alturas Volcánicas. Las Alturas Calizas se encuentran en la parte Norte del municipio. Estas son afloraciones de roca caliza y suelos moderadamente profundos, riscosos, porosos y cascajo arcilloso. Su elevación varía desde el nivel del mar hasta 500 metros. Las Alturas Volcánicas se encuentran al sur de las Alturas Calizas, en la parte central y sur del Municipio de San Sebastián. Su topografía es accidentada y se caracteriza por cumbres estrechas, laderas riscosas y vertientes bien definidas. Son la

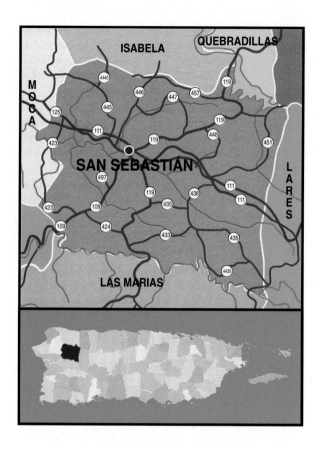

extensión occidental de la Cordillera Central y su elevación varía desde el nivel del mar hasta 1,000 metros sobre dicho nivel.

Condiciones climatológicas

La temperatura promedio anual en San Sebastián es de 75.8° F. La precipitación promedio anual es de 60 pulgadas, presenta una parte peculiar en su distribución durante el año. La precipitación es más abundante entre los meses de mayo a noviembre inclusive, cayendo en aguaceros cortos, pero fuertes y mayormente durante las tardes. Los meses de menor precipitación son de diciembre a marzo.

Sistema hidrográfico

Su sistema hidrográfico lo constituyen: El Río Culebrinas que nace en el barrio Espino de Lares, cruza los municipios de San

Sebastián y Moca; el Río Guatemala que nace en el barrio Aibonito, cruza los barrios Guatemala y Bahomamey y desemboca en el Río Culebrinas; el Guajataca nace en el barrio Buenos Aires de Lares, y cruza los barrios Cibao y Guajataca, de nuestro municipio, el río Sonador, nace en el Barrio Calabazas, fluye hacia el oeste y vierte también sus aguas en el río Culebrinas; el Río Juncal que nace en el Barrio Espino de Lares, fluye al sur y desemboca en el Río de Añasco; el Guacio nace en Adjuntas en la Sierra de Guilarte, serpenteando por Lares y pasando al Sur de San Sebastián, sigue su curso hasta desembocar en las playas de Añasco y Mayagüez donde se nombra Río Grande. Existen además aguas termales en el Barrio Pozas. El lago Guajataca se encuentra al norte de San Sebastián, parte del cual entra dentro de la jurisdicción del municipio.

Formaciones Geológicas

La formación geológica más antigua se encuentra en San Sebastián y lleva su nombre. Esta formación es una franja horizontal de rocas areniscas, caliza, linitos y esquitos de la época Oligoceno Medio. Este conjunto de rocas estratificadas alcanza su mayor espesor de 304 metros y el mínimo de 5 metros. Su centro está en el municipio de San Sebastián, desde donde se extiende hasta Lares, hacia el este y a una distancia similar hacia el oeste. Esta formación data, de la era Cenozoica período Terciario Inferior, época Oligoceno. Esta época dura alrededor de 11 millones de años.

San Sebastián aún conserva un lugar de importancia para la agricultura dentro de su economía. Hay alrededor de 1,500 agricultores. El tamaño promedio por finca es de 300 cuerdas. Este sector está totalmente diversificado. Al presente, el café constituye el principal producto agrícola. De acuerdo con los datos del Censo de Agricultura para el 1992, San Sebastián tenía un total de 669 fincas para la siembra y cosecha del café, equivalente a 4,135 cuerdas de terreno. Las empresas de mayor importancia son: café, caña de azúcar, ganado vacuno, cerdos y plátanos. Como empresas potenciales existentes: La Apicultura, horticultura ornamental, cítricas, avicultura, capricultura, hortalizas y otras. Además, tenemos la industria lechera que genera aproximadamente unos 16 millones de cuartillos al año.

Contamos con un Centro Agropecuario de compra y venta, donde tanto agricultores como comerciantes de la zona, región y diferentes partes del país realizan transacciones comerciales ascendentes a millones de dólares.

Comercio

En San Sebastián existe un continuo y seguro movimiento comercial que ha permitido en términos numéricos la expansión de diferentes negocios. Se han establecido sucursales de las grandes cadenas de tiendas y supermercados.

La industria de la banca está compuesta por seis bancos, cinco financieras y una Cooperativa de Ahorro y Crédito.

En el área de servicios profesionales existen más de 35 oficinas de médicos, dos policlínicas, un Centro de Diagnóstico y Tratamiento, cinco laboratorios clínicos y Bacteriológicos, además hay oficinas de abogados, ingenieros, agrimensores y otros.

En el área de las comunicaciones hay dos Radioemisoras AM, WLRP-Radio Raíces y WRSS-Radio Progreso. También hay varios periódicos y revistas locales.

Economía

Históricamente, San Sebastián ha sido un municipio con una economía próspera e independiente, debido principalmente a sus terrenos con alta capacidad agrícola, su topografía sustancialmente semillana y sus suelos fértiles. Los sectores económicos que más ingresos generaron fueron: Manufactura con 42.97%, Administración Pública con 18.58% y Comercio con 12.5%.

Aquí nació...

Rvdo. P. José A. Aponte. Fundó la Academia Santa Rita, escuela superior privada.

José Padró Quiles. Fue Representante a la Cámara.

Don Sinforoso Vélez Arocho (1918). Primer Soldado Puertorriqueño. Al intervenir Estados Unidos en la Primera Guerra Mundial. El Senado de Puerto Rico por conducto de su Presidente, Hon. Antonio R. Barceló, ofreció el concurso de los puertorriqueños para combatir bajo la bandera americana. Hecha extensiva a la isla la Ley del Servicio Militar Obligatorio, se organizaron juntas de inscripción en todo Puerto Rico.

Nilita Vientos Gastón. Nació el 5 de junio de 1903 y murió en Santurce el 10 de julio de 1989. Se graduó de Bachiller en Derecho de la Universidad de Puerto Rico. Estudió cursos de literatura inglesa en Kenyon College. Fue profesora de literatura de la Facultad de Humanidades de la Universidad de Puerto Rico, recinto de Río Piedras. Presidió el Ateneo Puertorriqueño de 1946 a 1961 y el Pen Club de Puerto Rico de 1966-1968. Dirigió la revista "Asomante" y fundó la revista "Sin nombre". Fue la primera abogada que trabajó en el Departamento de Justicia de Puerto Rico.

Lugares de interés...

Campamento Guajataca. Carretera 119, km. 23.8. Ofrece área para instalar casetas. También cuenta con facilidades recreativas como canchas de baloncesto y voleibol, piscina y áreas de picinic. Es administrado por el Concilio de Niños Escuchas de Puerto Rico.

Área Recreativa El Guarionex. Carretera 119. Área recreativa con instalaciones para pasadías. Ofrece área de merenderos, columpios y de acampar, cabañas, restaurante, salón de actividades y salón billar. Además, ofrece práctica de pesca recreativa en bote o de orilla. Administración privada.

Área Recreativa New Chopa Resort. Carretera 119, km. 23.3. Área recreativa para pasadías. Se permite acampar y desarrollar la pesca recreativa de orilla y en botes. Se prohibe bañarse en el lago y la entrada de botes de más de 30 caballos de fuerza. Tiene salón de actividades y billar. Administración privada.

Lago Guajataca. Carretera 119, km. 21.2. En el Lago Guajataca se desarrollan actividades recreativas y deportivas, entre las que se encuentran Balseadas, pesca recreativa, picnic y paseo en botes entre otras.

Costumbres y Tradiciones

Torneo de Ajedrez. Es el más antiguo de Puerto Rico y sin dudas el favorito entre los aficionados. Se jugó por primera vez en el 1959 y desde entonces ha sido un evento constante en el primer fin de semana de nuestras fiestas patronales. Su primera cede fue el Casino del Pepino en donde se celebró hasta hace pocos años. Luego se ha celebrado en el teatro Benito Fred y en el salón de la Asamblea Municipal.

En este torneo han participado a través de los años los mejores ajedrecistas de Puerto Rico y los ganadores del mismo han ostentado el título de campeón de Puerto Rico en muchas ocasiones. También ha sido el escenario en donde los ajedrecistas pepinianos tradicionalmente debutan en el ajedrez competitivo. De ahí han escalado cimas significativas en el deporte: A modo de ejemplo podemos señalar a María Eugenia Santori Aymat, quien comenzó jugando en la categoría de principiantes y luego formó parte del equipo femenino de Puerto Rico en la Olimpiada de Ajedrez de Moscú en donde logró para orgullo de nuestro pueblo, la medalla de bronce.

Santa Isabel

Fundación: 1842

Gentilicio: santaisabelino

Cognomento: Los potros de Santa Isabel

Población (1990): 19,318

Alcalde (1997): Hon. Ángel M. Sánchez Bermúdez

HIMNO
Por: Víctor R. Blanco Santiago

*En un pedazo del sur
estás presente
Pueblo Cielo, Pueblo Tierra,
Pueblo Mar.*

*Santa Isabel tú te elevas
digno en gracias
que celebran los que te aman
al cantar.*

*Pueblo Cielo, Pueblo Tierra,
Pueblo Mar.*

*Nuestra gente dulce
y maravillosa
se bautiza con las olas
de tu encanto.*

*Eres mi pueblo rico
en tierras, fabulosas.
Eres mi pueblo tierno
en gentes de agradar.*

*Pueblo Cielo, Pueblo Tierra,
Pueblo Mar.*

*Son virtuosos y el Señor
está en tus mentes
y los niños regocijan
el valor
de este nido tan hermoso,
tan querido
que nos brinda el noble
arte del amor.*

*Pueblo Cielo, Pueblo Tierra,
Pueblo Mar.*

*No te puedo jamás, nunca, olvidar.
Mi corazón se llena de ternura
cuando siento sutil toque en mi existir
colmas todo lo de vida en mi fortuna.
Eres parte de mi vida y soy feliz.*

*Pueblo Cielo, Pueblo Tierra,
Pueblo Mar.*

ESCUDO

Los esmaltes o colores del escudo y las figuras que lleva, aluden al nombre del pueblo, a la fecha de su fundación, a su Santo Patrono y a las supremas autoridades, bajo cuyo gobierno se estableció el Municipio de Santa Isabel.

Santa Isabel está simbolizada por la I latina y su corona de tipo medieval. **Los esmaltes plata y oro,** que son los antiguos colores de Hungría, representan la pureza y la caridad; virtudes que más resplandecieron en la insigne princesa, Duquesa de Turingia, por su matrimonio y ejemplo de soberana.

El apóstol Santiago está simbolizado por la venera, denominada también en la heráldica con los nombres cristianos de Conchas de Santiago o Conchas de Peregrino, debido a que fueron emblema de romeros, peregrinaciones y santuarios en la Edad Media. En España, llegaron a identificarse tanto con las famosas peregrinaciones a Compostela, que vinieron a convertirse en insignia de dicho Apóstol.

Las conchas recuerdan, además, que el territorio de Santa Isabel es rico en yacimientos arqueológicos de los indios taínos, habitantes precolombinos de Puerto Rico. Estos yacimientos, generalmente, son denominados concheros, debido a la abundancia de conchas y caracoles que en los mismos se hallan. Recuerdan, además, el mar que baña el litoral de Santa Isabel.

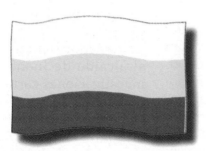

Tomando como base algunas fuentes familiares de la historia, como son los monumentos y las narraciones escritas, podemos afirmar que al llegar los españoles a Puerto Rico ya había indios en diferentes poblados en Santa Isabel. Hasta ahora, se conocen dos lugares en el pueblo, en los cuales se han hecho excavaciones: el Sector Los Indios (detrás del Hospital Municipal) y el poblado El Cayito (Boca Velázquez), que constituían una fuente de comercio para los indios del centro de Puerto Rico.

Se considera sumamente interesante que se pudieran ofrecer datos acerca de los indios. Sin embargo, lo que ocupa ahora es el interés de recopilar aquellos aspectos que resulten más importantes, a los efectos de tener una visión de la historia como pueblo en Santa Isabel.

La primera narración escrita sobre Santa Isabel la ofreció Fray Iñigo Abbad, en el año 1776 (Historia geográfica y civil en la isla de San Juan Bautista de Puerto Rico).

Según este historiador, ya para el año 1776 había haciendas en Santa Isabel. Este se conocía para aquel entonces con el nombre de Caomo Abajo, por ser una zona rural del vecino pueblo de Caomo.

El 28 de abril de 1840, se presentaron ante el alcalde de Coamo, don José Zayas, un grupo de vecinos de Coamo Abajo, con el propósito de solicitar del supremo gobierno de Puerto Rico el permiso para fundar un pueblo en el Barrio Coamo Abajo. Este grupo iba representado por el Sr. Antonio Vélez. Ese mismo día, el alcalde de Coamo les comunicó que debían comparecer ante el Gobernador y Capitán General de la Isla, el Sr. Provisor Vicario General del Obispado y demás autoridades, para que probaran si había necesidades espirituales y materiales para la fundación del nuevo pueblo.

El 22 de mayo de 1840, don Antonio Vélez, representante de los vecinos de Coamo Abajo, escribieron al gobernador para solicitar la gracia para fundar un nuevo pueblo, y le dijo que "urgía" satisfacer las necesidades espirituales y temporales que tenían los habitantes del Barrio Coamo Abajo. Indicaba que el barrio estaba localizado a tres leguas de camino de la Villa de Coamo y que había que cruzar el río cinco veces, situación imposible en tiempo de lluvia. No existía una administración de la justicia y los gastos que acarreaba ir a Coamo, al igual que la pérdida de un día de labor, motivaban que en muchas ocasiones los habitantes no hacían uso de la justicia oficial. Por tal motivo, no existían garantías ni seguridad para los habitantes de este barrio. Don Antonio Vélez decía: en su carta al Gobernador, que existían más de cien contribuyentes de este barrio, que había haciendas de caña, ganadería y, sobre todo, favorables terrenos para un buen porvenir. En la misiva solicitaban que se fundara con el nombre de Caomo Abajo.

El año siguiente, luego de pasar una larga enfermedad, don Antonio Vélez le escribió de nuevo al Gobernador, el 19 de mayo de 1841. Le solicitaba que nombrara al alcalde de Juana Díaz o al de Salinas para que recogiera toda la información necesaria sobre los requisitos para la fundación del nuevo pueblo. El 28 de mayo de 1841, el Gobernador Santiago Méndez Vigo ordenó, al alcalde de Juana Díaz, que hiciera las investigaciones correspondientes. El 18 de noviembre de ese mismo año, escribieron al Gobernador informándole que los vecinos del Barrio Coamo Abajo habían probado tener necesidad de fundar un pueblo y que habían cumplido con todos los requisitos que mandaban las leyes de Indias, y se habían comprometido a comprar los terrenos, mantener la iglesia y hacer todas las construcciones necesarias.

El 19 de noviembre de 1841, el Gobernador aprobó por decreto la fundación del nuevo pueblo de Coamo Abajo. El alcalde de Juana Díaz se reunió con todos los habitantes de este sector y se les informó de lo acontecido, a la vez que les recordaba sus nuevas responsabilidades como pueblo. En esa misma reunión, los habitantes del barrio decidieron elegir ocho vecinos para que los representasen en todo. Resultaron electos con la mayor pluralidad de los votos: don Agustín Colón, don Francisco Javier Colón, don Pedro Delín, Ventura Rodríguez, don José Alomar, Manuel Bernal, José M. Colón, Francisco Famanía.

Esta memorable asamblea marca el principio de la historia de Santa Isabel. El 19 de marzo de 1842, el Gobernador nombró a José M. Colón como Capitán Poblador (alcalde) del nuevo pueblo. Por fin, se reunieron el mismo el 5 de octubre de 1842, para juramentar a los miembros de la Junta de Vecinos.

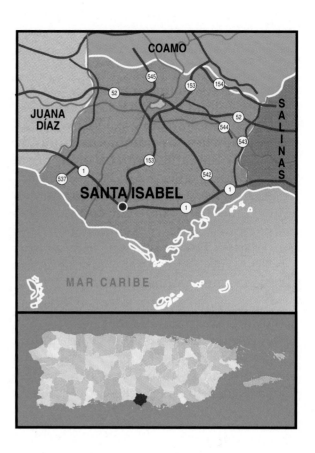

Geografía...

El Municipio de Santa Isabel está localizado en la parte central de la costa sur de Puerto Rico. El área territorial consta de alrededor de 34.1 millas cuadradas. También son parte de su territorio las puntas: Cayito, Petona y Águila, así como los cayos: Barbería, Cabazuzos y Caracoles, y el islote llamado Los Puercos.

Además de la zona urbana que ocupa el pueblo, consta de siete (7) barrios que son: Playa, Boca Velázquez, Descalabrado, Jauca I, Jauca II, Felicia I y Felicia II. Los núcleos urbanos más poblados son: Playita Cortada, Jauca, Las Ollas y el Ojo.

Sus colindancias son: por el Sur, el Mar Caribe, por el Norte, Coamo; por el oeste Juana Díaz y por el este Salinas.

Geográficamente, Santa Isabel está situado en lo que se conoce como la Llanura Aluvial Ponce-Patillas, del Llano Costanero del Sur, al sur de la Cordillera Central y la Sierra de Cayey.

Recursos naturales

La mayor parte de sus tierras son de aluvión (depósitos sedimentarios por las corrientes, inundaciones y otras), por lo cual son tierras muy fértiles. Sin embargo, como sucede con la mayor parte de la zona sur, de la Isla, durante casi todo el año prevalece un clima seco, semiárido, debido a la falta de lluvia. El agua para consumo y riego la suplen los ríos que forman su sistema hidrográfico, que son: el Río Coamo, el Río Cayures y el Canal Juana Díaz, que le cruza de este a oeste.

Economía...

La base económica para la época del 1841 era la agricultura. El producto principal era la caña de azúcar. Para ese año, trabajaban cuatro trapiches, tres de hierro y uno de madera. El café ocupaba una parte importantísima en la producción económica de este lugar. Las haciendas producían azúcar, melao y ron. En cuanto a las ocupaciones que desempeñaban los ciudadanos, había: tres carpinteros, dos albañiles, un zapatero, un tahonero, un ladrillero, y nueve comerciantes.

Hasta mediados de la década del 1940, la economía de Santa Isabel continuaba basándose, principalmente en la agricultura. La caña de azúcar, el tabaco y los frutos menores eran los productos principales. Podemos mencionar los talleres de molienda llamados Capó, Florida y Alomar, como algunos de los principales.

Del 1940 en adelante, con la consigna Manos a la Obra, comienza el desarrollo industrial de Puerto Rico. Nuestro pueblo, ajustándose a la época, comienza a sentir los efectos de la industrialización, que se reflejan en todos los aspectos de la vida puertorriqueña, hasta el presente.

Sin embargo, un buen ejemplo de la gran producción azucarera que tuvo Santa Isabel hasta el 1974, es el hecho de que en ese año, a pesar del descenso del cultivo de la caña en toda la Isla, se cosecharon cerca de 196,849 toneladas de caña, de las que se obtuvieron cerca de 16,000 toneladas de azúcar.

Actualmente, en los terrenos que tiene bajo su cuidado y cultivo la Autoridad de Tierras de Puerto Rico, en este municipio se cosechan cantidades de diversos vegetales, entre otros: pepinillos, tomates y pimientos.

Finca de mangóes en Santa Isabel

E. Milagros Buros. Doctora en Filosofía y Letras. Actualmente, trabaja en el Instituto de Cultura Puertorriqueña, como Directora de Investigaciones Arqueológicas.

Vidal Enrique Moreno Moret. Se destacó como cantante y pianista. Tomó clases con los profesores italianos Eduardo Molitore y Luiggi Ciufrida, con quienes estudió Fisiología del Mecanismo Vocal y el Canto como Arte Bello. Estudió Filosofía Pianística y el Lieder con el profesor alemán, Stohner. Su voz está reconocida como tenor lírico. Ha cantado en las salas del Carnegie Hall. En Puerto Rico, se presentó en los grandes hoteles y en la radio. Fue líder y Director del Coro Los Casacos, en nuestro pueblo, y participó en dúos, tríos y coros en nuestras escuelas e iglesias.

Ebenezer Negrón. Doctor en Economía. Ha ejercido su profesión en diferentes países de Hispanoamerica como: Perú, Costa Rica y Brasil.

Lugares de interés...

Museo José Pablo Morales. La Casa de Piedra - Considerada una de las más antiguas de nuestro pueblo.

Casa Alcaldía

Uno de los grandes potreros dedicados a la cría de caballos.

301

Toa Alta

Fundación: 1751

Gentilicio: toalteño

Cognomento: Ciudad del Josco

Población (1990): 44,101

Alcalde (1999): Ningún alcalde designado para marzo de 1999.

HIMNO
Por: Israel Rivera Náter

¡Cuna de historia y de grandes poetas;
Así es mi valle de verde tambor;
Valle hermosísimo, donde Abelardo
cinceló en lágrimas su gesta de amor!

¡Valle de luchas y de profundo llanto
Donde Morales, nuestro héroe y cantor;
Esculpió en letras de oro y de sangre
La libertad sagrada en nuestro corazón!

¡Oh Toa Alta, mi Pueblo Inmortal
Tu gente levanta con orgullo
La radiante bandera de tu fundación!
¡Oh Toa Alta, mi Pueblo Inmortal
Me abrazaré a tu escudo,
A la tierra y al Honor!

Cuna de hermosas mujeres
¡Oh Tierra Josca de mi ensoñación;
donde las cuerdas de un cuatro encantado
Remolinó a los pájaros y éstos en su empeño
despertaron a Dios;
Revolcaron la cama de un noble trovador
que una tarde de lluvia
le regaló una décima
como ofrenda de Amor!

Vivan por siempre, por siempre vivan
La raza, el empeño y el amor
Vivan la fauna, el cielo y la montaña
y el valle en que se bañan
tus noches estrelladas
que amanecen galanas
con la hermosa sonrisa
del insondable sol.

ESCUDO

La espada y la corona representan a San Fernando Rey, patrón de Toa Alta, y aluden a las campañas reconquistadoras y al alto espíritu de justicia de este monarca, soberano de Castilla y de León. En el escusón de la derecha **el creciente** representa a Nuestra Señora, la Santísima Virgen María, co-patrona del pueblo en su título de Inmaculada Concepción, y la torre a Santa Bárbara, virgen y mártir, también co-patrona de Toa Alta. En el escusón de la izquierda la estrella de ocho rayos o lucero, además de constituir un distintivo ya popularizado, particularmente en la esfera de los deportes, el pueblo de Toa Alta, alude a los heroicos toalteños, José y Francisco Díaz, quienes se cubrieron de gloria en Hato Rey (1797) peleando contra los invasores ingleses y dando el primero su vida en defensa del Rey y de la Patria junto al puente de Martín Peña. En la heráldica española **el lucero o la estrella** son símbolos frecuentes del apellido Díaz...que significa "Hijo de Diego" por la vinculación de dicho apelativo, que también significa "Hijo de Santiago", con la tradición de la aparición en Santiago de Compostela, de la estrella que reveló el lugar del sepulcro del Apóstol patrón de España.

La corona mural es distintivo cívico o municipal. La de Toa Alta lleva **tres torres** para denotar su categoría de "pueblo".

El Lema NON DESERIT ALTA, que traducido del latín significa "NO ABANDONA LAS COSTAS ALTAS", o, lo que es decir "las causas elevadas", representa una sublimación al plano moral del calificativo geográfico "alta", que forma parte del nombre de la población y su proyección temporal como ideal o programa de vida cívica.

Los principales esmaltes del escudo, oro y gules, son los tradicionalmente simbólicos de la realeza.

Historia...

Este Municipio tiene una vieja y sólida tradición fundadora, si se tiene en cuenta que sobre el origen de los pobladores del Valle del Toa, dijera Generoso Morales Muñoz en su libro **Orígenes Históricos de San Miguel de Hato Grande**: "Esta ribera del Toa que tanto hemos mencionado y que fue cuna de tantos linajes puertorriqueños de procedencia isleño-canaria, fue antaño el solar agrícola más antiguo en la protohistoria rural puertorriqueña. Fue en esta ribera donde se estableció la primera estación experimental agrícola con el nombre de Granja de los Reyes Católicos en los comienzos mismos de nuestra colonización en el amanecer del siglo XVI; a esta circunstancia se debe el nombre del actual Puente de los Reyes Católicos. Su población original se componía mayormente de labriegos y familias isleño-canarias cuya descendencia fundó las aldeas de las Thoas, conocidas luego como "Thoa-alta" una y como "Thoa-baxa" otra. En las proximidades del lugar conocido entonces por la Vega Real del Toa, fue el primer ensayo experimental para sembrar, cultivar y cosechar los frutos propios de estas latitudes tropicales.

Cayetano Coll y Toste afirma que el pueblo de Toa Alta se fundó en 1751, seis años después de fundarse Toa Baja, cuando fue Gobernador de Puerto Rico don Agustín Parejas. En esa misma fecha se erigió la parroquia bajo la advocación de Nuestra Señora de la Concepción y San Fernando, construida entonces de piedra y tejas, que ya

para 1775 tenía tres naves, aunque sufrió serios desperfectos, reparados después por orden del Gobernador La Torre, a consecuencia del terremoto del 2 de mayo de 1789. Esta iglesia tiene una fachada impresionante, con campanario, pilares y una puerta de piedra flanqueada por columnas con muy curiosos capiteles, los cuales parecen ser de inspiración peruana.

En 1759 se le llamaba Toa Arriba y en 1765 era una aldehuela denominada Ribera de Toa Alta. Diez años después era todavía un caserío de 96 casas de yaguas y 4 de maderas y tejas. Iñigo Abbad describe así el lugar en 1776: "Cuatro leguas al sudoeste de Bayamón está el pueblo de Toa Alta situado en una loma sobre el río de su nombre que lo circunda: nace en las montañas de Carite, al norte de Aibonito: es caudaloso y empieza a ser navegable a poca distancia de este pueblo, que se compone de cien casas, formando un espacioso cuadro: el resto del vecindario, que consiste de 385 vecinos con 2,277 almas, viven esparcidos en sus respectivas haciendas, que utilizan en la ceba de ganados, algunos trapiches y corta cantidad de frutos comunes de la Isla."

Para la defensa de San Juan contra Abercromby, Toa Alta contribuyó en 1797 con 50 milicianos al mando de José Díaz. Sus edificios públicos en 1853 eran la iglesia, de mampostería; la Casa del Rey (Ayuntamiento), de madera; y el cementerio, con muros de piedra. También por entonces quedó establecido el hospital de convalecientes.

Hasta 1824 el territorio de este Municipio estaba compuesto por los Barrios Pueblo, Mucarabones, Lajas, Arenas, Galateo, Florida, Brame, Lomas, Anones, Naranjito, para construir el pueblo que primero se conoció como Guadiana y más tarde como Naranjito. En 1853 tampoco se mencionaron como pertenecientes al Municipio de Toa Alta los Barrios Florida y Brame, pero surgieron en cambio los de Contorno y Quebrada Cruz. Probablemente este último fue un nuevo nombre para el Barrio Boca de Quebrada.

Geografía...

Toa Alta está localizado en las colinas onduladas que sirven de transición entre las montañas centrales y los llanos de la costa norte. Su extensión total es de 18,100 cuerdas y 927.47 millas cuadradas. Colinda al norte con los municipios de Dorado y Toa Baja, al sur con Naranjito, al este con Bayamón y al oeste con Vega Alta y Corozal. El municipio corresponde geográficamente a la porción oriental de la región denominada como llano costero del norte y es un llano aluvial muy importante para la agricultura. El declive de sus terrenos varía notablemente a través del Municipio, pero predominan los terrenos ondulados. En los terrenos al noroeste del municipio predominan los valles y llanos. Hacia el sur de declives son moderados, y se tornan más empinadas las vertientes de las lomas que alcanzan los 800 pies sobre el nivel del mar.

El clima de Toa Alta es tropical y húmedo con un promedio de lluvia de 80 pulgadas anuales. La precipitación máxima ocurre durante julio y agosto, cuando caen un promedio de más de 9 pulgadas de lluvia al mes. En el período más seco, febrero y marzo, llueve alrededor de 4 pulgadas mensuales. El promedio de temperatura está entre 76°F y 78°F farenheit.

El municipio está compuesto actualmente de los barrios Mucarabones, Río Lajas, Quebrada Arenas, Galateo, Ortiz, Piñas, Quebrada Cruz, Contorno y El área del Pueblo.

Economía...

En 1878 se cosechaba en este municipio cacao y también café y caña de azúcar. Su riqueza pecuaria era notable, pues sus terrenos, abundantes en pastos, facilitaban el desarrollo de la ganadería. En 1776 tenía ya 179 estancias y 8 haciendas y en 1876 existían una hacienda con máquina de vapor, una hacienda de caña y un trapiche.

En sus hermosas sabanas se desarrolla hoy una gran ganadería de leche y de carne, que contribuye ostensiblemente al fortalecimiento de la economía local. En 1974 contaba con 20 vaquerías de primera clase, que ese año entregaron a las plantas elaboradoras 9,614,295 cuartillos de leche, para ser la zona productora más importante de la región de San Juan.

Algunas fábricas de Fomento Industrial son proveedoras de numerosos empleos para los vecinos de esta comunidad, que también han encontrado otra considerable fuente de trabajo en la industria de la construcción.

Aquí nació...

Pablo Morales Cabrera (1866-1933). Maestro, agricultor, periodista, que cultivó también el ensayo, la biografía, la historia y el cuento, fue representante a la Cámara y enriqueció las letras puertorriqueñas con una extensa y valiosa bibliografía.

José Pablo Morales Miranda (1828-1882). Se dedicó con gran éxito al periodismo, escribiendo sobre política, economía, historia y literatura, cultivó además la poesía y el cuento y como miembro de la Diputación Provincial de Puerto Rico luchó activamente, sin lograrlo, por la liberación del régimen prevaleciente en la Isla.

Juan Antonio Rosado (1891-1962). Pintor fallecido en San Juan. Tomó clases con Francisco Oller, Fernando Díaz McKenna y Alejandro Sánchez Felipe. Se ganaba la vida como pintor de letreros y anuncios comerciales e industriales, mas sus ratos de descanso pintaba obras serias, bien sobre temas históricos (Desembarco de Colón en Puerto Rico), bien sobre personajes de pueblo o paisajes de su tierra (Capilla del Cristo, Viejo pescador). Participó en numerosas exposiciones a lo largo de su vida.

Dayanara Torres Delgado. Nació en Santurce. Se crió en el pueblo de Toa Alta, municipio que representó en el Concurso Miss Puerto Rico.

Cursó estudios en el Colegio San Agustín de Bayamón y sus estudios secundarios los dividió entre la Escuela Superior Católica de Toa Alta y el Colegio Santa Rosa de Bayamón. Tras obtener el título de Miss Puerto Rico, en el 1993 se convierte en la tercera joven puertorriqueña en coronarse como Miss Universo. Ha sido seleccionada Portavoz Honoraria de la campaña por los niños de UNICEF.

Lugares de interés...

Los valles del Toa (vista panorámica)

Plaza de Toa Alta

Bala de Cañon (árbol legendario) situado en la Plaza Egoscue

Represa del Río La Plata

Costumbres y Tradiciones

Festival de Octavitas. Tres días, fin de semana. Kioscos con diferentes comidas típicas al fogón, música típica y trovadores.

Maratón de la Chopa . Un día (domingo). Se premia al pescador que pesque la chopa más grande. Kioscos y música.

Río La Plata

Plaza e Iglesia de San Fernando

Toa Baja

Fundación: 1745

Gentilicio: toabajeño

Cognomento: La Ciudad bajo aguas

Población (1990): 89,454

Alcalde (1997): Hon. Víctor M. Soto Santiago

HIMNO
Espléndido Toa Baja
Luis M. Santiago

Espléndido Toa Baja, jardín de mis amores,
tú luces por doquiera, tu hermosura sin par.
Son bellas y fragantes tus matizadas flores,
que vierten en el aire su esencia virginal.

Un sol esplendoroso alumbra tu llanura,
risueña, portentosa por su fecundidad;
pues luce eternamente su manto de verdura,
primicias venturosas del clima tropical.

Hermosea tus noches, perenne primavera,
y de tu luna hermosa el pálido rielar,
el Plata caudaloso, que besa tu ribera,
parece una serpiente de plata o de cristal.

Si en los dorados días de mi niñez dichosa,
para colgar mi cuna, me brindaste un hogar,
yo quiero que me guardes, para cavar mi fosa,
un sitio en tus llanuras, bajo el sol tropical.

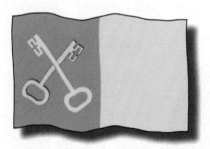

LA BANDERA

La bandera de Toa Baja fue diseñada en el 1980. Sus colores son oro y verde, con llaves en oro y plata. **La faja verde** representa las llanuras del Toa; y **el color oro**, representa el sol que baña nuestras llanuras. **Las llaves cruzadas en aspas**, simbolizan a San Pedro Apóstol, patrón del pueblo de Toa Baja. En forma parecida figuran, al relieve, en el frontal de plata (altar mayor) de la Iglesia Parroquial de Toa Baja, San Pedro Apóstol.

ESCUDO

La faja ondeada representa al Río Toa, uno de los primeros mencionados en los anales de Puerto Rico, y en cuyas riberas intentó Juan Ponce de León establecer la primera población de Puerto Rico.

La definición de estos símbolos son: **Las llaves, cruzadas en aspa,** simbolizan a San Pedro Apóstol, patrón del pueblo. En forma parecida figuran, al relieve, en el frontal de plata de la Iglesia Parroquial San Pedro Apóstol, de Toa Baja.

La F y la J, coronadas, representan a Don Fernando II de Aragón y V de Castilla, y a su hija, Doña Juana, soberana de Castilla y León, a quienes se refiere el apelativo de Reyes Católicos, en la denominación Granja de los Reyes Católicos, con que se ha conocido históricamente la estancia, dedicada al cultivo y aclimatación de productos agrícolas, establecida junto al Toa por los colonizadores en tiempos de estos monarcas y a raíz de la conquista de Puerto Rico. El título de Reyes Católicos, concedido a Don Fernando y a su esposa, Doña Isabel, por el Papa Julio II, en el 1494 (diez años antes de la muerte de aquella), fue usado por todos sus sucesores en el trono de España.

Los manojos de yuca aluden a uno de los principales cultivos de dicha granja, y constituyen un símbolo de los indios que en ella trabajaron, y cuyo principal alimento era el casabe o pan de yuca.

La corona mural es la tradicional insignia municipal con que se timbra a los escudos de pueblos, villas y ciudades. **Los tallos de caña de azúcar** aluden al cultivo e industria, que representó la principal fuente de riqueza de Toa Baja; riqueza representada por el oro del campo del escudo.

Historia...

Con el descubrimiento y conquista de Puerto Rico, esta región estaba bajo el mando del cacique taíno Aramaná. En las proximidades del lugar, conocido entonces como la Vega Real del Toa, existió desde 1511 una Granja Agrícola, que por disposición real fue el primer ensayo hecho en Puerto Rico para la siembra y cultivo de frutos que pudieran producirse en las regiones tropicales. El pueblo de Toa Baja se fundó en 1745; sus primeros pobladores fueron familias procedentes de Islas Canarias de apellidos Marrero, Salgado y Martínez, y todavía veinte años después era clasificado como aldehucha bajo la denominación de Ribera de Toa Baja. En esa época (1765) contaba con 1,705 habitantes, que diez años después se habían elevado a 2,203.

Su iglesia fue una de las más antiguas de la Isla, de tal modo que según Iñigo Abbad ya existía cuando ocurrió la primera sublevación de indios. Fue erigida en 1759 como Parroquia bajo la advocación de Nuestra Señora de la Concepción, San Pedro y San Matías. En 1779 fue bendecida y abierta al público la ermita de Nuestra Señora de la Candelaria, en Palo Seco, en la hacienda El Plantaje, que pertenecía a la familia Géigel-González.

En 1776 describía Iñigo Abbad la jurisdicción y el pueblo de Toa Baja: "Siguiendo el curso del río a poco trecho, se entra en la ribera de Toa Baja, que es una de las más desmontadas, llanas y hermosas de toda la Isla: se extiende hasta la bahía de Puerto Rico, cuasi tres leguas de tierras excelentes para la cosecha de todos los frutos; pero solo siembran maíz, frijoles y otras legumbres; tienen algunos trapiches, y el ingenio de don Agustín de Losna en que se saca el mejor azúcar y aguardiente de la Isla.

Cuando se fundó pueblo de Toa Baja se componía de los barrios Candelaria, Pájaros, Lajas, Espinosa, Tamarindo, Bucarón y Dorado.

En 1797 el pueblo de Toa Baja contribuyó, junto con el de Río Piedras con 251 hombres de armas a las compañías urbanas para la defensa de la capital contra el ataque del inglés Abercromby.

En 1878 poseía sólo dos escuelas y el mismo año se constituyó la Junta Local de Instrucción Pública. Para 1878 también Palo Seco tenía escuelas públicas. En 1897 contaba con dos escuelas elementales de segunda clase, con 60 alumnos matriculados y 77 alumnas.

En 1899 hubo también una infructuosa solicitud de anexión de Bayamón. El 1ro. de marzo de 1902 la Asamblea Legislativa aprobó una Ley exponiendo que a partir del 1ro. de julio del mismo año el pueblo de Toa Baja "fuese suprimido como municipio y su ayuntamiento, junto con el alcalde y los empleamos municipales y todo el territorio del municipio anexado al municipio de Bayamón". Esta situación perduró hasta marzo de 1905 en que la Legislatura de Puerto Rico restituyó a Toa Baja su categoría de municipio con los mismos límites y barrios que antes de ser anexado a Bayamón.

En 1905 una nueva ley derogó la anterior y fue reorganizado el municipio dentro de los mismos límites que tenía antes de la anexión con sus mismos barrios, antes de ser anexado a Bayamón.

Geografía...

El Municipio de Toa Baja se encuentra localizado en la parte central de la costa norte

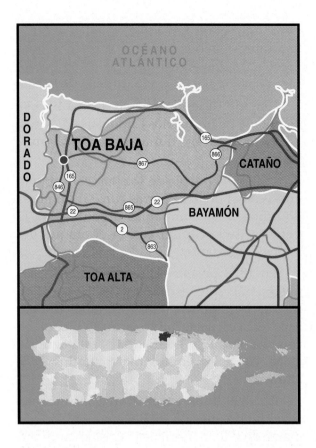

de Puerto Rico. Sus límites territoriales son los siguientes: por el norte, con el Océano Atlántico, por el oeste, con el Municipio de Dorado; por el este, con los de Cataño y Bayamón; y por el sur con Toa Alta.

El terreno que comprende el Municipio de Toa Baja, abarca una superficie de 24.49 millas cuadradas. Consta de la zona urbana y la zona rural que, a su vez, se subdivide en cuatro barrios. Estos son: Candelaria, Sabana Seca, Media Luna y Palo Seco. Además, cuenta con los sectores San José, Ingenio y Levittown.

De acuerdo con Fray Iñigo Abbad y Lasierra, en su libro **Historia geográfica, civil y natural de la isla de San Juan Bautista de Puerto Rico**, en el 1776, abundada en los fértiles suelos del municipio de Toa Baja el cultivo de cacao. Durante esa época, el pueblo contaba con 162 estancias, 6 hatos y un trapiche, propiedad de Agustín Losna, y la zona enviaba a San Juan sus frutos. Entre los productos enviados, figuraban: chinas, limones, guayabas y guanábanas.

En el 1878, contaba con 4 haciendas de caña con máquinas de vapor y 2 trapiches de bueyes. Otras importantes haciendas de la época eran la denominada Central Constancia, fundada en el 1867, propiedad de Gerardo Soler, con 450 cuerdas sembradas de caña y una producción de 7,000 sacos de azúcar, que dejó de moler por el año 1960; Media Luna, fundada por Cipriano Nevárez, propiedad de José Nevárez, con 60 cuerdas. Tuvo además, la Santa Elena, fundada en el 1790, por Juan Rijus Feduchi, propiedad de Jaime Fonalledas, con 100 cuerdas de terreno.

A mediados del siglo XVIII, se explotaba la riqueza pesquera de sus costas, a tal punto que no sólo se atendían las necesidades del consumo local, sino también las del mercado capitaleño.

El más importante cultivo para el 1974 era el de la caña de azúcar, en las Fincas de Beneficio Proporcional, operadas antes, por la Autoridad de Tierras y después por su subsidiaria, la Corporación Azucarera de Puerto Rico. Al desparecer las centrales Constancia y San Vicente, los agricultores llevaban sus cosechas a la Central Cambalache, situada en las inmediaciones de Arecibo. En ese mismo año se cosecharon 49,474 toneladas de caña, que produjeron 3,616 toneladas de azúcar. Existían nueve vaquerías de primera clase, que ese año (1974) entregaron a las plantas procesadoras 8,115,627 cuartillos de leche. Los terrenos de este municipio producían además, toda clase de frutos menores.

Durante la década del 1950 al 1960, comenzó a tomar impulso el desarrollo de la manufactura como principal fuente de empleos, desplazando a la agricultura que había sido el centro económico más importante hasta entonces. Para el 1970, a pesar de las dificultades creadas por el período de recesión de la economía norteamericana, el crecimiento industrial no se estancó en este municipio. De hecho, Toa Baja fue uno de los que mayor expansión tuvo al terminar la década, con un balance neto de 400 empleos adicionales, equivalentes a un aumento de un 40 por ciento.

La agricultura, sin embargo, continuó declinando su ubicación en la periferia inmediata a la carr. num. 2, se benefició del programa de Industrialización de la Administración de Fomento Económico. La construcción del Expreso de Diego aumentó considerablemente las facilidades en el Area Metropolitana de San Juan. El municipio tuvo un impacto aún mayor en la industrialización.

Además de la manufactura en los sectores de construcción comercial y del gobierno, hubo aumento de 900 empleos adicionales que ayudaron a incrementar, a su vez, el ingreso generado en alrededor de 11 millones de dólares.

El sector industrial sigue siendo el factor más importante de ese crecimiento económico. Como consecuencia del aumento proyectado en la industrialización del municipio, se espera lograr un crecimiento de los sectores del gobierno, comercio y de los servicios que crearán mayores oportunidades de empleo.

Aquí nació...

Virgilio Dávila. Nació el 28 de enero de 1869. Maestro, agricultor y poeta. Es uno de los grandes puertorriqueños del costumbrismo, especialmente, de los temas del campo y de sus tradiciones. Sus libros más leídos y admirados son: **Aromas del terruño** (1916) y **Pueblito de antes** (1917). En ambos, además de sus valores poéticos, se encierra todo un ambiente de costumbres y tradiciones puertorriqueñas de fines del siglo XIX y principios del siglo XX: parrandas de reyes, golosinas de la temporada navideña y ambiente de fiestas tradicionales.

Ernesto Juan Fonfrías Nació el 7 de noviembre de 1909. En el 1935, se graduó de abogado en la Universidad de Puerto Rico. El idioma español ha tenido en él un gran defensor y exponente. Novelista, poeta y ensayista. Entre otros cargos honoríficos, ha sido Presidente de la Sociedad Puertorriqueña de Periodistas y Educadores. En la política puertorriqueña, ocupó el cargo de Senador, desde el 1944-1964. Delegado en la Convención Constituyente del Estado Libre Asociado de Puerto Rico y Director del Instituto de Lexicografía Augusto Malaret, de Puerto Rico.

Teresina Salgado. Es otra de nuestras poetisas puertorriqueñas. Nació en el 1901. Es descendiente directa de los fundadores del Pueblo de Toa Baja. Se ha destacado como maestra, oradora, poetisa, compositora musical y periodista. Su poesía demuestra la pureza de las cosas de la vida y su amor por la tierra que la vio nacer. Su verso es ternura. Escribió **De mi ayer romántico**, publicado en 1928. De una larga carrera artística, la poesía de Teresina ha recibido la mejor crítica de otros escritores. Luis Lloréns Torres, en dedicatoria a un libro suyo, la llama "brillante poetisa".

Lugares de interés...

Isla de Cabras. Esta isla está localizada en la costa de Toa Baja, al norte de la comunidad de Palo Seco y cerca de la entrada a la Bahía de San Juan.

Antiguamente, fue utilizada como bastión militar, debido a su localización estratégica en dicha Bahía.

Balneario Punta Salinas. Este balneario público está localizado en la carretera 165, en la intersección en la Avenida Boulevar de la Urbanización Levittown en Toa Baja. En un principio, fue desarrollado y utilizado por la Marina de los Estados Unidos como centro recreativo para sus miembros.

Fortín El Cañuelo. El Fuerte San Juan de la Cruz mejor conocido como Fortín Cañuelo. Está localizado en la Isla de Cabras, que pertenece al Barrio Palo Seco. Se comenzó a construir en el año 1603, por órdenes del gobernador Rojas Paramó.

Central Constancia. Fue construida a finales del siglo 19. Está situada al norte del pueblo de Toa Baja.

Fue una gran central azucarera dedicada a sembrar y moler caña transformándola en azúcar.

La caracteriza mucho su gigantesca chimenea que en la actualidad no da servicios, pero en un momento dado propulsó muchísimo la siembra y corte de caña.

Central Termoeléctrica Palo Seco. Entró al Sistema en junio de 1960. Contaba entonces con una sola unidad de 85 megavatios (mw). Al año siguiente, se agregó la Unidad # 2, de igual capacidad.

El continuo crecimiento poblacional en todos los renglones exigió una mayor capacidad generatriz, clamor al que la Autoridad respondió con la Unidad 3 y 4 inauguradas en febrero y julio de 1970, respectivamente, cada una de ellas de 21 megavatios (MW).

Actualmente la Central Palo Seco tiene una capacidad nominal de 602 MW, entre cuatro Unidades Termoeléctricas, además contamos con seis turbinas de gas cada una de 19 megavatios (utilizadas mayormente en situaciones de picos de emergencias) agregando 114 megavatios para un gran total de capacidad generatriz de 71 megavatios.

Antiguo leprocomio. Las ruinas del antiguo leprocomio se encuentran localizadas en la punta Este del islote Isla de Cabras de Palo Seco.

Estas ruinas es todo lo que queda de dos grandes construcciones hechas de ladrillos y vigas de ausubo, las cuales fueron usadas como albergue y hospital para las víctimas de la temida enfermedad de la lepra.

Al no conocerse una cura o remedio para este mal altamente contagioso, era la norma que las personas que portaban este mal fueran permanentemente separadas de la sociedad para así poder contener la propagación de esta enfermedad.

La Isla de Cabras por estar rodeada de agua y un poco alejada de la comunidad más cercana, se convirtió en ideal para aislar a los desafortunados contaminados por el germen.

Esta enfermedad era progresiva y usualmente traía como consecuencia la muerte, luego de una convalecencia larga y tormentosa.

Aún se mantienen de pie estas estructuras, así como se mantiene firme la esperanza de la humanidad de que algún día logremos descubir la cura de la lepra y así erradicar esta enfermedad que tanto sufrimiento ha causado a nuestro pueblo.

Flora y Fauna

Nuestra flor típica es la flor de flamboyán y el árbol típico es la palma de coco.

La flor del árbol de Flamboyán

Plaza con la concha acústica, un lugar de gran belleza

Fiestas de la Santa Cruz. Actividad religiosa que aún se celebra en el pueblo y en el Barrio Candelaria. Celebrada por diversas iglesias y agrupaciones culturales durante el mes de mayo. En la misma se le canta por nueve noches a la Santa Cruz.

Fiestas del Pueblo. Las auspicia el Centro Cultural "El Cañal". Se celebran durante el mes de noviembre. Se presentan exposiciones de arte, artesanías, teatro, certámenes literarios y otras.

Festival de la Zafra. Este festival se celebra en la plaza pública en el mes de octubre. Es una actividad cultural y recreativa. Participan grupos musicales de bomba y plena.

Festival de bandas municipales. Se lleva a cabo en la plaza pública en el mes de agosto. Es una actividad recreativa. El propósito de la misma es promover la confraternización entre jóvenes de diferentes pueblos de la Isla.

Central termoeléctrica de Palo Seco

HIMNO
Por: José Yumet Méndez

*Vengo a ver lo que Dios en un momento
de inspiración, le regaló a Trujillo
con ese gesto por demás sencillo
del que forjó los mundos de su aliento.*

*Que tengo una montaña por asiento;
a lo lejos de la sombra de Luquillo
Y abajo en la hondonada, el tenue brillo
de un río en cuyas deltas siempre el viento.*

*Y arriba, bien arriba, el maridaje
de la sombra y la luz; el tenue encaje
de la neblina en vaporoso asalto.*

*Ascendiendo lentamente en Carráizo
hasta que el sol disipa el blanco hechizo
sobre los hombros de Trujillo Alto.*

ESCUDO

La figura del Escudo de Armas consta de: un campo de plata: tres montañas de sinople (verde), puestas en faja, terrazadas de lo mismo, representando el suelo fértil. Surmontadas de una cruz latina, de azur (azul), que representa la advocación al templo de la Santa Cruz, alrededor del cual se estableció el pueblo de Trujillo Alto.

Bordura de azur (azul), con ocho chorros de agua de plata. Representan los ocho barrios y es el símbolo del enorme caudal de aguas: el río, las quebradas y los manantiales.

Timbrado de una corona mural de oro, realzada con cinco torres del mismo metal, distintivo de una ciudad.

La cartela tienen un listón con la inscripción TRUJILLO ALTO.

BANDERA

Mediante la Ordenanza 19, Serie 1997-98 del 29 de mayo de 1998 se aprobó el escudo y la bandera de Trujillo Alto.

La bandera consiste en un paño rectangular de color blanco. En su centro está la imagen del Escudo de Armas.

El asesoramiento heráldico fue realizado por el señor Jaime Alberto Solivan de Acosta y Roberto Beascochea Lota.

Hasta este momento los trujillanos aceptaron como la fecha de fundación del municipio la conocida del 1801, pues el gobernador de entonces aprobó la fundación. Luego de la explicación introductoria podemos presentar que las noticias más lejanas para fundar el municipio datan del año 1793, cuando un grupo de vecinos que vivía en la parte alta de Loíza se reunieron con ese fin. Transcurrieron cerca de tres años entre lo lento de los trámites, papeleos, cabildeos. Y para 1795 se aprobó la construcción de la parroquia. Las familias que optaron por constituir un nuevo municipio, independiente del de Loíza, lograron para 1798 que la Audiencia Territorial de Santo Domingo aprobara la petición de la fundación de Trujillo. Con ese nombre fue bautizado el emergente municipio, que luego para 1820, comenzó a llamarse Trujillo Alto.

No se sabe con certeza de dónde surgió el nombre de Trujillo, pues no hay evidencia disponible que lo sustente. El historiador Generoso Morales Muñoz teoriza en su trabajo **Historia de Gurabo** que éste procede de Alonso Trujillo, a quien la Corona le otorgó tierras en esta zona, a principios de la conquista. El autor no cita la referencia, pero con toda probabilidad la tomó de la obra **La colonización de Puerto Rico** de Salvador Brau. Sin embargo, ni este historiador ni otros autores que incursionan en estudios alrededor de la conquista, precisan la tenencia de Alonso Trujillo. Finalmente, cerca de este asunto sólo se conoce que existían unas familias de apellido Trujillo viviendo cerca de la Quebrada Maracuto, a la que antiguamente se le denominaba como la Quebrada Trujillo.

Las leyes españolas establecían que un grupo de vecinos propietarios que solicitaban formar un nuevo municipio, debían presentar a una población de cerca de mil habitantes.

Ellos estaban obligados a comprar un predio de terreno conocido como "ejido", donde se construiría, como requisito adicional, una parroquia, una Casa del Rey (casa alcaldía), una cárcel, una carnicería, y más alejado, un cementerio. Los pueblos circundantes eran, Río Piedras, Loíza y Caguas, pero las familias que vivían en medio del círculo de estos pueblos quedaban bien distantes de sus respectivas parroquias. Este fue uno de los motivos para que los acaudalados contribuyeran para establecer su propia y pequeña capilla o ermita cercana a sus casas. Así lograron levantar la capilla al oeste del Río Grande de Loíza, cercana a un lugar llamado La Candelaria, en dirección a Río Piedras, adoptando como patrono a San Miguel de Arcángel. La ermita debió quedar construida antes de pedir la fundación del municipio en 1798. Se consideraba la obra religiosa precursora del pueblo. A ésta asistieron los vecinos que acordaron, en 1795 impulsar la creación de este municipio.

El Ayuntamiento –hoy municipio– se formó para 1820, porque constituyó el primero que funcionó bajo el término municipal que hoy compone el municipio de Trujillo Alto. Los vecinos celebraban una misa y luego se reunían en la Casa del Rey. Luego de varias votaciones quedó constituido don Tomás Ruiz para servir como Alcalde, don José María Torres Vallejo para síndico Procurador, un secretario y cuatro regidores.

Geografía...

El municipio de Trujillo Alto tiene 20.95 millas cuadradas de territorio, es decir, unas 13,811 cuerdas de terreno. Esto lo hace un municipio de tamaño intermedio. Colinda al norte con el Barrio Sabana Llana de Río Piedras; al oeste con los barrios San Antón, Martín González, Cacao y Barrazas de Carolina; al sur con los barrios La Gloria y Masa de Gurabo; al suroeste con el Barrio San

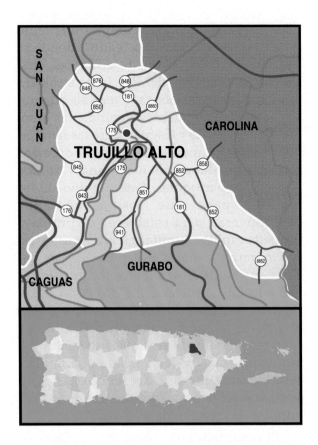

noroeste y sur; las quebradas Rohena y Carraízo (Colorada) en su lado oeste; las quebradas Blasina y Matienzo en su lado norte y dos o tres pequeñas corrientes de agua sin nombre conocido.

Climatología

La temperatura media actual para el municipio es de 77.3°F. La cantidad de precipitación que recibimos cae irregularmente. El promedio anual es de 72.02 pulgadas, siendo en agosto y septiembre los meses más lluviosos y febrero y marzo los más secos.

Economía...

Para principios de la segunda mitad del Siglo XIX (1854), los estancieros del municipio sostenían sobre setecientas cuerdas cultivadas de diversos productos, especialmente de caña de azúcar y café. Aprovechando la coyuntura política y económica que favorecía al cultivo de la caña, gran parte de las grandes fincas fueron cubiertas por la gramínea. En aquel despegue estuvieron participando varios factores, entre los que cabe destacar los siguientes: primero, la creación de dos centrales azucareras, cuyos dominios se extendieron hasta la jurisdicción de Trujillo Alto. Una de éstas fue la Central Victoria, que radicó sus edificios y maquinarias en Carolina, cerca de Trujillo Alto. La otra fue la Central Vannina, situada en Río Piedras. Es difícil precisar la cantidad de tierras que dominaban ambas Centrales en Trujillo Alto.

Antonio de Caguas. Por el oeste colinda con los barrios Cupey Alto y Cupey Bajo de Río Piedras (San Juan).

Queda localizado en la sección Cretácea del noroeste que es parte de la región de colinas húmedas del norte. En el sur le queda la Cuchilla de Hato Nuevo, que es una estribación de la Cordillera Central y que llega a una altura máxima de mil pies y al norte del centro del municipio y tiene una elevación de 138 pies sobre el nivel del mar.

Hidrografía

Nuestro municipio es atravesado de sur a norte por el Río Grande de Loíza. Su paso convierte al barrio Pueblo en una península. Era navegable en épocas pasadas por lanchones usados para caña. Tiene la cuenca hidrográfica más extensa del país. Otras corrientes hidrográficas lo son las quebradas Infierno, Maracuto y la Grande en sus lados

Flora

Geológicamente la región es muy interesante, pues existen diversos depósitos de rocas plutónicas e ígneas entre ellas: granito, diorita y basalto.

La flora es del tipo de bosque tropical húmedo.

Emilio Díaz Valcarcel. Nació en 1929. Es uno de los mejores escritores actuales de la literatura puertorriqueña. Ha cultivado los géneros de novela, cuento, ensayo, teatro y la crítica literaria. Cursó estudios primarios en su pueblo natal y posteriormente estudió Ciencias Sociales en la Universidad de Puerto Rico para 1954. Sus inicios literarios se vieron influenciados por el cuentista José Luis González. Sus primeras manifestaciones fueron como colaborador de las revistas "Puerto Rico Ilustrado", "Alma Latina" y "Asomante"; del periódico "El Diario de Puerto Rico". En 1951 fue llamado por el Servicio Militar de los Estados Unidos; participó en la Guerra de Corea como soldado corresponsal de guerra de la revista sanjuanera "Presente". Las experiencias de la guerra las narró con gran fuerza y crudeza en algunas de sus obras, como en los libros de cuentos **Proceso en diciembre** (1963), **Napalm** (1971) y **Mi mamá me ama** (1986).

Tulio Larrinaga. Nació el 15 de enero de 1842 en la calle Comercio actual Luis Muñoz Rivera - del pueblo y muere en San Juan el 20 de abril de 1917. Su padre Gregorio Larrinaga era Teniente del Regimiento de Cataluña. Hizo sus primeros estudios en el Seminario Conciliar en San Juan. Estudió Ingeniería Civil en la ciudad de Nueva York e hizo estudios post graduados en la misma materia en Pennsylvania. Ejerció su profesión por un tiempo en Nueva York. De regreso a Puerto Rico fue ingeniero para el municipio de San Juan. Como tal, realizó varias obras de importancia como la reconstrucción del edificio de leprosos en Isla de Cabras; la construcción del edificio para la Escuela Normal, del tranvía de San Juan a Río Piedras, y del acueducto de Caguas.

Muy activo en la política, fue miembro del Gabinete Autonómico bajo la soberanía de España. Al cambio de soberanía siguió en la política siendo uno de los fundadores del Partido Unión de Puerto Rico y miembro de su Junta Directiva. Tuvo gran amistad con Luis Muñoz Rivera, lo que le sirvió de recomendación para ser electo Comisionado Residente en Washington (1901 - 1911).

La Gruta de Nuestra Señora de Lourdes. Se encuentra en el Barrio Las Cuevas de Trujillo Alto. Es una réplica de la existente en Lourdes, Francia. Se fundó para 1925 y la idea original era establecer allí un Seminario. Hoy en día recibe peregrinaciones, posee casa parroquial donde los sacerdotes viven y coordinan el programa semanal de las celebraciones católicas, incluso las misas.

La Gruta se ha convertido en un lugar de peregrinación en la Semana Santa, ya que posee las estaciones del Santo Vía Crucis.

Festival del Macabeo. El primer Festival se celebró en diciembre de 1983. El mismo se celebra en alusión a la fritura autóctona de Trujillo Alto. La confección de la peculiar fritura es a base de masa de guineo. La historia oral le atribuye a Doña Carmen Romero la primicia en la preparación de esta fritura. Cabe mencionar a Doña Sica Maldonado al igual que a Doña Romualda Báez, en este quehacer. Inclusive, hubo en este pueblo familias numerosas que en ocasiones obtenían su sustento gracias a la venta del macabeo.

Casa Alcaldía frente a la plaza

Utuado

Fundación: 1739

Gentilicio: utuadeño

Primer alcalde: Sebastián de Marti

Cognomento: Ciudad del Viví

Población (1990): 34,980

Alcalde (1997): Hon. Juan L. Ortiz Montalvo

HIMNO
Por: Amílcar Rivera Díaz

Valle bendito el de mi Otoao,
mundo de verde, de azul y sol,
tierra del pitirre y del guaraguao,
cáliz y altar de mi amor.

Es de mi patria su corazón.
Es fiel guardián de su tradición.
Es el perenne y firme bastíon
del alma de mi país

Utuado, amado Utuado,
¿Cómo no has de estar en mi
si creció mi alma en tus campos
y mis sueños acunó el Viví?

Si algún día de ti me alejo
o si calla al fin mi voz
dejo como eterna ofrenda a ti
hecho canción mi amor.

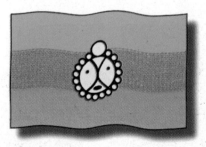

ESCUDO

El escudo de Utuado fue adoptado mediante la Ordenanza número 24 del día 3 de enero de 1981. Fue creado por el doctor J.J. Santa Pinter, catedrático de la Universidad de Puerto Rico por instrucciones de la Asamblea Municipal cuyo presidente lo era el Hon. Waldemar Quiles Rodríguez.

La descripción heráldica del Escudo de Armas de Utuado es la siguiente: "Un campo azul con la figura

del Cemí de su color original cargado de una espada de plata, empuñada de oro". En jefe dexter la figura de la Mujer de Caguana, de oro, en jefe sinister un palo y un pico de oro "in saltira" cargados en medio de una lámpara de plata con la llama **roja**. En la base tiene una franja ondulada de plata. Por timbre la corona de cinco brazos de oro, cargada de una cinta tenné forrada de plata. El volante lleva el moto de Ciudad del Viví.

El significado del simbolismo es el siguiente. La figura principal del escudo es la de un Cemí, atravesada por una espada. El color del Cemí es marrón tenné, imitando tierra, mientras que la espada de plata con empuñadura de oro invoca a San Miguel Arcángel. La combinación de los dos símbolos entre la cultura taína de nuestro pasado indígena y la tradición cristiana.

El dexter jefe, **la figura de la Mujer de Caguana**, de oro, simboliza la fertilidad. Este petroglifo se encuentra en el centro Ceremonial Indígena de Caguana. En "sinister jefe", los símbolos de **la mina el pico y la pala**, de oro cruzados con la tradicional lámpara de los mineros de plata, con la llama roja, indican la riqueza mineral de la zona.

El color del campo es azul por el cielo proverbialmente azul del pueblo contrastando con el verdor del paisaje. **La franja ondulada de plata** invoca el Río Viví que atraviesa la ciudad. **La corona india**, de oro, cargada de una cinta frontal típica de color marrón y forrada la corona de plata simboliza el valor tradicional de Utuado en la historia precolombina.

El 19 de diciembre de 1553 don Asencio de Villanueva solicitó permiso para fundar la Villa Nueva del Otoao y le fue concedido, a condición –el solicitante no estuvo dispuesto a cumplir por lo gravosa– de que trajera de España 50 labradores con sus familias, manteniéndolas y alojándolas gratuitamente hasta su colocación definitiva. La comarca continuó, pues, habitada sólo por los aborígenes.

Varios vecinos de Arecibo, carentes en los absoluto de medios de vida, otorgaron e 3 de junio de 1733 un poder al cabo de escuadra Sebastián de Morfi para que solicitara de don Matías de Abadía, gobernador de Puerto Rico, licencia para fundar un pueblo en el sitio denominado Partido o Hato de Utuado, a orillas del río del mismo nombre (hoy río Viví), propiedad de Manuel Natal y su esposa Felipa Román, con la promesa de erigir "una iglesia con la mayor decencia para el culto y veneración del Santísimo Sacramento y desarrollar siembras de árboles de cacao". El 7 de septiembre de 1734 los tenientes a guerra encargados de informar al Gobernador sobre las condiciones del lugar, aseguraban a este que el sitio era propio para la fundación de un pueblo y acomodar alrededor de 80 personas, si bien ya para esa fecha contaba Utuado con 239 habitantes. En octubre del mismo año, Manuel Natal y su esposa vendieron en 569 pesos y cinco reales las Monterías de Utuao para fundar la nueva población. Por fin el 12 de octubre de 1739, sesenta familias de Arecibo, capitaneadas por Sebastián de Morfi fundaron la villa del Utuao.

El 15 de julio de 1743 se había terminado la construcción de la iglesia, bajo la advocación de San Miguel Arcángel, con 19 varas de largo, 14 de ancho, 3 puertas, 2 ventanas, "una campana de buen tamaño sin la menor quiebra" y un altar, toda de madera y cubierta de yaguas y con ornamentos enriquecidos por los vecinos. En marzo de 1744 tuvo, en don Nicolás Quiñones, su primer sacerdote. El 26 de noviembre de 1746, se elevó a parroquia, desmembrándola de la de Arecibo, sobre todo por la dificultad de comunicaciones entre ambos sitios, ya que por una parte era preciso pasar el río dieciocho veces y por otra parte veinte.

El nombre de Utuado se usa por primera vez, y para siempre, en una partida bautismal de 27 de febrero de 1745 extendida por Fray Andrés de Quiñones, capellán suplente de la parroquia. Su primer párroco definitivo fue Urbano Sánchez de Cádiz, que duró en el cargo hasta 1754. En 1759 había en Utuado dos campañías de 126 soldados, 608 habitantes y 60 esclavos.

En 1831 el territorio de Utuado aparece constituido por los barrios Pueblo, Caguana, Don Alonso, Guánico, Roncador, Arenas, Jayuya, Río Abajo, Salto a Salto, Sabana Grande, Viví y Caonillas. En 1843 se construyó un camino de Utuado a Arecibo. En 1853 el número de barrios aumentó de tal manera, que aparecen como nuevos de los de Caniaco, Arenas, Santa Isabel. Paso de Palma, Mameyes, Limón y Angeles. Durante la Feria Exposición 1854, Don Buenaventura Roig Losías presentó muestras de carbón de piedra de sus minas.

En 1893 se fundó en el pueblo con propósitos separatistas, el "Gabinete de Lectura" o "La Aurora de Borinquen", disuelto poco después, aunque muchos de sus miembros, como Julio Tomás Martínez, Luis R. Miranda, Fruto Prorrata, Rufino Jiménez, Francisco Juarbe, Práxedes Rivera, Liberato Díaz, Juan María Lagares, etc., continuaron laborando en esa dirección.

Geografía...

Cuenta con 114,73 millas cuadradas que equivale a 75,618,09 cuerdas. Se divide en 24 barrios incluyendo el pueblo.

Los lagos

La cuenca de Dos Bocas tiene un área aproximada de 122 millas (80,396 cuerdas). Se llega por la Carr. 10, que va de Utuado a Arecibo o la Carr. 140 de Florida y tomando la 146 que empalma con la carr. 10 al norte del lago.

El agua del lago Dos Bocas se utiliza para la producción de energía eléctrica. Dos Bocas cubre una superficie de 634 acres con un volumen de 301,400 yardas cúbicas. En sus aguas se pescan lobinas, chopas y barbudos. Existe un sistema de transportación pública mediante lanchas administradas por el Departamento de Transportación y Obras Públicas que comunican el embarcadero con la carr. número 10 con los barrios de Limón, Don Alonso, Sabana Grande, y Caniaco. En las riberas del Labo Dos Bocas que dan al barrio don Alonso, existen varios restaurantes, paradores y sitios de pasadías. Entre ellos Rancho Marina, Villa Atabeira, Mesón Don Alonso y el Fogón de Abuela. A estos lugares se tiene acceso mediante el sistema de Lanchas o por la carretera 612.

Lago Caonillas

Principalmente dedicado a la pesca, ocupa los antiguos llanos del Bo. Caonillas. Provee agua, mediante un sistema de túneles al Lago Dos Bocas de Utuado.

El Lago Caonillas cuenta con el área de recreación pasiva conocida como el Alto de la Bandera y es la sede del Utuado Fishing Club uno de los más activos clubes de pesca deportiva en la isla. Se tiene acceso por las carreteras 140, o 111. A orillas del Lago

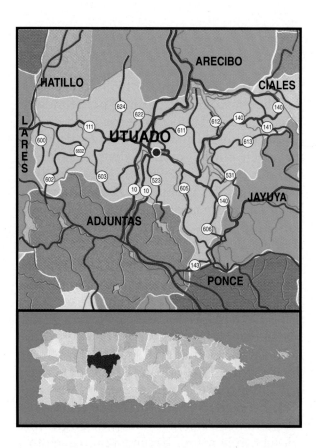

Caonillas se yergue el Cerro Morales, el punto más alto de la jurisdicción utuadeña. El Lago Caonillas es ideal para la pesca deportiva o el paseo en botes.

Economía...

En Utuado para el siglo XVIII se cultivaban en las montañas café, maíz, arroz, algodón, tabaco, plátanos, algunas plantaciones de caña de azúcar y legumbres a nivel de subsistencia. Pese a las dificultades de transportación, se llevaban entonces a los pueblos del sur de la Isla, palo de tinte, resinas y otros productos de sus bosques, que se exportaban al extranjero.

Se considera a mediados del siglo IX su "Época de Oro" por el impulso que recibe la siembra intensiva del café, que se debe esencialmente a Simeón Sandoval, Ventura

Ruiz, Felipe Casalduc y Tomás Jordán. El auge del café trajo para fines de dicho siglo el aumento en la producción y venta de otros renglones, como habichuelas, toda clase de viandas y sogas de emajagua. Se establecieron, además algunas haciendas que fabricaban azúcar, melao y ron, tales como "La Soltera", de don Felipe Casalduc; "Guano", de don Eusebio Pérez; "Arenas", de don Esteban de la Rosa; las de José Rigual, José Robert Carbonell y Manuel Rivera Pagán en Caonillas, y otras en las vegas de Santo Arriba. A fines de 1898 Utuado encabezaba los pueblos de la Isla como el de mayor superficie cultivada, con 41,5299 hectáreas, siguiéndole Arecibo con 30,396. También encabezaba los pueblos de mayor extensión superficial destinada al cultivo del café, con 61,150 hectáreas, seguido de Las Marías, con 4,475. Este cultivo decayó notablemente, al disminuir el precio del grano con el cambio de soberanía en 1898.

Hay yacimientos de oro, que parecen ofrecer algunas posibilidades de renumeradora explotación. Los trabajos de explotación realizados por la Ponce Mining Corporation, subsidiaria de la American Metal Clímax, Inc., en el barrio Consejo de este pueblo, ha dado por resultado el hallazgo de yacimientos prometedores de nueva riqueza cuprífera.

Continúa produciéndose café, aunque este cultivo ha sido adversamente afectado por la escasez de brazos para su recogida. El Departamento de Instrucción ha ensayado un cambio en el período de las vacaciones escolares, trasladándolas de los meses de junio a agosto, a los meses de octubre 27 a enero 7, con el fin de que los jóvenes ayuden en la cosecha de este grano.

Utuado es una de las más importantes zonas tabacaleras del país, de tal manera que en 1974 existían 197 agricultores de tabaco, con una cuota asignada de 7,015 quintales. Hay importantes fábricas de este producto, y algunas otras que proveen empleo a numerosos vecinos de esta municipalidad.

INDUSTRIAS
Ranger Manufacturing Company, Inc.
Puerto Rico Press
Natural Cosmetics
All Plastics Products

Aquí nació...

Fernando Luis García Ledesma. Nació nuestro héroe en el Barrio Viví Abajo del término municipal de Utuado, el 14 de octubre de 1929, siendo sus padres don Germán García y doña Pedra Ledesma Maisonet.

Cursó sus grados primarios en la escuela Francisco Ramos y luego pasó a la escuela superior de Utuado donde estuvo hasta el tercer año.

Ingresó en las Fuerzas Armadas, prefiriendo la Infantería de Marina, el 25 de septiembre de 1951, en la que prestó valiosos servicios hasta el momento mismo de su muerte heroica que acaeció el 5 de septiembre de 1952.

María Libertad Gómez. Posiblemente la más ilustre hija de Utuado. Fue educadora; líder en la política local y nacional; electa representante a la Legislatura. Llegó a presidir (interinamente) ese cuerpo. Fue cofundadora del Partido Popular Democrático y miembro de la Junta de Gobierno de ese partido hasta su muerte. Fue instrumento importante en la creación y desarrollo del Estado Libre Asociado de Puerto Rico. Única mujer cuya firma aparece en la Constitución del Estado Libre Asociado.

Luz María Negrón de Hutchinson. Célebre pianista utuadeña. Obtuvo su diploma en la primera clase graduanda del Conservatorio de Música de Puerto Rico. Concertista, solista, miembro destacado de la Orquesta del Festival Casals y de la Orquesta Sinfónica de Puerto Rico. Profesora en el Conservatorio de Música, se ha destacado también en su dirección organizativa. Domina todos los instrumentos de teclado, y está considerada como la mejor acompañante puertorriqueña para solistas.

Teniente Fernando Luis Ribas Dominicci. Distinguido ciudadano de Utuado, nacido el 24 de junio de 1952. Producto de nuestras escuelas, en la zona montañosa de Puerto Rico. Graduado de Ingeniero Civil en el C.A.A.M., Mayagüez, con un grado de Segundo Teniente del R.O.T.C. Destacado en la Base Cannon, de Nuevo Méjico, donde estuvo asignado como piloto del avión de combate F-111 y murió en un bombardeo en Libia. Es el héroe nacional para los utuadeños.

Monumento Fernando Luis García Ledesma. Por gallardía e intrepidez conspicua con riesgo de su vida, sobrepasando la llamada del deber, en acción contra fuerzas enemigas agresoras en Corea, el 5 de septiembre de 1952... su gran valor personal y su fría decisión ante una muerte casi cierta sostienen y enaltecen las mejores tradiciones del servicio naval de los Estados Unidos. Gallardamente dio su vida por su país. Dwight D. Eisenhower. Utuado 1929 - Corea 1952. Medalla Congresional Corazón Púrpura Medalla de Corea.

Colegio Regional de la Montaña de la Universidad de Puerto Rico. Ofrece grados dirigidos principalmente a preparar nuestra juventud para obtener un mejor desarrollo de nuestra agricultura. Sus modernas facilidades están ubicadas en el Barrio Salto Arriba.

Colegio Universitario del Este. Ofrece grados asociados y bachilleratos. Sus facilidades ubicadas en la Avenida Ribas Dominicci.

Universidad Metropolitana. Ofrece grados de bachiller en Educación Elemental y Administración de Empresas. Grados Asociados en Enfermería ubicada en las facilidades de Escuela Superior de San Miguel.

Existen tres Escuelas Superiores dos del Departamento de Instrucción, Escuela Luis Muñoz Rivera, Escuela de Ángeles y una privada, el Colegio San Miguel.

Anexo a la Escuela Luis Muñoz Rivera está ubicada la moderna biblioteca pública que brinda servicios a nuestros estudiantes.

Yacimientos arqueológicos

Centro Ceremonial Indígena Caguana

Zona Arqueológica Río Jauca

Cueva Clara

Famosa Montaña del Cemí en el Centro Ceremonial Caguana. Dedicado como Parque Nacional y bajo el cuidado del Instituto de Cultura Puertorriqueña, el Centro Ceremonial de Caguana, el más importante de las Antillas, ofrece una de las vistas más grandiosas de la Isla. Con sus bosques de árboles nativos, sus mogotes que se elevan cual gigantes centinelas, sus plazas enmarcadas con hileras de pesados monolitos: sus paseos de piedras, sus flores y su río, la Plaza Ceremonial de Caguana no tan sólo resulta de interés al arqueólogo y antropólogo sino para el poeta, el historiador y el amante de su tierra y su belleza.

Centro Ceremonial indígena Caguana

Costumbres y Tradiciones

Certamen de Declamación Paso Palmas. Se organizan competencias de declamación entre estudiantes de escuelas públicas y privadas. Se ofrecen competencias a nivel elemental, intermedio y superior durante el segundo semestre en el mes de abril.

Organizan Profesores Iván Martínez y Ulda Gerena en el Departamento de Educación.

Fiesta del Otoao. La organiza el Centro Cultural Jesús María Muñoz durante la tercera semana del mes de diciembre. Se ofrecen espectáculos musicales, teatro, Feria de artesanías, exposiciones artísticas en la Plaza de Recreo de Utuado.

Feria de Artesanía de Ángeles. Celebra por lo general al comenzar el mes de mayo. Se presentan espectáculos artísticos, artesanos, comidas típicas. Organiza el Centro Cultural Guarionex afiliado al Instituto de Cultura.

Festival Tierra Adentro de Caonillas. Se celebra en el sector del Alto a la Bandera, Área de Recreación Pasiva del lago Caonillas. Se ofrecen espectáculos artísticos, artesanos, kioskos, comidas y productos típicos. La organiza la Parroquia Nuestra Señora del Monte Carmelo, Barrio Caonillas. Se lleva a cabo en el mes de julio.

Rosario de la Cruz. Se celebra la primera semana del mes de mayo con música de la localidad. Se lleva a cabo en la Plaza Pública Luis Muñoz Rivera. Organiza la profesora Ada Nivia Marrero.

Hileras de pesados monolitos, bordean las plazas del Centro Ceremonial indígena Caguana

Vega Alta

Fundación: 1775

Gentilicio: vegalteño

Cognomento: Pueblo de los Ñangotaos

Población (1990): 34,558

Alcalde (1997): Hon. Isabelo Molina Hernández

ESCUDO

La jarra de plata al centro del escudo con **azucenas** simboliza a la Inmaculada Concepción, patrona del pueblo.

Los ramos de olivo, a ambos lados del escudo, recuerdan que el fundador del pueblo fue Don Francisco de los Olivos. A los lados del escudo y cruzado en su lado inferior, **dos ramas de caña de azúcar**, recuerdan la importancia que tuvo ese producto agrícola en su economía. La corona mural es insignia heráldica de los pueblos, villas y ciudades.

Historia...

El pueblo de Vega Alta se fundó en 1775, un año antes que el vecino poblado, conocido como el Naranjal, pasara a constituirse en el pueblo de Vega Baja. Durante un largo tiempo la vida de esta comunidad debió transcurrir sin que ocurrieran en su seno acontecimientos relevantes, porque nada dicen de ello cronistas e historiadores. Sábese, sin embargo, que en las elecciones celebradas el 21 de agosto de 1812, para elegir Diputados a Cortes que representaran a Puerto Rico ante el Gobierno español, votaron en Vega Alta 150 ciudadanos. En 1822-23 Vega Alta, con motivo de una elección semejante, pasó al partido de Manatí, distribución electoral que se basó en el censo de 1820, que daba a Vega Alta 167 ciudadanos. Su teniente a guerra era Francisco Canales en 1828 y Evaristo Otero lo fue en 1832. El 19 de marzo de 1850, bajo el Gobierno de don Juan de la Pezuela, fue designado alcalde de Vega Alta don Manuel de Salazar y Mendieta, quedando abolidas las disposiciones que confiaban la administración de cada pueblo a un teniente a guerra y al sargento mayor de Urbanos. Por virtud de esta nueva distribución regional, Vega Alta pasó a formar parte de Bayamón en lo militar, mientras que en lo civil, eclesiástico y Real Hacienda, pertenecía a San Juan.

En 1854 aparecía Vega Alta con sus barrios originales –Candelaria, Monicado y Espinosa– y tres nuevos, que eran Bajura, Mavilla y Sabana. En 1878 se mantuvo la misma organización territorial, excepto que Monicado cambió su nombre a Maricao.

Para este mismo año el Ayuntamiento estaba constituido por un Presidente (actualmente alcalde), cinco consejales y un secretario. La presidencia municipal fue ocupada por don Jorge Cebollero, quien ocupaba la alcaldía desde 1876. En 1896 Vega Alta pertenecía al distrito electoral de Arecibo.

El 12 de octubre de 1898 el alcalde don Francisco Vega recibió a las tropas norteamericanas e izó la bandera de los Estados Unidos por primera vez en Vega Alta.

Por la ley de 1 de marzo de 1902 sobre consolidación de municipios se disponía que en el primer día de julio de 1902 el Municipio de Vega Alta (entre otros) sería suprimido como municipio y su ayuntamiento, junto con el alcalde y los empleados municipales y todo el territorio del municipio sería anexado al de Vega Baja. Una ley de 1905 revocó la anterior y Vega Alta recobró su condición de municipio independiente con los mismos límites y composición territorial que antes de ser anexado a Vega Baja.

La construción de la la iglesia se inició en 1795 con la fundación del Ayuntamiento, recibiendo mejoras sucesivas hasta su terminación en 1828. Recientemente se le han adicionado la verja, la casa y el centro parroquial y algunos monumentos que embellecen sus exteriores. En la actualidad la iglesia católica cuenta con nuevas parroquias en Maricao, Sabana y Santa Ana. El primer párroco de Vega Alta de que se tiene noticias fue don Joseph María Martínez. Otras iglesias cristianas, existentes en el municipio son las Bautista, Mission Board y Discípulos de Cristo.

En 1821 había en Vega Alta algunas escuelas de primeras letras; en 1898 contaba el municipio con 5 maestros, 192 alumnos y escuelas en 4 barrios. En el curso escolar 1974-75 el número de maestros del municipio era de 274 y el de alumnos 6,793, lo que da la medida del gran desarrollo educacional logrado por esta progresiva comunidad.

Área: 28 millas cuadradas

Barrios: Pueblo, Bajura, Candelaria, Cienegueta, Espinosa, Maricao, Mavilla y Sabana.

Situación y límites

Este municipio limita al norte con el océano Atlántico, al oeste con el municipio de Vega Baja, al este con los municipios de Dorado y Toa Alta y al sur con los de Corozal y Morovis.

Corresponde geográficamente a la porción oriental de la región denominada Llano Costero del Norte. Sus terrenos aluviales, de gran fertilidad, son muy aptos para la agricultura. Hacia el norte del municipio se observa una línea de mogotes.

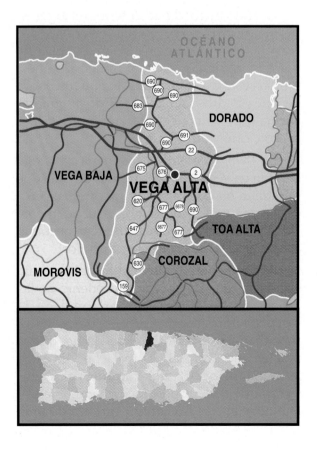

Hacia la mitad sur, en los límites este y oeste, así como en la parte central de ambos límites, se advierten discretas elevaciones o montes que no exceden de 500 pies de altura, formando pequeños y fértiles valles. Sin embargo, parte de estos montes localizados al centro y sur del municipio alcanzan elevaciones entre 500 y 1,000 pies. La temperatura promedio es de 77°F y anualmente cae en su territorio un promedio de 66.25 pulgadas de lluvia. El período de sequía abarca de febrero a marzo y el de lluvias de mayo a enero.

Por sus tierras corre el Río Cibuco, hacia el oeste del municipio y por su parte sur discurren las aguas del Río Mavilla. Varias quebradas forman parte también de su sistema hidrográfico.

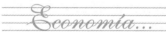

Economía...

Cuando Iñigo Abbad describió el lugar en 1776 aseguró que estas tierras eran "excelentes" y se veían varias especies de palmas, naranjas, cidras, limas, limones, achiote, café y otros frutales, lo que corrobora después Pedro Tomás de Córdova cuando afirma que "son buenas y muy propias para la caña, café y otros granos".

En 1898, al cese de la soberanía española, existían en Vega Alta 881 cuerdas de caña que se molían en dos ingenios azucareros, cerca de 500 de frutos menores y aproximadamente 150 de café, en tanto que su riqueza pecuaria alcanzaba a 3,015 cabezas de vacunos.

Actualmente su cultivo principal continúa siendo la caña de azúcar, procedente de las Fincas de Beneficio Proporcional de la Corporación Azucarera de Puerto Rico, subsidiaria de la Autoridad de Tierras, que se muelen en la central Cambalache. En Vega Alta están localizados también el Taller Central de dicha Corporación, que repara y mantiene el costoso equipo agrícola de toda

la región y proporciona trabajo a buen número de técnicos y obreros cualificados y las oficinas de la Autoridad de Tierras. Se producen, además: plátanos, guineos, batatas, habichuelas, maíz, ñames, gandures, así como plantas ornamentales y hermosas flores, que se exportan a Estados Unidos y a Europa. La ganadería de carne constituye el principal renglón de importancia en el campo agrícola. La Autoridad de Tierras mantiene en Cibuco un hato de 1,150 cabezas, de las razas Charolais, Charbray y Brahman, que brinda los más altos rendimientos. A estos aportes a su vigorosa economía local hay que agregar el que proporcionan sus modernas granjas de producción de huevos y carnes de ave y porcinas. En 1974 existían 7 vaquerías de primera clase, que ese año entregaron a las plantas elaboradoras 4,957,906 cuartillos de leche.

Hoy existen en el municipio unas 18 fábricas (motores eléctricos, piezas de aviones, de televisión, tubos galvanizados, cartones, etc.) Que emplean a más de 3,000 personas. Un moderno, activo y próspero comercio, que abarca los más diversos renglones de la actividad mercantil, completa el sólido cuadro económico de esta comunidad.

Aquí nació...

Gilberto Concepción de Gracia. Nació el 3 de julio de 1909 y murió en Santurce el 15 de marzo de 1968. Obtuvo la maestría en ciencia jurídica, y el doctorado en derecho en la Universidad de George Washington. Fue líder del movimiento independentista, causa a la cual consagró su vida. Se destacó por su oratoria y redactó numerosos documentos de gran trascendencia para nuestra historia política.

Como abogado, se destacó en la defensa del Dr. Pedro Albizu Campos. En 1946 fundó el Partido Independentista Puertorriqueño.

Rita Maldonado de Bear. En 1969 obtuvo su doctorado en la Universidad de Nueva York. Enseñó economía y finanzas en el Colegio Brooklyn y en la Universidad de Stanford en California antes de ser invitada por la Universidad de Nueva York para formar parte de la facultad graduada de finanzas de la nacionalmente aclamada New York University's Stern School of Business.

Juez Gilberto Ramírez. Vivió en Brooklyn, donde recibió el impacto negativo del discrimen contra el hispano. En Nueva York comenzó a perder la visión y se quedó ciego debido a una enfermedad. En 1956 fue electo a la Legislatura Estatal de Nueva York. Luego fue nombrado Juez de la Corte de Familia en 1975 en la Corte Suprema del Estado de Nueva York.

Lugares de interés...

Playa de Cerro Gordo

Puente del Río Mavilla

Hotel Cerromar

Bosque de Vega

Cueva de las golondrinas

Iglesia Católica Inmaculada Concepción de María

Playa Cerro Gordo

Paseo marítimo de la playa Cerro Gordo, con buenas y limpias facilidades para el disfrute.

Costumbres y Tradiciones

Fiesta de Reyes y Octavitas (Tradicional) enero en todo el pueblo

Rosarios Cantados, enero - Giboyeaux, Unión

Carnaval Vegalteño, (Costumbre), febrero, Plaza Pública

Fiesta de la Candelaria, (Costumbre), febrero, Espinosa Fortuna

Semana Santa (Tradicional), marzo, abril, En todo el pueblo

Festival de la Chiringa (Festival), abril, en todo el pueblo

Festival del panapén (Festival), julio, Barrio Sabana Hoyos

Paseo de la Virgen del Carmen (Festival), julio, Balneario Cerro Gordo

Torneo de la Amistad (Festival), julio, Balneario Cerro Gordo

Festival del Gallo (Festival), octubre, Barrio Maricao

Fiestas Patronales (Tradicional), diciembre, en todo el pueblo.

Área de buen comer, como así lo demuestran sus múltiples y ricos restaurantes.

Vega Baja

Fundación: 1776

Gentilicio: vegabajeño

Cognomento: Pueblo del Melao Melao

Población (1990): 55,997

Alcalde (1997): Hon. Luis E. Meléndez Cano

Historia...

El territorio que ocupa hoy Vega Baja, ha sido habitado desde hace 2,358 años. Sus primeros pobladores de la entones llamada región de Sebuco fueron indios. Al iniciarse la colonización de la Isla, por los españoles, Juan Ponce de León recibió del cacique Guacabó unas pepitas de oro sacadas del río Sebuco. Guacabó pasó a servir a Ponce de León bajo el sistema de encomiendas, pero luego el gobernador Juan Gerónimo lo encomendó a otro colonizador.

La región del Sebuco fue poblándose lentamente por una sociedad rural dedicada principalmente a la crianza de ganado.

El pueblo de Vega Baja se fundó según los historiadores en el 1776. Su primer nombre fue la Vega-baxa del Naranjal de Nuestra Señora del rosario. Lo de Baxa o Baja era para distinguirlo de la Vega Alta y el Naranjal debido a la abundancia de árboles de naranja en la región. Don Antonio Viera, Capitán Poblador, fue el portavoz que solicitó formalmente el reconocimiento de Vega Baja como pueblo.

ESCUDO

El escudo de Vega Baja tiene una cabria (figura en forma de v invertida) anglesada (línea formada por pequeños semicírculos con las puntas hacia afuera) de color verde sobre fondo plateado, con rosas de plata sobrepuestas y tres naranjas al natural, con frutas doradas. En la parte superior una corona de cinco torres, plateado, negro y verde.

En el escudo están representados todos los elementos del nombre primitivo y el actual del pueblo. **Las rosas** aluden a la Virgen del Rosario, patrona de Vega Baja. **La cabria anglesada** se refiere a la Vega, y los naranjos al Naranjal, nombre original de la población.

Los colores principales del escudo; **oro y verde** son los usados tradicionalmente en actividades cívicas, escolares y deportivas.

La corona mural de cinco torres significa que el pueblo ostentaba el rango de Villa por Decreto Real.

Nota: De acuerdo con los resultados del Censo poblacional del año 1990, el total de habitantes de Vega Baja pasó de 50,000 personas, por lo cual se convirtió en ciudad y el escudo tendrá otra torre. (El nuevo escudo constará de 5 torres).

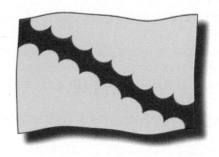

La persona que donó 200 cuerdas para la construcción del pueblo fue don Manuel Negrón Benítez.

Las primeras elecciones bajo el dominio español se celebraron en Vega Baja el 9 de septiembre de 1812. El primer ayuntamiento quedó constituido por don Manuel Joaquín de Navedo como Alcalde, Manuel de Jesús Torres y Juan Antonio Negrón como regidores, y Victoriano Soriana como Procurador Síndico.

Poco duró este estado de cosas, pues el 30 de junio de 1814 el rey de España, Fernando VII, derogó la constitución y estableció las Juntas de Visita cuyos miembros eran por el gobernador en los municipios.

Durante el siglo XIX la agricultura tuvo un gran desarrollo, especialmente con el cultivo de la caña de azúcar.

Esto trajo como consecuencia un aumento en el número de esclavos.

En el 1848 hubo una revuelta de esclavos en Vega Baja, debido al trato cruel que recibían éstos de sus amos.

El movimiento fracasó y, para darles un escarmiento, el mulato Miguel fue fusilado, debido a que se consideraba como el cabecilla de la llamada "revuelta de esclavos".

En el año 1862 Vega Baja fue clasificado como pueblo de primera clase en el aspecto civil, y en el eclesiástico continuó como parroquia de ingreso. Inmediatamente se iniciaron las gestiones para que el pueblo adquiera el título de Villa, ya que el pueblo había progresado en varios aspectos. En el año 1881 tenía 9,665 habitantes. La riqueza agrícola y urbana sobrepasaba los 176,000.00 pesos. Tenía un hospital y contaba con alumbrado de faroles. El 6 de mayo de 1882, mediante una Real Orden, a la ciudad se le concedió el título de Villa de Vega Baja. Tres años después se permitió a su Ayuntamiento utilizar el tratamiento de "Ilustrar Ayuntamiento", lo cual estaba permitido solo a algunos pueblos.

Al comenzar el siglo XX, la agricultura seguía siendo la principal ocupación de los vegabajeños. La central San Vicente suplía empleos a varias personas y otras ganaban su sustento como obreros en el cultivo de la caña de azúcar y otros frutos menores. Al cerrar sus operaciones la Central San Vicente en el año 1968, hubo que buscar nuevas fuentes de empleo para los residentes de Vega Baja.

Geografía...

Ríos

Los ríos Cibuco y el Indio surcan el territorio de Vega Baja. Nacen en las montañas de Corozal y Morovis respectivamente y en su recorrido de sur a norte, el segundo se convierte en el mayor afluente del primero al llegar al Llano Costero.

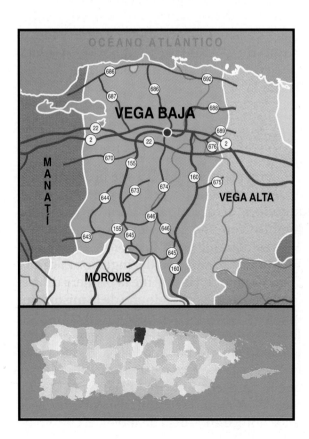

Laguna Tortuguero

Además de los ríos mencionados, abundan en la jurisdicción municipal de Vega Baja, otros cuerpos de agua relevantes, así como varias zonas pantanosas y de manglares. Existe al noroeste de la población la Laguna Tortuguero, con una superficie de 300 hectáreas y una longitud de 4.5 kilómetros. Dicho cuerpo de agua es parte de una extensa área pantanosa, localizada al noreste de Vega Baja, en los barrios Algarrobo, Yeguada y parte de Puerto Nuevo, del Municipio de Vega Baja y tierras Nuevas Salientes, del Municipio de Manatí. Es el cuerpo natural de agua dulce más grande de Puerto Rico.

Una característica distintiva de esta laguna es la procedencia de sus aguas, que en su mayoría son producto de manantiales que emanan de su fondo.

Lo siguiente es una relación de sus barrios: Almirante Norte, Almirante Sur, Algarrobo, Cabo Caribe, Ceiba, Cibuco, Puerto Nuevo, Pugnado Adentro, Pugnado Afuera, Quebrada Arenas, Río Abajo, Río Arriba, Yeguada.

Economía...

A finales del siglo XVIII se producía en el Municipio caña de azúcar, plátanos, café, algodón, arroz, tabaco y maíz. Contaba también con una gran riqueza pecuaria. En 1874 se describe en El Economista de Puerto Rico la transformación del ingenio azucarero "San Vicente" en lo que fue la primera central moderna de la Isla. El dueño de la misma por entonces, era el señor Leonardo Igaravídez. Este acontecimiento, tras marcar un gran adelanto en la economía isleña, dio un gran impulso a la economía cañera de la localidad, que le valió el apodo de "Pueblo del Melao-melao". Aunque la central "San Vicente" hace unos quince años dejó de moler, el cultivo de la caña de azúcar ha continuado siendo la principal riqueza agrícola del municipio. Sus cañas, procedentes casi en su totalidad de las Fincas de Beneficio Proporcional de la Corporación Azucarera de Puerto Rico, subsidiaria de la Autoridad de Tierras, se muelen actualmente en la Central Cambalache en Arecibo. La Autoridad de Tierras tiene en este Municipio fincas dedicadas al cultivo de la piña. Se producen, aunque en menor medida, frutos menores y la ganadería es una actividad secundaria.

Con el acelerado crecimiento urbano se ha operado en Vega Baja un marcado cambio hacia la industria de la construcción que ha hecho florecer hermosas y modernas urbanizaciones, asimismo la actividad fabril. En este pueblo se han establecido numerosas fábricas, patrocinadas en su mayoría por el Programa de Fomento Industrial de Puerto Rico, creando una gran fuente de empleo, especialmente para la mano de obra femenina. Estas fábricas abarcan los más diversos productos, tales como: piezas de radio y televisión, ropa de mujer útiles electrónicos, carteras, joyas de fantasía, etc.

Otro factor importante de la economía local lo es la playa de Puerto Nuevo, que es una constante atracción, principalmente durante los meses de verano.

Existen alrededor de 717 especies de vida vegetal distribuidas en 119 familias. De ellas, hay 125 especies raras, de las cuales, 56 son nativas de América y en Puerto Rico se encuentran solamente en la Laguna Tortuguero. También en esta área encontramos especies de plantas insectívoras, una de ellas: Rocío del Sol y Uñas de Gato.

Además, en las áreas de mogotes y montañas encontramos una gran variedad de especies de hierbas, helechos y orquídeas. Entre los árboles nativos encontramos: Capa Blanco, Yagrumo y Cedro Hembra. También encontramos especies endémicas como: cedro macho y maga, además de varias especies exóticas tales como: maría, húcar, roble blanco, entre otros.

Entre la flora encontrada en las áreas costeras tenemos Uva de Playa, el Almendro y varias especies de palmas.

Orquidea

En nuestros mogotes, costas, pantanos, bosques y otras áreas encontramos alrededor de 39 especies de aves tales como el Zumbador y el Carpintero de Puerto Rico. De las 39 especies de aves tenemos 14 migratorias y el resto son residentes de las cuales, 4 son autóctonas. Estas son: la Reinita, el Mozambique, la Reina Mora y la Calandria. En la laguna Tortuguero encontramos la Tigua, el Pato Chorizo, la Gallareta Inglesa y el Gallito, 4 especies de aves muy raras en Puerto Rico.

Además en nuestros cuerpos de agua, podemos encontrar alrededor de 19 especies de peces como lo son: la Chopa, la Guavina, la Anguila y el Róbalo, entre otros.

En las cuevas y en los mogotes habitan una gran variedad de insectos, roedores, murciélagos y culebras.

El zumbador, muy frecuente por el área de Vega Baja

Trinidad Padilla de Sanz (La Hija del Caribe). Nació en 1864 y murió en Arecibo en 1957. Hija de José Gualberto Padilla. Se destacó como escritora, poetisa y pianista. Entre sus libros se encuentran: **Rebeldía** (verso y prosa), 1918; **Cálices Abiertos** (versos, 1918); y **Aires de tierra y abandono**. Por sus méritos fue premiada en varias ocasiones en El Ateneo Puertorriqueño, en la Feria de Ponce por su poema **La Mujer**; por la revista "Mercury", por el poema **Claro de luna de Bethoven** y en México por su poema sobre la paz mundial.

Carmen Rivera de Alvarado. Nació el 30 de junio de 1910 y murió en 1973. Hija del profesor Fernando Rivera Natal y de doña Carmen Landrón. Fue una de las primeras trabajadoras sociales de Puerto Rico, en cuya profesión se distinguió. Ayudó a fundar el Colegio de Trabajadores Sociales de Puerto Rico, del cual fue la primera presidenta. Obtuvo el grado de Doctora en Trabajo Social en la Universidad de Pennsylvania. Fue además poetisa de renombre. Como tal, se inspiró en su tierra natal y en sus costumbres.

Adrián Santos Tirado. Nació en Vega Baja. Desde su puesto de Director de la Editorial del Departamento de Educación Pública ha ayudado enormemente en el conocimiento literario de los estudiantes mediante la publicación de boletines, revistas y folletos, sobre temas como historia de nuestros pueblos y otros temas educativos. Algunos de sus libros son: **Raíz de Soledad** (1971); **La flecha vino del alba** (1980); **El ser involucrado**. Ha recibido varios premios del Ateneo, de la Universidad de Puerto Rico y de la "Revista Mairena" por su creación poética.

Museo Casa Alonso. Se inauguró en octubre de 1992. Se encuentra en el centro del pueblo de Vega Baja, en la calle Ramón E. Betances, número 34. Posiblemente esta casa se comenzó a construir para fines del siglo 18, fecha de fundación del pueblo de Vega Baja. Presenta al público el estilo de vida de las familias adineradas en Vega Baja para el siglo 19 y principios del siglo 20.

Relieve Escultórico de la Historia de Vega Baja. Monumento escultórico sobre la historia de Vega Baja, su fundación y desarrollo sociocultural. Fue realizado por el renombrado escultor puertorriqueño, Don José Buscaglia. Es una síntesis iconográfica donde se han diseñado al relieve imágenes y símbolos que prevalecieron en Puerto Rico y en Vega Baja durante 500 años de historia.

Monumento al Hombre de la Caña. Obra escultórica del Sr. Andrés Sierra (1985), en reconocimiento a nuestro "Jíbaro", que con sudor y sacrificio, hizo del cultivo de la caña, la base primordial de nuestro actual progreso.

Monumento al Trío Vegabajeño. Dedicado al Trío Nacional Puertorriqueño. Es el sencillo homenaje de un pueblo agradecido para los hijos que lograron poner el nombre de Vega Baja en alto.

Museo Militar. Localizado en Tortuguero. Allí podemos encontrar material utilizado en la Segunda Guerra Mundial y en la Guerra de Corea. Dicho museo fue dedicado al Sr. Jorge Otero Barreto, quien fue condecorado por su excelente valentía en defensa de la democracia.

Plaza de Vega Baja, al fondo el teatro y la Casa Alcaldía

Vieques

Fundación: 1843

Población (1990): 8,602

Gentilicio: viequense

Cognomento: La Isla Nena

Alcaldesa (1997): Hon. Manuela Santiago Collazo

Historia...

Vieques, como parte integrante de Puerto Rico, fue descubierto en el segundo viaje de Cristóbal Colón. Por algún tiempo hubo dudas sobre el día del descubrimiento, pero en el 1938 la Legislatura de Puerto Rico, después de amplia discusión, decretó que el día 19 de noviembre fuese observado como el día del descubrimiento. Así es que por ley se establece que Puerto Rico fue descubiero el 19 de noviembre de 1493. Pero algunos historiadores muy acertadamente establecen que Vieques fue descubierto el 16 de noviembre de 1493, tres días antes que la Isla de Puerto Rico.

Vieques, es nombre que procede del lenguaje indoantillano: Bieques, Bieque, Beyeque, Beyque, Barán que quiere decir tierra pequeña. Hay quien dice que Bieque era un cacique indio que habitaba en la parte este de Puerto Rico y posiblemente visitaba esta islita ocasionalmente. Más tarde los ingleses de las islas vecinas, quienes la ocuparon varias veces, la llamaban "Crab Island" en inglés y en cartas geográficas que hemos visto se le llama "Crab Island". Hay quienes opinan que en tiempos de la colonización abundaban los cangrejos y que por eso se conoció a Vieques como la Isla del Cangrejo. Vieques apareció por primera vez en los mapas en el año 1527 con un solo nombre, el que aún conserva, "Vieques".

En el año 1839 España ordenó la construcción de un fortín para poder enfrentarse a las reclamaciones que hacían

ESCUDO

El escudo de Vieques tiene al centro **un castillo en dorado** con sus huecos en rojo que representa al fuerte español localizado allí, que es punto histórico y turístico. **Las ondas** representan el mar que la rodea.

Su corona naval señala su posición insular. Está engarzada de piedras preciosas y tiene un rombo o diamante verde que simboliza a la Isla Nena y su verdor.

otras naciones de Europa. Ya para ese año la isla era gobernaba por Leguillou. Pero no fue hasta el 1854 cuando el Gobernador de Puerto Rico, Don Rafael Aristegui, Conde de Mirasol, llegó a la isla para anexarla formalmente a Puerto Rico porque otras naciones le disputaban a España el derecho de posesión de ésta. La declaró puerto libre y hasta el 1880 era un lugar donde llegaban comerciantes franceses e ingleses. De ahí en adelante vino el servicio de aduana.

En la Isla de Vieques había un cónsul francés, danés, inglés y dominicano. Don Enrique Longpré fue cónsul para Inglaterra, Francia y Dinamarca.

Al terminar la Guerra Hispanoamericana en 1898 y en virtud del Tratado de París, Vieques pasó a ser posesión de los Estados Unidos y se izó la bandera americana por primera vez en tierra viequense el 21 de septiembre de 1898. En 1917 los viequenses, en virtud del Acta Jones, vinieron a ser ciudadanos norteamericanos. En 1952 Vieques pasó a formar parte del Estado Libre Asociado de Puerto Rico.

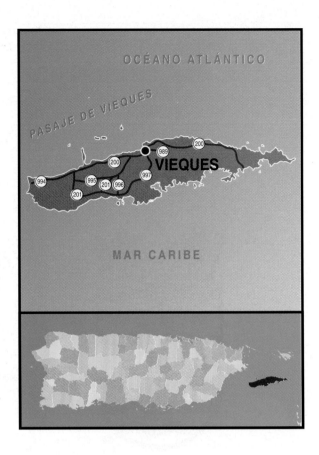

Geografía...

La Isla de Vieques está localizada al sureste de Puerto Rico entre las latitudes 18.5 y 18 norte y las longitudes 65.16 y 65.34 oeste. Se encuentra a seis millas del punto más cercano al Este de Puerto Rico. Sus límites son el Océano Atlántico por el norte y el Mar Caribe por el Sur.

El área total de la Isla comprende 33,088 acres (51.7 millas cuadradas), aproximadamente 18 millas de largo y 3__ millas por su parte más ancha. La elevación promedio de Vieques es de 38 pies sobre el nivel del mar y el de 10 por ciento de la superficie total se eleva sobre los 400 pies.

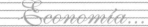

Economía...

En Vieques fue tan importante el cultivo de la caña de azúcar, que llegó a tener las Centrales Campaña, de Anduzce y Luchetti; Santa María de Teodoro Leguillu y después de Carlos Le Brun, que dejó de moler en 1920, San Juan Bautista o Esperanza, de Murray y Marineau (con el uso Martinó). Por la resolución de dos daneses, que luego vendieron a Eugenio Benítez; Arcadia, que funcionaba al vapor y producía azúcar moscabado; Mosquito, ingenio de vapor, también de Murray y Marineau; y Playa Grande, localizada en el extremo suroeste, de Matías Yaldemar y después de José Benítez, que fue la última en desaparecer, pues su zafra final fue en 1943. Había además otras haciendas y trapiches de bueyes, como las

Faro Punta Mulas

denominadas Resignación, Perseverancia, Pistolé, Marquesado. Al desaparecer estas centrales, la caña de azúcar continuó cultivándose en la finca Esperanza por la Autoridad de Tierras, más con el propósito social de proporcionar empleo a los habitantes de la Isla que con el de obtener rendimientos económicos. La caña se molía en las centrales Juncos y Fajardo, a donde se trasladaba en lanchones, hasta que finalmente se descontinuó en 1969 este cultivo.

La agricultura es muy modesta, si se tiene en cuenta que la Marina de los Estados Unidos ocupa 26,000 de las 33,000 cuerdas de extensión que tiene la isla. Se cosechan, sin embargo, legumbres y aunque en pequeña escala, maíz, guineos, plátanos y habichuelas. La ganadería es hoy la actividad agrícola más importante de la isla, de tal manera que, aparte de los ganaderos privados –agrupados en la vigorosa Cooperativa de Ganaderos de Vieques–, la Autoridad de Tierras mantiene en la misma, un hato de 1,200 cabezas vacunas, con ejemplares de las mejores razas, bajo el Programa de Ganadería, el que está a cargo del experimentado agrónomo Juan Camacho Bonano.

Cuenta además con cuatro industrias (ropa de mujer, camisas de hombre, lazos y piezas para enseres eléctricos) que proveen empleo a 600 personas. La pesca es otro medio de vida de los habitantes de Vieques y es de advertir que aun siendo el pescado de una gran calidad, su producción ha mermado considerablemente como resultado de las instalaciones militares que han ido dificultando la explotación de los recursos del mar.

Jaime Benítez Rexach. Nació el 29 de octubre de 1908. Recibió la educación primaria y secundaria en Juncos y en San Juan. En la Universidad de Georgetown en Washington, D.C., se graduó de Bachiller en Derecho en 1930 y la Maestría en la misma materia. En la Universidad de Chicago recibió el grado de Maestro en Artes en 1939. De 1942 a 1966 ocupó el puesto de rector de la Universidad de Puerto Rico y de 1966 a 1972 fue Presidente de la U.P.R.. Fundó y dirigió la revista "La Torre". Entre sus trabajos escritos están: **Political and Philosophical Theories of José Ortega y Gasset** (1939), **La reforma universitaria** (1943), **La universidad del futuro**.

Carmelo McFallhe Cintrón. Es el autor del libro **Vieques Pintoresco**, en el que se recogen las costumbres y particularidades de la Isla Nena. Nació el 24 de enero de 1938, en el seno de una amorosa familia. Estudió en Vieques, donde se graduó de escuela superior. Se trasladó a los Estados Unidos con intenciones de estudiar aeronáutica. Su preocupación por la cultura de Vieques, y los deseos de unir a sus compueblanos dispersos en la ciudad de los rascacielos, lo hicieron unirse a don Guillermo Rivera Colón para establecer allí dos organizaciones cívicas culturales para viequenses. A su regreso en Puerto Rico, se estableció en Bayamón, obligado por la falta de oportunidades de empleo en la Isla Nena.

Germán Rieckehoff Sampayo. Nació el 5 de febrero de 1915. Durante su juventud, participó activamente en la escuela y en la Universidad de Puerto Rico en diferentes deportes. Al mismo tiempo, se desempeñaba como cronista y editor deportivo. A los doce años escribió su primera crónica deportiva. Su colaboración con periódicos y revistas locales y del extranjero, sobre temas filosóficos y sociales relacionados con el deporte, ha sido continua.

Su trayectoria como líder deportivo fue tan exitosa como trascendental. Ha fundado y presidido Federaciones de Baloncesto, Fútbol, Gimnasia, Hockey, Remos y Patinaje de Puerto Rico. Murió en 1997.

Hon. Manuela Santiago Collazo. Dentro de los personajes destacados en la historia de la Isla Nena, doña Manuela Santiago ocupa un prominente lugar. Además de haber dedicado 28 años de su vida al magisterio en la Isla de Vieques, ocupó el puesto de Directora de Escuelas y Superintendente Auxiliar en ese municipio. Su extensa labor dentro de la comunidad ha sido reconocida por todos los viequenses. Pero lo que posiblemente sea el punto más sobresaliente de su carrera como servidora pública, es el honor de ser la primera mujer alcaldesa en la historia de Vieques.

La Casa del Francés. Es uno de los monumentos históricos de la Isla Nena. Esta residencia formaba parte de la plantación de caña de azúcar del francés Henri Muraille. Es ejemplo típico de una estancia campestre de la época de su construcción alrededor del año 1910.

El busto del libertador Simón Bolívar. Esta pequeña Isla tiene un gran honor en la historia puertorriqueña: el haber sido el único pedazo de tierra puertorriqueña que visitó el "Libertador de América", Don Simón Bolívar. Este hecho que ocurrió en julio o agosto de 1816, ha quedado honrado con la colocación de un pedestal con el busto del "Libertador" en la Plaza Pública Luis Muñoz Rivera en Vieques.

Plaza Pública Luis Muñoz Rivera

Villalba

Fundación: 1917

Gentilicio: villalbeño

Cognomento: La Ciudad del gandur

Población (1990): 23,559

Alcalde (1997): Hon. Bernardo Negrón Montalvo

HIMNO
Por: Pablo Collazo Pérez

*A las orillas del río Jacaguas
yace mi pueblo bello y gentil
por sus encantos y buenas aguas
es de la isla grato pensil.*

*Tiene mi pueblo muy pocas
calles, muchas colinas de gran
verdor la dulce caña crece en
sus valles plátanos, chinas de lo mejor*

*Y si la suerte me lanza lejos
de los reflejos de mi ideal
sepa mi pueblo idolatrado que
será amado por siempre igual.*

*Aunque pequeño yo no lo olvido
y a otros lugares voy a pasear
sitio tan bello y tan querido
un villalbeño no olvidará.*

ESCUDO

En campo de sinople, en puente, una Villa Puertorriqueña del siglo XIX, con seis casas y una iglesia de plata adjuradas de gules: la iglesia cargada de un escusón con las armas de la orden del Carmelo, y en jefe a la diestra, un lucero de plata, bordura de oro con cinco hojas de higuer, al natural. Al timbre, corona mural de oro, de tres torres, mamposteada de sable y adjurada de sinople.

Antes de la fundación oficial de Villalba, este fue un barrio del pueblo de Juana Díaz, hasta el año 1917. Juana Díaz, a su vez, había sido un barrio de Coamo hasta el año 1798. En el año 1846, la jurisdicción geográfica de Juana Díaz la constituían los barrios: Río Cañas Arriba, Río Cañas Abajo, Guayabal, Lomas, Sabana Llana, Capitanejo, Jacaguas, Cayabo, Collores, Tijeras, Hato Puerco Arriba, Hato Puerco Abajo, Caonillas Arriba, Caonillas Abajo, Villalba Arriba y Villalba Abajo.

En el año 1917 se separaron de Juana Díaz los últimos seis barrios y formaron una comunidad autónoma con el nombre oficial de Villalba.

Sobre el origen del nombre de Villalba hay varias teorías, pero hay que destacar la posible relación con el pueblo de Villalba la provincia de Lugo en Galicia, España, por virtud de la vinculación de la familia Figueroa con este pueblo español y también la vinculación de la visita del Duque de Alba a este pueblo.

Las gestiones oficiales para la segregación de Villalba del Pueblo de Juana Díaz, como unidad territorial autónoma, comenzaron en el año 1916 por gestiones de don José Víctor Figueroa, delegado a la Cámara por el Distrito de Ponce desde el año 1914 al 1917; representante del 1917 al 1924 y senador del 1924 al 1928.

Los fundadores de Villalba fueron los señores José Ramón Figueroa y Walter Mck Jones.

La gestación de la conciencia separatista de la comunidad de Villalba podría remontarse al año 1875, cuando el Papa León XIII (por gestiones de don José Ramón Figueroa y su emisario ante el Santo Padre, don Ramón Soldevilla), concedió el permiso para la construcción de la parroquia que luego se llamaría de la Virgen del Carmen, en honor a Doña Carmen Reyes de Figueroa, su madrina y fundadora.

Villalba se convirtió en comunidad autónoma por virtud del proyecto de la Cámara número 71, representado por el Delegado a la Cámara, Don José Víctor Figueroa Reyes, el 23 de marzo de 1917, que se convirtió en la Ley 42 el 12 de abril de 1917 y que empezó a regir el 1ro de julio de 1917.

Tamaño: 37/m^2

Altura: 541" sobre el nivel del mar (nivel operacional de la represa)

Villalba está localizado en la región central de la Isla. Sus límites son: Orocovis al norte, Juana Díaz al sur y al oeste, y Coamo al este.

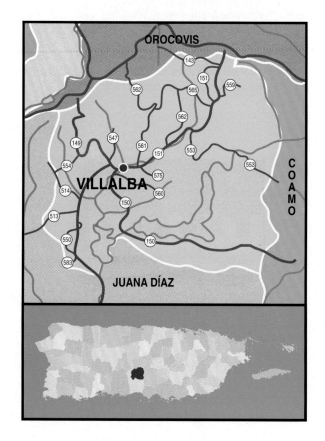

Ciudad de Los Lagos

Toa Vaca, Lago Guayabal, Aceituna.

Barrios oficiales

Caonillas Abajo, Caonillas Arriba, Hato Puerto Arriba, Vacas, Villalba Abajo y Villalba Arriba

Economía...

Entre las actividades económicas de Villalba, están la siembra y recolección de gandules. También se cultivan café y otros frutos menores. El pueblo cuenta con varias fábricas: las de productos alimenticios, de envases de aluminio, de maquinaria y equipos eléctricos.

Para el que lo visita, Villalba le ofrece el lago Toa Vacas, donde se puede practicar la pesca. En el barrio Caonillas Arriba está la Cueva del Indio; ésta es profunda, oscura y húmeda.

Aquí nació...

Doel López. Profesor del Recinto de Ponce de la Universidad de Puerto Rico, quien está preparando una historia de Villalba.

Sr. Sergio Luna. De las famosas pinturas Luna.

Carlos Mercado. Poeta. Habla diez (10) idiomas y trabaja en las Naciones Unidas y fue enviado de los Estados Unidos a China.

Dionisio Ríos Lozada. Piragüero. Quien tantos años lleva vendiendo sus famosas piraguas en su colorido carrito (frente a la Iglesia Católica).

Lugares de interés...

Chorro de Doña Juana

Iglesia Católica Nuestra Señora del Carmen - fue construida para el año 1875, cuando el Papa León XIII (por gestiones de don José Ramón Figueros y su Emisario el Santo Padre, don Ramón Soldevilla), concedió el permiso para la construcción de la Parroquia que luego fue llamada Parroquia de la Virgen del Carmen en honor a Doña Carmen Reyes de Figueroa, su madrina y fundadora. Esta fue restaurada bajo la dirección del Padre José María Galán Becerra quien fue el párroco de la misma. Fue inaugurada el 20 de mayo de 1990.

Escuela Walter Mck Jones

Busto en la Plaza de Recreo en Honor a Walter Mck Jones

El Bosque Estatal de Toro Negro. Hay una piscina de agua fresca proveniente de la montaña. Es una piscina de agua natural, ideal para un buen chapuzón en pleno verano. Además tiene un área para acampar en Toro Negro, la misma se conoce como Los Viveros.

Chorro de Doña Juana

Fundación: 1793	
Gentilicio: yabucoeño	
Cognomento: Ciudad del azúcar	
Población (1990): 36,483	
Alcalde (1997): Hon. Angel L. Ramos Alverio	

Yabucoa

HIMNO
Letra y Música: Dr. Juan A. Quiñones Soto
Arreglo: Sr. Ramón Antonini
Director Musical: Prof. Víctor Lebrón

*Yabucoa es mi Pueblo
y mi meta la unidad,
como hermanos laboremos
por Paz y Felicidad.*

*Fraternalmente estaremos
en pos de un Ideal,
luchar siempre con justicia
con verdad y dignidad.*

*Nuestro Valle nos inspira,
nuestro monte, nuestro mar,
dispuestos siempre estaremos
en la lucha a continuar.`*

*Yabucoa, cuna nuestra.
Que Guaracas defendió
toca ahora nuestra herencia
proteger con Fe y Amor.*

*Con la mente siempre al cielo
nuestra lucha ha de ser
conservarle a nuestros Hijos
esta tierra, este hogar.*

*Yabucoa es mi Pueblo
y mi meta la unidad
como hermanos laboremos
por Paz y Felicidad.*

Yabucoa fue el primer pueblo de Puerto Rico en tener un himno reconocido oficialmente. Fue interpretado por primera vez en el certamen celebrado el 25 de julio de 1977 para seleccionar el Himno Oficial de Yabucoa. La actividad fue auspiciada por el Centro Cultural Santiago Vidarte de nuestro pueblo.

ESCUDO

Yabucoa es la única población de Puerto Rico acogida al patronato de los Santos Ángeles Custodios. Este hecho excepcional permite justificar que en la adopción de una insignia heráldica para Yabucoa se prescinda de la norma que evita el presentar en el blasón (escudo) figuras principales como una pareja de ángeles, al modo con que generalmente los representa la tradición artística de occidente. Debe recordarse que el principal propósito de un escudo de armas es el identificar a la persona natural o moral por él representada, mediante el empleo de símbolos exclusivos o característicos.

En el escudo sólo figuran **dos ángeles**, pues esa cifra plural basta para significar la inmensa multitud de espíritus angélicos, protectores de los hombres, ciudades y naciones, y en ese caso, particularmente, de la municipalidad de Yabucoa.

El color violeta (morado o púrpura) del campo del escudo representa la altísima dignidad de los ángeles, que por naturaleza son criaturas más nobles que los hombres. En nuestra tradición cultural, el color púrpura ha sido siempre insignia de realeza y majestuosidad. **Los bastones o bordones** son atributos del caminante, y aluden al alto oficio de los Angeles Custodios como guías y compañeros del hombre en su jornada terrena. **Las flores de guajana** en que remátan dichos bastones y el **terreno verde** sobre el que posan sus pies los ángeles, aluden al fértil valle en que se asienta Yabucoa y a su principal producción agrícola, la caña de azúcar.

Yabucoa se fundó en el año 1793, cuando era Gobernador general interino D. Francisco Torralbo, brigadier Teniente Rey. La iglesia parroquial se terminó en 1794, bajo la advocación de los Santos Ángeles Custodios.

La jurisdicción se divide en los barrios Aguacate; Teja, Jacua, Limones, Playa, Juan Martín, Camino Nuevo, Calabazas y Guayabotas.

Cuando el cambio de nacionalidad en 1898, tenía 12,870 habitantes de los cuales era 1 alemán, 1 francés, 1 canario, 3 africanos, 3 venezolanos dinamarqueses, 4 cubanos, 14 ingleses, 53 peninsulares y 12,777 nativos.

Tenía siete escuelas públicas en pueblo y barrio y 3 particulares.

En riqueza agrícola tenía 6 ingenios azucareros, con 2,260 cuerdas en cultivo de caña sacarina; 198 cuerdas dedicadas a cafetales; 20 a tabacales 16,636 cuerdas a pastos; 917 a frutos menores; 140 a otros cultivos; y 14,307 a montes y maleza.

En riqueza pecuaria contaba con 1,220 cabezas de ganado caballar; mular, 2 asnal, 8,901 vacuno; 55 cabrío; y 161 de cerdo.

En riqueza comercial e industrial contaba con 6 pulperías; almacenista; 5 panaderías; 1 farmacia, 3 médicos, 3 abastecedores de carne fresca; 1 horno de fabricar ladrillos y 6 lanchas; 1 gallera y 10 ventorillos.

En 1824 el Censo de Almas era 3,218 habitantes, que a los cuatro años subió a 4,578. Cuando el cambio de nacionalidad tenía 12,870 almas. El censo de 1910 arrojó el dato de 2,816 en la población y 17,336 en los campos que subieron en el cómputo de 1920 a 2,888 habitantes en el pueblo y 19,629 en la jurisdicción.

Es patria del poeta Santiago Vidarte que floreció a mediados de siglo XIX y cuya biografía fue publicada en el **Boletín Histórico**. Y también de José Facundo Cintrón, varón insigne, quien defendió la libertad de los esclavos en 1872 y 73 en el Parlamento Español, donde pronunció un brillante discurso que puede leerse en el **Boletín Histórico**. Hoy Yabucoa agradecida le ha dedicado un plantel de enseñanza.

Situado al sureste de la Isla, con un área de 55 millas cuadradas, dado así 548.5 habitantes por milla cuadrada. Sus barrios: Pueblo, Aguacate, Calabazas, Camino Nuevo, Guayabota, Jácanas, Juan Martín, Limones, Playa y Tejas.

El pueblo está situado en la parte este de la Isla, en el fondo del valle y arranque de una montaña, a una legua de distancia del mar. Colinda por el norte con Humacao, Las Piedras y Hato Grande (San Lorenzo); por el sur con Maunabo y por el oeste con Patillas. Tiene de extensión la jurisdicción de norte a sur, cuatro millas, y de este a este, nueve.

Tiene los ríos Ingenio y Limón, que unidos forman El Guayanés de bastante caudal, que desemboca en el mar. Las quebradas se llaman Lajas Calambreño, Hoyo hondo, Aguacate, Cortaderas, Toa, Blas, Mata de Emajaguas, Piedras Blancas, Tabanucos, Carlos, Alejandro, Arenas, Calabazas, Piedras, Yuca, Larga, Negra, Guano y otras más. Es territorio rico en agua.

Corresponde geográficamente a la región denominada Valles Costeros del Este. Dicho Valle está formado por terrenos aluviales muy aptos para la agricultura con una extensión de 12,468 cuerdas y recibe como promedio 85 pulgadas de aguas anuales. Hacia en el sur en su límite con Maunabo se encuentra La Cuchilla de Pandura, destacándose Los Cerros, Santa Elena y Pandura.

Discurren por el valle Los Ríos Yabucoa, y Guayanés que desembocan en el Mar

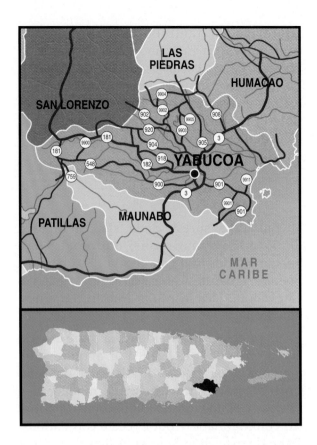

Para el año 1910 era su principal industria la quesera, sin duda por la abundancia de pastos y de ganado de leche de su fértil valle. Poseyó en un tiempo (1901) yacimientos de oro, plata y monacita.

Aunque se produce en sus fértiles terrenos toda clase de frutos menores, su cultivo principal continúa siendo la caña de azúcar. En 1895 contaba con cinco haciendas de caña, que en 1900, se refundieron en una, La Rosario, con 250 cuerdas, propiedad de la firma Gómez, Méndez y cía. Llegó a contar con tres centrales azucareras: "Merceditas", fundada en 1870 por José Ramón de Aponte, propiedad de la Compañía Azucarera del Este, con 900 cuerdas y 20,000 sacos de producción. Actualmente existe la central Roig -también refinería - propiedad de los hermanos Roig y operada por la Corporación Azucarera de PuertoRico, que convirtieron en 23,965 toneladas de azúcar y 2,165,760 galones de miel y generó (fase agrícola e industrial) unos 1,300 empleos directos.

En 1974 existían 5 vaquerías de primera clase que ese año entregaron a las plantas elaboradoras 2,595,787 cuartillos de leche, y 35 agricultores de tabaco con una cuota anual de 1,158 quintales.

Varias importantes industrias, como la Sun Oil de Yabucoa -petroquímica-, la R. J. Reynolds Tobacco Co. -de cigarrillos- y otras, constituyen un significativo aporte de la economía del municipio y fuentes de empleo para los vecinos de esa progresiva comunidad.

Caribe, Limones e Ingenio. Lo acompañan numerosas quebradas, entre ellas Aguas Largas, Aguadillas, Lajas, hoy canalizado, Guayabota, Río Frío y Cortadera.

Economía...

Sus vegas están hoy dedicadas al cultivo de la caña sacarina. En tiempos anteriores se dedicaron a la ganadería y potreros, y sus terrenos de altura al café.

La estadística de 1828. Hace casi un siglo ofrecía 33 trapiches de madera, con 46 cuerdas en cultivo. Había un alambique. Se cultivaba el arroz, 276 cuerdas; de café 14,110; de plátanos 432; de tabaco 23; de maíz 85; de batatas 218; y mucha vianda. Tenía 1,205 vacas, 416 novillos; 204 bueyes; 35 carneros; 26 cabras; 229 caballos; 524 yeguas; 9 mulas; 5 burros; 133 cerdos, pavos y gallinas.

Aquí nació...

Antonio Ayuso Valdivieso. Estudió leyes en la Universidad de Maryland, y se graduó de licenciado en el 1922. Después de trabajar en la Corte de Distrito de San Juan se dedicó a ejercer su profesión de abogado y a la política. Fue Presidente del Partido Nacionalista desde el 1929 hasta el 1930. En el 1933 fue editor del periódico **El Imparcial**. En octubre 27 de 1959 publicó un artículo titulado "Llamamiento a la conciencia nacional de Puerto Rico".

El Partido Nacionalista había sido organizado en Río Piedras, en septiembre 17 de 1922, presidido por el señor Coll y Cuchí, con el propósito de establecer una libre, soberana e independiente república. Estos ideales fueron siempre la meta de don Antonio Ayuso.

Carmen Chiesa de Pérez. Nació en Yabucoa, el 1 de junio de 1914. Fue maestra de escuela y catedrática de la Universidad de Puerto Rico en Río Piedras. Estudió su Bachillerato en "Penn State", su Maestría en Artes en la Universidad de Columbia en la ciudad de Nueva York, en el 1946, y también sus estudios postgraduados. Obras: *Enjoy Puerto Rico, Intimate Views and Tours*, N. Y. Vantage Press (1961), *Proyecciones del modernismo* (1964), *La telaraña* - novela (1969).

Alfonso Lastra Charriez. Fue representante a la Cámara en el 1917, puesto al cual renunció. En el 1921 regresó como representante y se convirtió en vicepresidente de dicho cuerpo.

Fue reelecto en el 1924 y también electo Senador por Acumulación y delegado al Primer Congreso Pro-independencia en el 1943. Murió el 3 de diciembre de 1946, en San Juan, Puerto Rico.

Nydia M. Velázquez. Obtuvo su Bachillerato en Ciencias Políticas de la Universidad de Puerto Rico y su maestría de la Universidad de Nueva York. En 1983 se desempeñó como Asistente Especial del Congresista Edolphus Towns de Brooklyn y en 1984 se convirtió en la primera mujer hispana en ocupar un escaño en el Consejo Municipal de Nueva York. En 1986 fue nombrada Directora Nacional de la División de Migración del Departamento del Trabajo y Recursos Humanos de Puerto Rico y más tarde se convirtió en la primera Secretaria del Departamento de Asuntos Puertorriqueños en Estados Unidos. En 1992 resultó electa Congresista, elección que la llevó a ser la primera mujer puertorriqueña en el Congreso de Estados Unidos.

Lugares de interés...

Playa del Guayanés

Casa de la Cultura

El Valle de Yabucoa

Sun Oil de Yabucoa (petroquímica)

Iglesia Católica Santos Angeles Custodios en la plaza

HIMNO
Autor: Mario Ramos Antonmattei

Pueblo de gestos gloriosos
es Yauco ciudad cafetal
sus hijos le escriben la historia.

Por eso mi pueblo querido
tu emblema y noble perdón
serán por siempre tenidos
en alto con honra y honor.

Tus valles y tus montañas
son ricos en caña y café
tus hijos con amor trabajaban
la tierra que les vio nacer.

Por eso mi Yauco querido
te canto con gran emoción
tu corazón se ha prendido
muy dentro de mi corazón.

ESCUDO

El Escudo del Pueblo del Café que significa: **la corona en forma de castillo** quiere decir que Yauco es un Municipio; **el borde del Escudo** significa las cuentas del Rosario; **la cruz del centro** significa el cristianismo; **las calderas con siete serpientes verdes y sus lenguas rojas** son el Escudo de Armas de don Fernando Pacheco y Matos, fundador de Yauco; **la flor plateada de cinco puntas** es la flor del café; **los cuatro círculos rojos** alrededor de la flor son los granos del café.

Historia...

Yauco se desligó de San Germán para formar municipio aparte el 29 de febrero de 1756, gracias a las gestiones de Don Fernando Pacheco. Diez años más tarde Abbad y Lasierra lo describe así: "El pueblo consiste de 40 casas en terreno pendiente, a un lado está la iglesia que es reducida, el río pasa inmediato, es abundante de pescado y riega, una buena vega". Había entonces unos 2,299 habitantes en todo el municipio que entonces incluía los terrenos que más tarde serían Guánica.

Para el 1828 Yauco tenía una población de 11,105 habitantes que incluía 834 esclavos, el pueblo se componía de 30 casas y 28 bohíos, en los campos había 113 casas y 1,067 bohíos. También había 21 tiendas y 8 ventorrillos.

Ya en 1873 cuando llegó la efemérides de la abolición de la esclavitud, el pueblo se había extendido mucho físicamente. Tenía unas 177 casas de madera y ladrillos y unos 77 bohíos. Tenía una buena iglesia parroquial y Casa del Rey en mampostería.

Cuando la fundación del Partido Autonomista en Ponce en 1887, Yauco es representado por varios distinguidos residentes. Ellos fueron D. Eduardo Quiñones y Vizcarrondo, el Lic. Herminio Díaz Navarro, D. Luis Cianchini y D. Francisco Mattei.

Para fines del siglo Yauco se convirtió en uno de los principales municipios agrícolas y mercantiles de Puerto Rico. Sus cafetales cubrieron toda su altura bajo la atención de hacendados yaucanos y extranjeros. Se convirtió en la capital corsa de Puerto Rico. Algunos de esos apellidos corsos avecindados en Yauco, fueron: Benvenutti, Mattei, Negroni, Cianchini, Piazza, Antongiorgi, Gatell, etc.

Había en el pueblo grandes casas de comercio, talleres, boticas, clubes sociales, etc. Su café tuvo fama internacional. También hubo haciendas cañeras de importancia como lo fueron la Florida y la María. En su puerto de Guánica había gran actividad de entrada y salida de barcos.

Al 1899 un año después del cambio de soberanía. Yauco tenía 27,119 habitantes, eso lo clasificaba como número cinco en población entre los municipios. Era entonces toda una ciudad con hospital, estación de ferrocarril, plaza de mercado, casino social y se había comenzado la construcción del sistema de alcantarillado pluvial. En 1904 se instaló la luz eléctrica, y se sustituyeron los antiguos faroles de petróleo. Había un canal que traía agua a la población. En 1916 se construyó el puente sobre el río Yauco.

La primera mitad de este siglo trajo grandes cambios en la economía y sociedad Yaucana. El cambio de soberanía nos encaminó hacia el cultivo de la caña de azúcar y del tabaco. A esto debemos añadir el golpe recibido con el huracán San Ciriaco que casi termina con la industria del café.

En 1914 Yauco perdió el territorio de Guánica y con ello su puerto. Empezó una emigración hacia la capital y hacia los Estados Unidos.

Para el 1950 la población yaucana estaba en 33,708 habitantes. Quedó número12 entre los municipios.

Geografía...

Sus colindancias actuales son por el norte con Maricao en plena Cordillera Central, con Lares y con Adjuntas a unas alturas que rebasan los 3,500 pies en monte Calderón. Al este le queda el municipio de Guayanilla, su breve litoral en el Caribe le da colindancias con Guánica y Sabana Grande.

Tiene una extensión de 69.16 millas cuadradas (45,143 CDs.), y se divide en 20 barrios que son: Yauco Pueblo, Aguas Blancas, Algarrobo, Almácigo Alto, Almácigo Bajo, Barinas (el más extenso), Caimito, Collores, Diego Hernández, Duey, Frailes, Jacana, Naranjo, Quebradas, Ranchera, Río Prieto, Rubias, Sierra Alta, Sierra Baja y Vegas.

Por estar localizado en el lado sur de la Cordillera, su precipitación es bastante baja hacia su costa. Recibe 31". En su parte alta hacia la Cordillera es de 75" al año. Otro tanto ocurre con su temperatura promedio. Esta es de 78°F en la costa y de 76°F en la parte alta.

Sus cuerpos de agua principales son el Río

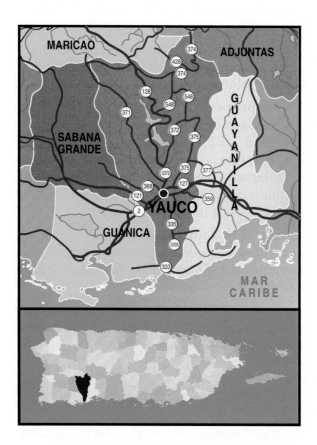

Yauco que es de limitado caudal. Este es represado al norte del municipio y forma el embalse de dicho nombre. El Río Coco pasa por su parte este, pero es de corriente intermitente.

Parte del bosque seco de Guánica queda dentro de su jurisdicción.

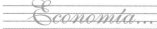

Economía...

La economía yaucana que era una de las más importantes de Puerto Rico, sufrió varios rudos golpes al terminar el siglo XIX y comenzar el XX como ya adelantamos. El Huracán San Ciriaco ocurrido en 8 de agosto de 1899 arruinó la industria cafetalera de Puerto Rico. Además las nuevas fuerzas económicas que dominaban el país no tenían como meta desarrollar esa industria y por lo tanto, los caficultores se quedaron sin refacción. Yauco se quedó sin puerto y sin sus mercados internacionales para el café.

A pesar de los pesares, con tesón los viejos caficultores comenzaron la tarea de levantar nuevamente la industria. Actualmente la industria cafetalera yaucana está como en sus mejores tiempos.

La caña que dominó todo este litoral por medio siglo, en los años cincuenta comenzó su retirada. Central tras central comenzaron a cerrar por falta de caña para trabajar con ganancias. Las vegas de Yauco se van quedando vacías. Surge entonces el nuevo Puerto Rico con una economía esencialmente comercial-industrial. En Yauco operan unas 21 fábricas. Producen galletas, pastas, ropa, muebles, dulces, etc. Crean varios miles de empleos directos.

Aquí nació...

Don Juan Mattei. Nació el 24 de abril de 1861. Entre el grupo de intelectuales yaucanos que gozaron de un sólido prestigio en el país, descuella este ilustre compueblano, cuyo esclarecido talento y carácter singular, cualidades superiores que siempre le hicieron llevar al más estricto cumplimiento de sus obligaciones, le merecieron diversos cargos de bastante consideración.

A la edad de ocho años fue enviado a Francia para completar su educación. Fue admitido en el "Liceo" del gobierno de Marsellas y tras siete años consecutivos de fuertes estudios, entró en el "Colegio de los Escoceses en París. Aquí permaneció por dos años, y en el 1880, la Universidad de París le confirió el grado de Bachiller en Letras. Ansioso de aumentar sus conocimientos, los cuatro subsiguientes años los consagró al estudio de la abogacía, cuyo título obtuvo con muy brillantes notas.

Por algunos años fue el Secretario de una importante casa banquera de aquella metrópolis, regresando a su patria, allá por el 1805.

Tres días después del desembarco de las tropas americanas en el 1898, el General Wilson lo honró con el nombramiento de Secretario de la Corte Criminal de Ponce, en el 1898, ocupó la plaza de Juez Municipal de Yauco, y dos años más tarde, los yaucanos lo llevaron a la Cámara de Representantes, por el Distrito de Aguadilla, al cual pertenecía entonces nuestro pueblo.

En el campo de las letras, sobresalió notablemente,

aunque bien es verdad que a ellas no se consagró con ahínco. La agricultura fue la esfera de su predilección.

Murió en esta ciudad el 24 de agosto de 1920.

Lcdo. Santiago Vivaldi Pacheco. Fue prestigioso y meritísimo compatriota nuestro, hijo de estos valles, quien disfrutó de grandes distinciones de todas las clases sociales del país, por sus esclarecidos méritos, sus nobles ideales, carácter afable, exquisito, a la par que reflexivo, y otras prendas valiosísimas que destacan su personalidad en sumo grado.

Nació en el mes de junio del año 1878, en el Barrio Rubia jurisdicción de Yauco de una familia muy distinguida y de hidalga prosapia.

A la edad de 7 años ingresó en la escuela elemental que dirigía el noble mentor Don Emiliano J. Díaz. También recibió las sabias doctrinas de Don Antonio Lebrón. Algún tiempo después asistió a las escuelas de Maricao cuando era director del Colegio Don Rafael Janer.

Con gran pesar de su parte, pues desde muy joven tendió sus miradas a muy amplios horizontes, vióse obligado a abandonar sus estudios, con motivo de verse comprometida su salud.

Fijó su residencia en Yauco, donde desplegó, en plena juventud, sus energías en todas las actividades. Triunfó siempre en las empresas que se propuso llevar a cabo.

Durante toda su vida desempeñó distintos cargos de gran importancia, valor y responsabilidad. Fue Presidente del Partido Liberal, fue electo representante a la Cámara por el Distrito de Aguadilla. Mientras fue Delegado a este alto cuerpo legislativo. Se dedicó al estudio de la abogacía, y logró obtener y revalidar su título con brillantes notas. Debido a sus esfuerzos como delegado a la Cámara, se aprobó el proyecto de la carretera de Yauco a Lares.

Fue Secretario de la Junta Central del Partido Unionista y Secretario de la Corte de Distrito de Ponce.

Poco después desempeñó el cargo de Fiscal de la Corte de Distrito de Guayama. Ascendió más tarde a un cargo como Fiscal de la Corte de Distrito de Ponce, y allí le sorprendió la muerte el 28 de octubre de 1918. Su funeral fue en Yauco, y le acompañó una imponente manifestación de duelo jamás presenciada en este pueblo.

Lugares de interés...

La Residencia González Vivaldi. Existe básicamente inalterada como un digno ejemplo del estilo de arquitectura "criolla" del sur de la Isla a fines del siglo XIX. Construida en 1880, su diseño combina elementos del movimiento neoclásico, el Art Noveau francés y la tradición local de construcción para crear una quinta que respondiese a las condiciones de nuestro clima tropical. En resumen, representa las influencias arquitectónicas traídas por los emigrantes europeos a Puerto Rico durante el siglo XIX.

El chalet Amill. Fue diseñado por el primer arquitecto, nacido en Yauco, don Tomás Olivari Santoni. La estructura, construida en 1914 es de las primeras edificaciones realizadas en hormigón en Yauco. En 1920 la residencia fue convertida en un hotel (llamado primero Auristela y posteriormente París). El Chalet Amill se convirtió en lugar de convergencia social e intercambio cultural en Yauco y ha sido reconocido como uno de los mas significativos ejemplos de la arquitectura de principios de siglo XX en Puerto Rico.

Plaza Fernando Pacheco de Matos, y al fondo Nuestra Señora del Rosario

Curiosidades de *Nuestro* Puerto Rico

Algunas curiosidades de *Nuestro* Puerto Rico:

Puerto Rico forma parte del archipiélago de las Antillas, las Antillas Mayores son: Cuba, La Española (República Dominicana y Haití), Jamaica y Puerto Rico.

Puerto Rico es la más pequeña de las Antillas Mayores con 8,897 km^2 y Cuba la más grande con 114,524 km^2. Puerto Rico mide 111 millas de largo por 39.5 millas de ancho.

Los Picos más altos de Puerto Rico:

Nombre	Altura en metros	Municipio
Cerro Puntas	1,338	Jayuya
Cerro Rosas	1,267	Jayuya-Saliente
Cerro Piedra Blanca	1,240	Jayuya
Cerro Guilarte	1,205	Adjuntas
Cerro Tres Picachos	1,204	Jayuya

Los puntos más elevados del Planeta:

El Monte Everest, Nepal-Tibet - 8,848 m

♦ **EL PUNTO MÁS ELEVEADO DE AMÉRICA:**
Pico Aconcagua, Argentina 6,959 m

♦ **EL PUNTO MÁS ALTO DE LAS ANTILLAS MAYORES:**
Pico Duarte, República Dominicana con 3,175 m

Los tres ríos más largos de Puerto Rico

Río de la Plata - 48 km - desemboca en Dorado
Río Grande de Loíza - 41 km - desemboca en Loíza

Río Grande de Manatí - 40 km - desemboca en Barceloneta

Los huracanes más violentos que han azotado a Puerto Rico:

San Ciriaco	Agosto	1899	3,300	muertos
San Felipe	Septiembre	1928	300	muertos
San Nicolás	Septiembre	1931	2	muertos
San Ciprián	Septiembre	1932	225	muertos
Santa Clara	Agosto	1956	11	muertos
Hugo	Septiembre	1989	0	muertos
Georges	Septiembre	1998	10	muertos

Los tres municipios más extensos de Puerto Rico:

Arecibo	329 km^2
Ponce	300 Km^2
Utuado	298 km^2

Y los tres más pequeños:

Cataño	13 km^2
Hormigueros	28 km^2
Culebra	26 km^2

Los lagos de Puerto Rico:

En Puerto Rico no hay lagos naturales, todos son artificiales construidos por el hombre. El de mayor capacidad es Toa Vaca, en la cuenca del río Jacaguas con más de 70 millones de metros cúbicos; Caonillas, en la cuenca del río Caonillas con más de 65 millones de metros cúbicos; La Plata; Dos Bocas y Guajataca.

Nuestro Mapa Físico

Nuestro Mapa Municipal

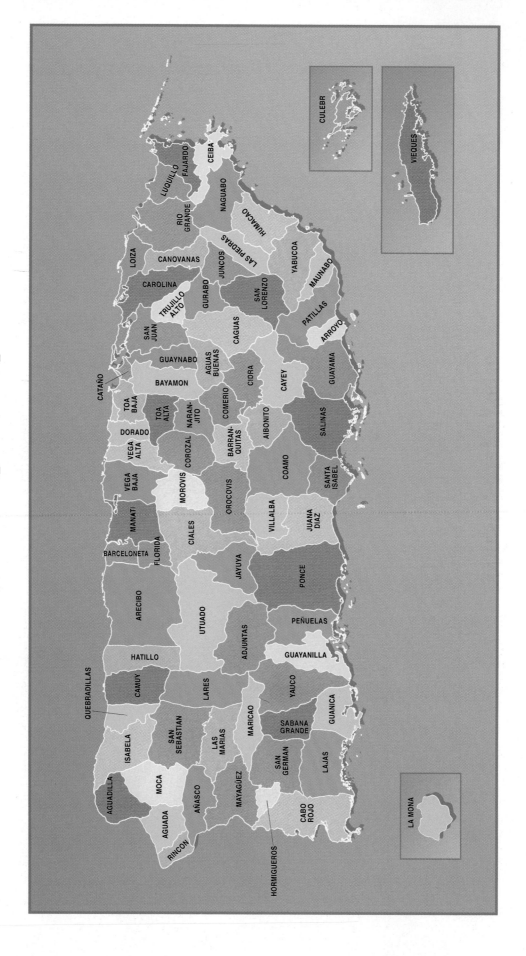

Gobernadores de Nuestro Puerto Rico

Jesús T. Piñero
Carolina
(1946-1948)

Luis A. Ferré
Ponce
(1968-1972)

Luis Muñoz Marín
San Juan
(1948-1964)

Rafael Hernández Colón
Ponce
(1972-1976) (1984-1992)

Roberto Sánchez Vilella
Humacao
(1964-1968)

Carlos Romero Barceló
San Juan
(1976-1980) (1980-1984)

Pedro J. Roselló
San Juan
(1992-2000)

Aquí nació...

A

Acosta, José Julián 283
Agosto Alicea, Juan 99
Aguilar, Charlie 144
Albizu Campos, Pedro 245
Alegría, José S. 112
Alegría, Ricardo 283
Alejo de Arizmendi, Juan 283
Almena, Angel Ramón Márquez 17
Alonso, Manuel A. 283
Alvarez Nazario, Manuel 21
Amadeo, Jesús María 273
Andreu de Aguilar, Isabel 116
Angel Viera Martínez 141
Anglada, Primitivo 123
Aponte, José A. 296
Aponte Martínez, Luis 170
Aponte Pérez, Francisco 290
Arana, Felipe N. 144
Arce de Vázquez, Margot 56
Arenas Polanco, Manuel 120
Arnaldi de Olmeda, Cecilia 261
Arrillaga Roqué, Juan Bautista 8
Arrillaga Torréns, Rafael 26
Arrillaga, Víctor Manuel Domínguez 26
Augusto Rodríguez 285
Avila Medina, Carmelo 84
Ayala, Castor 188
Ayerra Santa María, Francisco de 283
Ayuso Valdivieso, Antonio 340

B

Babín, María Teresa 245
Badillo, Hernán 56
Báez, Fernando L. 4
Balazquide, Lorenzo A. 240
Baldorioty de Castro, Román 137
Baldrich, César L. 261
Balseiro, José Agustín 39
Barceló Martínez, Antonio R. 116
Basora, José "Purro" 170
Belaval Maldonado, Emilio S. 116
Benítez, Carmen 184
Benítez Castaño, Enrique 116
Benítez, Jaime 334
Benítez, María Bibiana 12
Betances y Alacán, Ramón Emeterio 53
Bird, Esteban "Chilo" 116
Blanco Lugo, José 116
Blanco Lugo, Luis 116
Bonet Santos, Domingo 256
Boria, Juan 113
Brau, Salvador 53
Bristol, Arnaldo 128
Brugman, Matías 179
Brunet Maldonado, Virgilio 200
Burgos, Julia de 69
Buros, E. Milagros 301

Cabranes, José A. 209

Cadilla de Martínez, María 30

Calderón, Enrique 261

Calderón, Iván 188

Campeche, José 283

Canales, Nemesio R. 158

Cancel Ríos, Juan J. 39

Cancio Ortiz de la Renta y Lugo, Juan 171

Candelario Arce, Angel Miguel 240

Canino Salgado, Marcelino Juan 112

Capo, Bobby 95

Caraballo, José Chepo 273

Carlos Orama Padilla. 158

Casals De Istomin, Marta 151

Castillo, Lucas 240

Castillo, Moisés 240

Celestino, Angel Monclova 141

Celso Barbosa, José 48

Cerra de Tishman, María del Pilar 116

Chayanne 290

Chesa de Pérez, Carmen 341

Clemente, Roberto 70

Clemente Walker, Roberto 70

Cochran, Gaspar 236

Coll y Cuchi, José 30

Coll y Toste, Cayetano 30

Collazo Collazo, Jenaro 231

Colón, Miriam 245

Colón, Rafy 240

Concepción, Gilberto 324

Conde de Rodríguez, Bernardita 261

Conrado Hernández, José 22

Cora, Isabelino (Visi) 35

Corchado Juarbe, Manuel 155

Cordero, Rafael 283

Córdova Chirino, Jacobo 17

Corrada Del Río, Alvaro 284

Corrada del Río, Baltasar 218

Correa Raldiris, Arturo 261

Corretjer, Juan Antonio 88

Cruz, Alejandro "Junior" 137

Cruz, Angel L. 120

Cruz, José 120

Cruz, José (Cheo) 35

Cruz Monclova, Lidio 263

Cruz, Ruth Evelyn 92

Curet Alonso, Tite 128

Dávila, Virgilio 309

De Burgos, Julia 69

De Diego y Martínez, José 12

De Goenaga, Esteban A. 112

De Hostos, Eugenio Ma. 209

De Jesús Cordero, Rafael 4

De Jesús Domínguez, José 26

De Jesús Negrón, Benito 39

De Jesús, Salvador 74

de Jesús Urigen, Rafael 261

de León Barreto, José 120

Del Rosario, Rubén 123

Delgado, Emilio R. 102

Díaz Alfaro, Abelardo 56

Díaz, Francisco 120

Díaz Hernández, Luis 240

Díaz, Justino 284

Díaz Marchand, Francisco 120

Díaz Montero, Aníbal 261

Díaz Ruíz, Adrián 116

Díaz Segarra, Modesta 147
Díaz Valcarcel, Emilio 315
Dueño Colón, Braulio 48

Echevarria, Luis Del Carmen 141
Elvira, Pablo 284
Escobar, Sixto 39
Esparra, Rafael 273
Estrada, Noel 155

Febus, Sixto 102
Feliciano, José 174
Feliciano, Ramón 108
Félix, Felito 92
Fernández, Beatriz (Gigi) 284
Fernández Mascaro, Guillermo 48
Fernández Méndez, Eugenio 79
Ferré, Isolina 245
Ferré, Luis A. 245
Ferrer, Betty 261
Ferrer, José 284
Figueroa Arce, Elmer (Chayanne) 290
Figueroa Iriarte, Jesús 12
Figueroa Lebrón, Ramón E. 236
Flores, Pedro 221
Flores, Priscilla 290
Fonfrías, Ernesto Juan 309
Fortuño Sellés, Ramón 166

García Ledesma, Fernando Luis 319
Gautier Benitez, José 57

Geigel Polanco, Vicente 155
Germán Cajiga, Luis 252
Girard, Joice M. 17
Giscafré, Rosario 26
Gómez, María Libertad 319
Gómez Tejera, Carmen 12
González Toledo, Rosa 166
González, Velda 144
Gotay, Agustín "Tin" 117
Guerra, José Agustín 261
Guzmán, Reinaldo 120
Guzmán Rodríguez, Manuel 26

Hernández Agosto, Miguel 184
Hernández Aquino, Luis 174
Hernández, José P. H. 144, 261
Hernández, Luis 120
Hernández, Rafael 12
Hernández Sanfeliz, Diego Edyl 103
Hernández Torres, Zaida R. 218
Huyke, Emilio B. 151

Jácome Pagán, Teodoro 171
Jiménez, Andrés 231
Juliá, Raúl 284

Lacourt Ithiet, Leonardo 179
Laguerre, Enrique 213
Larrinaga, Tulio 315
Lastra Charriez, Alfonso 341
Lloréns Torres, Luis 162

López, Doel 337
Lourido, Gustavo 120
Luna, Sergio 337

Machín, María E. 290
Maisonet, Monseñor Tomás 39
Malaret, Marisol 284
Malaret Yordán, Augusto 269
Maldonado de Bear, Rita 324
Maldonado, Manuel Denis 284
Maldonado, Norman 4
Manzano Hernández, Tomás 179
Marqués, René 30
Marrero, Rafael 120
Martínez Almodóvar, Luis 179
Martínez Nadal, Rafael 209
Martínez, Rafael Flores 117
Matienzo Cintrón, Rosendo 191
Matos Paoli, Francisco 174
Mattei, Juan 344
McFallhe Cintrón, Carmelo 334
Medina Caraballo, Luisito 179
Meléndez, Concha 57
Meléndez Muñoz, Miguel 79
Méndez Ballester, Manuel 12
Mercado, Carlos 337
Mercado de Dimas-Aruti., Colita 40
Mercado, Maguí 117
Mergal, Angel 80
Mojica, Aguedo 151
Mojica, Francisco 261
Montoyo, Ramón 120
Morales, Angel Luis 108
Morales Cabrera, Pablo 305
Morales Miranda, José Pablo 305

Morales Muñoz, Genaro 290
Morales Ramírez, Jacobo 171
Morales Rivera, Pedro 108
Morell Campos, Juan 245
Moreno Moret, Vidal Enrique 301
Moreno, Rita 151
Moscoso, Teodoro 40
Mundo Arzuaga, Francisco E. 188
Muñiz Padín, René 179
Muñoz, Luis Marín 284
Muñoz, Rafael 252
Muñoz Rivera, Luis 44

Nazario, José 123
Negrón de Hutchinson, Luz María 319
Negrón, Ebenezer 301
Negrón Muñoz, Mercedes 44
Novello, Antonia 117
Novoa González, José M. 240

Ⓞ

Oliveras, Cándido 218
Oller, Francisco 48
O'Neill, Ana María 12
Ortiz del Rivero, Ramón 221
Ortiz, Erick 240
Ortiz Ortiz, Benjamín 203
Ortiz Stella, Cruz 203
Osuna, Juan José 57

Padilla de Sanz, Trinidad 330
Padró, Carmen 120

Padró Quiles, José 296
Pagán, Bolivar 12
Pagán, Bolívar 132
Pagán Irizarry, Mario 171
Pagán, Petroamerica 44
Palés Matos, Luis 128
Paoli, Antonio 246
Parrilla Bonilla, Antulio 291
Parrilla Calderón, Jesús 261
Pereda, Clemente 166
Pérez, Cancio 123
Pérez, Manuel A. 99
Piñero, Jesús T. 70
Ponce de León, Leonardo 26
Portalatín, Emilio 120
Power, Ramón 285

Quijano, Domingo Manuel 26
Quiñones Cruz, Rafael 240
Quiñones, Francisco Mariano 277
Quiñones Quiñones, Samuel R. 285
Quiñones, Samuel R. 278
Quiñones Velázquez, Juan de Dios 213
Quintero Alfaro, Angel G. 218
Quintero Rivera, Angel 285

Ramírez Brau, Enrique 26
Ramírez de Arellano, Clemente 196
Ramírez, Efrén 278
Ramírez, Gilberto 325
Ramírez, Samuel 240
Ramos Antonini, Ernesto 209

Ramos Aquino, Rigoberto 4
Ramos, Eustaquio 179
Ramos Vélez, Juan R. 196
Rechani Agrait, Luis 17
Rechani Lopes, Pio 17
Recio, Benito 179
Rexach, Silvia 285
Reymundi Ríos, José 261
Ribas Dominicci, Fernando Luis 319
Ribera Chevremont, Evaristo 285
Rieckehoff Sampayo, German 334
Riefkohl Sandoz, Luis 203
Rigau Carrera, Félix 269
Rincón de Gautier, Felisa 84
Ríos Lozada, Dionisio 337
Rivera de Alvarado, Carmen 330
Rivera, Guillermo 120
Rivera, Luis G. 120
Rivera, Luis A. 92
Rivera, Modesto 70
Rivera, Ramón L. 17
Rivera Salgado, Elsa 285
Rivera Santiago, Juan E. 99
Rivera Zayas, Rafael 96
Robles, María Esther 117
Robles Suárez, Hipólito 117
Rodríguez Carlo, Clemente 123
Rodríguez de Tió, Lola 278
Rodríguez, Deida 120
Rodríguez Escudero, Néstor 196
Rodríguez, Juan (Chi-Chi) 264
Rodríguez, Juan Zacarías 26
Rodríguez, Myrna 132
Rodríguez Otero, Efraín 231
Rodríguez, Paulino 237
Rodríguez Torres, Adalberto (Machuchal) 269

Román García, Alfonso 117
Román, Juan 179
Romani, Jorge 264
Roqué de Duprey, Ana 13
Rosa Nieves, Cesareo 162
Rosado Colón, Juan 120
Rosado del Valle, Julio 74
Rosado, Juan Antonio 305
Rosario, Israel 240
Ruiz Belvis, Segundo 147
Ruiz Escobar, Jaime 132

Sáez, Antonia 152
Salgado, Teresina 309
Saliva de Liergier, Clara L. 174
Sallabery, Víctor 123
Sánchez Hidalgo, Efraín 213
Sánchez Martínez, Juan 256
Sánchez, Max E. 35
Sánchez Vilella, Roberto 209
Sanroma, Jesús María 70
Santaliz Capestany, Luis 179
Santana Ronda, Pedro 123
Santiago, Alfonso 240
Santiago Collazo, Manuela 334
Santiago Lavandero, Leopoldo 128
Santos, Geraldo 240
Santos Tirado, Adrián 330
Seda Matos, Judith 200
Serrano, José Enrique 209
Severo Quiñones, José 285
Siaca Rivera, Manolín 261
Sierra Berdecía, Fernando 88
Silás Ortiz, Domingo 179

Slaca Rivera, Manuel 261
Somohano, Arturo 286
Soto, Juan Bautista 8
Soto, Pedro 120
Soto, Pedro Juan 75
Soto Ramos, Nicolás 26
Soto Vélez, Clemente 174
Suárez Cruz, Domingo 124
Suárez, Ramón 188
Suárez Williams, Bruce 124
Suárez Williams, Domingo 124
Sued Badillo, Jalil 237
Sugrañes Diaz, José Gumersindo 203

Tapia y Rivera, Alejandro 286
Tavarez, Manuel Gregorio 286
Torres Delgado, Dayanara 305
Torres, José (Chegui) 246
Torres, José Arsenio 17
Torres, Luis Humberto 184
Torres Molina, María 120
Torres Santiago, José Manuel 133

Valero de Bernabé, Antonio 117
Vargas Rodríguez, Pedro 124
Vázquez Calzada, José L. 65
Vázquez, Myrna 92
Velázquez, Nydia M. 341
Vélez Arocho, Sinforoso 296
Vélez González, Sigfredo 175
Venegas Lloveras, Guillermo 252
Vicenty, Francisco 200

Vientós, Nilita Gastón 296
Vigoreaux, Luis 84
Villarán, Miguel 188
Villaronga de Armstrong, Emilia 162
Vivaldi Pacheco, Santiago 345

Zeno, Francisco 92

El huracán Georges alcanzó cada pueblo de *Nuestro* Puerto Rico

En el momento que se producía este fenómeno, Publicaciones Puertorriqueñas, estaba imprimiendo el libro que usted tiene en sus manos, fue tal el impacto recibido que preparamos un pequeño reportaje gracias al profesionalismo de los periodistas de EL NUEVO DÍA que supieron sacar el detalle fotográfico de lo que realmente pasó en la isla el lunes 21 de septiembre de 1998, y así plasmar en las hojas de un libro esta tragedia en la historia de Puerto Rico, para que generaciones por llegar supieran lo terrorífico que fue este huracán.

La trayectoria del huracán Georges

Platanal en barrio Yabucoa

Huellas del paso del huracán Georges en Yabucoa

El puente Víctor Rojas en Arecibo quedó destruido

... los destrozos del huracán Georges

Puerto Rico se preparó y esperó con frialdad el embate, siempre con la esperanza que en el último minuto se desviara de su rumbo y no tocase tierra puertorriqueña, pero no fue así, entró por el Este, después de golpear a Vieques y Culebra y salió por el Oeste, todo Puerto Rico quedó a su merced y las estructuras más débiles desaparecieron en los primeros soplos traicioneros.

Por más de doce horas nos estuvo golpeando y al final sólo nos dejó ruinas, desolación y nuestro plátanos, café, flamboyanes y palmas desaparecieron para dejar paso a las tablas, cinc, ramas, troncos, inundaciones y escombros. Y de esta forma cambiamos el paisaje de naturaleza verde al de desolación y miseria. Las caras de nuestra buena gente puertorriqueña reflejaban unos

Foto: EL NUEVO DIA/ Tito Guzmán

Una de las torres de El Yunque

Foto: EL NUEVO DIA/ Laura Magruder

Rescate en las aguas del Río Grande de Arecibo

Foto: EL NUEVO DIA/ J. Ismael Fernández Reyes

Huellas del paso del huracán Georges en Yabucoa

... los destrozos del huracán Georges

rostros serios y llorosos y aún incrédulos ante tan violento paso.

Más de treinta mil refrugiados, municipios de la zona montañosa junto a Vieques y Culebra quedaron incomunicados, el país entero sin electricidad, sin servicio de agua potable y útiles una tercera parte de los servicios telefónicos. Esto fue parte del saldo del huracán Georges.

Si las estructuras, servicios básicos, economía,etc. quedaron afectados, no menos dolorosa fue la pérdida de miles de aves que desaparecieron y miles que morirán en el próximo mes después del huracán. El viento y la lluvia no fue lo único... la escasez de alimentos será fatal, ya que no pueden emigrar a otros puntos de la isla, pues toda la isla se afectó.

Foto: EL NUEVO DIA/ José Rodríguez

Destrozos frente a una iglesia en Miramar

Foto: EL NUEVO DIA/ Angel Maldonado

Foto: EL NUEVO DIA/ Gary Williams

Lo que quedó de una comunidad de Yauco.

Parte del Hotel Crowne Plaza en Isla Verde destruido

Foto:EL NUEVO DIA/ Angel L. Vázquez

Una estructura del muelle Intership, en Guaynabo

Todo esto se arreglará y pondremos a *Los Pueblos de Nuestro Puerto Rico* otra vez en pie, pues lo más importante de nuestra Isla es su gente y ante estos casos nos unimos y decimos:

¡Yo soy tuyo
Puerto Rico pa' lo que
quieras mandar!